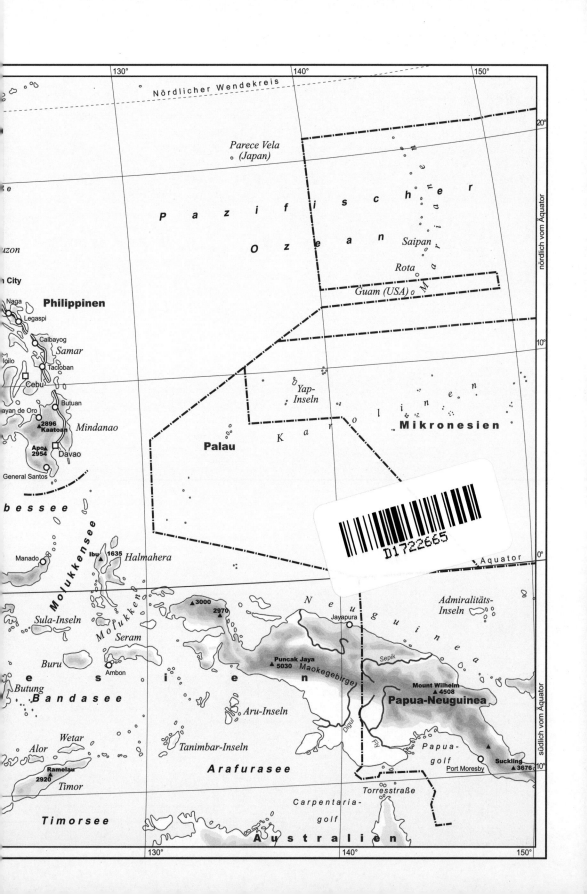

Peter Feldbauer
Karl Husa
Rüdiger Korff (Hrsg.)

SÜDOSTASIEN

Wien 2003

Edition Weltregionen

Herausgegeben von

Friedrich EDELMAYER, Wien

Suraiya FAROQHI, München

Peter FELDBAUER, Wien

Margarete GRANDNER, Wien

Gerd HARDACH, Marburg

Bernd HAUSBERGER, Berlin

Robert HOFFMANN, Salzburg

Andreas KAPPELER, Wien

Sepp LINHART, Wien

Renate PIEPER, Graz

Barbara POTTHAST, Köln

Hans-Jürgen PUHLE, Frankfurt am Main

Dietmar ROTHERMUND, Heidelberg

Walter SCHICHO, Wien

Reinhard SCHULZE, Bern

Wolfgang SCHWENTKER, Osaka

Hans Werner TOBLER, Zürich

Susanne WEIGELIN-SCHWIEDRZIK, Wien

Albert WIRZ, Meilen

für den Verein für Geschichte und Sozialkunde (VGS)
c/o Institut für Wirtschafts- und Sozialgeschichte der
Universität Wien, Dr. Karl Lueger-Ring 1, A-1010 Wien

Peter Feldbauer / Karl Husa / Rüdiger Korff (Hg.)

Südostasien

Gesellschaften, Räume und Entwicklung
im 20. Jahrhundert

EDITION WELTREGIONEN
PROMEDIA

Gefördert aus Mitteln des Bundesministeriums für Bildung, Wissenschaft und Kultur sowie der Österreichischen Entwicklungszusammenarbeit.

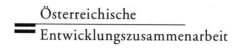

Österreichische
Entwicklungszusammenarbeit

Die Deutsche Bibliothek verzeichnet diese Publikation in der deutschen National-bibliographie; detaillierte bibliographische Daten sind im Internet über http://dnb.ddb.de abrufbar.

Edition Weltregionen, Band 6

Umschlaggestaltung: Michael Baiculescu
Kartengestaltung: Roman Dangl
Lektorat: Andrea Schnöller
Satz: Marianne Oppel
Druck: Interpress, Budapest

Inhalt

Einleitung

Noch zu Beginn des 20. Jahrhunderts war der Begriff »Südostasien« sowohl in den einschlägigen Wissenschaften als auch in der politischen und historischen Diktion weitgehend unbekannt. Erst in den 20er-Jahren des vergangenen Jahrhunderts machte im deutschen Sprachraum der Ethnologe und Prähistoriker Robert Heine-Geldern (1923) auf zahlreiche ethnische, kulturelle und linguistische Gemeinsamkeiten der Völker dieses Raumes aufmerksam, und im gleichen Jahr führte der Geograph Karl Haushofer den Regionsbegriff Südostasien auch im politisch-geographischen Sinne ein, während im historischen Sprachgebrauch die Region lange Zeit eher als Übergangszone zwischen Indien und China denn als eigenständige Region gesehen wurde. Im anglo-amerikanischen Raum konnte sich der Begriff Südostasien gar erst in den 40er-Jahren durch die Einrichtung eines gemeinsamen militärischen Oberkommandos (»Allied Supreme Command for Southeast Asia«) etablieren: als Bezeichnung für jene größtenteils von den Japanern besetzten Gebiete (Französisch-Indochina, Britisch Burma und Malaya sowie Thailand auf dem asiatischen Festland, die Philippinen und Niederländisch-Indien in der südlich davon gelegenen Inselwelt), die von den alliierten Streitkräften während des Zweiten Weltkrieges von den Japanern rückerobert werden sollten.

Spätestens seit Mitte der 80er-Jahre allerdings, als das so genannte »asiatische Wirtschaftswunder« sowohl in den Massenmedien als auch in der entwicklungspolitischen Diskussion besondere Aufmerksamkeit erregte, erreichte Südostasien als eigenständige Region zunehmend Bekanntheit. Tatsache ist, dass aus den weitgehend rückständigen und überwiegend agrarisch ausgerichteten Staaten Südostasiens, die noch vor wenigen Jahrzehnten in der internationalen Presse mehr als regionale und überregionale politische Krisen- und Konfliktherde Schlagzeilen gemacht hatten als durch wirtschaftliche Erfolgsmeldungen, ein nicht mehr zu übersehender *global economic player* geworden war. Noch Anfang der 90er-Jahre galt die Region – berechtigterweise – als Boomzentrum der Weltwirtschaft und das rapide Wirtschaftswachstum wurde zu einem Faktor zunehmenden Selbstbewusstseins der Politiker – vor allem in Malaysia, wo sich Premierminister Mahathir Mohamad vor dem Hintergrund der erfolgreich ablaufenden Modernisierung seines Landes als Sprecher der postkolonialen Welt etablieren konnte und auch in Singapur, wo der als »Father of Modern Singapore« bezeichnete Langzeit-Premierminister Lee Kuan Yew eine ähnliche Rolle einnahm. Dieses neu erwachte Selbstbewusstsein in der Region blieb auch in der Diskussion über die Ursachen des »südostasiatischen Wirtschaftswunders« nicht ohne Folgen: Manche Kommentatoren der internationalen Wirtschaftspresse sahen die Gründe des Erfolgs großteils als Ergebnis der vielzitierten *asian values* und der spezifischen asiatischen Wirtschaftspraktiken, also im Zusammenhang mit dem asiatischen Bildungssystem, mit Respekt und Gehorsam gegenüber Autoritäten und strengen hierarchischen

Strukturen bei gleichzeitiger Teamwork-Fähigkeit und dem Wunsch nach Kooperation, mit der Bedeutung familiärer Bindungen und dem »neokonfuzianistischen Harmoniedenken« (im Gegensatz zu »westlichem« Individualismus) etc. Andere Experten wiederum betonten die zentrale Bedeutung so genannter »harter«, vorwiegend externer ökonomischer Faktoren für das *asian miracle*, wie etwa ausländische Direktinvestitionen und Technologietransfer durch Exportindustrialisierung bei Ausnützung billig(st)er heimischer Arbeitskraft und dadurch bedingte internationale Wettbewerbsvorteile.

Die 1997 einsetzende Asien-Krise, die zu massiven Einbrüchen vor allem in Thailand und Indonesien führte, machte deutlich, dass die Konjunkturregeln der Weltwirtschaft auch für Südostasien gelten und jede Party einmal ein Ende hat. Die Etiketten und Assoziationen, mit denen diese Länder nach dem Zusammenbruch des asiatischen Wirtschaftswunders in den internationalen und nationalen Medien belegt wurden, bestanden nicht mehr aus Superlativen, sondern lauteten nunmehr ganz anders: *bubble economies, hot money*, Vetternwirtschaft und Korruption, Spekulationen und exzessive Investitionen in Risikobereiche wie den Immobilienmarkt und in die Börse, finanzielle Liberalisierung und freizügige Kreditvergabe durch den Bankensektor ohne notwendige Rückversicherungen und Kontrollmechanismen und dergleichen mehr.

Die Auswirkungen der Krise und der vom Internationalen Währungsfonds (IWF) verordneten strikten Sparpakete wurden sehr bald auf vielen Ebenen spürbar, von denen nur einige wenige hier beispielhaft erwähnt werden sollen: In den am stärksten betroffenen Ländern wie Thailand und Indonesien stieg die Arbeitslosigkeit drastisch an, die Zunahme der Armut, die bis Mitte der 90er-Jahre eine deutlich rückläufige Tendenz zeigte, wurde wieder ein Thema, aus den Großstadtregionen (vor allem aus Bangkok und aus Jakarta) strömten viele während der Boomzeit zugewanderte Migranten, die durch die Krise ihre Jobs verloren hatten, wieder in ihre meist ländlichen Herkunftsgebiete zurück und belasteten dort zusätzlich die ohnehin schon angespannte Situation auf dem Arbeitsmarkt. Gleichzeitig schmolz der Einbruch der meisten Landeswährungen die während der letzten Dekade akkumulierten Profite des Privatsektors weg, verloren private Kleininvestoren ihre Ersparnisse aus der Boomzeit entweder an den krisengeschüttelten Börsen oder durch Fehlinvestitionen in zusammenbrechende Immobilienmärkte und reagierte die Bevölkerung auf die Krise generell mit einer drastischen Einschränkung des Konsums, wodurch wiederum eine Reihe von Wirtschaftszweigen hart getroffen wurde. Die Krise war aber nicht nur auf die Wirtschaft begrenzt. In Thailand wurde die Regierung abgelöst und eine neue Verfassung durchgesetzt, und in Indonesien führte der wirtschaftliche Niedergang zum Zusammenbruch des Suharto-Regimes. In Malaysia geriet der Premierminister unter massiven Druck, der bis heute anhält. Inzwischen haben sich Wirtschaft und Politik in den marktwirtschaftlich orientierten Staaten der Region wieder einigermaßen erholt. Nur Indonesien schwebt weiterhin am Rande des Chaos.

Betrachtet man die Entwicklung der Region allerdings aus einer längerfristigen Perspektive, so ist es dort tatsächlich mit Ausnahmen gelungen, eine erfolgreiche Modernisierungspolitik durchzuführen. Malaysia und Singapur, die in den 60er-Jahren vor massiven Problemen standen (bewaffnete kommunistische Aufstände, Rassenunruhen, einseitige Wirtschaftsstruktur etc.) oder auch Thailand, dessen Wirtschaft Anfang der 80er-Jahre in eine tiefe, strukturell bedingte Rezession gestürzt war, belegen eindrucksvoll, dass diese Probleme gelöst werden können. Inzwischen ist zum Beispiel

Malaysia in einigen afrikanischen Ländern der größte Investor! Aber auch in den (ehemaligen) Planwirtschaften der Indochina-Staaten (besonders in Vietnam, teilweise auch bereits in Laos und Kambodscha) sowie bis zu einem gewissen Grad auch in Myanmar ist seit den 90er-Jahren ein langsamer wirtschaftlicher Aufschwung festzustellen, wenngleich sich auch in diesen Staaten die Asienkrise stark dämpfend auf das Wirtschaftswachstum und den Lebensstandard der Bevölkerung auswirkte.

Fest steht jedenfalls, dass wohl keine Großregion der Dritten Welt in den letzten Jahrzehnten derart dynamische Transformationsprozesse erlebte wie Südostasien. Diese Veränderungen in einem umfassenden historischen, kulturellen, politischen, ökonomischen und soziodemographischen Kontext näher zu beleuchten, ist auch das zentrale Anliegen des vorliegenden Sammelbandes.

Jede Publikation über Südostasien steht zunächst vor dem Problem, das Forschungsobjekt zu bestimmen. Ist Südostasien eine integrierte, eigenständige Region mit einer eigenen Geschichte und Kultur, oder handelt es sich vielmehr um einzelne Staaten, die sehr viel enger mit anderen Räumen wie z.B. China und Indien oder den Niederlanden, Großbritannien oder Frankreich, Spanien oder den USA verbunden sind als mit den Nachbarländern? Südostasien ist ohne Zweifel – auch in der Sicht der Herausgeber und der meisten AutorInnen in diesem Band – höchst heterogen. Nicht nur sind alle Weltreligionen dort vertreten, sondern es finden sich Metropolen und Megastädte neben abgeschiedenen Dörfern und historische Großreiche neben Stammesgesellschaften, hoch entwickelte Staaten wie Singapur oder Schwellenländer wie Malaysia und Thailand neben unterentwickelten Ländern wie zum Beispiel Myanmar, Laos und Kambodscha usw. Seit mehr als tausend Jahren verbindet Südostasien Ostasien auf der einen Seite mit Südasien, Arabien und Europa auf der anderen, westlichen Seite. Entsprechend unterschiedlich geprägt sind auch die Teilregionen. Neben den indianisierten gibt es die islamisierten und sinisierten Staaten. Ist Südostasien deshalb an sich nur eine »geographische« Kategorie, die aber wenig mit sozialen, politischen und wirtschaftlichen oder kulturellen Prozessen zu tun hat?

Eine Möglichkeit, diese Problematik zu umgehen, wäre, auf einzelne Länder- bzw. regionale Fallstudien zurückzugreifen. Nimmt man aber die aktuellen Nationalstaaten der Gegenwart zur Grundlage, steht man vor dem Problem, dass diese Einheiten erst in der zweiten Hälfte des 20. Jahrhunderts entstanden sind und vorher keine Bedeutung hatten. Tatsächlich ist die Strukturierung entlang der aktuellen Staaten eine Verlängerung der kolonialen Diskurse, denn die Länder sind ja nun einmal die Nachfolger der Kolonien in Grenzen, die aus Kompromissen der europäischen Mächte resultierten und nicht aus Dynamiken in Südostasien selbst. Werden jedoch Regionen statt einzelner Länder als Einheiten gewählt, wird diese Problematik vermieden. Dann geht es darum, die grundlegenden Prozesse und Interdependenzen zu identifizieren, durch die die Großregion Südostasien bzw. ihre Teilregionen als sinnvolle Forschungsobjekte konstituiert werden. Innerhalb der Großregion Südostasien können drei Teilregionen unterschieden werden:

- Das insulare Südostasien oder die »malayische Welt« (Indonesien, Philippinen, Malaysia, Singapur, Brunei und seit der Unabhängigkeit im Mai 2002 auch Ost-Timor);
- Festland-Südostasien (Thailand, Myanmar, Laos, Kambodscha und Vietnam);
- und schließlich die Bergregionen (Randregionen) an der nordwestlichen Außengrenze Südostasiens zu Bangladesh und den nordostindischen Bundesstaaten (As-

sam, Nagaland, Tripura, Mizoram und Manipur) bzw. an der nördlichen Außengrenze zu Südchina (Yünnan), d.h. also die Ausläufer des Himalaya in Myanmar, Laos, Vietnam und Thailand.

Auch wenn die genannten Teilregionen jeweils eigene spezifische Charakteristika aufweisen, bedeutet das nicht, dass es sich um isolierte Gebiete handelt. Schon vor der Kolonialzeit bestanden enge Beziehungen zwischen den großen Reichen des Festlandes (Siam, Burma, Vietnam) und den Inseln. Tatsächlich hat der Kolonialismus zusammenhängende Gebiete eher getrennt, wie z.B. entlang der Straße von Malakka. Diese »historischen« Raumstrukturen haben gegenwärtig im Zusammenhang mit den so genannten Wachstumsdrei- und -vierecken wieder an Bedeutung gewonnen (wie etwa im Bereich der Wachstumsregion Riau-Archipel, Penang und Aceh oder des Wachstumsvierecks Yünnan, Myanmar, Thailand und Laos).

Vor diesem Hintergrund geht es im vorliegenden Sammelband darum, Südostasien nicht als Ansammlung von Staaten zu untersuchen, sondern diejenigen Prozesse ins Zentrum zu rücken, die Südostasien als zusammenhängende Region gebildet und geprägt haben. Zu diesen – oft im Zusammenhang mit dem Modewort »Globalisierung« genannten – Prozessen zählen unter anderen:

- Wirtschaftsdynamik durch zunehmende Weltmarktintegration;
- Ausbildung von Mittelschichten, zivilgesellschaftlichen Organisationen und zunehmender Demokratisierungsdruck;
- Bedeutung der Religionen für die Sinnstiftung in Phasen rapiden Wandels und damit verbundene Säkularisierung der Religionen;
- dynamischer Ausbau der Transport- und Kommunikationsinfrastruktur, auch in ehemals peripheren Regionen;
- rapide ablaufende Urbanisierungsprozesse;
- revolutionäre Veränderungen im demographischen Regime, zum Beispiel durch teilweise drastische Reduktion des Bevölkerungswachstums und der Mortalität, ein sprunghafter Anstieg sowohl der Binnenwanderungen als auch der inter- bzw. transnationalen Migration;
- wachsende Sensibilisierung im Hinblick auf ökologische Probleme wie etwa die rasch voranschreitende Entwaldung und ihre Folgewirkungen etc.

Der Fülle der – hier nur kurz und bei weitem nicht vollständig angedeuteten – im Südostasien der letzten Jahrzehnte ablaufenden Transformationsprozesse entsprechend, umspannen die Beiträge des vorliegenden Bandes eine breite Palette von Themen mit unterschiedlichen disziplinären Zugängen, die von historisch-politischen, ökonomischen, gesellschaftlichen und demographischen Entwicklungen in den letzten hundert Jahren bis zu Fragen der ungleichen naturräumlichen Ausstattung und ökologischen Problemen reichen. Notgedrungenermaßen müssen dabei viele Fragen offen bleiben, wichtige Themen fehlen überhaupt oder werden nur kurz gestreift. Trotz aller bestehenden Lücken hoffen die Herausgeber optimistischerweise, dass dieser Band nicht nur als Grundlage für die Ringvorlesung »Südostasien im 20. Jahrhundert« an der Universität Wien Verwendung findet, sondern eventuell auch einem breiteren Interessentenkreis diese faszinierende Großregion näher bringen kann und zur weiteren Befassung mit ihr anregt.

Wien, im März 2003   *Die Herausgeber*

Vincent Houben

Südostasien von 1870 bis ca. 1920:
Politik, Wirtschaft und Gesellschaft

Einführung

Das Ende des 19. und der Anfang des 20. Jahrhunderts waren für die Region östlich von Indien und südlich von China von einer vierten Welle der Globalisierung geprägt. Die erste Globalisierungsphase, die von etwa 500 bis 1500 n. Chr. dauerte, führte dazu, dass weite Teile Südostasiens Teil der indischen Kultur- und Handelswelt wurden. Im insularen Südostasien erfolgte dann ab dem 11. Jahrhundert eine Einbeziehung von Königreichen und Bevölkerungen in die islamische Welt, während der Zeitraum vom 16. bis 18. Jahrhundert vom zunehmenden Einfluss der westlichen Handelskompagnien geprägt war, und somit als eine erste Phase der Kolonialzeit bezeichnet werden kann. Das asiatische maritime Handelssystem, worin Südostasien ein wichtiger Knotenpunkt war, wurde durch das Auftreten von Portugiesen, Spaniern, Holländern und Engländern zwar modifiziert, aber nicht ganz zerstört. Von einer dauerhaften Kontrolle über weite Landflächen konnte nur auf Java und Luzon (Nord-Philippinen) die Rede sein.

Die westliche Kolonisierung Südostasiens fand im Wesentlichen im 19. Jahrhundert statt, wobei ab 1870 sowohl horizontal (die vom Westen beherrschten Gebieten) als auch vertikal (eine tiefere Durchdringung von einheimischen Gesellschaften) eine Intensivierungsphase der Machterweiterung begann. Diese Intensivierungsphase der westlichen Herrschaft wird von Historikern als Ära des ›modernen Imperialismus‹ bezeichnet. Südostasien ist dabei Teil einer allgemeinen Entwicklung, wobei in relativ kurzer Zeit fast ganz Afrika, der Mittlere Osten und große Teile Asiens unter europäischen Einfluss gestellt wurden. Koloniale Reiche hatten einen erstaunlichen Umfang, ihre Grundflächen waren weit größer als jene ihrer Stammländer.

Es gibt eine umfangreiche historisch-wissenschaftliche Imperialismus-Literatur, die zum Teil als Fortsetzung der alten Kolonialgeschichte betrachtet werden kann. In dieser Literatur geht es vor allem um Fragen nach den Ursachen des modernen Imperialismus und die Art von Herrschaftssystemen, die im außereuropäischen Raum errichtet worden sind. Noch immer wird in den Universitätsstädten der ehemaligen Kolonialmächte über den Kolonisationsprozess gelehrt, weil er als Teil der Nationalgeschichte betrachtet wird. Selbstverständlich liegt dabei der Schwerpunkt auf den Motiven und Handlungen der europäischen Seite. Umgekehrt kann zwar der westliche

Machtanspruch in den Schulen der ehemaligen kolonisierten Nationen nicht unerwähnt bleiben, aber hier werden meist die Unmenschlichkeit der Kolonialsysteme sowie die heroischen Widerstandsbewegungen behandelt, die letztendlich zum Sturz des Kolonialsystems und in die nationale Unabhängigkeit geführt haben. Dieses gespiegelte Verhältnis in der Behandlung der Kolonialgeschichte deutet darauf hin, dass beide Seiten diese Epoche als maßgebend für das Nationalbewusstsein betrachten, obwohl das von europäischer Seite im öffentlichen Diskurs nicht gerne zugegeben wird und der Stolz oft der Scham gewichen ist.

Eine regionsspezifische Betrachtung des modernen Imperialismus erlaubt es heute, dem kollektiven Nationalbewusstsein zu entkommen und eine nüchterne, wissenschaftlich fundierte Annäherung zu betreiben. Imperialismus könnte als das zielgerichtete Streben nach formaler oder informaler Herrschaft eines Staates oder einer Gesellschaft über einen Anderen definiert werden. Der moderne Imperialismus umfasst dann im Besonderen die Phase des westlichen Machterwerbs, der zwischen etwa 1870 und 1940 (Beginn des Zweiten Weltkrieges) realisiert wurde. Über die Ursachen sind mittlerweile viele Theorien aufgestellt worden, die in zwei Kategorien eingeteilt werden können. Einerseits gibt es Erklärungsmuster, die Entwicklungen auf europäischer Seite analysieren. So ermöglichte etwa die technische Revolution des späten 19. Jahrhunderts mit u.a. dem Aufkommen der Dampfschiffe, der Konstruktion von Eisenbahnen und der Errichtung von Telegraphenverbindungen eine effektivere Beherrschung von Großräumen. Militärische Innovationen, wie die Erfindung und der Einsatz von Schnellfeuerwaffen, machten die Europäer in außereuropäischen Räumen fast unbesiegbar. Aber auch die politische Dynamik der internationalen Diplomatie und der Wettbewerb zwischen den europäischen Staaten bei der Errichtung von Kolonialreichen spielten damals eine große Rolle. Darüber hinaus gab es auch mentale oder sozial-psychologische Faktoren, die die Kolonisierung begünstigten. Abgesehen von der Neugier, die sich in einer zunehmenden Zahl von Entdeckungsreisen manifestierte, existierten das Bedürfnis nach christlicher Missionierung und ein Nationalismus, der sich auf sozial-darwinistische Werte berief, die die Beherrschung von fremden Völkern und Regionen als Naturrecht der weißen Rasse ansahen. Wirtschaftliche Motive, wie vermeintliche Absatzmärkte für Industrieprodukte oder die Möglichkeit von Investitionen in Plantagen durch europäische Unternehmer waren, darüber hinaus von Bedeutung.

Ein zweites Erklärungsmuster wendet sich jedoch mehr der Situation in den überseeischen Gebieten zu und studiert das Auftreten von Europäern vor Ort (Kolonialbeamte, Missionare, Militärs, Entrepreneurs) in der Verbindung mit lokalen Staaten und Gesellschaften. Eine solche Annäherung aus der ›Peripherie‹ heraus ermöglicht weniger die Aufstellung von umfassenden Erklärungen, zeigt aber, wie in der Praxis verschiedene Akteure und Motive mit- und durcheinander spielten. Eine solche Bottom-up-Annäherung passt wesentlich besser in die Geschichte einer Weltregion, die von Kontakt und Konkurrenz geprägt war. Außerdem führt der regionalgeschichtliche Ansatz dazu, dass man sich weniger ausschließlich um Ursachen kümmert als um Prozesse und Folgen der westlichen Kolonisierung.

Die Region Südostasien ist ein Muster des modernen Imperialismus, weil es nach 1870 zu einer Beschleunigung der westlichen Machterweiterung gekommen ist. Die Kolonialsysteme, die damals in der Region geschaffen worden sind, hinterließen politische, soziale und wirtschaftliche Strukturen, die bis heute noch nachweisbar und deshalb von grundlegender Bedeutung sind.

Drei Prozesse der europäischen Kolonisierung

Südostasien wurde im Zeitraum von 1800 bis etwa 1920 von westlichen Staaten vollständig kolonisiert, mit Ausnahme von Siam auf dem Festland. Auch die Philippinen waren in einer relativen Ausnahmeposition, weil dieses Inselreich schon im 16. Jahrhundert spanisch wurde, aber dann, am Ende des 19. Jahrhunderts, von den Vereinigten Staaten übernommen wurde. Die restlichen Staaten Südostasiens wurden von den jeweiligen Kolonialmächten England, Frankreich und den Niederlanden einverleibt. So entstanden drei Prozesse der europäischen Kolonisierung, jeder mit seiner eigenen Logik und eigenem Tempo. Dort, wo die Einflusssphären dieser drei aufeinander prallten, entstanden Rivalitäten und diplomatische Spannungen, die aber nie zum Krieg untereinander geführt haben, sondern durch klare territoriale Abgrenzung gelöst wurden.

Das britische Empire umfasste 1933 fast ein Viertel der Erdoberfläche und war damit das größte. Südostasien war vor allem von strategischer Bedeutung, weil es an der imperialen Lebensader zwischen Indien und Australien lag und außerdem an der Schiffsroute nach China. Die Briten ließen sich sowohl in Birma als auch auf der malaiischen Halbinsel nieder, allerdings auf höchst unterschiedliche Weise. In Birma nämlich wurde das einheimische Königreich letztendlich abgeschafft, in Malaya dagegen behielten die einheimischen Sultane ihre Stellung. Vor 1870 hatten schon zwei Kriege in Birma stattgefunden. Der erste war eine Folge der militärischen Feldzüge des Fürsten Bodawp'aya der Konbuaung-Dynastie, die bis in die Grenzgebiete von Britisch-Indien hineinreichten. Den Birmanen war das europäische Konzept von Grenzen unbekannt und der Einmarsch von General Bandula in Bengalen führte notwendigerweise zu einem britischen Gegenschlag. Im Vertrag von Yandabo (1826) mussten die Birmanen nicht nur eine Entschädigung zahlen, sondern auch Provinzen im Südwesten und Süden des Landes abtreten. Der zweite birmanische Krieg (1852–53) führte zur Besetzung von Nieder-Birma und damit dem landwirtschaftlichen Potenzial des Landes. Der dritte birmanische Krieg (1885) brachte die Annektierung der restlichen Nordhälfte Birmas, die Absetzung des Fürsten Thibaw und die Integration des Landes in Britisch-Indien. Anlass waren wiederholte Irritationen zwischen britischen Händlern, die den Überlandweg nach China eröffnen wollten, und dem birmanischen Hof, der von internen Intrigen geplagt und von Aufständen in seiner Peripherie bedroht wurde. Eine kurzfristige Annäherung zwischen Franzosen und Birmanen ließ außerdem die Briten befürchten, dass die britische Dominanz in Gefahr war – ein weiterer Grund zur Intervention.

Die französische Expansion in Asien begann später als die britische. 1830 hatte Frankreich nur fünf kleine Handelsposten in Indien in seinem Besitz. Das Interesse an Vietnam entstand, weil die französische Flotte einen Stützpunkt auf dem Weg nach China brauchte, das nach dem Opiumkrieg die Errichtung von westlichen Vertragshäfen zulassen musste. Daran war neben Frankreich u.a. auch Deutschland beteiligt. So wie in Birma waren auch in Vietnam zu jener Zeit schon französische Händler aktiv, die einen Überlandweg nach Südchina suchten, während schon seit den 40er-Jahren des 19.

Jahrhunderts Spannungen mit dem vietnamesischen Kaiserhof in Hue wegen der Verfolgung von französischen Missionaren entstanden waren. Wie auch in Birma erfolgte die Kolonisierung Vietnams in drei Etappen von Süd nach Nord. 1862 wurden Teile von Cochin-China an Frankreich übergeben, nachdem Saigon schon 1859 besetzt worden war. 1863 wurde ein französisches Protektorat in Kambodscha eingerichtet, während die französische Souveränität über ganz Cochin-China 1867 folgte. In den 70er-Jahren dann verlagerte sich der französische Expansionsdrang Richtung Norden, wo die Gefangennahme eines französischen Händlers auf dem Roten Fluss eine militärische Expedition auslöste. 1874 wurde ein neues Abkommen mit der kaiserlichen Regierung in Hue abgeschlossen, das neben Handelsfreiheit auf dem Roten Fluss die Einsetzung von französischen Konsulen im Norden und in Mittelvietnam vorsah. Die Ausführung dieser Vereinbarung stellte sich jedoch als problematisch dar, und der erneute Druck aus Handelskreisen führte 1881–1883 zum Tonkin-Krieg, der die Errichtung von französischen Protektoraten in Annam und Tonkin zur Folge hatte. Nach 1885 kam es zu einer Abrundungsphase, in der Laos eingenommen und die Grenze mit Thailand festgelegt wurde.

Am Ende des 19. Jahrhunderts war das ganze Festland Südostasiens mit Ausnahme von Siam kolonisiert. Es gibt zwei unterschiedliche Erklärungen für diese Tatsache. Auf der einen Seite stehen Thai-Historiker, die darauf verweisen, dass Siam in dieser Zeit von zwei außerordentlichen Königen regiert wurde, die das Land rechtzeitig modernisierten und darüber hinaus eine geschickte Diplomatie betrieben, wobei die Rivalität zwischen den westlichen Mächten letztendlich dazu führte, dass keine Siam für sich beanspruchen konnte. Westliche Imperialismusexperten dagegen sind der Meinung, dass Siam formell unabhängig blieb, weil es ein nützliches Puffergebiet zwischen dem britischen und dem französischen Einflussgebiet war. Sowohl König Mongkut (R. 1851–1868) als auch König Chulalongkorn (R. 1868–1910) hatten zum Teil eine westliche Ausbildung genossen, verfügten über westliche Berater und versuchten das Land durch eine eingreifende Modernisierung besser zu vereinen. 1855 zwangen die Briten Mongkut das so genannte Bowring-Traktat auf, das ihnen freien Zugang zum Handel erlaubte und britischen Staatsangehörigen Immunität vor siamesischen Gerichten verlieh. Ähnliche Verträge wurden darauf aber auch mit anderen westlichen Nationen abgeschlossen, wodurch keine die Oberhand gewinnen konnte. Allerdings führten diese Verträge de facto zur ausländischen Dominanz in der Wirtschaft und damit zu einer Situation, die vielleicht als ›informelle Kolonisierung‹ zu bezeichnen ist.

Im insularen Südostasien dominierten, mit Ausnahme der Spanier auf den Philippinen, zwei europäische Mächte: England und die Niederlande. Die Niederländer waren schon seit Anfang des 17. Jahrhunderts im Insel-Teil Südostasiens tätig, wo sie die Portugiesen aus den Anbaugebieten der Gewürze, den Molukken Ost-Indonesiens, vertrieben. Batavia wurde 1619 gegründet und entwickelte sich seitdem zum zentralen Standort im überseeischen Reich. Während im 17. und 18. Jahrhundert die Handelskompagnie namens VOC (Vereenigde Oost-Indische Compagnie) sich vor allem auf den Handel in Asien und zwischen Asien und Europa konzentrierte, war die Kolonialmacht nach 1800 vor allem an der Erlangung der Kontrolle über das agrarische Hinterland auf den indonesischen Inseln interessiert. Bis 1870 konzentrierten sich die Holländer auf die Nutzung der Insel Java, wo nach der Unterdrückung einer großen Rebellion zwischen

1825 und 1830 ein staatsgeführtes Monopolsystem zu großen Gewinnen führte. Im Rahmen des so genannten Kultivierungssystems wurde die bäuerliche Bevölkerung Javas gezwungen, auf ihren Feldern statt Reis Produkte wie Kaffee, Rohrzucker, Indigo, Tee usw. anzubauen, die auf dem Weltmarkt stark nachgefragt wurden. Zugleich wurde im Hinblick auf die Außeninseln offiziell eine Politik der Nichteinmischung betrieben, um die öffentliche Kasse nicht mit teuren Militärexpeditionen zu belasten.

Trotzdem fand auf Sumatra eine schrittweise Machterweiterung statt, bis Ende der 60er-Jahre die Grenzen von Aceh (Nord-Sumatra) erreicht worden waren. Parallel zum modernen Imperialismus anderswo fand zwischen 1870 und 1910 eine Beschleunigung der Expansion statt. Es dauerte mehr als 30 Jahre, bis die Holländer Aceh bezwungen hatten, aber auf anderen Inseln (Bali, Lombok, Borneo, Celebes) konnten sie schnellere Erfolge verbuchen. Um 1910 waren die heutigen Grenzen Indonesiens erreicht und überall, zumindest formell, die holländische Macht etabliert.

England war ebenfalls im Inselteil der Region präsent, allerdings wurde schon früh (in Grenzverträgen von 1824 und 1871) seine Einflusssphäre gegenüber jener der Holländer festgelegt. Während Sumatra als niederländisches Gebiet anerkannt wurde, konnten die Briten die malaiische Halbinsel für sich in Anspruch nehmen. Von drei Häfen (Penang, Malakka und – 1819 gegründet – Singapur) aus konnte erst nach 1870 die Kontrolle über das Hinterland erlangt werden. Anlass zur Intervention war ein Stillstand im Zinnhandel durch Streitereien zwischen chinesischen Gruppen, wodurch britische Händler benachteiligt wurden. Im Pangkor-Traktat von 1874 wurde ein System der indirekten Herrschaft errichtet, wobei den lokalen Sultanen ein britischer Resident zur Seite gestellt wurde, der sie in allen Verwaltungsangelegenheiten ›beraten‹ würde, mit Ausnahme von Fragen der Religion und lokalen Brauchtümern. Dieses Modell wurde schrittweise auf andere Sultanate der malaiischen Halbinsel ausgeweitet.

Die britische Kontrolle über die Nordhälfte Borneos hing mit Privatinitiativen zusammen, die später vom Kolonialstaat gebilligt wurden. Mitte der 50er-Jahre war ein englischer Abenteurer namens James Brooke an der Westküste Borneos aktiv. Er erwarb Sarawak vom Sultan von Brunei. 1888 erwarb eine GmbH, die British North Borneo Company, den Norden der Insel. Beide Gebiete wurden von England anerkannt und bekamen später den Protektoratsstatus.

Die Vereinigten Staaten waren Spätzünder im Konzert der Kolonisierung in Südostasien. Erst 1898, im Rahmen eines spanisch-amerikanischen Krieges, der sich vor allem um Kuba drehte, erschienen amerikanische Kriegsschiffe in der Bucht von Manila. Nachdem die Spanier zur Übergabe gezwungen worden waren, wurden die Amerikaner sofort in eine blutige Auseinandersetzung mit philippinischen Nationalisten verwickelt. Ab 1902 war ein befriedeter Zustand im Norden und im Zentralteil der Philippinen eingetreten, nachdem die Amerikaner einen Teil der einheimischen Elite für sich gewonnen hatten.

Wenn man versucht, den Prozess des Machterwerbs in Südostasien zu systematisieren, kann man mehrere Übereinstimmungen wahrnehmen. Die Europäer waren lange vor 1870 in der Region präsent, allerdings fand erst ab Ende des 19. Jahrhunderts eine umfassende Unterwerfung der einheimischen Staatsstrukturen und eine Festlegung der Grenzen statt. Damit passt die Region in das allgemeine Muster des modernen, staatsgelenkten Imperialismus. Die westliche Macht wurde schrittweise ausgedehnt. Sie beruhte auf strategischen Entscheidungen in Europas Hauptstädten, wurde teilweise aber auch von lokalen Faktoren bestimmt, wobei der Kontakt zwischen einheimischen Verwaltern und europäischen Händlern, Vertretern des Kolonialstaates, ausschlagge-bend war. Die Motive, die zur formalen Eingliederung in den Kolonialstaat führten, waren jedoch unterschiedlich: Manchmal waren es die erhofften wirtschaftlichen Vortei-le beim Zugang zu lokalen Märkten, manchmal spielte die Rivalität mit benachbarten Kolonialmächten eine Rolle. Was die Zeit vor 1870 im Vergleich zu der nach 1870 unterschied, war der Grad der Bereitschaft von europäischen Staaten, Ressourcen für das koloniale Reich einzusetzen. Erst nach 1870 existierte die Überzeugung, dass Kolonial-besitz für jede wichtige westliche Nation unausweichlich war.

Die Kolonialsysteme Südostasiens

Während die Errichtung formaler westlicher Herrschaft oft nur relativ kurze Zeit in Anspruch nahm, allerdings von erheblichem militärischem Auftreten begleitet wurde, ist die Bedeutung der Zeit der Fremdherrschaft für die Region groß und lang andauernd. Die Art und Weise, in der die Kolonialverwaltung in den einzelnen Gebieten organisiert war, wirkt bis heute noch nach. Man kann in den heutigen Staats- und Verwaltungsstrukturen der souveränen südostasiatischen Staaten noch deutlich die Spuren der Kolonialzeit erkennen. Auch im wirtschaftlichen Bereich wurden ab Ende des 19. Jahrhunderts Strukturen geschaffen, die bis heute sichtbar sind.

Kolonialsysteme wiesen einerseits gemeinsame Merkmale auf, andererseits waren sie eine Reflexion länderspezifischer Staatsbildungsprozesse. Im Allgemeinen waren die Zielsetzungen der Kolonialsysteme einseitig, wobei die Interessen der kolonisierten Bevölkerung denen der Kolonialmacht untergeordnet wurden. Alle Kolonialsysteme versuchten eine modifizierte europäische Staatlichkeit in Südostasien aufzubauen, wobei das westliche Gewaltmonopol gesichert werden sollte, und worin von Mitspracherecht der Kolonisierten nicht oder kaum die Rede sein konnte. Die Zielsetzungen der Koloni-almächte waren ähnlich, die Schwerpunkte unterschiedlich. Die Franzosen führten eine Kulturpolitik, indem sie den beherrschten Völkern eine französische ›Zivilisierungs-mission‹ auferlegten. Im Gegensatz dazu kümmerten die Holländer sich nicht um die Verbreitung der Nationalkultur, sondern waren fast ausschließlich an wirtschaftlichen Vorteilen interessiert.

Der Kolonialstaat war eine besondere Staatsform, die von zumindest fünf Merkma-len gekennzeichnet wurde: Stellung einer westlichen Regierung über die einheimischen Institutionen; eine Kolonialordnung, die durch Militärpräsenz und eine moderne Infra-struktur aufrecht gehalten wurde; eine wirtschaftliche Ausbeutung, die nicht nur die Kosten der Kolonialverwaltung begleichen, sondern darüber hinaus der Staatskasse in Europa direkt oder indirekt Zusatzeinkünfte bringen sollte; eine Kolonialideologie basie-rend auf der Überzeugung, dass die weißen Europäer den Einheimischen in der Entwick-lung weit überlegen waren; eine Kolonialverwaltung, die letztendlich von der Existenz von Vermittlern abhängig war. Für die Zeit nach 1900 wird von Historikern manchmal der Begriff ›spätkolonial‹ angewandt, um damit drei zusätzliche Eigenschaften des Kolonial-staates hinzuzufügen: das Ziehen der endgültigen geographischen Grenzen; politischadministrative Modifizierung durch die Einführung einer modernen, zentralisierten oder dezentralisierten Bürokratie; sozial-kulturelle Änderung im Kontext von Modernisierung, die eine Voraussetzung für einheimische Emanzipationsbestrebungen war.

Die tatsächliche Form der kolonialen Verwaltungssysteme basiert auf der unterschiedlichen Verwaltungs- und Rechtsentwicklung in den Mutterstaaten Europas und Amerikas. Zugleich kann aber festgestellt werden, dass alle Systeme auf drei Niveaus (zentral, regional, lokal) aufgegliedert waren, wobei das regionale Niveau das erste und entscheidende war für die Umsetzung der Kolonialverwaltung. Auch suchten alle Kolonialsysteme Südostasiens in größerem oder geringerem Maße die Verknüpfung mit bereits vorhandenen einheimischen Strukturen.

Koloniale Verwaltungssysteme kann man in direkte oder indirekte aufteilen. Die erste Variante bedeutete im Extremfall, dass einheimische politische Strukturen aufgelöst und durch neue ersetzt wurden, in denen europäische Kolonialbeamte ihre Befehle sofort an die Lokalbevölkerung weiterreichten. Solche Varianten waren in Südostasien kaum vorhanden, aber das britische Birma und französisch Cochin-China können vielleicht so klassifiziert werden. In Birma wurde das einheimische Königreich, mit Ausnahme der lokalen Ebene aufgelöst. Dort wurden neue Dorfstrukturen mit neuen Beamten errichtet. Auch in Cochin China konnten die Franzosen keine einheimischen Strukturen entdecken, die in ihre Vorstellungen einer effizienten Verwaltungsstruktur passten. Die Mandarine waren nicht zur Kooperation bereit, was dazu führte, dass das Land in Provinzen aufgeteilt und direkt von französischen Administrateuren verwaltet wurde.

In den meisten Gebieten entwickelte sich jedoch eine duale Verwaltungsstruktur, wobei auf der Provinzebene ›Residenten‹ tätig waren, die direkt mit einheimischen Autoritäten kooperierten und ihnen die Aufträge zur Umsetzung weiterreichten. Residenten hießen in Birma ›district officers‹, auf Java sowie in Malaya und in fränzösisch Indochina ›resident‹. In Mittel- und Nord-Vietnam gab es eine Zusammenarbeit zwischen dem Resident und den Mandarinen, auf Java zwischen dem Resident und dem Regenten (bupati). Indirekte Verwaltungsformen, wobei die einheimische Autorität de facto oder dem Anschein nach beibehalten wurde, gab es in Kambodscha, Malaya und in Mittel-Java. 1863 wurde Kambodscha ein französisches Protektorat, wobei die Souveränität des Königs Norodom anerkannt wurde, aber unter Aufgabe eigener unabhängiger auswärtiger Beziehungen. Im Gegenzug musste der Fürst außerdem die Stationierung eines französischen Vertreters am Hof zulassen, der ›Hilfestellung‹ bei der internen Verwaltung leisten sollte. Wie oben schon erwähnt, wurde in den Sultanaten auf der malaiischen Halbinsel ab 1874 das ›residential system‹ eingeführt, bei dem ein britischer Agent dem Herrscher in Staatsangelegenheiten beistehen sollte. Eine ähnliche Entwicklung fand nach 1830 in den javanischen Fürstentümern Zentral-Javas statt, wo durch Bündnisverträge der einheimische Sultan von Yogyakarta und der Susuhunan von Solo unter die Aufsicht eines niederländischen Residenten gestellt wurden. Es handelte sich bei diesen indirekten Verwaltungsformen um einen Kompromiss zwischen der Tatsache eines ungleichen Machtverhältnisses und der zeremoniellen Fiktion eines gleichberechtigten Bündnisses, wobei das Prestige des einheimischen Fürsten der Bevölkerung gegenüber beibehalten wurde. Ähnliche Formen waren in der Kolonialzeit auch in Indien nachzuweisen.

Kolonialwirtschaft

Ökonomische Motive haben sicherlich eine Rolle gespielt bei der Bestrebung, Südostasien zu kolonisieren. Es handelte sich um Gebiete mit umfangreichen natürlichen Ressourcen (wie Erdöl, Kohle und Holz), während zusätzlich die vorhandenen oder herangezogenen Arbeitskräfte in großem Stil agrarische Produkte (wie Rohrzucker, Tabak, Kopra und Gummi) für den Export bereitstellten. Oft waren es die ökonomischen Erwartungen, die Handelskreise vor Ort oder in Europa, die Politiker zu Gebietserwerb anregten, mehr noch als die Gewinne selbst, die erst nach der Etablierung westlicher Dominanz realisiert werden konnten.

Durch langfristige Handelskontakte, den Erwerb neuer Gebiete und die zweite industrielle Revolution basierend auf Kohle, Stahl und Eisen wurden die Voraussetzungen für die Entwicklung einer neuen Regionalwirtschaft geschaffen. In den letzten Jahrzehnten des 19. Jahrhunderts entstand fast überall in Südostasien eine moderne Kolonialwirtschaft, die weitgehend von Privatkapital getragen wurde, stark in die Weltwirtschaft integriert und zugleich mit der Wirtschaft im Mutterland verbunden war. Die Erweiterung des Kolonialstaates garantierte westlichen Unternehmern Sicherheit des Eigentums und Standardisierung der Unternehmungsbedingungen, darunter einen gemeinsamen gesetzlichen Rahmen und eine moderne Infrastruktur. Außerdem wurde das Engagement in den Kolonien von einer langen Periode des Aufschwungs im Welthandel begleitet, die von 1870 bis 1930 dauerte und nur Mitte der 1880er-Jahre von einer Agrarkrise unterbrochen wurde. Vor allem in den Jahren 1905–1910 und in den 20er-Jahren gab es große Wachstumssprünge in Produktion und Handel.

Diese groß angelegte Expansion der modernen Wirtschaft brachte eingreifende Folgen für die Wirtschaftsstruktur der Region mit sich. In der Literatur wird darüber diskutiert, ob oder in welchem Maße es zu einer Drainage von Mitteln und Ressourcen aus Südostasien gekommen ist, die zur Unterentwicklung der Region geführt haben soll. Das Exportwachstum hat in dieser Zeit angeblich nicht zu höheren Einkommensniveaus in den südostasiatischen Kolonien geführt. Die möglichen Erklärungen dafür gehen jedoch über reine Abschöpfung hinaus. Ein wichtiger Faktor damals war das Bevölkerungswachstum, das in Java, Birma und den Philippinen über die Erweiterung der Anbaufläche hinausging. Die Menge Reis, die durchschnittlich pro Kopf zur Verfügung stand, sank damit. Zur gleichen Zeit spielten verschlechterte Handelsbedingungen eine Rolle, weil die Erträge von Primärexporten im Vergleich zu den Kosten von industriellen Importen sanken. Auch wurden Exporteinnahmen auf der einheimischen Seite nicht immer gespart, sondern für den Konsum verwendet.

In der spätkolonialen Zeit entwickelte sich eine immer stärkere Trennung innerhalb der Wirtschaft auf ethnischer Basis. Auf der einen Seite standen die europäischen Unternehmen, die arbeits- und kapitalintensiv für den Weltmarkt produzierten, auf der anderen die einheimischen Wirtschaftsstrukturen, die traditionell und kapitalextensiv blieben und sich kaum in die moderne Kolonialwirtschaft integrierten. Der zeitgenössische Kolonialökonom J.H. Boeke bezeichnete diese Trennung als Dualwirtschaft. Neuere Untersuchungen bestätigen ein solches Bild nur zum Teil. Während die Öl-, Rohrzucker- und Kohleproduktion vom westlichen Sektor monopolisiert wurde, gab es im Bereich von Gummi, Tabak und Kaffee parallele westliche und einheimische Produktionslinien. Allerdings gab es dabei immer noch den Unterschied, dass westliche

Produktion war kapitalintensiver, hochwertiger und für weit entlegene Destinationen bestimmt, während für die einheimische Produktion das Umgekehrte galt. Trotzdem führten günstige Marktbedingungen, wie etwa in den 1920er-Jahren, zeitweise zu großem Wohlstand bei einheimischen Produzenten. Im Gebiet von West-Sumatra zum Beispiel erinnert man sich dieser Jahre noch immer als ›hujan mas‹ (Goldregen).

Die Kolonialwirtschaft am Anfang des 20. Jahrhunderts wurde nicht nur durch die Mobilität von Kapital und Gütern geprägt, sondern auch durch die Migration von Menschen. Weil es in den oft dünn besiedelten ländlichen Gebieten, die für Plantagenproduktion geeignet waren, an Arbeitskräften fehlte, wurden diese aus Java und aus anderen Teilen Asiens importiert. Hunderttausende Chinesen und Inder zogen zu den Plantagen- und Bergbaugebieten in Malaya und den indonesischen Außeninseln. Auch innerhalb der Region wurde Migration gefördert. Vom überbevölkerten Delta des Roten Flusses zogen viele Viet zu den Gummiplantagen im Süden, während in Indonesien jährlich Zehntausende von Javanern nach Sumatra und Borneo geschickt wurden, um dort zu arbeiten. Es handelte sich dabei um ›coolies‹ oder Kontraktarbeiter, die eine mehrjährige schriftliche Arbeitsverpflichtung eingegangen waren und meistens unter extrem harten Bedingungen gegen ein geringes Entgelt arbeiten mussten. In vielen Regionen Südostasiens ist durch diese Arbeitsmigration, die sich übrigens nach der Kolonialzeit fortgesetzt hat, eine völlig neue Sozialstruktur entstanden, was damals und noch heute soziale Spannungen mit der ursprünglichen Lokalbevölkerung zur Folge hatte.

Vermittlungsstrukturen und Widerstände

Die Kolonialmacht war letztendlich von einheimischen Vermittlern oder Strukturen abhängig, in denen westliche Anforderungen in einheimischem Kontext übermittelt wurden. Der englische Historiker R. Robinson formulierte es in einem Aufsatz wie folgt: »...the working of imperialism was determined by the indigenous collaborative systems connecting it to European and Afro-Asian components« (Robinson zit. nach Kuitenbrouwer 1983:101-102). Das würde bedeuten, dass, abgesehen von den von Europäern errichteten Verwaltungssystemen, die tatsächlichen Auswirkungen der kolonialen Präsenz mehr von Asiaten als von europäischen Kolonialbeamten bestimmt wurden. Das wird verständlich, wenn man sieht, dass die Haltung der europäischen Kolonialbeamten zwiespältig war: Auf der einen Seite gab es das Ideal, sich der Bevölkerung anzunähern und diese nach westlichem Muster zu entwickeln, auf der anderen Seite musste man als Repräsentant der Obrigkeit Abstand halten. Dabei gab es u.a. das Problem, welche Sprache zu benutzen war: Die gängige europäische Sprache, die aber von sehr wenigen Einheimischen verstanden wurde, oder die lokale Umgangssprache.

Sogar in Gebieten direkter Kolonialverwaltung waren die Europäer von den einheimischen Mitwirkenden abhängig. In Java, wo eine duale Verwaltung installiert worden war, spielte der Regent eine Doppelrolle. Einerseits war er Volksoberhaupt und besaß so traditionelle Autorität unter der lokalen Bevölkerung, andererseits war er Vertreter einer legal-rationalen Kolonialverwaltung. Am Anfang gewann die einheimische Verbindungsfigur an Autorität, weil sie von der Kolonialmacht unterstützt wurde und von dieser Seite ein zusätzliches festes Einkommen erhielt. Aber allmählich wurde sie immer stärker in das

Kolonialprojekt eingebunden, wurde von der Bevölkerung zunehmend als langer Arm des westlichen Herrschers angesehen und verlor damit an Prestige in der eigenen Gesellschaft. Eine ähnliche Entwicklung kann man auch in anderen Gebieten feststellen. Nur wenn es eine feste Interessenverbindung zwischen einheimischer Elite und Fremdherrschaft gab, trat ein solcher Verlust an Autorität nicht auf. Auf den Philippinen schloss sich die Filipino- Elite schnell den Amerikanern an, die eine baldige Unabhängigkeit in Aussicht gestellt hatten. In Malaya fühlte sich die malaiische Elite von den Briten gegenüber einer wachsenden Zahl chinesischer und südindischer Einwanderer gestärkt.

Für vertrauensvolle Aufgaben zogen die Europäer lieber Vertreter der Minoritäten heran, weil bei ihnen weniger Loyalitätskonflikte vermutet wurden als bei den Repräsentanten der Mehrheiten. Kolonialheere in Südostasien wurden von europäischen Offizieren geführt, aber in der Mehrheit von Soldaten aus Minderheiten im eigenen Lande besetzt. Auf der unteren Verwaltungsebene wurden von den Franzosen in Kambodscha und Laos Vietnamesen eingesetzt, von den Briten in Malaya Inder und Chinesen. In Indonesien spielten die Bewohner der Molukken eine besondere Rolle in der Verwaltung und in der niederländisch-indischen Kolonialarmee, weil sie Christen waren und keine Muslime. Sie wurden von der einheimischen Bevölkerung oft als *blanda hitam* (schwarze Holländer) beschimpft.

Dolmetscher waren mehr noch als einheimische Kolonialbeamte Verbindungsleute, die im Spannungsfeld zweier Kulturen standen und eingebunden waren in ein ungleiches Machtverhältnis. Sie waren Vermittler im wahren Sinne, weil sie weit mehr als nur Übersetzer waren. Sie übermittelten nicht nur westliche Kenntnisse an die lokale Gemeinschaft, sondern informierten Europäer über Kultur, Bräuche, Kunst und Religion der Kolonisierten. An den javanischen Fürstenhöfen Mittel-Javas gab es eurasiatische Dolmetscherfamilien, die sich neben ihrer Arbeit als mündliche und schriftliche Übersetzer als Gerichtssekretäre, Notare und sogar Literatoren profilierten. So wurden von ihnen nicht nur klassische javanische Chroniken ins Holländische übersetzt, sondern auch europäische Werke, wie über den Baron von Münchhausen und Napoleon, in javanischer Form veröffentlicht. Ähnlich ging es Nguyen Van Vinh (1882–1935), der schon im 16. Lebensjahr Absolvent der Dolmetscherschule in Hanoi war und danach Assistent des französischen Gouverneurs in der Bac Ninh-Provinz wurde. 1906 reiste er nach Frankreich und wurde nach seiner Rückkehr einer der führenden Journalisten und Schriftsteller Vietnams. Er publizierte französische Klassiker in vietnamesischer Übersetzung und übersetzte vietnamesische Romane ins Französische. Er war ein richtiger Kulturvermittler, weil er die geschriebene Form der Volkssprache (*quoc ngu*) einsetzte, um westliche Ideen in Vietnam Eingang finden zu lassen.

Die Kolonialherrschaft blieb nicht ohne Versuche der Gegenwehr aus der Bevölkerung Südostasiens. In den heutigen Nationalgeschichten wird die Kolonialzeit als eine Ära kritischer Auseinandersetzungen zwischen unterdrückender Kolonialmacht und unaufhörlich tapferen Nationalhelden dargestellt. Eine solche Darstellung ist übertrieben, in vielen Situationen gab es sogar auffallend wenig Widerstand gegen die Kolonialpräsenz und kann diese eher als Fortsetzung einer langen Tradition von ruralen Aufständen gesehen werden. Bei den meisten Revolten in Südostasien in der beschriebenen Zeit handelte es sich um prämoderne, von traditionellen, religiösen Ideen getragene Bewegungen von lokalem Umfang. Oft gab es in diesen von Bauern geführten Bewegungen millenaristische Merkmale. Prophetische Figuren traten als Anführer auf, Menschen wurden im Vertrauen auf übernatürliche Kräfte mobilisiert, die eine Wiederherstellung der alten Ordnung herbeiführen sollten.

Die meisten antikolonialen Bewegungen vor 1920 artikulierten sich über die Tradition. Die Kolonialordnung führte jedoch zu einer neuen Art der Herausforderung des traditionellen Bewusstseins, die stark mit religiösen Vorstellungen über Gerechtigkeit verbunden war. Im Rahmen des Aufbaus des Kolonialstaates wurden bestimmte Vertreter der einheimischen Elite als Vermittler gebraucht und dementsprechend bevorzugt. Andere aber wurden ausgegrenzt. Im muslimischen Teil Südostasiens wurden Religionsexperten wie *ulama*, *kyai* oder *haji*, die in den ruralen Gegenden eine gehobene soziale Position innehatten, benachteiligt. Deswegen waren sie oft bereit, Protestbewegungen anzuführen. In Birma waren dies oft buddhistische Mönche.

Als Auslöser von aktivem, gewaltsamem Widerstand fungierte in vielen Fällen die Einhebung von neuen Steuern, die der europäischen Kolonialmacht eine größere Mobilisierung von Arbeit und intensivere Abschöpfung von Ressourcen ermöglichen sollten. Dadurch wurden zum Beispiel Dorfverbände aufgelöst und Verwandtschaftssysteme untergraben. Der Protest war nicht selten ›nativistisch‹ geprägt, weil er sich gegen die Fremden und ihre Verbündeten richtete und als Versuch erfahren wurde, die ursprüngliche Kultur in ihrer Reinheit wiederherzustellen, was als einziger Weg galt, sich den Herausforderungen des Westens zu stellen. Fasten und Meditation zur Stärkung der eigenen Kraft schienen hilfreich.

Die segmentierte Kolonialgesellschaft

J.S. Furnivall, ein englischer Kolonialbeamter, der die Kolonialgesellschaften in Birma und Indonesien studierte, definierte die Kolonialgesellschaft als eine Zusammensetzung mehrerer ethnisch unterschiedlicher Bevölkerungsgruppen oder ›sozialer Ordnungen‹, die nebeneinander lebten, sich aber nicht vermischten. Für die spätkoloniale Zeit deutet der Begriff Segmentierung noch besser an, dass es innerhalb der einzelnen Gruppen auch einen großen sozialen Abstand zwischen Elite und Unterklasse gab. Die soziale Distanzierung und sogar die Stigmatisierung von Chinesen und Einheimischen durch Europäer war vor allem während der ersten Dezennien des 20. Jahrhunderts besonders ausgeprägt. Bis 1870 war es in ganz Südostasien so, dass vor allem unverheiratete Männer einwanderten, die auf sich selbst gestellt schon schnell eine einheimische Haushälterin oder Konkubine fanden. Im Laufe der Zeit wurden diese Männer immer mehr Teil der lokalen Kultur, indem sie die Lokalsprache benutzten, sich einheimisch kleideten, aßen und sich damit ihrer Umgebung anpassten. Aus diesen Beziehungen gingen Mestizen oder Eurasiaten hervor, die, wenn vom europäischen Vater als eigenes Kind anerkannt, zur europäischen Bevölkerungsschicht gehörten.

Ab etwa 1870 verhärteten sich jedoch die Grenzen zwischen Braun und Weiß. Durch verbesserte Dampfschifffahrtsverbindungen trafen immer mehr europäische Frauen in den Kolonien ein. Dort heirateten sie weiße Beamte und Unternehmer und führten einen exklusiv europäischen Lebensstil ein. Es bildete sich eine rein europäische Oberschicht, mit europäisch geprägtem Familienleben, Freizeitbeschäftigungen, Kulturveranstaltungen usw. In einer solchen Konstellation war für die einheimische Haushälterin nur noch ein

Platz in der Küche übrig. Für Malaya ist diese Entwicklung anhand der Entwicklung der europäischen Gesellschaft in Kuala Lumpur nach 1880 besonders gut zu dokumentieren. Dort wurden aus europäischen Männern *gentlemen* gemacht, die ihre Clubs besuchten, Golf spielten und zu den Pferderennen gingen. Auf dem Lande, wo die großen Plantagen lagen, waren die Lebensbedingungen schwieriger. R.O. Winstedt drückte es so aus: »No home life, no women friends, no libraries, no theatres or cinemas, not always a big enough community for bridge or tennis, no motor-cars, no long walks on account of that labyrinth of trackless jungle: was it any wonder, that the white exile took to himself one of the complaisant, amusing, good-tempered and good-mannered daughters of the East?« (Winstedt zit. nach Butcher 1979:200-201)

In einer segmentierten Gesellschaft konnte es leicht zu erheblichen Spannungen zwischen den Ethnien kommen. Längere Zeit spielten Mestizen, die den Zusammenhalt in der Kolonialgesellschaft sicherten, eine wichtige Rolle. Sie nahmen eine intermediäre Position in der Gesellschaft und auch in der Kolonialverwaltung ein, wo sie die Mittelränge besetzten. Aber mit der zunehmenden Polarisierung in spätkolonialer Zeit wurden sie immer stärker marginalisiert oder zur Entscheidung gezwungen, entweder pro-europäisch und damit pro-kolonial oder pro-einheimisch zu sein. Es gab Bemühungen, sie aus den Reihen der Kolonialbeamten, aber auch immer mehr aus den europäischen Kreisen zu drängen, weil sie, wie behauptet wurde, nicht effizient genug arbeiteten sowie sittlich und körperlich schwach wären.

Neben der einheimischen Bevölkerung spielten auch die Chinesen eine besondere Rolle. Auch sie waren Vermittler, allerdings im Bereich des Handels und der Wirtschaft. Die Chinesen hatten eine lange Migrationsgeschichte hinter sich, die bis ins 15. Jahrhundert zurückreichte. Sie suchten immer die Schnittstellen der ökonomischen Tätigkeit, sei es im Bergbau oder im Handel und Gewerbe, weil die meisten einheimischen Bevölkerungsgruppen mehr mit traditionellen Tätigkeiten beschäftigt waren. Ihre gute Vernetzung und ihr Engagement machten einen Teil von ihnen relativ erfolgreich. Vor allem im kolonialen Zeitalter sind aus Süd-China viele unterschiedliche Dialektgruppen nach Südostasien ausgewandert. Es gab verschiedene Akkulturationserfahrungen: Während auf den Philippinen und in Thailand die Chinesen weitgehend assimiliert wurden, war das in Malaya und in Indonesien in weit geringerem Ausmaß der Fall. Die Kolonialstaaten haben die Chinesen einerseits instrumentalisiert, andererseits ausgegrenzt. So war es ihnen verboten, Land als Eigentum zu erwerben. Es gab eine besondere Verbindung zwischen europäischen Handelhäusern in den Hafenstädten der Kolonien und chinesischen Händlern, die als einzige über ein ausgedehntes Vertriebsnetzwerk im Hinterland verfügten. Auf der Dorfebene war der lokale Chinese oft der Besitzer des einzigen Gemischtwarenladens, zugleich auch der einzige Kreditgeber der Bauern. Weil der Verkauf von Opium in Teilen Südostasiens das Monopol des Kolonialstaates war, spielten auch hier die Chinesen eine dominante Rolle in der Distribution und im Verkauf. Von europäischer und einheimischer Seite wurden die Chinesen oft diskriminiert und als »Wucherer« bezeichnet.

Die einheimische Bevölkerung in der Kolonialzeit war, wie davor, in viele unterschiedliche ethnische und religiöse Gruppen gegliedert. Seit dem 19. Jahrhundert nahm das Bevölkerungswachstum stark zu, wodurch viele rurale Räume, die bisher noch nicht oder kaum besiedelt waren, nun genutzt wurden. Während die übergroße, ungebildete Mehrheit in ländlichen Regionen lebte, gab es ab Ende des 19. Jahrhunderts ein Wachstum der Städte.

In den urbanen Gebieten waren Europäer, Chinesen und andere Immigranten überrepräsentiert, dennoch gab es schon einen Zuzug von Einheimischen in die Städte, wo sie, mit Ausnahme einer kleinen gebildeten, einheimischen Elite, die untersten sozialen Ränge einnahmen. Vor allem im beengten städtischen Raum kam die Segmentierung der Kolonialgesellschaft besonders deutlich zum Ausdruck, z.B. im Unterschied zwischen den grünen Villengegenden für Europäer und den Elendsvierteln der Einheimischen.

Fazit

In vielerlei Hinsicht (politisch, wirtschaftlich und sozial) war die Kolonialperiode in Südostasien eine Zeit tiefgreifenden Wandels. Einheimische Institutionen und Menschen mussten sich an die überlegene europäische Präsenz anpassen. Dadurch wurde intern vieles umgestellt, was einerseits für manchen zu neuen Chancen führte, der Bevölkerungsmehrheit aber das Gefühl gab, vieles zu entbehren, auch wenn das materiell im Vergleich zur Vergangenheit nicht immer eindeutig der Fall war. Die Erfahrung, unterworfen und abhängig zu sein, führte letztendlich zu einer Identitätskrise. Durch die forcierte Modernisierung der südostasiatischen Staaten und Gesellschaften wurden aber zugleich die Grundlagen für das nationale Bewusstsein geschaffen, das sich nach dem Zweiten Weltkrieg in der Errichtung von Nationalstaaten manifestierte.

Literatur

Betts, Raymond (1975): The False Dawn. European Imperialism in the Nineteenth Century. Minneapolis: University of Minnesota Press

Butcher, J. (1979): The British in Malaya, 1880–1941. Oxford

Brocheux, Paul (1995): Indochine: la colonisation ambigue 1858–1954. Paris: La Decouverte

Dahm, Bernhard/Ptak Roderich, Hg. (1999): Südostasien Handbuch. Geschichte, Gesellschaft, Politik, Wirtschaft, Kultur. München: Beck

Dick, Howard/Houben, Vincent/Lindblad, Thomas/Thee Kian Wie (2002): The Emergence of a National Economy. An Economic History of Indonesia, 1800–2000. Crows Nest: Allen & Unwin

Fieldhouse, D.K. (1973): Economics and Empire 1830–1914. London

Gullick, J.M. (1992): Rulers and Residents. Influence and Power in the Malay States 1870–1920. Singapore/Oxford/New York: Oxford UP

Houben, Vincent (1996): Van Kolonie tot Einheidsstaat. Indonesië in de negentiende en de twintigste eeuw. Leiden: Vakgroep Talen en Culturen van Zuidoost Azië en Oceanië

Houben, Vincent/Lindblad, Thomas u. a. (1999): Coolie Labour in Colonial Indonesia. A Study of Labour Relations in the Outer Islands, c. 1900–1940. Wiesbaden: Harrassowitz

Kuitenbrouwer, M. (1982): 'The Concept of Middleman'. In: Papers of the Dutch-Indonesian Historical Conference, Hg. G. Schutte/H. Sutherland. Leiden/Jakarta: BIS: 101-102

Osborne, Milton (1968): Rule and Response. Interaction in Cambodia and Indochina (1859–1905). Dissertation University of Michigan

Reiterer, Gisela M. (1997): Die Philippinen. Kontinuität und Wandel. Wien: Sonderzahl

Wesseling, H.L., Hg. (1978): Expansion and Reaction. Essays on European Expansion and Reactions in Asia and Africa. Leiden: Leiden UP

Wyatt, David K. (1984, 2. Aufl.): Thailand. A Short History. Ann Arbor, Michigan: Edwards

Gisela Reiterer

Südostasien in der Zwischenkriegszeit

Nicht umsonst wurden die Jahre zwischen dem Ersten und dem Zweiten Weltkrieg vom Südostasienwissenschafter Milton Osborne als »[t]he Years of Illusion« bezeichnet (Osborne 1990:115). Zu Beginn der 20er-Jahre schien der Kolonialismus in Südostasien an seinem Höhepunkt angelangt zu sein. Mit Ausnahme Siams, dem heutigen Thailand, das nach erheblichen Souveränitäts- und territorialen Einbußen seine formale Unabhängigkeit verteidigen konnte, befanden sich alle Gebiete der Region in westlichen Händen. Die Eroberung war abgeschlossen. Briten, Franzosen, Holländer, Portugiesen und US-Amerikaner hatten sich ihre Besitzungen gesichert und die Grenzen der Kolonialstaaten, die sich auch in der Folge nur wenig ändern sollten, ihren Interessen entsprechend festgelegt. Eine Entlassung der Gebiete in die völkerrechtliche Unabhängigkeit zu einem unbestimmten Zeitpunkt war nur den von den USA regierten Philippinen in Aussicht gestellt worden. Für die übrigen Kolonialmächte war ein solcher Schritt keine Option. Die wirtschaftliche Entwicklung Südostasiens nach dem Ende des Ersten Weltkriegs sollte, so hoffte man, zur Kooptation der indigenen Bevölkerung und zum Frieden in den Kolonien beitragen. Tatsächlich waren es aber gerade die 20er- und 30er-Jahre des 20. Jahrhunderts, die jene nationalistischen und antikolonialen Persönlichkeiten und Bewegungen in Südostasien hervorbrachten, die die Fremdherrschaft massiv in Frage stellten und auf deren Sturz hinarbeiteten. Die Zwischenkriegszeit war somit gekennzeichnet durch erhebliche Spannungen zwischen Kolonialisierten und Kolonialverwaltung, die von Letzterer weitgehend unterschätzt wurden. Die Gründe für die Ausweitung des indigenen antikolonialen Widerstands waren vielfältig und sowohl auf endogene als auch auf exogene Faktoren zurückzuführen. Seiner Qualität nach unterschied er sich wesentlich von früheren Bewegungen gegen die fremde Bevormundung.

Der südostasiatische Kolonialstaat nach dem Ersten Weltkrieg

Die durch die im 19. Jahrhundert einsetzende wirtschaftliche Transformation in Südostasien induzierten Änderungen zeigten schon früh ihre Auswirkungen, sollten aber nach dem Ende des Ersten Weltkriegs nicht zuletzt durch eine erhöhte Präsenz der Kolonialmacht eine massive Aggravation erfahren. In den ersten Jahrzehnten des 20. Jahrhunderts war die territoriale Grenzziehung vorerst abgeschlossen, was zur Errichtung klarer

politischer und administrativer Einheiten und zu einer neuen, rationaleren und un-
persönlicheren, an westlichen Normen ausgerichteten politischen Ordnung führte. Im
Bemühen um eine effizientere Kontrolle der Kolonien begann man mit einer stärkeren
Zentralisierung der Verwaltung, betrieb die Vereinheitlichung der Gesetze, des Währungs-
und Bankenwesens sowie der Sprachen, des Steuersystems und selbst der Maßeinheiten
entsprechend den westlichen Gepflogenheiten. Straßen, Eisenbahnen sowie ein Telegra-
phen- und Postsystem verbanden die administrativen und wirtschaftlichen Zentren der
Kolonien mit ihrem Hinterland und wurden sowohl aus ökonomischen als auch aus
politischen Gründen weiter ausgebaut. Die effizientere Eintreibung von Steuern und
Abgaben erlaubte auch ein stärkeres Engagement in den Bereichen der Bildung, des
Gesundheitswesens sowie der Sozial- und Wirtschaftspolitik. Südostasien erlebte einen
kontinuierlichen Übergang zu einem modernen Staatswesen. Die Regierungspräsenz
erreichte eine bislang nie dagewesene Intensität, erstreckte sich nun auch auf das
Hinterland, reichte bis auf die Dorfebene und durchdrang das gesamte Alltagsleben der
kolonialisierten Bevölkerung. Die Vorstellung von einer vollständigen Kontrolle der
südostasiatischen Untertanen durch die Kolonialmächte blieb jedoch eine Illusion.

Die massive Ausweitung der staatlichen Aufgabenbereiche und Regierungstätigkeit
zu Beginn der 20er-Jahre erforderte einen neuen Stil der Administration, klar definierte,
formale, nicht persönlichkeitsdominierte Institutionen, konkrete bürokratische Funktionen, geregelte Prozesse und viel Schreibarbeit. Entsprechend ging sie einher mit einem
ebenso massiven Wachstum der Bürokratie. Die Privilegien der indigenen Führer wurden
beschnitten. Eine zentral kontrollierte Hierarchie wurde eingeführt. Blieben die führenden Ämter in der Verwaltung auch weiterhin in den Händen der Kolonisatoren, so stieg
die Zahl der Einheimischen und, wo man diese nicht für geeignet empfand, der
Immigranten aus anderen asiatischen Ländern gerade in den unteren und mittleren
Positionen stark an. Die westlichen Kolonialmächte in Südostasien waren immer auf eine
zumindest begrenzte Zusammenarbeit mit der indigenen Bevölkerung und den asiatischen Zuwanderern angewiesen gewesen, hatten jedoch deren Einflussbereich entsprechend den eigenen Interessen zu minimieren versucht. Die in den meisten Fällen
bereitwillige Kollaboration der indigenen Eliten mit den Kolonialherren hatte sich als
Vorteil für beide Seiten erwiesen. Ihre Beziehung zueinander entsprach weitgehend der
in Südostasien verbreiteten Patron-Klienten-Beziehung, war eine komplexe und unglei-
che und blieb ambivalent. Die Ausweitung der Staatstätigkeit und ein sich langsam
wandelndes Verständnis von politischer Legitimität als Folge von Performanz anstelle
von göttlicher Bestimmung, Reichtum oder Amtsinsignien erforderte zunehmend ein
größeres Maß an Effizienz. Grundvoraussetzung für die Aufnahme in den Staatsdienst
waren nun nicht mehr allein Status und Herkunft, sondern auch ein Mindestmaß an
westlicher Formalbildung, administrativen Fertigkeiten, Kenntnis der Sprache der Kolonialmacht sowie die Akzeptanz seitens der Kolonialherren. Hatte man sich bislang
wesentlich auf die Zusammenarbeit mit den traditionellen Eliten konzentriert, so konnte
man nun verstärkt auf eine neu aufkommende Bildungsschicht zurückgreifen, die ihre
Entstehung dem seit Beginn des Jahrhunderts rasch wachsenden westlichen Schulsystem
in den Kolonien verdankte und nicht notwendigerweise der indigenen Aristokratie
entstammte. Angesichts alter Loyalitäten und Machtverhältnisse, die sich als Gefahr für
die kolonialen Interessen erweisen konnten, schien die Heranbildung einer neuen, den

Kolonialmächten verpflichteten Klientel als opportun. So bevorzugte man in der Verwaltung in Britisch Malaya Chinesen, in Birma Inder und Karen. In den französischen Protektoraten Kambodscha und Laos wurden aus Mangel an ausreichend gebildetem Personal Vietnamesen in die Bürokratie aufgenommen. Ebenso verbreitet war die Rekrutierung von Asiaten aus anderen Ländern sowie von Mitgliedern ethnischer Minderheiten im militärischen Bereich. So bestand zum Beispiel das britische Militär in Birma 1939 aus 1448 Karen, 886 Chin, 881 Kachin und nur 472 Barma, die mit rund 70 Prozent der Bevölkerung des Landes die ethnische Mehrheit bildeten (Smith 1999:44). In Malaya wurden Inder eingesetzt, und in Niederländisch-Ostindien war die Anwerbung von Ambonesen eine erklärte Politik der Holländer.

Zu Beginn der 20er-Jahre nahm die Zahl der Einwanderer aus den westlichen Staaten zu. Hatte die geringe Durchdringung der Region durch die Kolonialmacht und die weitgehende Aufrechterhaltung des sozialen Status der indigenen Elite in den frühen Jahren der Kolonisation die Ausländer nicht notwendigerweise in allen Gebieten als fremde Regierung erscheinen lassen, so konnte nun kein Zweifel mehr daran bestehen, dass die Interessen des Kolonialstaates nicht mit jenen der indigenen Gesellschaft ident waren (Trocki 1992:93). Die größere Präsenz der westlichen Kolonisatoren nach dem Ersten Weltkrieg und deren Bevorzugung in der Bürokratie und in besser dotierten Positionen ließen die rassistischen Aspekte der Fremdherrschaft deutlicher hervortreten. Status und Macht der Südostasiaten schienen trotz ihrer stärkeren Einbindung in die Administration abzunehmen. Sie waren nicht nur die billigeren Beamten als die westlichen Zuwanderer, sondern auch von Karrierechancen meist ausgeschlossen. Ihre Einbeziehung in die staatliche Verwaltung vermittelte ihnen jedoch einen tiefen Einblick in das koloniale System und in bürokratische und administrative Notwendigkeiten, der sie, zusammen mit der ethnischen Diskriminierung und der damit einhergehenden Frustration, zu erklärten Gegnern der Kolonialregierung werden ließ. Der Slogan »Asien den Asiaten«, mit dem die Japaner im Zuge ihrer Besetzung Südostasiens während des Zweiten Weltkriegs um Loyalität warben, entsprach daher durchaus ihren Bedürfnissen, wurde von ihnen positiv aufgenommen und im eigenen Sinne interpretiert. Was vom Westen als Kollaboration gesehen wurde, war weitgehend asiatischer Pragmatismus. Den Südostasiaten selbst wurde jedoch bald klar, dass mit der japanischen Besetzung nur eine Kolonialmacht durch eine andere, keineswegs wohlwollendere, ersetzt werden sollte.

Unmittelbar nach dem Ersten Weltkrieg schienen sich aber die Hoffnungen auf ökonomische Prosperität und politischen Frieden zu erfüllen. Die Wirtschaft boomte infolge der verstärkten internationalen Nachfrage. Südostasien gehörte zu den Hauptlieferanten von Gummi, Reis und Zinn, und die Exporteinkommen stiegen auch für die übrigen Ausfuhrprodukte, was sowohl zu einer erheblichen Expansion der Produktion als auch der Produktionsflächen und einer verstärkten Nachfrage nach Arbeitskräften führte. Tatsächlich wurde in den 20er-Jahren in den meisten südostasiatischen Staaten die so genannte Grenze (*frontier*) des agrarisch nutzbaren Bodens erreicht, denn der vom Westen induzierte wirtschaftliche Wandel war mit einem rapiden Bevölkerungswachstum verbunden. Land war nun eine knappe Ressource. Pächter und Kleinbauern konnten mit den gestiegenen Produktionsanforderungen nur schwer Schritt halten. Höhere Abgaben und die damit verbundene Verschuldung führten oft zum Verlust des Bodens, der von den

Gläubigern, häufig Großgrundbesitzern und Geldverleihern, akquiriert wurde. Die Zahl der Pächter und der Landlosen stieg ebenso wie die der abwesenden Grundherren, die ihre Besitzungen zu ausbeuterischen Bedingungen verpachteten oder von Lohn- und Saisonarbeitern bestellen und von Aufsehern verwalten ließen. So waren in Niederbirma schon 1930 rund 31 Prozent des kultivierten Landes in Händen von abwesenden Grundbesitzern und knapp zehn Jahre später nahezu 60 Prozent des Bodens unter fixen Pachtverträgen (Elson 1992:145). Die Landarbeiter sollten, zumindest solange der Wirtschaftsaufschwung anhielt, von der erhöhten Nachfrage nach Arbeitskräften profitieren, gehörten aber in den Zeiten der Weltwirtschaftskrise zu den am stärksten betroffenen Gruppen.

Angesichts der raschen Kommerzialisierung und der verbesserten Transportmöglichkeiten nahmen Saison- und Wanderarbeit zu. Zur Migration aus Indien und China kam die interne Migration, die im Wesentlichen dem indischen und chinesischen Muster glich. Waren die frühen Migranten Männer in ihren Zwanzigern und Dreißigern, so folgten ihnen nun auch junge Frauen, die von ihren Anwerbern nicht selten in die Prostitution gezwungen wurden. Doch selbst wenn sie auf den Plantagen oder in anderen Betrieben eingesetzt waren, lagen ihre Löhne weit unter jenen der Männer. Insgesamt sollte sich die vom Westen induzierte wirtschaftliche Entwicklung für die südostasiatischen Frauen, die über einen besseren Status – der allerdings nie über dem von Männern lag – als ihre Geschlechtsgenossinnen in anderen asiatischen Ländern verfügten, als zweischneidig erweisen. Die wirtschaftliche Notwendigkeit erforderte ihren Eintritt in die Lohnarbeit. Ihr Beitrag zum Haushaltseinkommen war enorm. Oft mussten die Frauen in Abwesenheit der Männer landwirtschaftliche Zusatzaufgaben übernehmen und für das gesamte Familieneinkommen sorgen. Tatsächlich wurde aber bezahlte Frauenarbeit immer nur als Zusatzverdienst gesehen. Höher dotierte und bessere Positionen gingen an Männer. Die starke Einbeziehung in das Wirtschaftsleben verlieh den Frauen aber gleichzeitig eine größere Unabhängigkeit, die sich bis in die Gegenwart manifestieren sollte. Die Lebensumstände weiblicher und männlicher Lohnarbeiter unterschieden sich jedoch wenig voneinander. Der Alltag war bestimmt von der streng überwachten Arbeit. Die Löhne waren generell niedrig, die Gefahr der Verschuldung war gerade für Männer enorm, die das geringe Einkommen nicht selten verspielten, vertranken oder für Prostituierte ausgaben. Eine Rückkehr der Wanderarbeiter zur Familie war erst nach Abzahlung der beim Arbeitgeber oder Vermittler angehäuften Schulden und somit oft gar nicht möglich. Die Sterberate war hoch. Die strikten und oft unmenschlichen Arbeitsbedingungen sowie die Willkür der Dienstgeber und Aufseher führten häufig zu Unruhen und Streiks, aber auch zu Übergriffen auf das Aufsichtspersonal. So wurde etwa 1927 ein französischer Aufseher in Cochinchina von seinen Untergebenen wegen wiederholter Misshandlungen massakriert (Elson 1992:161). Eine Verbesserung der Situation versuchten die langsam aufkommenden Gewerkschaften zu erreichen.

Die Migration, sowohl die interne als auch die indische und chinesische, war auch dazu angetan, die ethnische Zusammensetzung der Bevölkerung zu verändern und trug vor allem dort zu Unruhen bei, wo sich die angestammte Bevölkerung um Land und Lebensgrundlage gebracht sah, wie in Mindanao, wo ein bereits 1913 begonnenes Umsiedlungsprogramm aus Luzon für die Integration der auf Eigenstaatlichkeit bedachten Muslime der südlichen Philippinen in einen philippinischen Einheitsstaat sorgen sollte.

Waren Produktion und Ressourcen vorwiegend in den ländlichen Gebieten angesiedelt, so wurden die Städte zu Zentren der Administration und des Handels. Im Gegensatz zur Stagnation des städtischen Wachstums zu Ende des 19. Jahrhunderts konnte zu Beginn der Zwischenkriegszeit eine rapide Urbanisierung festgestellt werden. Tatsächlich wuchsen die Städte nun viel schneller als ihre umliegenden ländlichen Gebiete. 1930 gab es bereits 16 südostasiatische Städte mit über 100.000 Einwohnern (Elson 1992:170). Die urbanen Zentren erwiesen sich aber weniger als industrieller Motor denn als Handelszentren und als Zwischenstation auf dem Exportweg der Produkte aus dem Hinterland. Die Hauptstadt wurde zum wichtigsten Zentrum des Staates, an das die nächstgrößte Stadt weder an Größe noch an Bedeutung herankam. In ihr wohnten neben den westlichen Kolonialherren die indigenen Eliten und die abwesenden Grundbesitzer, die häufig miteinander ident waren, zu Wohlstand gelangte Zuwanderer aus China und Indien, die immer noch als Vermittler zwischen Kolonialmacht und indigener Bevölkerung agierten, eine langsam aufkommende Mittelschicht, die aufgrund ihrer Formalbildung sowohl in die Administration als auch in die Wirtschaft Eingang fand, sowie eine wachsende Arbeiterschicht und Neuzuwanderer, die vor allem im informellen Sektor tätig wurden. Letztere stellten einen größeren Anteil dar als die Lohnarbeiter, die trotz häufiger Arbeitslosigkeit zumindest vorübergehend geregelte Arbeitsverhältnisse eingehen konnten. Insgesamt erwies sich der informelle Sektor als arbeitsintensiv und weniger produktiv als der formelle und führte zu einer Prolongierung der Armut vor allem junger weiblicher Arbeitskräfte, die aufgrund ihrer geringen oder fehlenden Formalbildung kaum Aussichten auf verbesserte Karrierechancen hatten. Aufgrund persönlicher Bindungen ergab sich nicht nur eine an ethnischer oder lokaler Herkunft ausgerichtete Arbeitsteilung, sondern auch eine ebensolche Wohn- und Siedlungskonzentration (Doeppers 1984:79ff). Wenngleich das ländliche und städtische Arbeiterproletariat zunahm, so war es doch trotz gelegentlicher Unruhen weit von einer kritischen Masse entfernt. Zum Träger der Veränderungen wurde die besser gebildete Mittelschicht, die von einer erheblich erweiterten Schulbildung profitierte und nicht nur die Führungsrolle der Kolonialmacht, sondern auch die der traditionellen indigenen Eliten in Frage zu stellen begann.

Nationalismus und Unabhängigkeitsbewegungen

Die modernistischen Reformer der 20er- und 30er-Jahre unterschieden sich sowohl vom frühen traditionellen Widerstand gegen die Fremdherrschaft als auch von den chiliastischen Bewegungen und Bauernaufständen des frühen 20. Jahrhunderts, die sich zwar gegen die intrudierenden Maßnahmen der Kolonialherrschaft richteten, aber keine ernsthafte Herausforderung für die etablierten Regierungen darstellten. Die neue Generation würdigte zwar den Wert dieser Bewegungen für ihre Unabhängigkeitsbemühungen, zog aber auch die geänderten sozialen, wirtschaftlichen und politischen Faktoren in Erwägung. Tatsächlich orientierten sich die Reformer stärker an westlichen Ideologien und Konzepten als an indigenen Traditionen. Sie erkannten sehr wohl die Nützlichkeit der staatlichen Einrichtungen und bereiteten sich darauf vor, diese nicht zu eliminieren, sondern von der Kolonialverwaltung zu übernehmen und für ihre Zwecke zu adaptieren, die westlichen Vorteile mit den asiatischen Werten zu verschmelzen. Beeinflusst durch ihre westliche Bildung, standen sie den Ideen der Kolonialherren oft näher als der einheimischen Bevölkerung, in deren Namen sie zu agieren vorgaben. Nicht immer richteten sich die reformistischen Aktivitäten nur gegen die Herrschaft durch die Kolonialmächte, sondern vielerorts auch gegen die indigenen Eliten, die mit den westlichen Regenten zugunsten der Wahrung der eigenen Interessen kollaborierten und nun den Dekolonisationsprozess erheblich erschwerten.

Mit Kratoska und Batson kann man die Reformbewegungen in drei Gruppen einteilen: Jene, in der Regel der ethnischen Mehrheit zugehörigen Aktivisten, die nach 1945 in einem völkerrechtlich unabhängigen Staat das Erbe der Kolonialmächte und die Regierung übernehmen konnten; sodann ethnische Minderheiten, die keinen eigenen Staat erreichen konnten und aufgrund ihrer Sezessionsbestrebungen oft bis heute zu potenziellen Konfliktfaktoren wurden; und schließlich Gruppierungen, die nur ein geringes Interesse an politischem Nationalismus und Unabhängigkeit zeigten, aber soziale und religiöse Reformen forderten (Kratoska/Batson 1992:249). Die gängige Gleichsetzung von Antikolonialismus und Nationalismus sollte sich somit mehrfach als problematisch erweisen. Zum einen vertraten verschiedene antikoloniale islamische und sozialistische Bewegungen transnationale Ideologien, die dem Nationalismus ablehnend gegenüberstanden, wenngleich sie ihn durch ihre Agitation begünstigten. Zum anderen war die Grenzziehung durch die Kolonialmächte ohne Rücksicht auf die ethnische Zugehörigkeit der Bevölkerung erfolgt. Die Kolonialstaaten waren »plurale Gesellschaften« (Furnivall 1948:304f), ethnisch inhomogene Territorien, auf die das Prinzip, dass die politische und nationale Einheit kongruent sein sollten (Gellner 1983:1), keine Anwendung fand. Das erklärt auch die Spaltung der nationalistischen Unabhängigkeitsbewegung in einen »territorialen Nationalismus« (Smith 1986:9), der auf der von der Kolonialmacht errichteten territorialen und politischen Einheit basierte und schließlich zum Erfolg führte, und in einen »ethnischen Nationalismus« (Eriksen 1993:6) der Minoritäten, die einen auf ethnischer Zugehörigkeit beruhenden Staat forderten und, wie oben erwähnt, in ihren Bemühungen frustriert wurden, deren Sezessionsbestrebungen aber teilweise bis in die Gegenwart andauern.

Die Gründe für das Aufkommen der Reformbewegungen waren vielfältig. Neben einer umfangreicheren Schulbildung, besseren Reise-, Kommunikations- und Informationsmöglichkeiten, der Einführung westlicher Regierungs- und Verwaltungsformen und einem wachsenden Rassismus seitens der westlichen Zuwanderer erwiesen sich sowohl die Verbreitung antikolonialer Ideologien als auch reformistische Aktivitäten in Japan, Indien und China, die Ereignisse in Europa und die russische Revolution als ausschlaggebend.

Rechtfertige man die Unterwerfung der südostasiatischen Staaten durch den Westen auch als *mission civilisatrice*, so orientierten sich die erziehungspolitischen Maßnahmen der Kolonialmächte vorrangig an den eigenen wirtschaftlichen und strategischen Interessen und blieben moderat, wollte man ja nicht die eigene Herrschaft durch die Verbreitung eines größeren politischen Bewusstseins in Frage stellen lassen. Nur die US-Regierung auf den Philippinen betrachtete den Ausbau der allgemeinen Grundschulbildung als Vorbereitung auf eine eventuelle Entlassung in die Unabhängigkeit, nutzte sie aber gleichzeitig als Befriedungsinstrument. Durch die wachsenden Aufgaben der Regierun-

gen und die wirtschaftliche Entwicklung wurde eine Expansion des Schulwesens aber
auch in den übrigen Kolonialstaaten unabdingbar. In den vier Jahrzehnten vor Ausbruch
des Zweiten Weltkriegs wurde in allen Ländern Südostasiens ein Bildungssystem eingerichtet, das von der Grundschule bis zur Universität reichte. Entsprechend entwickelte sich
eine ständig wachsende, westlich gebildete indigene Mittelschicht jenseits der traditionellen
Elite, konnte praktisch jeder bedeutende südostasiatische politische Denker und Führer
der Zwischenkriegszeit auf eine überdurchschnittliche Bildung verweisen.

Die Errichtung höherer Bildungsinstitutionen begünstigte Kontakte über die ethnischen und kolonialstaatlichen Grenzen hinweg. Studenten, die ihre Ausbildung in Europa
oder den USA fortsetzten, wurden mit einem neuen politischen Bewusstsein und neuen
liberalen Ideen und Konzepten wie Nationalismus, Demokratie, Konstitutionalismus und
Kommunismus sowie mit aktuellen internationalen Ereignissen konfrontiert. Bei internationalen Kongressen trafen sie nicht nur Mitstreiter aus anderen Kolonialstaaten,
sondern auch Sympathisanten aus westlichen Ländern, die ihre Anliegen unterstützten.
Das stärkte das Bewusstsein für das Auseinanderklaffen von westlichen politischen
Idealen und politischer Realität in den Kolonien.

Zum staatlichen, westlich orientierten Schulwesen kamen private, sowohl weltliche
als auch religiöse Bildungsinstitutionen, die ebenso für die Verbreitung nationalistischer
Ideen genutzt wurden. Vor allem die moslemischen *pesantren* und *madrasah* sollten hier
von Bedeutung werden. Sie trugen dazu bei, dass sich vielerorts ein zumindest rudimen-
tärer Alphabetismus verbreitete, der die rasche Weitergabe von Informationen ermöglichte, was sich für die Verbreitung der neuen Ideen von Vorteil erwies, denn zeitgleich
mit der Zunahme von Bildungseinrichtungen stieg auch die Zahl der Zeitungen und
Printmedien. Begünstigt wurde diese Entwicklung nicht nur durch die journalistische
Tätigkeit der ersten Nationalisten, sondern auch, wie in Vietnam, durch die Einführung
der Lateinschrift *quôc ngu* oder die Propagierung des *bahasa indonesia* als *lingua franca*
in Niederländisch-Ostindien. Das Interesse der Kolonialmächte an südostasiatischer
Geschichte und Archäologie, Kunst und Kultur ließ zusätzlich das Bewusstsein einer
ruhmreichen Vergangenheit entstehen, auf die sich die Einheimischen in ihrem Bemühen
nach mehr Selbstbestimmung in der Folge immer wieder berufen sollten (SarDesai
1994:137).

Nicht weniger impulsreich für die Unabhängigkeitsbewegungen erwiesen sich
externe Ereignisse. Die 1868 durch die Meiji-Reform eingeleitete Modernisierung
Japans, die Akzeptanz des Landes als gleichberechtigter Partner durch die Westmächte
1899 und sein Sieg im Russisch-Japanischen Krieg (1904–05) über ein europäisches
Land, der endgültig den Mythos von der europäischen Unbesiegbarkeit und den Glauben
an die asiatische Inferiorität zerstörte, stärkten das Selbstvertrauen der südostasiatischen
Nationalisten. Ebenso wichtig waren die Ereignisse in China, speziell nachdem Japan
selbst einen imperialistischen Kurs einschlug: der gegen den Imperialismus gerichtete
Boxeraufstand von 1900, die chinesische Revolution von 1911 und die Einführung der
Republik 1912, die folgende intellektuelle und kulturelle Bewegung sowie die Gründung
der kommunistischen Partei Chinas 1921. China aber bot nicht nur ideologische Unterstützung, sondern auch Zuflucht für politische Exilanten aus Südostasien, was vor allem
für die vietnamesischen Nationalisten von Bedeutung sein sollte. Das dritte asiatische
Land, das wesentliche Impulse vor allem für die nationalistische Bewegung in Birma und

Indonesien bot, war Indien, wo zuerst der 1885 gegründete Indian National Congress und schließlich Mahatma Gandhi und Jawaharlal Nehru zu den Sprachrohren der nationalistischen Bewegung wurden. Die Intensivierung der Kontakte mit dem Mittleren Osten hatte schon die proto-nationalistischen Bewegungen in Indonesien zu Beginn des Jahrhunderts beeinflusst (Dahm 1974:110ff), aber auch für Buddhisten wurde die Unterwerfung durch Andersgläubige zu einem der wesentlichen Aspekte im antikolonialen Kampf.

Wichtige Anstöße kamen vom Westen selbst. Der Erste Weltkrieg hatte zum Zusammenbruch großer multinationaler Reiche in Europa und Eurasien geführt. Das Habsburgerreich Österreich-Ungarn wurde ebenso wie das Osmanische Reich und das ehemalige zaristische Russland zumindest weitgehend nach ethnischer Zugehörigkeit geteilt. Das 14-Punkte-Programm von US-Präsident Woodrow Wilson stellte durch seine Forderung, das Selbstbestimmungsrecht kleiner Nationen wiederherzustellen und bei der Entscheidung über Souveränitätsfragen die Interessen der kolonialisierten Völker zu berücksichtigen, in den Augen der Südostasiaten zumindest eine theoretische Anerkennung der antikolonialen Bewegung dar. Die durch den Krieg erlittene Schwächung der Siegermächte Frankreich und Großbritannien war zudem unübersehbar. Hoffnungen erweckten nicht zuletzt die russische Oktoberrevolution von 1917 und der damit verbundene Aufruf zum weltweiten Kampf gegen den Imperialismus. Waren sozialistische Ideen schon vor dem Ersten Weltkrieg nach Südostasien gedrungen, so wurden nun die ersten kommunistischen Parteien in der Region gegründet. Ihr Erfolg hing jedoch weniger von der den Asiaten fremden Ideologie, sondern von zahlreichen anderen Faktoren ab. Die Weltwirtschaftskrise, deren Auswirkungen sich in Südostasien in den frühen 30er-Jahren sowohl länder- als auch schichtspezifisch unterschiedlich zu manifestieren begannen, trug zu einer Aggravation der Situation und zu temporären Unruhen bei. Der Ausbruch des Zweiten Weltkriegs stellte vorerst eine Zäsur in der Entwicklung dar, die Ereignisse zwischen 1941–1945 sollten sich allerdings als Katalysator für die Erlangung der Unabhängigkeit erweisen.

Der Verlauf der Unabhängigkeitsbemühungen

Die Philippinen

Eine Vorwegnahme der politischen Ereignisse in Südostasien gab es auf den Philippinen, die daher eingehender behandelt werden sollen. Dort hatte neben dem moslemischen Widerstand gegen die Spanier schon seit Beginn der Kolonisation durchschnittlich alle vier bis fünf Jahre ein Aufstand der indigenen Bevölkerung gegen spanische Maßnahmen stattgefunden. Zu Ende des 19. Jahrhunderts nahm die Unzufriedenheit mit der Kolonialregierung jedoch eine neue Qualität an. Als Katalysator fungierte die Hinrichtung dreier philippinischer Priester, José Burgos, Mariano Gomez und Jacinto Zamora, die gegen die Benachteiligung einheimischer Geistlicher gegenüber dem spanischen Klerus protestiert hatten, und nun fälschlicherweise als Verschwörer und Anführer des im Januar 1872 im Arsenal von Cavite ausgebrochenen Aufstands beschuldigt wurden.

Um 1880 begannen die in den Schulen in europäischer Tradition erzogenen *ilustrados*, die gut ausgebildeten Söhne wohlhabender chinesischer Mestizen und Filipinos, die Emanzipation voranzutreiben. Ziel ihrer als Propaganda bezeichneten Bewegung war nicht die Loslösung von Spanien, mit dem sie das Bewusstsein einer gemeinsamen kulturellen Tradition verband, sondern die Anerkennung der Philippinen als spanische Provinz und damit die vollen Bürgerrechte und das Ende der politischen und sozialen Diskriminierung der indigenen Bevölkerung. Durch ihre Zeitschrift »La Solidaridad« und den sozialkritischen Roman »Noli me tangere« von José Rizal, der im 20. Jahrhundert zum philippinischen Nationalhelden aufstieg, sollten die Ilustrados zwar die zukünftige Entwicklung in den Philippinen beeinflussen, eine Massenbasis konnten sie aber nicht aufbauen.

Im Gegensatz zur Propaganda forcierte die 1892 von dem nicht der Elite zugehörigen Andres Bonifacio gegründete Katipunan, eine Geheimgesellschaft nach dem Vorbild der Freimaurer mit dem Ziel der Loslösung von Spanien, den bewaffneten Aufstand, der im August 1896 begonnen wurde. Trotz wechselnden Kriegsglücks wurde im März 1897 die Republik ausgerufen und eine Regierung unter Emilio Aguinaldo gewählt, der seinen Gegenspieler Bonifacio im Mai 1897 im Zuge eines internen Machtkampfes zum Tode verurteilte und hinrichten ließ. Im November 1897 wurde eine provisorische Verfassung nach dem Vorbild Kubas unterzeichnet, die für zwei Jahre gültig sein sollte. Ende des Jahres schloss Aguinaldo jedoch einen Waffenstillstand mit der spanischen Kolonial-macht, die den Aufstand angesichts der zunehmenden Spannungen mit den USA um Kuba möglichst schnell beenden wollte und ihm eine beachtliche finanzielle Entschädi-gung anbot, sofern er das Land verließ. Am 27. Dezember 1897 ging er mit seinen Mitstreitern nach Hongkong ins Exil, wo er die Unterstützung der USA für seine Unabhängigkeitsbestrebungen suchte.

Seitens der USA, die am Ostasienhandel teilhaben wollten, war ein Angriff auf die Philippinen im Falle eines spanisch-amerikanischen Krieges schon geplant. Die US-amerikanische Eroberung der Philippinen, die mit der Zerstörung der spanischen Flotte in der Manila Bay am 1. Mai 1898 begann, erfolgte unabhängig von den philippinischen Nationalisten, die man so lange mit ihren Aktivitäten gewähren ließ, als es für die amerikanischen Pläne opportun war. Am 24. Mai 1898 errichtete Aguinaldo, der im amerikanischen Gefolge auf den Archipel zurückgekehrt war, eine provisorische Regie-rung und erklärte am 12. Juni desselben Jahres die Unabhängigkeit von Spanien. Am 23. Januar 1899 wurde von ihm die Republik ausgerufen. Am 4. Februar 1899, zwei Tage bevor der Vertrag von Paris, der die Philippinen zur Kolonie der USA erklärte, im amerikanischen Kongress ratifiziert wurde, brach der Philippinisch-Amerikanische Krieg aus, der am 4. Juli 1902 trotz andauernder Kampfhandlungen sein offizielles Ende fand. Schon im April 1901 legte der gefangen genommene Aguinaldo den Loyalitätseid auf die USA ab (Reiterer 1997:75ff).

Weder die Propagandabewegung noch die Katipunan trugen erheblich zur Dekolo-nisation bei. Die Herrschaft über die Philippinen ging trotz des enormen Widerstandes gegen die Amerikaner nahtlos von den Spaniern auf die USA über, die sich als vergleichsweise wohlwollende Kolonialmacht erweisen sollten und ihr Versprechen bezüglich Selbstverwaltung und Unabhängigkeit allmählich realisierten. Von Anfang an wurden die Einheimischen in die Justiz und die Lokalregierung eingebunden und fanden Wahlen auf unteren Regierungsebenen statt. 1907 wurde ein philippinisches Parlament eingerichtet und 1916 das Jones Law verabschiedet, das nicht nur die philippinische Beteiligung an der Regierung verstärkte, sondern auch die Entlassung in die Unabhängigkeit in greifbarere, wenngleich noch immer unbestimmte Nähe rücken ließ. Die in die Regierung des Landes eingebundene philippinische Elite verfolgte eine ambivalente Politik. Während sie seit 1919 Unabhängigkeitsmissionen in die USA schickte, versuchte sie vor der vollständigen Übernahme der Verantwortung für den Staat ihre eigene wirtschaftliche und politische Position zu stärken. Angesichts der Weltwirtschaftskrise und der Invasion der Mandschurei durch die Japaner 1931 schien jedoch auch den USA eine Entlassung aus der kolonialen Verantwortung als opportun. Der von Sergio Osmeña und Manuel Roxas mit den Kolonialherren 1933 geschlossene Unabhängigkeitsvertrag wurde von den Filipinos zugunsten eines nahezu identen, von Manuel Quezon 1934 unterzeichneten abgelehnt. Am 15. November 1935 wurde das philippinische Commonwealth unter dem vom Volk gewählten Präsidenten Quezon inauguriert. Seine Macht blieb vorerst auf die Innenpolitik beschränkt, doch sollten die Philippinen nach einer zehnjährigen Übergangsperiode 1946 automatisch in die Unabhängigkeit entlassen werden. Die Landung japanischer Einheiten am 8. Dezember 1941 und die Einverleibung des Landes in die »Greater East Asia Co-prosperity Sphere« stellten vorerst eine Zäsur in der Entwicklung dar.

Insgesamt sollte sich die US-Politik nachteilig auf die Entwicklung einer philippinischen nationalen Identität auswirken. In den 30er-Jahren nahm zwar die politische Agitation seitens der Gewerkschaften, der neu gegründeten sozialistischen und kommunistischen Partei sowie der radikal antiamerikanischen Sakdalbewegung zu. Die Aussicht auf Unabhängigkeit verhinderte jedoch die Entstehung eines den philippinischen Regionalismus überschreitenden Nationalismus, wie er sich zu Ende des 19. Jahrhunderts angekündigt hatte.

Birma

Neben den Filipinos wurde auch den Birmesen bis Mitte der 30er-Jahre eine eigene Regierung mit beschränkten Kompetenzen zugestanden. Von Anfang an sahen sich die Briten, die das Land zwischen 1824 und 1885 annektierten und in der Folge als Provinz von Britisch-Indien regieren ließen, ohne der Bevölkerung die gleichen Rechte wie den Indern einzuräumen, massivem indigenen Widerstand ausgesetzt. Ihre willkürliche und inkonsistente Politik führte zu einer erheblichen Ungleichbehandlung der Völker Birmas, des ethnisch diversesten Landes Festlandsüdostasiens. Die Verleihung von Sonderrechten an einzelne Ethnien im Zuge der Reformen des frühen 20. Jahrhunderts und die christlichen Missionierungsbestrebungen unter den Karen, die aufgrund ihrer in Missionsschulen erworbenen Bildung verstärkt in die britische Administration und das Militär eingebunden wurden, ließen den Eindruck einer Sonderbehandlung verschiedener Minoritäten entstehen und vertieften die Gräben zwischen den Ethnien zusätzlich. Wenngleich die Briten kein Interesse an der Förderung ethnischer Minderheiten hatten, so war ihre Politik dazu angetan, deren Nationalbewusstsein zu stärken. Als zu Beginn des 20. Jahrhunderts die ersten nationalistischen Bewegungen gegründet wurden, waren ethnische Minderheiten in diesen stark vertreten (Reiterer 2002:17). Für die Erlangung der Unabhängigkeit von Großbritannien waren jedoch die Barma, die birmesische Mehrheitsbevölkerung, ausschlaggebend. Diese orientierten sich weitgehend an der Erfahrung der antikolonialen Bewegung in Indien und waren stark durch den Buddhismus beeinflusst, was die Differenzen mit den nicht-buddhistischen Minderheiten verstärkte. 1906 wurde die Young Men's Buddhist Association gegründet, die sich vorerst auf kulturelle Fragen konzentrierte, aber zunehmend politisiert wurde. Ihre Spaltung aufgrund des notorischen birmesischen Faktionalismus führte zur Gründung des General Council of Burmese Associations (GCBA), dessen Ziel eine breite antikoloniale Front war. Mit dem am 5. Dezember 1920 begonnenen Studentenstreik an der Universität von Rangun und der direkten politischen Einmischung der buddhistischen Mönche wurde dem Anti-kolonialismus eine neue Dimension hinzugefügt. Der GCBA missachtete die Autorität der von den Briten eingesetzten indigenen Führer, errichtete teilweise Schattenregierungen und befürwortete den Boykott der Wahlen 1922, 1925 und 1928 (Smith 1999:49f). Die mit der 1923 erfolgten Errichtung des Legislativrats, der den Birmesen eine beschränkte Mitbestimmung erlaubte, verbundenen Machtbefugnisse genügten den Nationalisten nicht. Als jedoch die Simon Commission 1928 die Abtrennung Birmas von Indien vorschlug, fürchtete man um die Vorteile, die man aus den antikolonialen Aktivitäten des Indischen Kongresses für die eigenen Selbstverwaltungsbestrebungen zog. Einmal mehr war die nationalistische Bewegung in eine Gruppe gespalten, die die Abspaltung be-fürwortete und eine andere, die sich dagegen aussprach.

Politischer Druck erwuchs den Briten auch aus dem von Dezember 1930 bis April 1932 dauernden, vom Mönch Saya San geleiteten Bauernaufstand im südlichen Birma, der sich nicht nur gegen die ökonomischen Einbrüche im Zuge der Weltwirtschaftskrise wandte, sondern auch gegen die massiven Eingriffe der kolonialen Administration in das traditionelle Leben. Sollte er auch keine ernsthafte Gefahr für die britische Regierung darstellen, so diente er doch als Inspiration für die 1930 in Rangun gebildete Dobama Asiayone (Wir-Birmanen-Bewegung), deren Mitglieder sich in Anlehnung an die kolo-niale Anrede als *thakin* (Herren) bezeichneten. Ihre Führung wurde zunehmend von jungen, marxistisch beeinflussten Intellektuellen übernommen, deren Ziel ein unabhän-giges, geeintes Birma und die Assimilation der Minderheiten war. Angesichts ihrer Agitation sah sich Großbritannien zu weiteren Reformen gezwungen. Entgegen den birmanischen Wünschen wurde 1935 der Government of India Act verabschiedet und 1937 die Abtrennung Birmas von Indien vollzogen. Birma wurde nun interne Autonomie zugestanden, doch blieben die Schlüsselpositionen in der Regierung weiterhin in der Verantwortung des britischen Gouverneurs.

Der Thakin-Bewegung gingen diese Reformen nicht weit genug. Im Bestreben nach völkerrechtlicher Unabhängigkeit pflegte sie Kontakte mit Indien und suchte die Unter-stützung der chinesischen Nationalisten, sah aber schließlich in Japan den besseren Verbündeten. Am 15. August 1939 gründeten sechs ihrer Mitglieder, darunter Aung San, der zum Vater der birmanischen Unabhängigkeit werden sollte, die Kommunistische Partei Birmas. Zwischen März und Juli 1941 gingen die als Thirty Comrades bekannten Mitglieder der Dobama Asiayone nach Japan zum militärischen Training und gründeten dort am 28. Dezember die Burma Independence Army (BIA), deren erste Einheiten drei Tage später im Gefolge der japanischen Eroberer nach Birma zurückkehrten.

Niederländisch Ostindien

In Niederländisch Ostindien waren die ersten modernistischen Reformbewegungen in den Jahren vor dem Ersten Weltkrieg entstanden. Nach 1910 waren es vor allem drei Organisationen, die den indonesischen Reformismus dominierten: die Sarekat Islam

(Islamische Vereinigung), deren originäres Ziel die Förderung der wirtschaftlichen Aktivitäten der indigenen moslemischen Bevölkerung war und die innerhalb kurzer Zeit zu einer Massenbewegung mit über zwei Millionen Mitgliedern wurde (SarDesai 1994:156); die Muhammadiya, eine modernistische Moslemorganisation; und die Indische Sociaal-Demokratische Vereeniging (ISDV), eine marxistische Gruppe. Noch sollte die Unabhängigkeitsfrage eine geringe Rolle spielen (Dahm 1999:183), doch setzte um 1918 eine Radikalisierung der politischen Aktivitäten ein.

Verantwortlich dafür war nicht nur die geringe Reformbereitschaft der Niederländer, sondern auch der Einfluss der ISDV innerhalb der Sarekat Islam und ihr Versuch, die Organisation in eine sozialistische Bewegung umzuformen, was schließlich zu ihrer Spaltung führte. Während der ISDV-Flügel 1920 die Kommunistische Partei Indonesiens gründete (PKI), wandte sich der rechte Flügel der Sarekat Islam moslemischen Zielen zu. Die PKI wurde vorerst zum einzigen Vehikel radikaler Ideen, schuf einen gewerkschaftlichen Dachverband und versuchte in den Aufständen von 1926–1927 die Kolonialregierung zu stürzen, was zum Verbot der Partei und zur Inhaftierung und Verbannung von rund 13.000 Mitgliedern führte (SarDesai 1994:158).

In den 20er-Jahren kamen aber zwei weitere Gruppen hinzu, die politisch aktiv wurden. In den Niederlanden hatten indonesische Studenten die Perhimpunan Indonesia (Indonesische Vereinigung) geschaffen, die vorübergehend mit marxistischen Gruppen zusammenarbeitete, aber die Führungsrolle der Komintern ablehnte und nun für eine Aufkündigung der Kooperation mit der Kolonialregierung plädierte. In Indonesien waren eine zweite Generation von politischen Aktivisten herangewachsen und neue nationalistische Organisationen gegründet worden, die die Führungsrolle der Sarekat Islam endgültig beendeten. Arbeitsgruppen wurden nun zum Treffpunkt etablierter Führungspersönlichkeiten, lokaler Aktivisten und zurückgekehrter Studenten (Kratoska/Batson 1992:272). Aus ihnen ging auch Sukarno hervor, der 1927 die Perserikatan Nasional Indonesia (PNI, Indonesische Nationale Vereinigung) gründete, womit Indonesien erstmals auch als politischer Begriff verwendet wurde (Dahm 1999:184). Sukarno strebte eine Synthese von Nationalismus, Islam und Marxismus an und forcierte die nationale Einheit im Kampf gegen die Kolonialmacht. 1928 erklärte die PNI die rot-weiße Flagge, Bahasa Indonesia und die Hymne Indonesia Raya zu Symbolen der nationalen Einheit, die ihren Ausdruck auch im Slogan »Ein Volk, eine Sprache, ein Land« finden sollte (SarDesai 1994:159).

Aufgrund der wachsenden Agitation wurden Sukarno und andere Mitglieder der PNI im Dezember 1929 inhaftiert. Im April 1931 wurde die Organisation aufgelöst. Zwei Nachfolgeparteien wurden gegründet. Die Partai Indonesia (Partindo) sollte die PNI-Aktivitäten unter einem neuen Namen fortsetzen. Die Pendidikan Nasional Indonesia (Nationale Erziehungspartei Indonesiens oder Neue PNI), in der sich die Ideen des aus den Niederlanden zurückgekehrten Aktivisten Mohammad Hatta spiegelten, wollte die zukünftige Führungsgeneration heranbilden. Ihr trat auch Sukarno nach seiner Freilassung 1932 bei, wurde aber schon ein Jahr später wieder inhaftiert. Ende 1934 befanden sich nahezu alle prominenten antikolonialen Aktivisten inklusive Hatta im Gefängnis oder im Exil. Die Übrigen schlugen bis Kriegsbeginn einen vorsichtigen Kooperationskurs ein (Kratoska/Batson 1992:273ff). 1939 schlossen sich die wichtigsten nationalistischen Organisationen zur Gabungan Politik Indonesia (Gapi, Politischer Verband Indonesiens) zusammen und boten den Niederländern im Austausch gegen ein indonesisches Parlament die Kooperation gegen Nazi-Deutschland an, was diese jedoch ablehnten. Im März 1942 ergab sich Niederländisch Ostindien den Japanern.

Indochina

Laos, Kambodscha und Vietnam, die von den Franzosen in der Indochinesischen Union zusammengefasst worden waren, reagierten unterschiedlich auf die Fremdherrschaft. In Vietnam, wo man auf einen jahrhundertelangen Widerstand gegen die chinesische Hegemonie verweisen konnte, stieß die Okkupation auf wenig Gegenliebe bei der Bevölkerung. Auch wenn der Kaiserhof in Hué mit den Franzosen verschiedene Abkommen geschlossen hatte, sodass die Opposition gegen den Kolonialherren gleichbedeutend war mit dem Widerstand gegen die kaiserliche Politik, kam es von Anfang an zu sporadischen Aufständen gegen die Fremdherrschaft. Die Franzosen, deren Ziel vor allem die wirtschaftliche Ausbeutung des Landes war, versuchten in der Folge alle einheimischen Schritte zu mehr Autonomie mit aller Härte zu unterbinden.

Zu Beginn des 20. Jahrhunderts wurde die anti-französische Agitation von konfuzianischen Gelehrten, unter ihnen Phan Boi Chau und Phan Chu Trinh, bestimmt, die sowohl von westlichen als auch pan-asiatischen Ideen beeinflusst waren und unter Wahrung der vietnamesischen Tradition und Kultur in die japanischen Fußstapfen treten wollten. Als sich jedoch Japan aufgrund seiner Annäherung an den Westen verstärkt gegen die Anwesenheit antikolonialer Aktivisten wandte, setzte man seine Hoffnung auf China, das neben einer republikanischen Ideologie auch die Operationsbasis für die vietnamesische Unabhängigkeitsbewegung bot (Kratoska/Batson 1992:277f).

Die 20er-Jahre stellten eine Zäsur in der Entwicklung des Nationalismus in Vietnam dar. Zahlreiche Untergrundorganisationen entstanden. Die bedeutendste war vorerst die 1927 gegründete, nach dem Muster der chinesischen Kuomintang organisierte Viet Nam Quoc Dan Dang (Vietnamesische Nationalistische Partei, VNQDD). Als Geheimgesellschaft verzichtete sie auf den Aufbau einer breiten Gefolgschaft, hoffte aber auf einen durch isolierte Gewaltakte induzierten Massenaufstand. Als die französische Regierung auf die Ermordung eines ihrer Siedler durch einen Vietnamesen im Februar 1929 mit massiven Repressionen reagierte, schien die Zeit dafür gekommen. Die im Februar 1930 begonnene Revolte wurde jedoch nicht nur brutal niedergeschlagen, sondern bedeutete auch das faktische Ende der Partei. Insgesamt begünstigte diese Entwicklung die vietnamesischen Kommunisten.

1911 war Nguyen Ai Quoc, (Nguyen, der sein Vaterland liebt), der Sohn eines Mandarins, der in späteren Jahren den Namen Ho Chi Minh (der nach Erkenntnis Strebende) annahm, nach Paris gereist, wo er zum Mitbegründer der französischen kommunistischen Partei wurde. Seine politischen Aktivitäten führten ihn schließlich nach Moskau und China, wo er nicht nur die Union der unterdrückten Völker des Orients und den Verband der revolutionären Jugend Vietnams, sondern 1930 auch die Kommunistische Partei Indochinas (KPI) gründete. Tatsächlich war dieser Name auf Drängen der Komintern hin gewählt worden, die die Bezeichnung Kommunistische Partei Vietnams als zu nationalistisch ansah. Die Unruhen zu Beginn der 30er-Jahre kamen der Partei durchaus gelegen. Sie organisierte Streiks und Demonstrationen und errichtete Sowjets, sah sich aber angesichts der Unterdrückung durch die Franzosen und die Inhaftierung und

Hinrichtung zahlreicher ihrer Führer bald zu einem vorsichtigeren Vorgehen gezwungen. Ihr Ringen um eine geeignete Strategie war auch geprägt durch parteiinterne Spannungen. Angesichts eines fehlenden Industrieproletariats schien es opportun, das ländliche revolutionäre Potenzial zu nutzen und, wie in China, die Inspiration stärker aus den einheimischen Gegebenheiten als den westlichen kommunistischen Theorien zu ziehen. Der Nichtangriffspakt zwischen Nazi-Deutschland und der Sowjetunion im August 1939, der Ausbruch des Zweiten Weltkriegs und die Errichtung der japanischen Kontrolle über weite Teile des Landes bei Aufrechterhaltung der französischen Regierung 1940 sollte zu einer Änderung der Politik der KPI führen. 1941 kehrte Ho Chi Minh nach Nordvietnam zurück, wo die Viet Nam Doc Lap Dong Minh (Vietminh; Liga für die Unabhängigkeit Vietnams) gegründet wurde, die auf eine breite, antikoloniale, anti-japanische Front abzielte und die kommunistischen Ziele vorerst zugunsten nationalistischer zurückstellte.

Sowohl in Kambodscha als auch in Laos blieben die Proteste gegen die französische Fremdherrschaft in der Zwischenkriegszeit beschränkt. Angesichts der geringen Ressourcen verzichteten die Franzosen auf eine zu starke Einflussnahme. Im Vergleich zu den Vietnamesen und den Thais, die seit langem Gebietsansprüche stellten und auch durchsetzen konnten, sahen die Einheimischen in ihnen das geringere Übel, war ja die realistische Alternative zum französischen Kolonialismus für Kambodscha und Laos die Beherrschung durch die Nachbarländer. Das bedeutete zwar nicht eine protestlose Hinnahme aller französischen Maßnahmen, führte aber dennoch zu einem verzögerten Aufkommen eines anti-kolonialen Nationalismus.

Malaya

Eine im Vergleich zum übrigen Südostasien verzögerte Entwicklung war auch in Malaya zu beobachten. Die florierende Exportindustrie basierte auf der massiven Zuwanderung aus China und Indien. Entsprechend weniger dringlich war die Heranbildung einer indigenen Bildungsschicht für Wirtschaft und Verwaltung. Die modernistischen Reformen vor 1940 konzentrierten sich zu einem guten Teil auf die Religion. Zudem verfolgten die Briten seit den 20er-Jahren eine durchaus promalayische Politik, die den Unmut der einheimischen Bevölkerung auf die Zuwanderer aus Asien richtete. Zu Ende der 30er-Jahre war jedoch der soziale Friede gefährdet. Streiks, Arbeiterunruhen und eine militante anti-japanische Agitation seitens der Chinesen, die sich angesichts des japanischen Einmarsches in die Mandschurei verstärkt der 1930 gegründeten kommunistischen Partei anschlossen, bestimmten die Tagesordnung. Die 1938 geschaffene Kesatuan Melayu Muda (Malayische Jugendvereinigung) versuchte vor allem in der Unterschicht nationalistische Gefühle zu schüren und legte somit den Grundstein für den Widerstand gegen die Briten nach dem Zweiten Weltkrieg (Kratoska/Batson 1992:303).

Siam/Thailand

Wenngleich Siam nie formal kolonialisiert wurde, so entwickelte sich hier schon im 19. Jahrhundert ein »moderner« Nationalismus als Antwort auf die äußere Bedrohung. Nicht nur die Zerstörung Ayutthayas durch die Birmesen 1767 sollte im Bewusstsein der Bevölkerung weiterleben. Siam konnte seine formale Unabhängigkeit nur durch erhebliche Gebietsabtretungen und Konzessionen an die Briten und Franzosen wahren, akzeptierte europäische und US-amerikanische Berater in Schlüsselpositionen und fiel de facto in den britischen Einflussbereich.

Die erheblichen Modernisierungen und die wirtschaftliche Prosperität des Landes brachten bald eine westlich gebildete und beeinflusste Elite hervor, die den königlichen Absolutismus in Frage zu stellen begann. Schon 1912 hatten Militärangehörige und Zivilisten einen Versuch unternommen, König Vajiravudh (Rama VI, 1910–1925) zu stürzen, der in der Folge die Monarchie mit Nationalismus gleichsetzte und den Slogan »Nation, Religion, König« zur Staatsdoktrin erhob. Aufhalten konnte er die Entwicklung damit nicht. Im Juni 1932 beendete die Volkspartei, eine Gruppe aus westlich gebildeten liberalen Zivilisten und konservativen Militärs, die absolute Herrschaft seines Nachfolgers Prajadhipok (Rama VII, 1925–1935). Eine Verfassung, die praktisch bis 1946 in Kraft war, führte die konstitutionelle Monarchie nach britischem Vorbild ein. Die Macht des Königs wurde damit massiv beschnitten. Eine radikale Politik, wie sie Pridi Phanomyong, der erste Premierminister nach dem Coup, vorschlug, wurde von den konservativen Mitgliedern der neuen Regierungselite verhindert. Als er 1933 seinen Wirtschaftsplan vorlegte, der eine zentralisierte Wirtschaftsplanung und die Verstaatlichung großer Bereiche der Wirtschaft vorsah, wurde er als Kommunist gebrandmarkt und ins Exil geschickt.

In der Folge wurde eine konservative konstitutionelle Regierung unter Phraya Phahon errichtet. Die Macht wanderte jedoch immer stärker zum radikalen Phibun Songkhram, der Phahon 1938 als Premierminister ablöste und einen Rechtsruck in der Regierung einleitete. Die Einführung des Konstitutionalismus hatte wenig Auswirkung auf die politische Partizipation. Politik wurde zu einem Kampf um Ämter und Patronage. Die Macht lag weiterhin bei der Elite. Ihre Mittel änderten sich kaum. Insgesamt war die Politik in den späten 30er-Jahren gekennzeichnet durch Ultranationalismus, Militarismus, religiösen Revivalismus und Führerkult.

Phibun orientierte sich durchaus am faschistischen Modell. Er begann eine militante antichinesische und antiwestliche Kampagne und stärkte den japanischen Einfluss als Gegenpol zum britischen. Um seine Position als oberster Führer und Pionier einer modernen Gesellschaft und seine nationalistische Ausrichtung zu unterstreichen, modernisierte er die Thai-Sprache und führte Bekleidungsvorschriften ein. 1939 wurde Siam in Thailand umbenannt. Der Buddhismus wurde unter den Schutz der Regierung gestellt und erheblich gefördert. Gleichzeitig sollte das Militär von Phibuns Politik profitieren. In Vorbereitung auf einen aktiven Expansionismus, der auf die Wiedergewinnung der an andere Nationen verlorenen Gebiete und Völker abzielte, wurde das Militärbudget erheblich erhöht und durch eine staatlich geförderte Industrialisierung die Autarkie in der grundlegenden militärischen Ausrüstung zu erreichen versucht. 1940 griff Thailand Indochina an, nachdem ihm Frankreich, das sich inzwischen im Krieg befand, die Rückgabe von Territorien in Laos und Kambodscha verweigert hatte, und konnte aufgrund der japanischen Intervention erhebliche Gebiete westlich des Mekong sowie die kambodschanischen Provinzen Battambang und Siem Reap erobern. Im Dezember 1941 landeten die Japaner in Thailand, dessen Regierung mit Tokio einen zehnjährigen Bündnisvertrag schloss und schließlich 1942 gegen die USA und Großbritannien in den Krieg eintrat (Stearn 1997:144ff).

Zusammenfassung

Hatte die Zwischenkriegszeit in Südostasien auch vielversprechend begonnen, so sollten sich die 20er- und 30er-Jahre doch als Jahre der Unsicherheit erweisen. Diese äußerte sich sowohl auf wirtschaftlichem, sozialem und politischem Gebiet. Den frühen Boomjahren folgte die Weltwirtschaftskrise. Auch wenn Teile der indigenen Gesellschaft sowohl kurz- als auch längerfristig vom materiellen Wohlstand profitieren konnten, war die Mehrheit der Südostasiaten bei Ausbruch des Zweiten Weltkriegs arm. Die sozialen Ungleichheiten hatten sich verschärft. Das westlich inspirierte Wirtschaftswachstum hatte keine fundamentalen Strukturveränderungen für die Wirtschaft und Gesellschaft der Region gebracht. Der koloniale Produktionsstil war auf westlichen Gewinn ausgerichtet und nicht auf eine nachhaltige Entwicklung und eine unabhängige Zukunft der indigenen Bevölkerung.

Der langsame, aber wichtige Ausbau der Bildung hatte das Bewusstsein weiter Kreise verändert und in der Folge zu erheblichen Spannungen zwischen Kolonialisierten und Kolonialmächten geführt. Ende der 30er-Jahre war zumindest die Bildungsschicht mit globalen Ereignissen vertraut, wusste um die durch die koloniale Situation verursachte Ungleichbehandlung, aber auch um die Verletzbarkeit der westlichen Mächte. Noch 1940 schien die Aussicht auf Entlassung in die Unabhängigkeit für die meisten südostasiatischen Kolonialstaaten gering. Ende desselben Jahres begann die Eroberung Indochinas durch die Japaner. Bis Mai 1942 konnte Japan ganz Südostasien in seinen Einflussbereich bringen. Trotzdem sollten die Kolonialmächte, unter ihnen vor allem Frankreich und die Niederlande, die Illusion bewahren, ihre Kolonien nach Kriegsende aufrechterhalten zu können.

Literatur

Dahm, Bernhard (1974): Emanzipationsversuche von kolonialer Herrschaft in Südostasien. Die Philippinen und Indonesien. Ein Vergleich. Schriften des Instituts für Asienkunde in Hamburg 37. Wiesbaden: Horowitz Verlag

Dahm, Bernhard (1999): Der Dekolonisationsprozeß und die Entstehung moderner Staaten. In: Südostasien-Handbuch. Geschichte, Gesellschaft, Politik, Wirtschaft, Kultur, Hg. Bernhard Dahm/Roderich Ptak. München: Verlag C. H. Beck

Doeppers, Daniel F. (1984): Manila, 1900–1941: Social Change in a Late Colonial Metropolis. Quezon City: Ateneo de Manila University Press

Elson, Robert E. (1992): International Commerce, the State and Society: Economic and Social Change. In: The Cambridge History of Southeast Asia. Bd. 2. The nineteenth and twentieth century, Hg. Nicholas Tarling. Cambridge: Cambridge University Press: 131-195

Eriksen, Thomas Hylland (1993): Ethnicity and Nationalism. Anthropological Perspectives. London/Boulder: Pluto Press

Furnivall, John S. (1948): Colonial Policy and Practice: A Comparative Study of Burma and Netherlands India. Cambridge: Cambridge University Press

Gellner, Ernest (1983): Nations and Nationalism. Oxford: Basil Blackwell

Kratoska, Paul/Batson, Ben (1992): Nationalism and Modernist Reform. In: The Cambridge History of Southeast Asia. Bd. 2. The Nineteenth and Twentieth century, Hg. Nicholas Tarling. Cambridge: Cambridge University Press: 249-324

Osborne, Milton (1990): Southeast Asia. An Illustrated Introductory History. St Leonards: Allen & Unwin

Reiterer, Gisela M. (1997): Die Philippinen. Kontinuität und Wandel. Wien: Sonderzahl Verlag

Reiterer, Gisela M. (2002): Myanmar – Der lange Weg zur Demokratie. In: International 3:17-23

SarDesai, D. R. (1994): Southeast Asia. Past and Present. Boulder/San Francisco: Westview Press

Smith, Anthony D. (1986): The Ethnic Origin of Nations. London/New York: Basil Blackwell

Smith, Martin (1999): Burma: Insurgency and the Politics of Ethnicity. Bangkok: White Lotus

Stearn, Duncan (1997): Chronology of South-East Asian History 1400–1996. Dee Why: Mitraphab Centre

Trocki, Carl A. (1992): Political Structures in the Nineteenth and Early Twentieth Centuries. In: The Cambridge History of Southeast Asia. Bd. 2. The Nineteenth and Twentieth century, Hg. Nicholas Tarling, Cambridge: Cambridge University Press: 79-130

Peter Feldbauer/Gerald Hödl

Die Weltwirtschaftskrise in Südostasien

Bereits lange bevor der europäische Kolonialismus Südostasien seiner Kontrolle unterworfen hatte, waren Teile dieser Region fest in die internationalen, ja interkontinentalen Handelsnetze eingebunden. Auf den Molukken, den Banda-Inseln, in einigen Regionen Javas und Sumatras entstanden zur Zeit des europäischen Spätmittelalters Monokulturen, die für den Weltmarkt produzierten: Gewürznelken, Pfeffer, Muskatnüsse, um nur die begehrtesten der damaligen Exportprodukte zu nennen.

Bis zu Beginn des 20. Jahrhunderts hatte sich am Umstand der Weltmarktintegration Südostasiens nichts geändert – im Gegenteil: Der Hunger der (mittlerweile europäisch und US-amerikanisch dominierten) Weltwirtschaft nach Rohstoffen war im Zuge der Industrialisierung gewachsen, sie verlangte nach mehr und neuen Produkten. Immer größere Teile Südostasiens wurden erschlossen, um diesen Bedarf zu befriedigen, immer neue Produktionen aus dem Boden gestampft und traditionelle marginalisiert. Zwar stammten in den 1930er-Jahren noch immer 70 Prozent des weltweit exportierten Pfeffers aus Südostasien, daneben war aber die Region bei einer Reihe von agrarischen (und, in geringerem Maße, mineralischen) Rohstoffen zum weltweit bedeutendsten Produzenten und/oder Exporteur aufgestiegen: In den späten 1930er-Jahren stammten 98 Prozent der weltweiten Reisexporte aus Südostasien, das außerdem für etwa zwei Drittel der globalen Produktion von Kokosnüssen und deren Derivaten (u.a. Kopra) sowie von Maniok und Zinn verantwortlich war. Geringere, aber dennoch bedeutende Weltmarktanteile besaß Südostasien bei Waren wie Tee, Kaffee, Zucker und Palmöl (vgl. Dixon 1991:110). Daneben trug die Region zur Rohstoffbasis der neuen Leitindustrie des 20. Jahrhunderts bei: der Automobilproduktion.

Während sich die Erdölvorkommen in Niederländisch-Indien, Burma und Malaya im Weltmaßstab eher bescheiden ausnahmen, entwickelten sich das südostasiatische Festland, Borneo und Sumatra innerhalb kurzer Zeit zum Zentrum der Kautschukproduktion und lieferten damit das Ausgangsmaterial für Reifen und Dichtungen (aber auch für unterschiedlichste Konsumgüter wie Kondome und Regenmäntel).

Zum Beispiel: Kautschuk

Hatte im 19. Jahrhundert noch Brasilien das natürliche Monopol über den im Amazonasgebiet gewonnenen Rohstoff, so wurden Samen des Parakautschukbaums 1876 außer

Landes geschmuggelt und gelangten schließlich nach Britisch-Malaya. Zwischen 1900 und 1921 wuchs dort die Fläche der Kautschuk-Plantagen von 2.400 auf 570.000 ha , die erforderlichen Investitionen beliefen sich auf etwa 70 Millionen Pfund (Elson 1992:158f). Der Kautschuk-Boom bezog immer weitere Gebiete (vor allem in Französisch-Indochina und Niederländisch-Indien) in die Produktion ein. Neben der Plantagenwirtschaft, die sich größtenteils in der Hand europäischer und nordamerikanischer Kapitalgesellschaften befand (darunter Konzerne wie Goodyear, Pirelli, Dunlop und Michelin) und in der Regel mit immigrierten Kontraktarbeitern operierte, wurden durch die hohen Erträge vermehrt Kleinbauern angezogen, die zumindest einen Teil ihrer Ressourcen der Gewinnung von Kautschuk widmeten. Die massive Ausweitung der Produktionskapazitäten hatte bereits kurz nach dem Ersten Weltkrieg zu einem ersten massiven Preisverfall geführt. Aufgrund von Produktionsbeschränkungen in Britisch-Malaya erholten sich die Preise bis Mitte der 1920er-Jahre, ehe sie im Zuge der 1925 einsetzenden Agrarkrise rasch verfielen (vgl. Kindleberger 1973:89ff). Da im Unterschied zu anderen agrarischen Rohstoffen mehrere Jahre zwischen der Anpflanzung der Bäume und der Extraktion des Kautschuks liegen, gelangten noch große, in besseren Jahren aufgebaute Kapazitäten zu einem Zeitpunkt auf den Markt, als es mit den Preisen bereits rasant bergab ging. Diese sektorale Überproduktionskrise überlagerte sich im Jahr 1929 mit der Weltwirtschaftskrise, die gleich in den ersten Monaten zu enormen Produktionsrückgängen in der Automobilindustrie führte, dem wichtigsten Abnehmer von Kautschuk (im Dezember 1929 war der Ausstoß der US-amerikanischen Autoproduktion auf etwas mehr als ein Fünftel des Wertes von August 1929 gefallen, vgl. Kindleberger 1973:129). Die einbrechende Nachfrage ließ den Kautschuk-Preis ins Bodenlose fallen: Kostete das Pfund Kautschuk in Malaya 1928 noch 30 Straits Cent, waren es 1932 nur mehr 5 Cent (Turnbull 1989:204). Die gleichzeitig einsetzenden Kreditrestriktionen setzten die Produzenten zusätzlich unter Druck – etliche Plantagengesellschaften gingen bankrott, die anderen griffen zu den in der Krise üblichen Maßnahmen: Kürzung der Löhne, Massenentlassungen und Rationalisierung der Produktion. Schließlich intervenierte der Staat, um einen weitergehenden Zusammenbruch des Produktionsapparats zu vermeiden – in Indochina griff die französische Kolonialregierung zwischen 1931 und 1934 den Kautschukproduzenten mit begünstigten Darlehen und direkten Subventionen im Gesamtwert von knapp 200 Millionen Francs unter die Arme (Brocheux 2000:254). Parallel dazu kam es zu Produktionsbeschränkungen auf supranationaler Ebene: Das 1934 von Großbritannien, den Niederlanden, Frankreich und Siam unterzeichnete »Rubber Regulation Agreement« verbot neue Pflanzungen und legte Exportquoten für die einzelnen Territorien fest (Pluvier 1974:28). Die Restriktionen erschienen deshalb angezeigt, weil sich die produzierte Kautschukmenge selbst auf dem Höhepunkt der Krise kaum verringerte (vgl. Kindleberger 1973:89). Zu diesem Phänomen trug ganz wesentlich der hohe Anteil des kleinbäuerlichen Sektors an der Kautschukerzeugung bei – zwar wurde dort die Subsistenzproduktion verstärkt, doch die allenfalls verbleibende Arbeitskraft (für die es in der Regel auch keine alternative Verwendung gab) verausgabte man weiterhin für die Latexgewinnung. Eine Einstellung der Produktion hätte die Kosten nur geringfügig reduziert und den vollständigen Verlust von Geldeinkünften bedeutet – die allein schon im Hinblick auf Steuerbeamte und allfällige Gläubiger vonnöten waren. Da sich in einem arbeitsintensiven Wirtschaftssektor wie der Kautschukproduktion die kleinbäuerlichen

Produktionseinheiten, wenn auch um den Preis enormer Selbstausbeutung, als krisenresistenter erwiesen als die mit relativ hohem Kapitaleinsatz etablierte Plantagenwirtschaft, konnten sie in einigen Ländern ihren Anteil an der Gesamtproduktion erhöhen – in Niederländisch-Indien etwa von 37 Prozent 1930 auf 46 Prozent 1937. In anderen Gebieten führten hingegen massive staatliche Interventionen zu einer Zurückdrängung der Kleinbauern, so in Malaya von 48 Prozent an der Gesamtproduktion 1930 auf 37 Prozent 1937 (Pluvier 1974:35). Die Gewichte verschoben sich im Verlauf der 1920er-Jahre und während der Weltwirtschaftskrise nicht nur zwischen den Produzentengruppen, sondern auch zwischen den Erzeuger-Regionen. Ende der 1930er-Jahre stammten 98 Prozent der weltweiten Kautschuk-Exporte aus Südostasien (Dixon 1991:110) – zur Zeit des Ersten Weltkriegs waren es etwa 80 Prozent gewesen (Pluvier 1974:27). Das ursprüngliche Herkunftsland des Kautschuk, Brasilien, war im Verlauf der Krise endgültig aus dem Markt verdrängt worden.

Wir werden im Folgenden der Frage nachgehen, inwieweit sich die am Beispiel Kautschuk dargestellten Tendenzen und Mechanismen verallgemeinern lassen, wer die Verlierer, wer – falls es solche gab – die Gewinner der Wirtschaftsdepression waren und welche Strategien die verschiedenen Akteure zu ihrer Bewältigung entwickelten.

Charakter und Verlauf der Krise

Die Probleme der südostasiatischen Kautschukproduktion waren kein Einzelfall, sondern ein Aspekt der krisenhaften Entwicklung der Weltwirtschaft in der Zwischenkriegszeit, die aus mehreren einander ergänzenden Ursachen erwuchs, vielfältige Verlaufsformen annahm und seit 1929 in der globalen Großen Depression – der bislang schwersten Erschütterung des kapitalistischen Weltsystems – mündete. Bezogen auf Südostasien und viele andere asiatische, afrikanische und lateinamerikanische Peripherieländer sind bei der Suche nach den ökonomischen Krisenauslösern mindestens zwei voneinander relativ unabhängige, überregionale Phänomene zu berücksichtigen: Einerseits der weitgehende Zusammenbruch des internationalen Währungs- und Kreditsystems im Anschluss an den US-Börsenkrach des Jahres 1929, andererseits eine umfassende Primärgüterkrise, die sich in Überproduktion und/oder stark fallenden Weltmarktpreisen ausdrückte. Beide Problembereiche hatten sich im Laufe der 1920er-Jahre allmählich aufgebaut, ohne dass es in den Metropolen der Weltwirtschaft zu angemessenen Analysen der kumulierenden Schwierigkeiten und zu entsprechenden wirtschaftspolitischen Maßnahmen gekommen wäre.

Obwohl die Jahre 1925 bis 1929 vielen Zeitgenossen in den Industriestaaten als von Prosperität geprägt erschienen, gibt es genug Hinweise dafür, dass die globale Ökonomie im ersten Nachkriegsjahrzehnt zunehmend Stagnationstendenzen infolge weltweiter Sättigung der Märkte und Erschöpfung des Innovationspotenzials aufwies. Selbst die Wirtschaft der Vereinigten Staaten, die eben erst die britische Vormachtstellung im Weltsystem erfolgreich herausgefordert hatte, zeigte erhebliche Strukturschwächen in den Bereichen Landwirtschaft, produktive Investitionen und Bankensystem, die in Summe die Voraussetzungen für den spektakulären Börsenkrach vom Oktober 1929 schufen und die USA in die schwerste Depression ihrer Geschichte stürzten.

Die negativen Folgen dieses Ereignisses erreichten mittels unterschiedlicher Transmissionsmechanismen in kurzer Zeit die meisten Länder der Welt (Rothermund 1993). In allen Industriemetropolen geriet der Gold-, Geld-, Kredit- und Aktienmarkt aus den Fugen oder brach vorübergehend völlig zusammen. Dies zog viele Industrie- und Handelssparten schwer in Mitleidenschaft, führte zu enormer Arbeitslosigkeit, halbierte den internationalen Handel und förderte Protektionismus im Weltmaßstab (Bairoch 1993).

Die Kolonien, aber auch die politisch souveränen Staaten Asiens, Afrikas und Lateinamerikas wurden vom Kollaps des internationalen Währungs- und Kreditsystems mehrheitlich ebenfalls schwer getroffen, freilich auf durchaus unterschiedliche Weise. Während einige ökonomisch relativ starke, große Länder – insbesondere Lateinamerikas – ihre meist hohen Auslandsschulden nicht mehr bedienen konnten, litten ärmere souveräne Staaten unter der Austrocknung des internationalen Kreditmarktes weniger. Weltweit dürfte die Summe der Kredite, die im Gefolge des Kollapses des internationalen Kapitalmarktes aus Peripherieländern in die Industriestaaten abgezogen wurden, mindestens zwei Billionen Dollar betragen haben. Kolonien, und somit ganz Südostasien außer Siam, gerieten durchwegs unter erheblichen Druck, da die Metropolen mit wechselndem Erfolg versuchten, ihre Finanzprobleme wenigstens teilweise auf Kosten ihrer Kolonien zu bewältigen. Großbritanniens Politik gegenüber Burma (als Teil Indiens) und Malaysia darf wohl als typisch gelten, unterschied sich aber nicht grundsätzlich von jener Frankreichs oder der Niederlande in Indochina bzw. Indonesien.

Stärker noch als vom Zusammenbruch des internationalen Kreditsystems wurden alle Staaten Südostasiens, wie die meisten Länder der Peripherie, von der allgemeinen Primärgüterkrise getroffen. Diese hatte sich seit den frühen 1920er-Jahren durch zunehmende Überproduktion sowie eine kontinuierliche Verschlechterung der *terms of trade* zu Ungunsten der Rohstoffproduzenten angekündigt, äußerte sich seit Mitte der 1920er-Jahre im Verfall der Weltmarktpreise für so unterschiedliche Waren wie Kautschuk, Kaffee und Zinn, um mit der Großen Depression in einem weltweiten, abrupten Preissturz nahezu aller Primärgüter zu kulminieren. Niederländisch-Indien beispielsweise verzeichnete am Höhepunkt der Krise ein Schrumpfen der Exporte um maximal 15 Prozent gegenüber dem Jahr 1929, die Kaufkraft dieser Exporte fiel aber um rund 40 Prozent; parallel dazu fielen die Importe von Industriegütern beinahe auf die Hälfte (Maddison 1985:18). All dies zog einzelne Regionen, aber auch einzelne Waren unterschiedlich stark und unterschiedlich lang in Mitleidenschaft. Generell darf aber gelten, dass die meisten Primärgüter intensiver und länger unter Preisverfall und Absatzschwierigkeiten litten als die seit 1929 ebenfalls betroffenen Industrieprodukte. Die damit zusammenhängende Reduktion des internationalen Handels wurde durch Abschottungsanstrengungen vieler Länder des Zentrums und der Peripherie noch weiter gefördert: Prohibitive Zölle und Devisenbeschränkungen, die vor Konkurrenz schützen und insbesondere eine ausgeglichene Zahlungsbilanz ermöglichen sollten, wirkten insgesamt krisenverlängernd.

Im Vergleich zu Lateinamerika fielen in den südostasiatischen Ländern die wertmäßige Reduktion der Exporte und Importe sowie die Verschlechterung der Terms of Trade nicht so spektakulär aus, dem Volumen nach schrumpften die Ein- und Ausfuhren deutlich weniger, und das BNP dürfte in einigen Fällen während der Krisenjahre sogar leicht zugenommen haben. Ähnlich wie am relativ autarken indischen Subkontinent, der sich sogar noch etwas krisenresistenter erwies, wurden auch in Indonesien, Indochina, Burma,

Malaysia, Siam und auf den Philippinen einzelne Wirtschaftszweige und Bevölkerungsgruppen von der Großen Depression schwer und dauerhaft in Mitleidenschaft gezogen.

Am härtesten und schnellsten erfassten die globalen Krisenwellen naturgemäß jene
Sektoren der südostasiatischen Kolonialökonomien, die Rohstoffe und Nahrungsmittel für
die Weltmärkte produzierten. Die Preise etlicher dieser Exportgüter hatten schon im
Verlauf der 1920er-Jahre zu sinken begonnen, teilweise infolge zunehmender Überproduktion, die etwa im Fall von Zucker aus dem Einsatz ertragreicherer Sorten und effizienterer
Mühlen auf Java herrührte. Die gesteigerte Produktion hatte aber den Gesamtwert der
Ausfuhren stabil gehalten. Im Gefolge des Börsenkrachs begann sich die Situation aber
rapide zu verschlechtern: Die meisten Weltmarktpreise brachen ein, nahezu alle Exportgüter Südostasiens erlitten neben dem massiven Wertverfall auch einschneidende Nach-
frageausfälle. Der Durchschnittspreis der Zuckerausfuhren Javas sank von 13,66 Gulden
pro Quintal (Doppelzentner) im Jahr 1929 bis auf 5,61 Gulden fünf Jahre später; Reispreise
in Cochinchina sanken zwischen 1929 und 1934 von 7,15 auf 1,88 Piaster. In Übereinstim-
mung mit diesem generellen Trend sank in Malaysia der Exportwert von Kautschuk und
Zinn in den Jahren 1929 bis 1932 von 202 auf 37 bzw. von 117 auf 31 Millionen Dollar. Der
Wert der Kautschukexporte aus Indochina fiel, etwas weniger spektakulär, zwischen 1930
und 1932 von 62 auf 27 Millionen Francs (Elson 1992:187).

In Niederländisch-Indien schrumpfte der Durchschnittspreis für Exportgüter 1930
um 28 Prozent, 1931 um weitere 25 Prozent und in den beiden Folgejahren noch immer
um 21 Prozent bzw. 17 Prozent, so dass 1933 das Preisniveau nur mehr bei einem Drittel
von 1929 lag. Gegenüber 1923–1927 waren die Preise sogar unter 30 Prozent gesunken.
Die mengenmäßige Reduktion der Ausfuhren verlief weniger ausgeprägt und betrug im
Mittelwert der Jahre 1931–1933 etwa 17 Prozent des für 1929 ausgewiesenen Volumens,
wobei vor allem die katastrophal abnehmenden Zuckerexporte ins Gewicht fielen,
während sich andere Ausfuhrprodukte wesentlich besser behaupteten (O'Malley 1977:62).

Tabelle: Ausfuhrmenge und Wert indonesischer Exportgüter 1928–1940
(in Millionen kg bzw. Gulden; Zahlen nach O'Malley 1977:64).

Jahr	Kautschuk	Zucker	Erdöl	Kaffee	Tabak
1928	292/281	3069/376	3637/150	117/81	72/96
1930	296/173	2838/254	4822/190	63/36	80/59
1932	255/34	1888/99	4222/99	116/35	76/47
1934	471/89	1389/46	5155/100	83/23	46/37
1936	348/88	1010/34	5602/98	97/16	50/38
1938	331/135	1197/45	6435/164	70/14	50/39
1940	597/332	938/53	7139/175	41/8	28/38

Die Exporterlöse der übrigen südostasiatischen Kolonien sowie Siams schrumpften nicht
in allen Fällen so drastisch wie in Indonesien, aber generell in beträchtlichem Ausmaß
und mit schwerwiegenden Folgen für große Bevölkerungsteile, da ja nicht bloß die
unmittelbaren Produzenten für den Weltmarkt, sondern nahezu alle Lohnarbeiter durch
Preisverfall und Arbeitslosigkeit getroffen wurden: Überall dort, wo durch die Mone-
tarisierung des alltäglichen Lebens und die Steuerpflicht eines großen Teils zumindest
der männlichen Bevölkerung die überwiegende Zahl von Menschen zum Gelderwerb

genötigt und damit in die kapitalistische Wirtschaft integriert worden war – sei es durch Anbau und Verkauf von *cash crops* oder durch Arbeit auf Plantagen, in Bergwerken oder Fabriken –, schlug die Krise durch. Lediglich jene Gebiete, in denen überwiegend Subsistenzwirtschaft betrieben wurde (etwa große Teile von Laos), blieben von den Auswirkungen der globalen Depression weitgehend verschont. Auch die Philippinen, begünstigt durch den privilegierten Zugang zum riesigen US-amerikanischen Markt, sowie Siam, dessen Reisökonomie wesentlich weniger von internationalen Markt-mechanismen bestimmt wurde als jene der benachbarten britischen Kolonien, kamen erheblich glimpflicher davon (Elson 1992:187; Manarungsan 2000:194).

Selbstverständlich gab es hinsichtlich der Ursachen, Verlaufsformen und Konse-quenzen der Weltwirtschaftskrise angesichts der Staaten-, Kultur- und Gesellschafts-vielfalt Südostasiens zahllose Varianten, die alle generalisierenden Aussagen relativie-ren oder sogar problematisch machen. Ein kurzer Blick auf die Zucker- und Reis-produktion verschiedener Länder und Regionen soll aber wenigstens einige Hinweise auf das Spannungsverhältnis zwischen eher allgemeinen und lokal begrenzten bzw. bran-chenspezifischen Krisenphänomenen liefern.

Auf Java war im Einklang mit den Interessen der niederländischen Kolonialmacht eine der größten Zuckerindustrien der Welt entstanden, die zwischen 1928 und 1930 jährlich an die drei Millionen Tonnen Zucker exportierte. Als im Gefolge der Weltwirt-schaftskrise große Abnehmer wie Indien, das nun die eigene Produktion durch Schutz-zölle abschirmte, teilweise oder gänzlich wegbrachen, gingen die Ausfuhren bis 1936 auf rund eine Million Tonnen zurück, deren Verkaufswert nicht einmal 10 Prozent des Spitzenerlöses von 1928 entsprach. Ende 1932 umfassten die Lagerbestände bereits die Produktionsmenge eines ganzen Jahres. Die Zuckerrohrbauern wurden in den Subsistenzreisanbau abgedrängt, die Arbeiter der Zuckerraffinerien mussten nach ihrer Entlassung größtenteils ebenfalls Zuflucht in landwirtschaftlicher Selbstversorgung suchen. Viele von ihnen fanden so wenigstens ein bescheidenes Auskommen. Die indonesische Zuckerproduktion überlebte die Weltwirtschaftskrise auf niedrigem Ni-veau, konnte aber – ähnlich wie der indonesische Kaffee – nie wieder an die Prosperitäts-periode vor 1930 anschließen (Elson 1984:233; Rothermund 1993:105f; ders. 2002:25). Im Gegensatz dazu kam es auf den Philippinen zu einer eher günstigen Entwicklung. Infolge des erwähnten bevorzugten Zugangs zum US-amerikanischen Markt wuchsen hier die Zuckerausfuhren von 0,7 Millionen Tonnen im Verlauf der Krise auf etwa eine Million Tonnen an und steigerten ihren Anteil an den gesamten Exporterlösen vorüber-gehend von einem auf zwei Drittel. Dadurch wurde bis 1934/35 das Importpotenzial größtenteils erhalten, was freilich nicht automatisch zu günstigen Lebensbedingungen der bäuerlichen Familien in den zuckerproduzierenden Regionen führte (Rothermund 1993:107). Dass die globale Depression die Philippinen keineswegs verschonte, zeigte sich am Niedergang von Erzeugung und Ausfuhr des berühmten Manilahanfes (Abacá), der große Produktionsgebiete auf Luzon und Samar schwer in Mitleidenschaft zog. Insgesamt bewältigte die philippinische Kolonialökonomie die Krisenphase aber bemer-kenswert gut, was ganz wesentlich dem kurzfristigen Aufstieg des Zuckers geschuldet war (Doeppers 2000; Wolters 2000; Rothermund 2002:28).

Hinsichtlich der exportorientierten Reisproduktion in Südostasien ist zunächst auf den Umstand hinzuweisen, dass in den besonders intensiv bewirtschafteten Regionen Burmas,

Indochinas und der Philippinen die seit dem 19. Jahrhundert systematisch betriebene Ausdehnung der Anbauflächen um 1920 an ihre natürlichen Grenzen stieß. Als in der Folge Land zu einem knappen Produktionsfaktor wurde, begannen die Pachtsummen und Grundstückspreise zu steigen, die Löhne und Profite dagegen zu fallen. Verschuldung und Landlosigkeit signalisierten daher auf Luzon, im Irrawaddy-Delta oder auch in Cochinchina schon vor dem Einsetzen der Großen Depression die Anfänge einer Agrarkrise (Boomgaard/ Brown 2000b:2; Murray 1980:439ff). Diese Krise hatte zunächst nur wenig mit Weltmarkt-beziehungen zu tun, da Reis international nur in relativ geringem Ausmaß gehandelt wurde und von den südostasiatischen Territorien nur Burma größere Mengen exportierte, während sich die Ausfuhren Indochinas, Thailands und der Philippinen in engen Grenzen hielten. Obwohl der internationale Reismarkt im Vergleich zur Binnennachfrage in Südostasien nahezu marginal war, sollte er doch in der Weltwirtschaftskrise eine fatale Rolle spielen. Infolge einer Verkettung unglücklicher Umstände in Japan – Zusammentreffen einer Rekordernte mit massiver Deflation infolge der Rückkehr zum Goldstandard trotz kollabie-render Kredit- und Kapitalmärkte – erlebten zunächst die Tokyoter und in weiterer Folge die Weltmarktpreise 1930/31 eine unglaubliche Talfahrt. Die Exportmengen blieben zwar zunächst weitgehend stabil, die geschrumpften Erlöse trieben aber viele Reisproduzenten in den Ruin (Rothermund 1993:35f).

Die Konsequenzen dieser Ereignisse waren länderweise recht verschieden. In Burma, der bedeutendsten Reisexportregion Asiens, die am Vorabend der Krise jährlich etwa zwei Millionen Tonnen mit einem Wert von über 200 Millionen Rupien ausführte, hatten die Turbulenzen des internationalen Reismarktes katastrophale Folgen. Der rasante Fall der Einkünfte, kombiniert mit dem schlagartigen Versiegen aller Kredite, stellte die mit den kompromisslosen Steuerforderungen der Briten konfrontierten bäuer-lichen Haushalte vor aussichtslose Zahlungsprobleme. Tausende Kleinbauern verloren ihr Land, Pächter und Landarbeiter gerieten in bedrohliche Nähe des absoluten Existenz-minimums. Eine blutig niedergeschlagene Bauernrevolte war eine Folge, der kontinuier-liche mengen- und wertmäßige Niedergang der Reisausfuhren eine weitere. Dass der Exportsektor überhaupt in größerem Umfang fortbestand, erklärt sich unter anderem aus der Verschuldung der Bauern, die den Rückzug in den Subsistenzreisanbau erschwerte (Feldbauer 1992:275ff; Rothermund 1993:107ff).

Eine Erhebung der Reisbauern gab es auch im nördlichen Vietnam. Diese hing aber weniger mit der Weltwirtschaftskrise als mit einer Dürrekatastrophe zusammen. Als der depressionsbedingte Verfall des Reispreises 1931 ganz Vietnam erfasste, litt insbeson-dere der fruchtbare Süden (Cochinchina) unter den Folgen. Es kam erschwerend hinzu, dass die Franzosen die koloniale Währung an den Goldstandard banden, was ein leichtes Ansteigen der Exporte nur noch nach Frankreich und in sein Imperium erlaubte und die Binnenmarktpreise zusätzlich unter Deflationsdruck brachte. Der Weltmarkt blieb den vietnamesischen Reisbauern bis zur Abwertung des Franc praktisch verschlossen, und eine reguläre Tilgung von Schulden erwies sich bis zu diesem Zeitpunkt ebenfalls als überaus schwierig. Als Paris endlich vom Goldstandard Abschied genommen hatte, begannen sich die Exportquote und der Reispreis seit 1936 zu erholen, hauptsächlich freilich zum Vorteil der Großgrundbesitzer, die in der Krise auf Kosten kleinbäuerlicher Schichten Land arrondiert hatten. Wo immer dies möglich war, hatten sich die Bauern in Cochinchina, genauso wie auf Java oder den Philippinen, auf den Subsistenzreisanbau zurückgezogen und somit die »agrarische Involution«, die vor allem in Indonesien auf Kosten des Zuckers eine Ausweitung der Reisanbaufläche um rund 400.000 ha zwischen 1929 und 1934 bewirkte und zehntausenden Haushalten ein karges Überleben sicherte, vorangetrieben (Feldbauer 1992:279ff; Booth 1998:39f; dies. 2000:214f; Brocheux 2000:265f; Rothermund 2002:20, 25f).

Das Schicksal der Reisbauern verweist aber nicht bloß auf beachtliche Entwicklungs-unterschiede innerhalb Südostasiens, sondern belegt auch die desaströsen Folgen der Finanzpolitik in den Metropolen und ihren Kolonien. Wahrscheinlich war die Rückkehr Englands, Frankreichs und vieler anderer Länder zum Goldstandard ein wesentlicher Auslöser für die Weltwirtschaftskrise. Das Festhalten an der Goldparität, das vor allem von Paris und Den Haag extrem lange praktiziert wurde, führte überall zu massiver Deflation. Als Folge davon sanken die Preise und bäuerlichen Einkünfte, die Schulden wurden dagegen durch die Deflation aufgewertet und ließen sich auf herkömmliche Weise nicht mehr abzahlen. Schließlich blieb den Bauern nichts anderes übrig, als ihre gehorteten Ersparnisse – nicht selten Goldschmuck – zu opfern. Im Falle Indochinas und vor allem Indonesiens bewirkte die Auflösung des »Familiensilbers« einen massiven Goldabfluss in die Metropolen. Wahrscheinlich erleichterten die 144 Millionen Gulden, die in Form von Gold zwischen 1931 und 1935 von Indonesien nach Europa transferiert wurden, das verhängnisvoll zähe Festhalten der niederländischen Regierung am Gold-standard ganz erheblich. Die kompromisslose Bevorzugung metropolitaner Kapital-interessen ging nicht einmal mit aufnahmefähigen geschützten Absatzmärkten im ökonomisch dafür zu schwachen »Mutterland« einher – im Gegensatz zu Frankreich, das Indochina wenigstens diese Option offen ließ (Boomgaard 2000:39; Brocheux 2000:219ff).

Neben der problematischen Währungspolitik der Kolonialmächte waren es insbe-sondere protektionistische Maßnahmen, die der Exportwirtschaft vieler südostasiati-scher Länder zu schaffen machten. So bekam das unabhängige Thailand, dessen weniger durchkapitalisierte Reisproduktion von der globalen Depression viel weniger in Mitlei-denschaft gezogen wurde als die Reisexporteure Burmas, Indochinas und Indonesiens, Einfuhrbeschränkungen und Zollschranken Malaysias, Niederländisch-Indiens, der Phil-ippinen und Japans empfindlich zu spüren (Manarungsan 2000:190f).

Im Allgemeinen begannen sich die Reisökonomien in der zweiten Hälfte der 1930er-Jahre wieder schrittweise zu erholen, wenngleich bei relativ unverändertem Exportvolu-men das Preisniveau die früheren Spitzenwerte nicht wieder erreichte. Ähnliches gilt für viele andere Agrar- und Primärprodukte, die nach einem Tiefpunkt um 1933/34 spätes-tens 1937/38 wieder in den vor der Krise erreichten Quantitäten ausgeführt wurden, in aller Regel aber zu dauerhaft niedrigeren Preisen. Für manche Güter kam diese Erholung freilich nie. Zucker aus Java und Abacá von den Philippinen waren nicht bloß Verlierer infolge verschlechterter Terms of Trade: Sie hatten ihre vormals prominente Rolle im Zuge der Weltwirtschaftskrise endgültig eingebüßt (Boomgaard/Brown 2000b:4f).

Die soziale Lage

Wie haben wir uns die Auswirkungen der Krise auf die Lebensverhältnisse in Südostasien vorzustellen, insbesondere auf jene der nicht-europäischen Bevölkerung? Zweifellos nicht als abrupte Verelendung blühender Gemeinwesen, sondern als Verschärfung einer ohnehin prekären materiellen Situation, als neuen Schub der Pauperisierung und Deklassierung – und nicht als deren Ursache. »The causes of poverty«, schreibt Dixon, »were essentially structural rather than cyclical« (Dixon 1991:133). Zwar kam es zu Hungersnöten, doch blieben diese regional begrenzt und dürften stärker auf klimatisch bedingte Missernten als auf die Folgen der Krise zurückzuführen gewesen sein (vgl. u.a. Boomgaard 2000:30). Regionalstudien konnten weder für Java noch für die Philippinen steigende Mortalitätsraten in den frühen 1930er-Jahren feststellen (vgl. ebda. bzw. Doeppers 2000:67).

Von der Krise betroffen waren all jene Bauern, die überwiegend für den Markt produzierten. Für sie bedeutete die Weltwirtschaftskrise dramatische Einkommensverluste, die jedoch durch das generell sinkende Preisniveau zum Teil kompensiert wurden. Das Ausmaß der Einbußen hing von den relativen Verschiebungen innerhalb des Preisgefüges ab, so dass ein Bauer unter besonders günstigen Umständen für das gleiche Quantum einer Ware ein höheres Quantum des Grundnahrungsmittels Reis erhielt als vor Ausbruch der Krise. Eine Studie über die Preisentwicklung auf Java kam allerdings zum Ergebnis, dass die Exportpreise im Durchschnitt aller Warengruppen deutlich früher und deutlich stärker fielen als die Importpreise, dass sie aber auch gegenüber dem Reispreis verloren, wenn auch in bescheidenerem Maße (Boomgaard 2000b:36). Dass sich diese Tendenzen nicht auf Java beschränkten, beweist die besonders ungünstige Lage der Produzenten von Abacá auf den Philippinen – gemessen am Reispreis sank ihre Kaufkraft bis 1933 auf 38 Prozent im Vergleich zum Niveau vor Krisenbeginn (Doeppers 2000:67). In absoluten Zahlen weitgehend konstant blieben Schulden, Steuern und (allerdings nur teilweise in Geld zu entrichtende) Pachtabgaben, die somit einen enormen ökonomischen Druck auf den jeweils betroffenen Teil der Bevölkerung ausübten. Die Verschuldung, die in vielen Gegenden ein fester Bestandteil des finanziellen Jahreszyklus war und über die einkommenslose Zeit zwischen den Ernten hinweghalf, nahm rasch zu. Die selbst in ökonomische Bedrängnis geratenen Banken und Geldverleiher verlangten die Bezahlung der Altschulden, verweigerten neue Kredite oder verschärften zumindest die Kreditkonditionen empfindlich. Immer häufiger sahen sich Bauern in der gesamten Region gezwungen, ihr Land oder künftige Ernten (oft auf mehrere Jahre) zu verpfänden (vgl. Brocheux 2000:254; Pluvier 1974:63). Am Ende stand nicht selten der Verlust des gesamten Eigentums. In Lower Burma etwa, einem der wichtigsten Reisanbaugebiete in Südostasien, nahm der Anteil der gepachteten an der gesamten landwirtschaftlich genutzten Fläche von 1929 bis 1938 von 43 auf 59 Prozent zu (vgl. Dixon 1991:100). Immer mehr Land gelangte in die Hände einer kleinen Schicht von Großgrundbesitzern, Geldverleihern, Händlern und Eigentümern von Reismühlen, während immer mehr Bauern in immer prekärere Pachtverhältnisse gezwungen wurden oder überhaupt ins ländliche Proletariat absanken. Diese soziale Polarisierung hatte zwar bereits um die Jahrhundertwende eingesetzt, beschleunigte sich aber während der Weltwirtschaftskrise signifikant (vgl. ebda.).

Eine wesentliche Ursache für die wachsende Verschuldung weiter Bevölkerungsschichten lag in der absolut kaum verminderten und relativ steigenden Steuerbelastung. Die staatlichen Einnahmen aus Exportzöllen, Verkaufssteuern, Handelsmonopolen (z.B. Alkohol) etc. waren in der Krise derartig eingebrochen, dass die Behörden auf die relativ stabilen Beträge aus Kopf- und Grundsteuer nicht verzichten wollten (vgl. Rothermund 1993:105). Während in Niederländisch-Indien die Grundsteuer zwischen 1929 und 1934 sogar noch stieg (Rothermund 2002:25), kam es in anderen Ländern zu geringfügigen Steuersenkungen und zu einer Milderung der Einhebungspraxis. Verantwortlich dafür dürften die reale Uneinbringlichkeit mancher Steuerforderungen sowie schwere soziale Unruhen in einigen Regionen gewesen sein. Auf jeden Fall senkte die französische Kolonialregierung in Teilen Vietnams die Kopfsteuer zwischen 1931 und 1936 um 20 Prozent (Rothermund 2002:27), in Burma wurde es den Steuerbeamten anheim gestellt, im Fall von offensichtlicher Zahlungsunfähigkeit Grund- und Kopfsteuer zu reduzieren bzw. gänzlich zu erlassen (Brown 2000:110), und auch die USA lockerten auf den Philippinen das Steuerregime. In Siam halbierte man 1932 die Steuer auf Reisfelder und verbot Konfiskationen zur Sicherstellung von Steuerrückständen (bis zu diesem Zeit-punkt waren Vermögenswerte von nicht weniger als 58.000 Bauern konfisziert worden); mit beträchtlicher Verspätung wurde schließlich 1935 die Kopfsteuer gesenkt (Manarungsan 2000:195). Sofern es überhaupt zu Steuererleichterungen kam, blieben sie allerdings (abgesehen von einigen Unternehmenssteuern) in der Regel deutlich hinter dem Ausmaß der Einkommensverluste zurück.

Steuern und Schulden waren der Hauptgrund dafür, warum sich die Bauern nicht noch stärker in die Subsistenzproduktion zurückzogen als sie dies ohnehin taten. Angesichts von Marktpreisen, deren Gegenwert nicht einmal das physische Existenzmi-nimum zu garantieren vermochte, verlegten sich die bäuerlichen Produzenten zuneh-mend auf den Anbau von Nahrungsmitteln für den eigenen Konsum und waren bemüht, auch andere Dinge des täglichen Bedarfs selbst herzustellen oder auf lokalen Märkten über Naturaltausch zu erwerben. Relativ problemlos konnten die Reis- und Mais-Bauern angesichts unzureichender Preise (und wenn sie nicht zum Verkauf ihrer Ernte gezwun-gen waren) den Eigenkonsum erhöhen (Manarungsan 2000:194) und – wie in Indochi-na – allfällige Überschüsse in die illegale Alkoholproduktion umlenken (Brocheux 2000:260). Dort, wo Bauern nicht essbare Exportprodukte erzeugten, diversifizierten sie, soweit möglich, in Richtung Nahrungsmittel (so konnten die Abacá-Produzenten auf den Philippinen mit dem Anbau von Maniok und Süßkartoffeln eine Hungersnot vermeiden; vgl. Doeppers 2000:67). Krise bedeutete somit keineswegs automatisch Produktions-rückgang, ja in manchen Regionen kam es sogar zu einer deutlichen Steigerung der Nahrungsmittelproduktion – bestes Beispiel: Java. Dort drückte sich die Krise der Zuckerwirtschaft in der schrumpfenden Anbaufläche für Zuckerrohr aus, was allerdings im Gegenzug die Ausweitung der Reisfelder erlaubte (Elson 1992:191). Größere Anbau-flächen, aber auch die speziell bei Reis durch höhere Arbeitsintensität erzielbaren Produktionssteigerungen ließen die Subsistenzwirtschaft nicht nur zum Rettungsanker der bäuerlichen Bevölkerung werden, sondern absorbierten auch einen erheblichen Teil der in anderen Sektoren überflüssig gewordenen Arbeitskräfte.

Die Krise hatte zu Massenentlassungen in nahezu allen Wirtschaftsbereichen ge-führt, insbesondere im Bergbau und auf den Plantagen, aber auch im Verkehrswesen (Eisenbahnen, Häfen) sowie innerhalb der kolonialen Verwaltung. Die vereinzelten industriellen Wachstumspole (siehe unten) bildeten demgegenüber ein völlig ungenü-gendes Gegengewicht. Hatten einzelne südostasiatische Regionen bis dahin in großem Maßstab Arbeitskräfte aus anderen Teilen Asiens (Indien und China) importiert, bedeutete die Krise eine deutliche Zäsur. Viele der in den Jahren zuvor angeworbenen Kontraktarbeiter wurden nach ihrer Entlassung, dem oben beschriebenen Muster folgend, in die Subsistenzwirtschaft abgedrängt – allerdings in ihre Herkunftsländer. Einwanderungsbeschränkungen und staatlich finanzierte Repatriierungsprogramme führten dazu, dass klassische Einwanderungsgebiete in den früheren 1930er-Jahren negative Wanderungsbilanzen aufwiesen: Zwischen 1930 und 1934 emigrierten 250.000 Chinesen mehr aus Singapur als dorthin zuwanderten, die gleiche Zahl wird für die Inder in Penang (Malaya) angegeben (vgl. Tipton 1998:187). Selbst die Binnenmigration zeigte ähnliche Tendenzen: Auf Sumatra zwang die ökonomische Lage in der ersten Hälfte der 1930er-Jahre ca. 170.000 Plantagenarbeiter, nach Java zurückzukehren und sich mehrheitlich in die Subsistenzökonomie der jeweiligen Herkunftsregion zu integrieren (vgl. ebda.). Diejenigen, die nicht entlassen wurden, waren meist mit drastischen Lohnsenkungen und längeren Arbeitszeiten konfrontiert (vgl. u.a. Nawiyanto 2000:182).

Auch unter Arbeitern breiteten sich Formen der Subsistenzwirtschaft weiter aus. Sofern es die Gegebenheiten zuließen, versuchte man die Ernährungssituation durch verstärkten Gemüse- und Reisanbau ebenso zu verbessern wie durch Jagd und Fischerei. Neben dem Rückzug in die Subsistenzwirtschaft und der Diversifizierung ökonomischer Aktivitäten (bis hinein in den gewerblich-heimindustriellen Bereich) lassen sich quer durch alle Bevölkerungsgruppen weitere Strategien finden, wie sie in Krisenzeiten angewandt werden, um die unmittelbaren Lebensbedürfnisse weiterhin befriedigen zu können: der Umstieg auf billigere Produkte mit adäquatem Gebrauchswert (Maniok als Nahrungsmittel, japanische und indische Textilien als Bekleidung) und die Einschränkung des Luxuskonsums (so fiel etwa auf Java der Opiumverbrauch im Verlauf der Krise mengenmäßig auf ein Sechstel; vgl. Boomgaard 2000:37f).

Gewinner und Verlierer

Wie stets in Zeiten von Wirtschaftskrisen kam es auch in Südostasien zu Verschiebungen innerhalb der sozioökonomischen Hierarchie. Auch wenn die überwiegende Mehrheit der Bevölkerung zu den Verlierern der Krise zählte, so verloren nicht alle in gleichem Maße, und kleine Gruppen konnten ihre Position sogar verbessern. Zu den Gewinnern zählten jene, die ihre Arbeit im Staatsdienst oder bei westlichen Firmen nicht verloren. Ihre Löhne und Gehälter fielen in der Regel weit weniger stark als die Lebenshaltungskosten. Elson nennt als Beispiel die philippinischen Beamten, deren Realeinkommen sich zwischen 1929 und 1932 verdoppelten. Das solcherart zusätzlich verfügbare Geld trug erheblich zum kuriosen Phänomen eines antizyklischen Minibooms in der Bauwirtschaft von Manila bei (Elson 1992:188). Zu den größten Verlierern zählten städtische Tagelöhner ohne Verbindungen zum Land (und damit zur rettenden Subsistenzproduktion) sowie für den Export produzierende Kleinstbauern (vgl. Boomgaard 2000:46). Besonders schwer getroffen wurden auch bestimmte intermediäre Schichten, etwa die in vielen Regionen tätigen chinesischen Kleinhändler, die als Aufkäufer unter dem Absturz der Agrarpreise litten, als Verkäufer unter den sinkenden Konsumausgaben wie auch unter der Konkurrenz japanischer Händler mit ihren billigen Importwaren (vgl. Nawiyanto 2000:182). Die Bilanz der Kleinproduzenten erscheint uneinheitlich: Während bei-

spielsweise die indonesischen Kleinbauern im Zuge der Krise aus der Zuckerrohrer-
zeugung so gut wie vollkommen verdrängt wurden (Robison 1986:17), konnten sie, wie
eingangs beschrieben, ihre Position in arbeitsintensiven Sparten wie der Kautschukproduktion halten oder gar – auf Kosten westlicher Firmen – ausbauen. Im Zinnabbau
wiederum, der seit dem Ersten Weltkrieg mit zunehmender Kapitalintensität betrieben
wurde, konnten die europäischen Bergbaugesellschaften ihre Position auf Kosten der
chinesischen Kleinunternehmen deutlich ausbauen (Turnbull 1989:205).

Am oberen Ende der sozialen Hierarchie kam es zu einer Konzentration von Macht
und Vermögen. Zwar riss die Krise so manchen Geldverleiher gemeinsam mit seinen
Schuldnern, so manchen Bergwerks- und Plantagenbesitzer gemeinsam mit seinen
Arbeitern in die Tiefe, doch jene, die überlebten, überlebten gestärkt. Brocheux verweist
in diesem Zusammenhang auf die Banque de l'Indochine, die während der Krise enorme
Vermögenswerte in Form von Plantagen, Reisfeldern und Gebäuden akquirieren konnte
und auf diese Weise zu einer der mächtigsten französischen Geschäftsbanken aufstieg
(Brocheux 2000:265).

Staat und Kapital

Als eines der markantesten und dauerhaftesten Ergebnisse der Krise zeigte sich – in
Südostasien wie in anderen Teilen der Welt – die wachsende Bedeutung staatlicher
Wirtschaftspolitik. Diese erfolgte nicht zu Lasten des privaten Kapitals, insbesondere des
europäischen bzw. US-amerikanischen, sondern ergänzte und unterstützte dessen Krisen-
strategien – »the colonial government became the capitalists' crutch«, meint Brocheux
mit Blick auf Indochina (Brocheux 2000:254).

Dort griff die Kolonialregierung nicht nur, wie oben gezeigt, den Kautschuk-
pflanzern unter die Arme, sondern auch anderen Rohstoffproduzenten: Die Bergbau-
Steuern wurden ebenso drastisch gesenkt (um 80 Prozent bei Zink und um 60 Prozent bei
Zinn) wie die Exportsteuer auf Reis (um 40 Prozent), die Ausfuhr von Tee und Sisal
wurde subventioniert, der Preisverfall bei Kaffee zum Teil durch einen Ausgleichsfonds
kompensiert (ebda.) – Hauptprofiteure waren die Großproduzenten (Nørlund 2000:208).
Ähnliche Maßnahmen, etwa umfangreiche Entschuldungsinitiativen des siamesischen
Staates im Agrarbereich (Manarungsan 2000:195), wurden auch in anderen Ländern
getroffen. Bei den Rationalisierungsmaßnahmen der Unternehmen leistete der Staat
ebenfalls seinen Beitrag: Die Entlassungen der Arbeiter wurden, wie bereits geschildert,
durch Remigrationsprogramme ergänzt, Produktivitätssteigerungen förderte man durch
die Entwicklung neuer Technologien (einschließlich der Züchtung und Verbreitung
ertragreicherer Pflanzensorten). In diesem Zusammenhang – zwar noch vor der Weltwirtschaftskrise, aber nach den ersten Preiseinbrüchen – ist die Gründung des *Rubber
Research Institute* in Malaya 1926 zu sehen (Turnbull 1989:205). Daneben wurden in
einzelnen Ländern gezielte Anstrengungen unternommen, die Produktpalette zu diversi-
fizieren. In Malaya, dessen Handelsbilanz darunter litt, dass der Preis des Haupt-
exportartikels Kautschuk deutlich stärker fiel als jener des in großem Umfang importier-
ten Reises, propagierte man von staatlicher Seite die Ausweitung und Intensivierung des
Reisanbaus, allerdings mit beschränktem Erfolg (Kratoska 2000:282). Zusätzlich wur-

den im Malaya der 1930er-Jahre der Anbau von Ananas und die Palmölgewinnung forciert (Turnbull 1989:205).

Auf supranationaler Ebene kam es nicht nur bei Kautschuk, sondern auch bei Zinn und Zucker zu Produzentenkartellen, die eine Reduktion der Produktionsmenge und damit eine Stabilisierung der Preise auf höherem Niveau zum Ziel hatten, allerdings erst mittelfristig wirksam werden konnten. Währungspolitisch waren den Kolonialregierungen die Hände gebunden, und so versuchten insbesondere jene Territorien (Indochina, Indonesien), deren Zentralregierungen ihre Währungen deutlich später abwerteten als die übrigen Staaten, diesen Nachteil im Außenhandel durch eine protektionistische Handelspolitik mit Hilfe von Importzöllen und Quoten auszugleichen. Damit beförderte (kolonial)staatliches Handeln eher unwillentlich als willentlich jene Transformation, die im Lauf der folgenden Jahrzehnte den Entwicklungsweg der südostasiatischen Ökonomien mehr und mehr bestimmte.

Importsubstitution als Ausweg?

»Eine Industrialisierung durch Importsubstitution blieb diesen Ländern weitgehend verwehrt, sie kann daher getrost vernachlässigt werden«, meint Dietmar Rothermund im Hinblick auf Südostasien (Rothermund 1993:105). Und damit könnte dieser Abschnitt auch schon wieder enden – wären da nicht eine Reihe anderer Wissenschaftler, die zu deutlich anders akzentuierten Einschätzungen gelangten. Chris Dixon etwa, dem zufolge »by 1940 the basis of a manufacturing sector and the core of an industrial working class had been established in all the region's major territories« (Dixon 1991:119; ähnlich Tipton 1998:201).

Die ersten Ansätze einer Industrialisierung hatten sich seit Ende des 19. Jahrhunderts rund um die Rohstoffproduktion gebildet: Zinnschmelzen, Reismühlen, Palmöl- und Zuckerfabriken, Kautschukverarbeitung, dazu Betriebe im Bereich Maschinen- und Fahrzeugbau (um Produktionsapparat und Verkehrsinfrastruktur in Gang zu halten) sowie in der Konsumgüterproduktion für den lokalen Bedarf (von Bier über Seife bis hin zu Zigaretten). Eine erste, kurze und ephemere Phase der Importsubstitution ergab sich während des Ersten Weltkriegs, als allgemeine Handelsprobleme und der komplette Ausfall deutscher Importe (z.B. Chinin) die Produktion vor Ort stimulierten (vgl. Booth 1998:37). Einer weiterreichenden Industrialisierung stand zum einen das Interesse des metropolitanen Kapitals entgegen, die im »Mutterland« produzierten Industrieprodukte in den jeweiligen Kolonien abzusetzen, zum anderen das Interesse der Plantagen- und Bergwerksbesitzer, die Lebenshaltungskosten ihrer Arbeiter (und damit die zu zahlenden Löhne) durch möglichst billige Konsumgüter möglichst niedrig zu halten – eine protektionistische Industrialisierungspolitik hätte die Preise empfindlich in die Höhe getrieben. So hatte letztere Gruppe auch nichts dagegen einzuwenden, als nach Abwertung des Yen 1931 billige japanische Waren auf Kosten der europäischen Konkurrenz große Marktanteile gewannen.

Die Handelspolitik der europäischen Kolonialmächte – selbst die traditionell liberale der Briten und Niederländer – ging jedoch im weiteren Verlauf der Weltwirtschaftskrise in eine andere, protektionistische Richtung. Die nun in zunehmendem Maß

errichteten tarifären und nicht-tarifären Handelsschranken (vgl. Booth 2000:308ff)
sollten in Südostasien vor allem den japanischen Billigimporten Einhalt gebieten. Sie
nützten damit hauptsächlich dem Industriekapital des jeweiligen »Mutterlands«, eröffneten aber auch den lokalen Produzenten einen etwas größeren Handlungsspielraum und
schufen überdies für ausländische Konzerne einen Anreiz, Tochterunternehmen vor Ort
zu gründen. So errichteten im Lauf der 1930er-Jahre etliche britische und US-amerikanische Firmen (darunter Goodyear, General Motors und British-American Tobacco)
Produktionsstätten in Niederländisch-Indien: Reifen-, Zement-, Seifen-, Zigarettenfabri-
ken, Brauereien etc. (Robison 1986:9).
    Als Beispiel für den Erfolg der importsubstituierenden Industrialisierung wird mit
besonderer Vorliebe die Entwicklung der indonesischen Textilindustrie angeführt: Die
Zahl der Textilfabriken stieg zwischen 1930 und 1937 von 19 auf 1123, die Zahl der
Großbetriebe (mit mehr als 250 Webstühlen) von null auf 16 (Robison 1986:24). Im Jahr
1938 befanden sich an die 18.000 Webstühle in Betrieb, fast durchwegs auf dem
javanischen Bandung-Plateau. Allein in Priangan waren an etwa 12.000 Webstühlen rund
32.000 Arbeitskräfte beschäftigt (Svensson 1990:302). Eine besonders wichtige Rolle
spielte dabei die chinesische Bourgeoisie, die im Gefolge der Wirtschaftskrise nach
neuen Anlagemöglichkeiten für ihr Kapital suchte und diese unter anderem in der Textil-
und Zigarettenproduktion fand; in der Textilindustrie war allerdings auch sundanesisches
Kapital von erheblicher Bedeutung (vgl. Dixon 1991:119; Robison 1986:26). Das
Überangebot an Arbeitskräften dürfte bei der Entwicklung der Textilerzeugung von
Vorteil gewesen sein. Dass die niederländischen Pflanzer, die sich früher gegen noch so
zaghafte industriefördernde Maßnahmen gestellt hatten, im Zuge der Weltwirtschaftskri-
se an politischem Einfluss verloren, wirkte sich ebenfalls positiv aus. Selbst die Kolonial-
regierung blieb nicht untätig und richtete in den frühen 1930er-Jahren eine Industrie-
Abteilung ein. Diese sollte jene Wirtschaftssparten fördern, die mit arbeitsintensiven
Technologien die Grundbedürfnisse der Bevölkerung befriedigten (Booth 1998:41).
Neben der Senkung der Einfuhrzölle für Baumwollgarn sowie einer Quotenregelung zur
Reduktion von Textilimporten, insbesondere aus Japan, aber auch aus Indien, wurden
Investitionen in Infrastruktur und Maschinen ebenso subventioniert wie Warentransporte.
Günstige Kredite rundeten das Förderungsprogramm ab (Svensson 1990:303). Abgese-
hen von der Zuckerindustrie nahm in Niederländisch-Indien die Beschäftigung im
verarbeitenden Sektor während der 1930er-Jahre zu, wobei die großbetriebliche Produk-
tion pro Jahr um mehr als 20 Prozent wuchs, während die Heimindustrie schrumpfte
(Booth 1998:41). Trug die Industrie 1929 erst 16,3 Prozent zum Bruttosozialprodukt bei,
so stieg ihr Anteil bis 1941 auf 21,9 Prozent – ein Zuwachs, der auf Kosten des
Dienstleistungssektors ging, während der Anteil der Landwirtschaft mit 36,6 bzw. 36,1
Prozent weitgehend konstant blieb (van der Eng 2002:145).
    Zwar finden sich in der Literatur verstreute Hinweise auf ähnliche, wenn auch
deutlich schwächere Tendenzen in den anderen Ländern der Region (vgl. u.a. Rasiah
1995:59), doch scheinen sich etwa in Französisch-Indochina jene Interessengruppen
besser behauptet zu haben, die in der Kolonie primär einen Absatzmarkt für Industrieprodukte erblickten und dementsprechend eine importsubstituierende Industrialisierung
hintanzuhalten versuchten (vgl. Brocheux 2000:268). Trotz dieses hinhaltenden Widerstands kam es auch in Indochina während der 1930er-Jahre zu durchaus relevanten

Industrialisierungsanläufen im Textil- und Baustoffbereich, die allerdings großteils von französischem Kapital getragen wurden und deren Beschäftigungseffekte gering blieben (Murray 1980:348ff).

Im Fall Niederländisch-Indiens könnten die relative Schwäche des niederländischen Industriekapitals, eine etwas andere Konstellation der politischen und sozialen Kräfte innerhalb der Kolonie sowie die zunehmend als militärische und ökonomische Bedrohung empfundene Präsenz Japans in der Region dazu beigetragen haben, dass die niederländische Kolonialpolitik es zuließ bzw. sogar aktiv dazu beitrug, die Produktivkräfte auf eine breitere, tragfähigere Basis zu stellen. Die japanische Okkupation Javas bereitete freilich diesen Industrialisierungsbemühungen ein jähes Ende. (Unter jenen Faktoren, die zur Invasion Südostasiens führten, sollte übrigens die während der Wirtschaftskrise vorangetriebene Abschottung der südostasiatischen Märkte gegenüber dem japanischen Kapital nicht völlig unberücksichtigt bleiben.)

Ausblick

Verallgemeinernde Aussagen über die langfristigen Konsequenzen der Weltwirtschaftskrise fallen für Südostasien wegen der Vielfalt der Staaten, Gesellschaften und Ökonomien schwer. Generell gilt, dass die von den Weltmärkten ausgehenden Agrarpreisimpulse überall auf die Agrarbinnenmärkte durchschlugen, die Preise für Agrarprodukte kurzfristig steil nach unten wiesen und sich nie mehr – bezogen auf die Terms of Trade gegenüber Industrieprodukten – völlig erholten. Bäuerliche Schuldner verloren infolge der bis in die letzten Dörfer reichenden Kreditkontraktion häufig ihr Land, während der Großgrundbesitz zunahm. Galt es keine oder nur geringe Steuerlasten zu bewältigen, wandten sich viele bäuerliche Haushalte von der Cash Crop-Produktion ab und der Subsistenzwirtschaft zu. Eine folgenreiche Umstrukturierung der ländlichen Produktionsverhältnisse war das Resultat dieser oft parallel verlaufenden Prozesse.

Die vielerorts katastrophale Lage der bäuerlichen Bevölkerung, die in Burma und Vietnam sogar Revolten auslöste, führte nur vereinzelt zu unterstützenden Maßnahmen von Seiten des Staates. Am besten trafen es diesbezüglich die Philippinen und das souveräne Siam, umfassende Strategien zur Krisenbewältigung blieben aber auch dort – wie in den anderen Ländern – aus. Die wenigen, unsystematischen Impulse zur Ankurbelung lokaler Industrien führten nirgendwo zu Ergebnissen, die sich, was Dimension und Nachhaltigkeit betrifft, mit den Importsubstitutionserfolgen Lateinamerikas nach 1930 messen könnten. Immerhin gelang es, einige der vor 1930 entstandenen Brückenköpfe der Industrialisierung auszubauen und vereinzelte neue zu schaffen.

In keinem der fast durchwegs kolonial fremdbestimmten Länder Südostasiens waren mit der Krise unmittelbare politische Umwälzungen verbunden, nicht einmal in Burma und Vietnam, wo die Bauernaufstände die Brüchigkeit der Kolonialherrschaft andeuteten. Längerfristig reichte allerdings zumindest in Vietnam eine, wenn auch gebrochene, Traditionslinie von den Rebellen des Jahres 1930 zum späteren Befreiungskampf des kommunistischen Vietminh. Generell bedeuteten die Depressionsjahre eine massive Delegitimation kolonialer Herrschaft, führten sie doch den lokalen Eliten eindringlich vor Augen, dass die Kolonialmächte – sei es in der Steuerpolitik, sei es in der Unterstützung des metropolitanen Kapitals – mit großer Vehemenz eigene, partikulare, westliche Interessen verfolgten und zu einem erfolgreichen Krisenmanagement im Interesse der Bevölkerungsmehrheit nicht bereit waren.

Als die japanische Armee wenig später auch das militärisch-politische Gewicht der Briten, Franzosen, Niederländer und teilweise sogar der USA fundamental in Frage stellte, war die während der Weltwirtschaftskrise schmerzlich vermisste Unabhängigkeit nicht mehr weit.

Literatur

Bairoch, Paul (1993): Economics and World History. Myths and Paradoxes. New York/London: Harvester Wheatsheat

Boomgaard, Peter/Brown, Ian, Hg. (2000a): Weathering the Storm. The Economies of Southeast Asia in the 1930s Depression. Singapore/Leiden: Institute of Southeast Asian Studies/KITLV Press

Boomgaard, Peter/Brown, Ian (2000b): The Economies of Southeast Asia in the 1930s Depression. An Introduction. In: Boomgaard/Brown (2000a): 1-19

Boomgaard, Peter (2000): Surviving the Slump. Developments in Real Income During the Depression of the 1930s in Indonesien, Particularly Java. In: Boomgaard/Brown (2000a): 23-52

Booth, Anne (1998): The Indonesian Economy in the Nineteenth and Twentieth Centuries. A History of Missed Opportunities. Basingstoke/New York: Macmillan Press/St. Martin's Press

Booth, Anne (2000): Crisis and Response. A Study of Foreign Trade and Exchange Rate Policies in Three Southeast Asian Colonies in the 1930s. In: Boomgaard/Brown (2000a): 295-320

Brocheux, Pierre (2000): The State and the 1930s Depression in French Indo-China. In: Boomgaard/Brown (2000a): 251-270

Brown, Ian (2000): Material Conditions in Rural Lower Burma During the Economic Crisis of the Early 1930s: What the Cotton Textile Import Figures Reveal. In: Boomgaard/Brown (2000a): 109-120

Dixon, Chris (1991): South East Asia in the World-Economy. Cambridge/New York/Melbourne: Cambridge University Press

Doeppers, Daniel F. (2000): The Philippines in the Great Depression: A Geography of Pain. In: Boomgaard/Brown (2000a): 53–82

Elson, Robert E. (1984): Javanese Peasants and the Colonial Sugar Industry. Impact and Change in an East Java Residency 1830–1940. Singapur/Oxford/New York: Asian Studies Association of Australia

Elson, Robert E. (1992): International Commerce, the State and Society: Economic and Social Change. In: The Cambridge History of Southeast Asia, Bd. 2: The nineteenth and twentieth centuries, Hg. Nicholas Tarling. Cambridge/New York/Melbourne: Cambridge University Press

Feldbauer, Peter (1992): Weltwirtschaftskrise und bäuerlicher Widerstand in Ländern der Dritten Welt. In: Bauern im Widerstand, Historische Sozialkunde Bd. 2, Hg. Peter Feldbauer/Hans-Jürgen Puhle. Wien/Köln/Weimar: Böhlau Verlag: 271-297

Kindleberger, Charles P. (1973): Die Weltwirtschaftskrise 1929–1939, Geschichte der Weltwirtschaft im 20. Jahrhundert Bd. 4, Hg. Wolfram Fischer. München: Deutscher Taschenbuch Verlag

Kratoska, Paul H. (2000): Imperial Unity Versus Local Autonomy. British Malaya and the Depression of the 1930s. In: Boomgaard/Brown (2000a): 271–294

Maddison, Angus (1985): Two Crises. Latin America and Asia 1929–38 and 1973–83. Paris: OECD

Manarungsan, Sompop (2000): The Rice Economy of Thailand in the 1930s Depression. In: Boomgaard/Brown (2000a): 189-197

Nawiyanto, S. (2000): The Economy of Besuki in the 1930s Depression. In: Boomgaard/Brown (2000a): 171-188

Murray, Martin J. (1980): The Development of Capitalism in Colonial Indochina 1870–1940. Berkeley/Los Angeles/London: University of California Press

Nørlund, Irene (2000): Rice and the Colonial Lobby. The Economic Crisis in French Indo-China in the 1920s and 1930s. In: Boomgaard/Brown (2000a): 198–226

O'Malley, William Joseph (1977): Indonesia in the Great Depression. A Study of East Sumatra and Jogjakarta in the 1930's. Phil. Diss. Cornell University

Pluvier, Jan (1974): South-East Asia from Colonialism to Independence. London (u.a.): Oxford University Press

Rasiah, Rajah (1995): Foreign Capital and Industrialization in Malaysia. New York: St. Martin's Press

Robison, Richard (1986): Indonesia: The Rise of Capital, Southeast Asia Publications Series Bd. 13. North Sydney/Wellington/London: Allen & Unwin

Rothermund, Dietmar (1993): Die Welt in der Wirtschaftskrise 1929–1939, Periplus-Texte Bd. 1. Münster/Hamburg: Lit Verlag

Rothermund, Dietmar (2002): Currencies, Taxes and Credit. Asian Peasants in the Great Depression, 1930–1939. In: The Interwar Depression in an International Context, Hg. Harold James. München: Oldenbourg: 15-33

Svensson, Thommy (1990): Bureaucracies and Agrarian Change. A Southeast Asian Case. In: Agrarian Society in History. Essays in Honour of Magnus Mörner, Hg. Mats Lundahl/ Thommy Svensson. London/New York: Routledge: 282–317

Tipton, Frank B. (1998): The Rise of Asia. Economics, Society and Politics in Contemporary Asia. Basingstoke/London: Macmillan Press

Turnbull, C. Mary (1989): A History of Malaysia, Singapore and Brunei. Sydney (u.a.): Allen & Unwin

van der Eng, Pierre (2002): Indonesia's Growth Performance in the Twentieth Century. In: The Asian Economies in the Twentieth Century, Hg. Angus Maddison/D.S. Prasada Rao/William F. Shepherd. Cheltenham/Northampton, Ma.: Edward Elgar: 142-167

Wolters, W. G. (2000): Uneven Impact und Regional Responses: The Philippines in the 1930s Depression. In: Boomgaard/Brown (2000a): 83-108

Ingrid Wessel

Der Zweite Weltkrieg und die Dekolonisation in Südostasien

Die japanische Okkupation Südostasiens

Japans Aufstieg zur Industriemacht war begleitet von einer expansiven und aggressiven Politik, die dem ressourcenarmen Land Rohstoffe und Absatzmärkte sichern sollte. Auf die Errichtung des Marionettenstaates Mandschukuo im Jahre 1932 reagierten die westlichen Kolonialmächte noch nicht. Der Beginn des Krieges gegen China im Jahre 1937 und die Einbeziehung Südostasiens in die japanischen Expansionspläne änderten allerdings die Sachlage. Die nun beschlossenen ökonomischen Sanktionen hatten jedoch keine Auswirkungen auf die japanischen Pläne.

Zunächst versuchte Japan, auf friedlichem Wege ökonomische Positionen in Südostasien zu erlangen bzw. auszuweiten. Bereits in den 30er-Jahren siedelten sich Tausende von Japanern in südostasiatischen Ländern an, gründeten Firmen oder waren als Handelsagenten tätig. Holländische und britische Quellen verwiesen auf eine »Geheimgesellschaft zur Erforschung der Südseeinseln« und auf Japaner, die Niederländisch-Indien ausspionierten (Tarling 2001:35).

Mit dem Ausbruch des Zweiten Weltkrieges in Europa verstärkte Japan seine Bemühungen, mittels Verhandlungen und Verträgen Zugang zu den Rohstoffen der europäischen Kolonien in Südostasien zu erlangen. Die USA intervenierten und das verhängte Handelsembargo spitzte den Konflikt vor allem zwischen Japan und den USA zu. Mit der Ankündigung im September 1940, eine »Großostasiatische Wohlfahrtssphäre« (*Greater East Asia Co-prosperity Sphere*) zu schaffen, die Japan, China, Mandschukuo, Südostasien und Britisch-Indien umfassen sollte, machte Japan klar, dass es zur Durchsetzung seiner Zielvorstellungen auch vor Gewalt nicht zurückschrecken würde. Es begann die direkte Konfrontation mit den westlichen Kolonialmächten.

Indochina konnten die Japaner noch ohne Kampf besetzen, weil nach dem Überfall Hitlers auf Frankreich im Jahre 1940 die Vichy-Regierung den Japanern gestattete, zunächst im Norden und nach dem Überfall Hitlers auf die Sowjetunion (Juni 1941) auch im Süden Indochinas Truppen zu stationieren und Stützpunkte zu errichten. Damit gelang es den Japanern, sich günstige Ausgangspunkte für die Eroberung von Südostasien zu schaffen. Dazu gehörte auch der Friedensvertrag zwischen Japan und Thailand vom

9.4.1941. Der Kriegseintritt Thailands am 25.1.1942 stellte Thailand als Bündnispartner an die japanische Seite. Thailand unter der Herrschaft Phibun Songkrams kollaborierte mit Japan bis 1944, als sich dessen Niederlage bereits abzuzeichnen begann. Thailand bewahrte als einziges Land in Südostasien seine Unabhängigkeit.

Der Überfall auf Pearl Harbour am 7.12.1941 markierte auch den Beginn der japanischen Aggression in Südostasien. Noch am gleichen Tag wurde Manila bombardiert, Vorstöße gegen Luzon und Malaya folgten. Mit dem Fall Singapurs am 15.2.1942 mussten die Briten eine schnelle und unerwartete Niederlage hinnehmen. Drei Wochen später (am 8.3.1942) wurde Java besetzt und auch Rangun eingenommen.

Die Invasion in Burma erfolgte gemeinsam mit der Burmesischen Unabhängigkeitsarmee, deren Kern, die »Dreißig Kameraden«, in Japan zum Kampf gegen die Briten ausgebildet worden waren. Die Einbindung der burmesischen Nationalisten in die japanischen Eroberungs- und Herrschaftspläne ging ähnlichen Versuchen in anderen Ländern Südostasiens voraus.

Anfang Mai 1942 war die Okkupation Südostasiens im Wesentlichen abgeschlossen. Die Japaner hatten in nur fünf Monaten die durch das Kriegsgeschehen in Europa geschwächten westlichen Kolonialmächte besiegt und ein riesiges Territorium besetzt.

Die japanische Herrschaft in Südostasien

Die Begeisterung, mit der die Japaner z.B. in Niederländisch-Indien als Befreier begrüßt worden waren, verflog nach wenigen Wochen. Sehr schnell zeigte sich überall in Südostasien, dass eine neue Kolonialmacht rücksichtslos ihre strategischen Ziele der Rohstoffbeschaffung, der Versorgung der japanischen Armee, des Baus von Kriegsanlagen usw. durchsetzte. Die Zwangsrekrutierung von Hunderttausenden von Arbeitskräften aus den einzelnen Ländern Südostasiens für militärische Hilfsdienste und Arbeitsbataillone kostete viele Opfer und verstärkte antijapanische Stimmungen. Bei dem Bau der berüchtigten »Todesbahn« (der burmesisch-thailändischen Eisenbahn) vom November 1942 bis zum Oktober 1943 kamen ca. 100.000 asiatische Arbeitskräfte und 16.000 europäische Gefangene ums Leben (Pluvier 1974:239).

Zur umfassenden Einbeziehung der einheimischen Bevölkerung in den Krieg gegen die Alliierten versuchten die Japaner, die Bevölkerung mit propagandistischen Kampagnen, die Japan als Freund der Asiaten und als Förderer ihrer Befreiungsbestrebungen darstellten, für sich zu gewinnen. Doch diese Bemühungen brachten nicht den gewünschten Erfolg. Da sich die Japaner gezwungen sahen, nationalistische Aspirationen zumindest teilweise zu berücksichtigen, konzentrierten sie sich nun auf eine verstärkte Kollaboration mit einflussreichen Persönlichkeiten, über die die Länder verwaltet und die einzelnen Bevölkerungsgruppen mobilisiert werden konnten. Die zur Kollaboration bereiten Kräfte ließen sich von unterschiedlichen Motiven leiten, die von einer zeitweiligen Anpassung an die neue Macht zur langfristigen Durchsetzung der nationalen Unabhängigkeit (z.B. Sukarno und Hatta in Indonesien) bis zur Nutzung persönlicher Vorteile reichten. Dennoch gewährte Japan im Jahre 1943, als sich die Kriegssituation bereits zu Ungunsten Japans entwickelte und die Großostasiatische Wohlfahrtssphäre verteidigt werden musste, nur Burma und den Philippinen die »Unabhängigkeit« unter japanischer Kontrolle. Dr. Ba Maw stand in Burma an der Spitze der Regierung von Japans Gnaden, auf den Philippinen leitete José P. Laurel eine solche Regierung. Beide Regierungen stießen in ihren Ländern wegen der Kollaboration mit den Japanern auf Kritik und Widerstand. In Indonesien gestattete Japan Vorbereitungen auf die Unabhängigkeit erst im März 1945.

Mit der Internierung der Europäer und ihrer Ersetzung durch Japaner auf den oberen Verwaltungsposten und durch einheimische Kräfte auf mittleren und unteren Posten, mit der teilweisen Übernahme der bestehenden Verwaltungsstrukturen, mit Zugeständnissen an einzelne Bevölkerungsgruppen nach 1943 (z.B. an die Muslime in Indonesien), mit der Schaffung von bewaffneten Gruppen, die später den Kern der unabhängigen Streitkräfte bildeten, und schließlich mit Teilschritten, die die nationalen Unabhängigkeitsbewegungen förderten, stießen die Japaner aber nicht nur auf Ablehnung. Sie initiierten damit Veränderungen, deren Bedeutung für die weitere Entwicklung der südostasiatischen Länder aber erst in späteren Analysen Beachtung fand.

Die Mehrheit der Bevölkerung in den südostasiatischen Ländern erlebte die negativen Seiten der japanischen Herrschaft sehr einschneidend. Die unmenschliche Behandlung der Arbeitskulis, die brutale Requirierung von Lebensmitteln bei den Bauern, der entwürdigende Umgang mit südostasiatischen Frauen als so genannten *comfort women* für Offiziere und Soldaten (Dahm/Ptak 1999:194) zerstörten jegliche Illusionen über die japanische Herrschaft und ließen die Unzufriedenheit unter der Bevölkerung anwachsen, die schließlich in antijapanische Widerstandsbewegungen mündete.

Der antijapanische Widerstand und das Ende des Zweiten Weltkrieges

In Vietnam entwickelte sich die bereits 1941 gegründete Viet Minh (voller Name: Viet Nam Doc Lap Dong Minh, Liga für die Unabhängigkeit Vietnams) unter der Leitung von Ho Chi Minh zu einer nationalen Einheitsfront, die die entscheidende Rolle im Kampf um die Unabhängigkeit spielte.

Auf den Philippinen führten die Huks (von Hukbalahap, mit vollem Namen: Hukbo ng Bayan Laban sa Hapan, Antijapanische Volksarmee, 1942 gegründet) einen Guerillakampf gegen die Japaner. Die Hukbalahap vereinte vorwiegend Bauern und ihr Programm war eindeutig auf soziale Veränderungen ausgerichtet.

In Malaya gründeten Kommunisten des chinesischen Bevölkerungsteils unmittelbar nach der Niederlage der Briten im Jahre 1942 die Malaiische Antijapanische Volksarmee (M.P.A.J.A.), die von den Japanern brutal verfolgt wurde. Im Januar 1944 schloss die M.P.A.J.A. mit den Briten einen Vertrag, der sie unter das Kommando des Chefs der Alliierten Streitkräfte, Louis Mountbatten, stellte. So gab es in Malaya 1945 auch keinen Widerstand gegen die Rückkehr der Briten.

In Indonesien kam es nicht zu der Ausbildung einer geschlossenen antijapanischen Widerstandsfront, hier agierten einzelne Gruppen im Untergrund. Die Japaner gaben in erster Linie dem Druck der führenden indonesischen Nationalisten Sukarno und Hatta nach, als sie im März 1945 die Bildung einer Kommission zur Vorbereitung der Unabhängigkeit gestatteten.

In Burma beendete Aung San, die Schlüsselfigur der burmesischen Streitkräfte, die 1942 mit den Japanern in Burma einmarschiert waren, am 27. März 1945 mit der

Kriegserklärung an die Japaner die Zusammenarbeit mit dieser Kolonialmacht. Zuvor war eine Antifaschistische Liga gegründet worden, die sich ab Februar 1945 Antifaschistische Volksfreiheitsliga (Anti-Fascist People's Freedom League, AFPFL) nannte. Sie führte Burma in die Unabhängigkeit.

In den letzten Kriegsmonaten, als die Alliierten die japanischen Streitkräfte massiv angriffen und mit der Rückeroberung begannen (die Amerikaner landeten im Oktober 1944 auf der philippinischen Insel Leyte, am 23. Februar 1945 war Manila von den Japanern befreit), änderten sich die politischen Verhältnisse in den Ländern Südostasiens. In Indochina beseitigten die Japaner die französische Herrschaft im März 1945 und verkündeten die vietnamesische »Unabhängigkeit« unter Kaiser Bao Dai. Auch Kambodscha und Laos, wo es keine Unabhängigkeitsbewegungen gegeben hatte, erhielten im Rahmen der »Großostasiatischen Wohlfahrtssphäre« die »Unabhängigkeit«. Als entscheidend für die Entwicklung in Indochina erwies sich aber die Ausweitung des Einflusses der Viet Minh mit ihren bewaffneten Streitkräften auf weite Teile Vietnams. Als die Japaner am 15.8.1945 kapitulierten, konnten sie in den als August-Revolution bekannt gewordenen Ereignissen in Hanoi und Saigon die Macht übernehmen. Am 2.9.1945 erklärte Ho Chi Minh die Unabhängigkeit Vietnams und begann unverzüglich mit der Durchsetzung sozialer Reformen.

In Indonesien arbeitete die im März 1945 gebildete Kommission zur Vorbereitung der Unabhängigkeit Indonesiens (Badan Penyelidik Usaha Persiapan Kemerdekaan) unter dem Vorbehalt der Japaner, dass sie die Rahmenbedingungen für die Verkündung der Unabhängigkeit bestimmen würden. Am 1. Juni 1945 hielt Sukarno seine berühmte Pancasila-Rede, deren Prinzipien bis heute die Entwicklung Indonesiens beeinflussen. Doch erst nach der Potsdamer Konferenz und dem Abwurf der Atombombe auf Hiroshima am 6.8.1945 konnte am 7.8.1945 eine neue Vorbereitungskommission für die Unabhängigkeit (Panitia Persiapan Kemerdekaan Indonesia) gebildet werden, welche die unmittelbare Phase des Übergangs zur Unabhängigkeit einleitete. Als Sukarno und Hatta nach der japanischen Kapitulation am 15.8. zögerten, die Unabhängigkeit zu verkünden, weil sie einen Bürgerkrieg befürchteten, wurden sie von den aktiven *pemuda* (Jugendlichen, Jugendverbände) nach Rengasdenklok entführt (Anderson 1972:74ff). Die Pemuda wollten verhindern, dass die Indonesier die Unabhängigkeit als Geschenk aus den Händen der Japaner erhielten. Sukarno und Hatta gaben schließlich nach, und am 17.8.1945 erfolgte die Unabhängigkeitserklärung Indonesiens.

In Burma hatte die Rückeroberung durch die Alliierten bereits im August 1944 begonnen. Nach dem Übertritt Aung Sans auf die britische Seite verloren die Japaner eine Position nach der anderen in Burma. Rangun fiel am 3. Mai 1945, die Zeit der Ba Maw-Regierung war vorbei.

Auf den Philippinen war der Weg zur Unabhängigkeit bereits durch Verhandlungen mit den US-Amerikanern geebnet worden. Der Tydings McDuffie Act von 1936 legte fest, dass die Philippinen die Unabhängigkeit nach zehn Jahren, also im Jahre 1946, erhalten würden.

Die japanische Okkupation Südostasiens im Zweiten Weltkrieg dauerte nur ca. drei Jahre, brachte aber unwiderrufliche Veränderungen mit sich und stellte eine wichtige Zäsur in der Geschichte der südostasiatischen Staaten dar. Das westliche Kolonialsystem war in seinen Grundfesten erschüttert, und der Wille zur Unabhängigkeit bewirkte revolutionäre Veränderungen in Vietnam und Indonesien bzw. einen Wandel in den nationalen Bewegungen der übrigen Länder. Doch für die westlichen Kolonialmächte bedeutete das Ende des Zweiten Weltkrieges nicht auch zugleich die Aufgabe ihrer Herrschaft in Südostasien. Die USA, die den Schlussakt ihrer Administration auf den Philippinen vor Augen hatten, ermutigten die Niederländer gegen Ende des Zweiten Weltkrieges ausdrücklich zur Vorbereitung ihrer Rückkehr und Fortsetzung ihrer Herrschaft in Indonesien (Dahm 1990:74f). Tatsächlich kehrten nach Kriegsende alle europäischen Kolonialmächte mit Unterstützung der USA in ihre Kolonien zurück, um die Vorkriegsverhältnisse wiederherzustellen.

Die Phase der Dekolonisation in Südostasien war gekennzeichnet durch Unruhen, Kriege und interne Fraktionskämpfe, da auch die internationalen Konflikte des Kalten Krieges nach Südostasien ausstrahlten und die Auseinandersetzungen zwischen nationalen und kommunistischen Kräften beeinflussten.

Die Republik Indonesien und die niederländische Politik von 1945 bis 1949

Indonesien blickte im Jahre 1945 bereits auf eine facettenreiche nationale Bewegung zurück, die verschiedene Bevölkerungsgruppen und Strömungen umfasste und seit dem Ende der 20er-Jahre sehr deutlich die Forderung nach Unabhängigkeit vertreten hatte. Die Repressionen der Niederländer gegen politische Organisationen und deren prominente Führer (vor allem Sukarno, Hatta und Sjahrir) hatten die nationale Bewegung zwar zeitweilig geschwächt, den Willen zur Unabhängigkeit aber nicht gebrochen. Die japanische Herrschaft stärkte die indonesischen Nationalisten und politisierte die Massen, die die Idee der Unabhängigkeit Indonesiens mehrheitlich begeistert unterstützten.

In nur wenigen Tagen nach dem 17.8.1945 errichteten die indonesischen Nationalisten die Grundlagen eines unabhängigen Staatsgebildes (Kubitscheck/Wessel 1981:163ff). Die Auseinandersetzungen um die Staatsform und die leitenden ideologischen Prinzipien, die im Sommer 1945 in der Vorbereitungskommission ausgetragen worden waren, führten zur Verabschiedung der Charta von Jakarta, die die Pancasila verankerte (Glaube an einen Gott, Humanität, Nationalismus, Demokratie und soziale Gerechtigkeit). Die Verfassung von 1945 legte die Grundlage für einen zentralisierten indonesischen Einheitsstaat, der dem indonesischen Präsidenten große Machtbefugnisse einräumte. Die Wahl von Sukarno zum Präsidenten und Hatta zum Vizepräsidenten, die Einsetzung einer Regierung und des Zentralen Nationalkomitees als Parlament sowie die Gründung einer indonesischen Armee (die von den Japanern geschaffenen militärischen Einheiten – peta – wurden aufgelöst; sie bildeten einen Kern der neuen Streitkräfte) waren wichtige Schritte zur Errichtung einer funktionsfähigen Verwaltung des unabhängigen Staates auf Java. Begleitet wurden sie von revolutionären Aktionen der Pemuda. Die Alliierten unter britischem Oberkommando, die die Japaner entwaffnen und die europäischen Gefangenen befreien sollten, trafen zusammen mit den zurückkehrenden Niederländern erst in der zweiten Hälfte des Jahres 1945 auf Java ein. In der Zwischenzeit hatten die Pemuda bereits begonnen, die japanischen Soldaten zu entwaffnen, Städte und Verkehrseinrichtungen zu besetzen und – vor allem auf Sumatra, wo die neue Regierung noch auf schwachen Füßen stand – die Republik gegen Japaner und alliierte Truppen zu verteidigen. In dieser Zeit kam es auch vor, dass radikale Gruppen lokale aristokratische Machthaber und Beamte entmachteten, in einzelnen Fällen auch ermordeten und sie durch republikanische Vertreter ersetzten. Diese Ereignisse sind als »soziale Revolution« in die Geschichte eingegangen (Kahin 1952:179ff).

Den Höhepunkt der Auseinandersetzungen zwischen den republikanischen Kräften und den alliierten Truppen bildete die »Schlacht von Surabaya« am 10. November 1945, nachdem der lokale britische Kommandeur getötet worden war und die Aufforderung der Briten zur Kapitulation von den indonesischen Truppen (ca. 100.000 Mann) mit einem aufopferungsvollen Widerstand beantwortet wurde. Dieser für die indonesischen Truppen verlustreiche Kampf verstärkte jedoch den Widerstandswillen der republikanischen Kräfte in den anderen Landesteilen und brachte die Briten schließlich dazu, von ihrer Unterstützung der niederländischen Rekolonisation abzurücken und auf Verhandlungen zwischen der niederländischen und indonesischen Seite zu drängen. Ehe diese aber begannen, schufen die Niederländer unter der Leitung von Generalgouverneur van Mook mit der Besetzung vieler Städte Tatsachen; im Januar 1946 musste die Hauptstadt der Republik von Jakarta nach Yogyakarta verlegt werden. Die Entscheidung des Sultans von Yogyakarta, die Republik aktiv zu unterstützen, erhöhte deren Prestige in einem entscheidenden Maße. In dieser Zeit brachten die Niederländer Pläne in die beginnenden niederländisch-indonesischen Verhandlungen ein, die föderale Strukturen für das zukünftige Indonesien zum Inhalt hatten. Im November 1946 kam es zu einem ersten Abkommen zwischen beiden Seiten.

Der Weg dahin war gekennzeichnet von harten Auseinandersetzungen zwischen den verhandlungsbereiten Indonesiern (den Anhängern der *diplomasi*) unter der Leitung des Premierministers Sjahrir und den radikalen Pemuda bzw. den Kräften um Tan Malaka, die auf einen kompromisslosen Kampf (*perjuangan*) um die Unabhängigkeit setzten. In diesen Auseinandersetzungen des Jahres 1946 setzte sich die Diplomasi-Linie durch.

Die Niederländer begannen inzwischen mit der Umsetzung eines Planes, der eine föderale Lösung vorsah. Die Republik Indonesien sollte in ein Gebilde eingebunden werden, das unter der Ägide der holländischen Krone aus Separatstaaten mit hollandfreundlichen Staatschefs bestehen, eine eigenständige und dominante Politik der Republik Indonesien verhindern und so die Aufrechterhaltung der Verbindungen zu den Niederlanden ermöglichen sollte. Im Juli und Oktober 1946 stimmten in Malino (Südsulawesi) und Pankalpinang (Bangka) einheimische Herrscher bzw. christliche und ethnische Gruppen der Idee eines föderalen Staates zu. Im Dezember 1946 gründeten die Niederländer den ersten Separatstaat »Ostindonesien«, im Mai 1947 folgte die Gründung des Staates »Westkalimantan«.

Diese Tatsachen verhärteten die Fronten zwischen den *diplomasi-* und den *perjuangan-* Lagern. Das zwischen den Niederländern und der indonesischen Regierung unter der Leitung von Sutan Sjahrir am 12.11.1946 paraphierte Linggajati-Abkommen konnte daher erst im März 1947 unterzeichnet werden, nachdem eine personelle Verstärkung des linken Flügels des Zentralen Nationalkomitees die Zustimmung zum Vertrag gewährleistete. Das Linggajati-Abkommen sah die De-facto-Anerkennung der Republik Indonesien auf Java und Sumatra durch die Niederländer vor. Beide Seiten sollten bei der Schaffung eines föderalen Staates, der Vereinigten Staaten von Indonesien, kooperieren und in einer Niederländisch-Indonesischen Union unter der holländischen Krone vereint werden.

Sjahrir musste zurücktreten und auch sein Nachfolger, der Kommunist Amir Sjarifuddin, der von 1947–1948 Premierminister war, sah sich mit starken Protesten gegen die Zugeständnisse konfrontiert, welche die indonesische Seite an die Niederländer machte. Das Abkommen wurde von beiden Seiten unterschiedlich interpretiert. Im Mittelpunkt stand dabei die Frage der Souveränität der Republik Indonesien bis zur Gründung der Vereinigten Staaten von Indonesien, die für das Jahr 1949 vorgesehen war.

Zunächst konnte die indonesische Regierung aber auf einen wichtigen Erfolg des Linggajati-Abkommens verweisen, denn die Republik Indonesien war unmittelbar nach dem Abkommen von Großbritannien, im April von den USA und danach von Australien, Indien, China und einigen arabischen Staaten anerkannt worden. Doch selbst diese Anerkennung änderte nichts an der Haltung der Niederländer, die noch immer auf ihrem Kolonialmachtstatus beharrten und die Trennung Indonesiens von den Niederlanden für ausgeschlossen hielten. Dass sie nicht ernsthaft an die Einhaltung des Linggajati-Abkommens gedacht hatten, zeigte das bereits im Mai 1947 an die Republik gestellte niederländische Ultimatum, das deutlich auf die Beseitigung einer souveränen Politik der Republik Indonesien in der Übergangszeit abzielte. Darin wurde u.a. die Bildung einer gemeinsamen Gendarmerie gefordert, die in ganz Indonesien, also auch in der Republik, für »Recht und Ordnung« sorgen sollte. Das hieß, dass holländische Truppen auch auf republikanischem Boden stationiert werden sollten.

Kriege gegen die Republik Indonesien und die Intervention der UNO

In der Nacht des 20. Juli 1947 brachen die Niederlande die Verhandlungen ab und begannen den ersten Aggressionskrieg gegen die Republik Indonesien. In nur zwei Wochen eroberten sie mit ihren über 100.000 Mann starken Streitkräften die meisten Städte von West- und Ostjava und die wichtigsten Häfen, Plantagen und Produktionsstätten (Erdöl, Kohle) auf Sumatra. Die republikanischen Streitkräfte zogen sich zurück und begannen einen ausgedehnten Guerillakampf, der verhindern sollte, dass Betriebe, Einrichtungen und Ausrüstungen in niederländische Hände fielen. Die Niederlande, die von einer begrenzten »Polizeiaktion« sprachen, begründeten ihren Überfall offiziell mit der angeblichen Unfähigkeit bzw. dem fehlenden Willen der Republik, das Linggajati-Abkommen einzuhalten. Deutlicher wurden die Beweggründe vom niederländischen Gouverneur für Nordsumatra formuliert, der darauf verwies, dass »Niederländisch-Indien für die niederländische Wirtschaft eine so große Bedeutung besaß, weil ein Fünftel der Bevölkerung der Niederlande vom Einkommen aus Indonesien abhängig war.« Er fügte hinzu, die Niederlande hätten sich für die Militäraktion entschieden »wegen der Notwendigkeit, die indonesischen (republikanischen, I.W.) Häfen und Produktionsstätten für den Handel zu öffnen« (McMahon 1981:170).

Mit diesem Krieg gerieten Indonesien und die Niederlande in die internationale Öffentlichkeit und die Vereinten Nationen intervenierten. Die Republik Indonesien erhielt die Unterstützung von Indien und Australien, die den niederländischen Überfall vor den Sicherheitsrat der UNO brachten. Die Sowjetunion forderte in der ersten Sitzung des Sicherheitsrates am 31.7.1947 den Abbruch der Kriegshandlungen und den Rückzug der Truppen auf deren Ausgangspositionen. Die Briten als Verbündete der Niederlande hatten schon im Mai darauf hingewiesen, dass „jeder Versuch, die Republik zu vernichten, katastrophale Folgen haben würde« (McMahon 1981:155). Die USA, bisher auf der Seite der Niederländer und deren neokolonialer Politik, änderten nun ihren politischen Kurs. Mit der Verkündung der Truman-Doktrin im März 1947, mit der dem Kommunismus Einhalt geboten werden sollte, rückte der indonesisch-niederländische Konflikt in den Blickpunkt der US-Politik. Da jedoch noch die Solidarität mit den europäischen Verbündeten (Marshall-Plan) den Vorrang hatte, begannen die USA nur sehr zögerlich, Druck auf die Niederlande auszuüben, um sie zu einer weniger rigorosen Haltung gegenüber der Republik zu bewegen.

Die am 1.8.1947 vom Sicherheitsrat verabschiedete Resolution forderte von beiden Seiten einen Waffenstillstand. Eine Kommission der Guten Dienste (Good Offices Committee – GOC), die am 25.8.1947 beschlossen wurde, sollte helfen, die Streitigkeiten beizulegen. Ihre Mitglieder bestanden aus australischen Vertretern (von Indonesien gewählt), Belgien (für die Niederlande) und den USA (von Australien und Belgien gewählt). Im Oktober 1947 nahm die GOC ihre Tätigkeit in Indonesien auf.

Die Niederlande hatten inzwischen mit der so genannten »van Mook-Linie« die von den Niederländern besetzten Gebiete verbunden und mit dieser »Begradigung« republikanisches Territorium auf Java vereinnahmt. Nach der Festsetzung dieser Linie blieben nur ca. ein Drittel von Java und die größten, aber ärmsten Gebiete von Sumatra unter republikanischer Kontrolle. Neue Resolutionen der UNO forderten die Waffenruhe und die Aufnahme von Verhandlungen zwischen den Niederlanden und Indonesien, die auf Initiative der GOC im Dezember 1947 zustande kamen. Sie fanden auf neutralem Boden auf dem amerikanischen Schiff »Renville« im Hafen von Jakarta statt.

Am 17.1.1948 wurde das Renville-Abkommen unterzeichnet. Es erkannte die van Mook-Linie und damit die Eroberungen republikanischer Territorien durch die Niederlande an, sah wie im Linggajati-Abkommen die Schaffung der Vereinigten Staaten von Indonesien (VSI) vor – hier mit dem Vorbehalt eines Plebiszits, das freistellen sollte, ob einzelne Landesteile sich für die VSI oder für die Republik Indonesien entscheiden würden –, ließ ansonsten aber viele Probleme ungelöst. Für die Republik Indonesien bedeutete das Renville-Abkommen eine empfindliche Niederlage. Ihre Zustimmung zum Abkommen war nur zustande gekommen, weil die USA eine ausdrückliche Zusicherung zum Erhalt der Existenz der Republik gegeben hatten. Die Annahme des Renville-Abkommens durch die linke Sjarifuddin-Regierung rief heftige Proteste hervor und führte zum Fall der Regierung.

Die Niederlande setzten unmittelbar nach dem Renville-Abkommen ihre Absicht, eine föderative Struktur ohne die Republik Indonesien zu schaffen, in die Tat um. Politische und wirtschaftliche Blockaden sollten den Zusammenbruch der Republik herbeiführen. In ehemals republikanischen Gebieten wurden fünf neue Marionettenstaaten gegründet: Ost-Sumatra im Dezember 1947, Madura und Pasundan im Februar 1948, Süd-Sumatra im September 1948 und Ost-Java im November 1948. Insgesamt schufen die Niederländer 15 Malino-Staaten. Im Juli 1948 legte die GOC einen amerikanisch-australischen Plan vor, der die festgefahrene Situation aufbrechen sollte. Er sah die beschleunigte Bildung eines provisorischen Parlaments und einer rechenschaftspflichtigen Regierung vor, die nur von einigen Vorrechten des Repräsentanten der holländischen Krone eingeschränkt werden sollte. Nicht nur die Niederländer lehnten den Du Bois-Critchley-Plan ab, auch das amerikanische Außenministerium verweigerte seine Zustimmung. Im Juli 1948 bildeten die Oberhäupter der Marionettenstaaten einen Föderativen Konsultativen Rat (Bijeenkomst Federaal Overleg, BFO), der einen Plan für eine Übergangsregierung vorlegen sollte. Diese betrat Anfang August 1948 die Bühne und war entschlossen, die Vereinigten Staaten von Indonesien zu bilden – notfalls auch ohne die Teilnahme der Republik.

Diese befand sich im Jahre 1948 in einer äußerst schwierigen Lage. Die Seeblockade hielt ausländische Schiffe von republikanischen Häfen fern; das Problem der Flüchtlinge aus den von den Niederländern besetzten Gebieten verschlimmerte die Versorgungsengpässe und die Arbeitslosigkeit. Die wirtschaftlichen und sozialen Probleme verstärkten auch die politischen Spannungen im Land.

Nach dem Rücktritt Sjarifuddins übernahm Mohammad Hatta die Regierung. Die linken Kräfte, die bisher im »Linken Flügel« (*sayap kiri*) vereint gewesen waren und die Regierungen von Sjahrir und Sjarifuddin mitgetragen hatten, befanden sich nun in der Opposition. Sie bildeten im Februar 1948 die Demokratische Volksfront (Front Demokrasi Rakyat – FDR), die mit ihrer Orientierung auf die Stärkung der eigenen Position zur politischen Polarisierung beitrug.

Hattas Regierung stützte sich auf die beiden größten Parteien, die Nationale Partei Indonesiens (PNI) und die muslimische Masyumi, die in der Sjarifuddin-Regierung das Renville-Abkommen abgelehnt hatten, nun aber ihre Haltung total änderten (dazu kamen zwei kleinere Parteien, u.a. die von Sjahrir im Februar 1948 gegründete Sozialistische Partei Indonesiens – PSI). Die Hatta-Regierung sah sich aber nicht nur mit der erstarkenden Linken unter der Leitung von Amir Sjarifuddin bzw. ab August 1948 unter Mussos Führung konfrontiert. Der Darul Islam, eine militante muslimische Bewegung in Westjava, proklamierte im Mai 1948 einen indonesischen Islam-Staat, der bis zum Jahr 1962 gegen die Republik Indonesien rebellierte. Zwar konnte sich die Hatta-Regierung in diesen Kämpfen auf loyale Armeeabteilungen stützen, dennoch gab es auch Abteilungen, die sich unter dem Einfluss der linken FDR befanden.

Die auf 350.000 Mann reguläre und 470.000 Mann irreguläre Truppen geschätzten indonesischen Streitkräfte (Ricklefs 1981:216) sollten »rationalisiert« und zu einer schlagkräftigen kleineren Armee umgestaltet werden, was sich in erster Linie gegen die starken Positionen der FDR in den indonesischen Streitkräften richtete. Als der im August 1948 aus dem Moskauer Exil nach Indonesien zurückgekehrte Kommunist Musso die Kommunistische Partei Indonesiens (PKI) unter dem Einfluss der internationalen kommunistischen Bewegung reorganisierte und auf einen Machtzuwachs hin orientierte, begann die Hatta-Regierung zu handeln. Am 12. und 13. September 1948 brachen in Surakarta offene Kämpfe zwischen prokommunistischen Kräften und auf der Seite der Regierung stehenden Soldaten aus. In Madiun kam es am 18. September zu einem Aufstand lokaler kommunistischer Kräfte, der die zentrale PKI-Führung überraschte, den sie dann aber unterstützte. Die Kämpfe zwischen der republikanischen Armee und den kommunistischen Gruppierungen dauerten ca. zwei Wochen, und sie endeten mit der Niederschlagung der Aufständischen. Musso, Amir Sjarifuddin und andere PKI-Führer kamen in den Kämpfen um bzw. wurden erschossen.

Die Madiun-Ereignisse sind als ein Wendepunkt in die indonesische Geschichte eingegangen. Die Nationalisten in der indonesischen Regierung und Präsident Sukarno erwiesen sich in dieser so kritischen Zeit der Auseinandersetzungen mit den Niederländern als erfolgreich bei der Bekämpfung des kommunistischen Gegners. Sie taten dies aus eigener Kraft. In anderen Ländern Südostasiens (Malaya, Burma, Philippinen) sprachen die begonnenen bzw. fortgesetzten Aufstände unter kommunistischer Führung für die allgemein anwachsende Stärke der kommunistischen Parteien und Bewegungen.

Die USA zeigten sich von der indonesischen Entwicklung so beeindruckt, dass sie eine Wende in ihrer Politik vollzogen und nun deutlich ihre Sympathie für die Republik Indonesien bekundeten. Die Niederlande aber hielten unbeirrt an ihrem Plan der Vereinigten Staaten von Indonesien ohne Beteiligung der Republik fest. Diese war nach dem Bürgerkrieg sehr geschwächt und brauchte zum Zusammenbruch – so meinten die Niederländer – nur noch einen kräftigen Schlag. Am 19.12.1948 begannen sie einen Blitzkrieg gegen die Republik, den sie wiederum »Polizeiaktion« nannten. Die Hauptstadt der Republik Indonesien, Yogyakarta, und die übrigen republikanischen Städte auf Java und Sumatra wurden erobert, die politische Führung gefangen genommen.

Für die Niederländer sollte sich dieser zweite Krieg indes als eine Katastrophe erweisen, er leitete das Ende der niederländischen Herrschaft in Indonesien ein. Von diesem Zeitpunkt an stießen sie auf einen weltweiten Widerstand. Die USA strichen am 22. 12. 1948 alle Hilfsgelder für die niederländische Politik in Indonesien. Der UNO-Sicherheitsrat tagte mehrmals im Dezember 1948 und im Januar 1949 und forderte schließlich am 28.1.1949 die Beendigung aller Feindseligkeiten und die Befreiung der republikanischen Führer.

Die republikanischen Kräfte hatten am 19.12.1948 nicht kapituliert. Sie begannen einen Guerillakampf, der verhinderte, dass die Niederlande ihren Plan zur Zerschlagung der Republik in die Tat umsetzen konnten. Diese mussten mit ansehen, dass republikanische bewaffnete Einheiten Gebiete von Java und Sumatra wieder besetzten, die nach dem Renville-Abkommen von den Niederländern erobert worden waren. Der indonesische Widerstand beeinflusste die zur Niederlage der Niederlande führende Entwicklung in einem entscheidenden Maße. Von ausschlaggebender Bedeutung waren aber die klaren Forderungen der UNO und der USA, die mit dem totalen Abbruch der Marshall-Plan-Zahlungen an die Niederlande drohten, was die Niederlande im April 1949 zur Einsicht und an den Verhandlungstisch brachte. Am 7.5.1949 kam das Roem-Van Royen-Abkommen zustande, das einen Waffenstillstand, die Rückkehr von Sukarno, Hatta und der übrigen Regierungsmitglieder nach Yogyakarta und die Teilnahme der Republik an der Round Table Conference (RTC) vorsah.

In der Zeit von der Rückkehr der republikanischen Regierung nach Yogyakarta (Juli 1949) bis zur Konferenz am Runden Tisch in Den Haag vom 23.8. – 2.11.1949 zeichnete sich bereits ein Autoritätszuwachs der Republik Indonesien innerhalb der zu bildenden VSI ab.

Auf der RTC, an der die Republik, die BFO-Staaten und die Niederlande teilnahmen, wurden mehrere Beschlüsse gefasst. Die Vereinigten Staaten von Indonesien wurden als Föderation von sieben Staaten (darunter die Republik Indonesien mit 31 Mio. Menschen und die übrigen sechs Staaten mit 46 Mio. Menschen) und neun autonomen Gebieten ins Leben gerufen. Sukarno wurde Präsident der VSI, Hatta sein Vizepräsident. Eine Niederländisch-Indonesische Union unter der holländischen Krone verband Indonesien mit den Niederlanden. In einem Militärabkommen wurde festgehalten, dass die republikanische Armee den Kern der Streitkräfte der VSI bilden, eine niederländische Militärmission aber vorerst im Lande bleiben würde. Die schwersten Folgen für Indonesien hatte jedoch das Wirtschaftsabkommen. Die Niederlande behielten Eigentum, Konzessionen und Privilegien. Darüber hinaus wurde Indonesien eine Schuldenlast von 4,3 Mrd. Gulden (davon 3 Mrd. Inlandsschulden) auferlegt. Diese Beschneidung der Souveränität veranlasste Präsident Sukarno später (am 17.8.1959) zu der Bemerkung: »Wir haben die Souveränität mit Kompromissen erkauft« (Sukarno [1961]:394).

Für Westneuguinea (West-Irian) konnte keine endgültige Regelung herbeigeführt werden. Die Niederlande hielten an diesem letzten Teil ihres Kolonialbesitzes fest und torpedierten alle UNO-Resolutionen zur Lösung dieser Frage in den 50er-Jahren. Erst im Jahre 1962 kam es unter der Schirmherrschaft der USA zu einer Lösung, die West-Irian bis zum 1.5.1962 unter ein UNO-Mandat stellte und danach Indonesien unterstellte. Das für 1969 vorgesehene und auch durchgeführte Referendum, der so genannte »Act of Free Choice« sollte der einheimischen Bevölkerung die Entscheidung darüber überlassen, ob sie Teil Indonesiens werden wollte. Einschüchterung und Repressalien durch das indonesische Militär ließen das Referendum jedoch zu einer Farce verkommen, womit der Grundstein für die bis heute andauernden Unabhängigkeitsbestrebungen der Papua gelegt wurde.

Am 27.12.1949 erfolgte die offizielle Übergabe der Souveränität an die Vereinigten Staaten von Indonesien, die jedoch nur wenige Monate existierten. Die Malino-Staaten übertrugen die Souveränität entweder an die VSI oder an die Republik. Die von den Niederlanden ausgehandelte Föderation war in den Augen der Indonesier ein koloniales Konstrukt und brach wie ein Kartenhaus zusammen. Am 17.8.1950 verkündete Sukarno den indonesischen Einheitsstaat.

Dekolonisation in Vietnam

Die kriegerischen Auseinandersetzungen zwischen der Kolonialmacht Frankreich und den vietnamesischen Unabhängigkeitskämpfern nahmen im Vergleich mit Indonesien einen größeren Umfang ein. Auch Frankreich versuchte eine Einbindung der Demokratischen Republik Vietnam (DRV) in staatliche Strukturen, die die französische Kontrolle sichern sollten. Mit dem Widerstand der DRV überwogen aber die militärischen Auseinandersetzungen, die 1954 mit der Niederlage der Franzosen endeten.

Nach der japanischen Kapitulation erfolgte am 29.8.1945 die Bildung einer provisorischen Regierung mit Ho Chi Minh als Präsident und Bao Dai, der fünf Tage zuvor als Kaiser abgedankt hatte, als oberstem politischen Berater. Die am 2.9.1945 von Ho Chi Minh proklamierte DRV war das Ergebnis der Augustrevolution, mit der die Viet Minh das bestehende Machtvakuum ausnutzte und ihre Herrschaft errichtete. Diese Revolution bezog im Norden Menschen unterschiedlicher Klassen und Religionen mit ein. Die DRV verfolgte ein moderates Programm, um Kommunisten und Nationalisten gleichermaßen für die nationale Unabhängigkeit gewinnen zu können. Ab etwa 1950 stellten die Kommunisten, die immer an der Spitze der Entwicklung gestanden hatten, die kommunistische Ideologie stärker in den Vordergrund.

Zwischen September 1945 und Dezember 1946 entstand ein revolutionärer Staat, der sich auf die Loyalität der großen Mehrheit der Bevölkerung im ehemaligen Tongking, Annam und Cochinchina stützen konnte (Marr 1995:549). Gleichzeitig schwand in diesem Zeitraum aber auch die Hoffnung auf eine Anerkennung der DRV durch Frankreich und damit auf eine friedliche Dekolonisation. Die Alliierten unterstützten Frankreichs Bemühungen zur Wiedereinnahme der Kolonien, und schon am 23. September 1945 besetzte die französische Armee Saigon. Unmittelbar danach wurde versucht, ihre Kontrolle auch in den südlichen Agrargebieten wiederherzustellen. Im Oktober kam es unter Hinzuziehung der noch nicht entwaffneten japanischen Streitkräfte zu einem gemeinsamen britisch-französischen Angriff auf die Stadt My Tho im Mekongdelta, japanische und britische Einheiten griffen Viet Minh-Einheiten nördlich von Saigon an (Marr 1995:542).

Der Norden war entsprechend der Potsdamer Konferenz, die Kuomintang-China als Alliierte Macht beauftragt hatte, die Entwaffnung der japanischen Truppen in Vietnam vorzunehmen, von ca. 100.000 Chinesen besetzt worden (Marr 1981:202). Im Süden hatten die Briten dieses Mandat erhalten. Ende Oktober 1945 erhielt Paris die Information, dass China bereit wäre, sich aus Indochina für wesentliche ökonomische Konzessionen zurückzuziehen (Marr 1995:544). Entsprechende Verhandlungen führten dann auch zum Abzug der chinesischen Truppen.

In dieser Situation kam es im März 1946 zu einem Kompromissabkommen zwischen der DRV und Frankreich, in dem die DRV der Stationierung von 15.000 Mann der französischen Truppen auf ihrem Territorium für die formale Anerkennung der DRV als »freier Staat« und als Teil der Indochinesischen Föderation in der Französischen Union zustimmte (Marr 1981:204). Im Sommer 1946 erkannte Frankreich die DRV-Regierung in Hanoi an.

Im Süden gab Frankreich die Autorität über seine Kolonie jedoch nicht auf. Am 1.6.1946 verkündete der Hochkommissar für Indochina Admiral George Thierry d'Argenlieu die Bildung der Republik Cochinchina (Südvietnam). Letztendlich hoffte Frankreich aber auf einen militärischen Sieg über die DRV. Im Dezember 1946 begannen dann auch Kämpfe zwischen Frankreich und der Viet Minh in Haiphong und Hanoi, die sich in einen Krieg ausweiteten, der über sieben Jahre andauerte.

In der ersten Phase des Krieges von 1946 bis 1949/50 besetzten die Franzosen viele Städte, während die Viet Minh in ländlichen Gebieten befreite Zonen schuf.

In der zweiten Phase des Krieges veränderte sich die Ausgangslage der Kriegsparteien. Die 1949 gegründete Volksrepublik China und die UdSSR erkannten die DRV an und unterstützten diesen Staat, der ab Oktober 1950 vom Guerillakrieg zu einem regulären, von General Giaps Vietnamesischer Volksarmee geleiteten Angriffskrieg überging. Dagegen erkannten die USA und Großbritannien im Februar 1950 den 1949 innerhalb der Französischen Union gegründeten Assoziierten Staat von Vietnam mit dem ehemaligen Kaiser Bao Dai an der Spitze an. Die USA leisteten Frankreich finanziellen und technischen Beistand, weil Indochina als Frontlinie der ›freien Welt‹ gegen den Kommunismus angesehen wurde. Im Jahre 1953/54, als die USA Frankreich als vorherrschende westliche Macht endgültig ersetzt hatten, finanzierten sie 78 Prozent der französischen Kriegsausgaben in Indochina (Marr 1995:546).

Dennoch gelang es der französischen Armee nicht, nachhaltige militärische Siege über Giaps Armee zu erzielen. In Dien Bien Phu mussten die Franzosen am 7.5.1954 eine der größten Niederlagen hinnehmen, die eine westliche Kolonialmacht je erlitten hatte (Steinberg 1987:360), einen Tag bevor Indochina auf die Tagesordnung der Genfer Konferenz (auch Indochina-Konferenz genannt) kam.

Diese Konferenz brachte das Ende des französischen Kolonialimperiums in Indochina. Am 20.7.1954 kam ein Abkommen zur Beendigung der Feindseligkeiten zustande, das zum Rückzug der französischen Truppen südlich des 17. Breitengrades und der vietnamesischen Truppen nördlich dieser Linie führte. Dieses Abkommen legte also den endgültigen Rückzug der Franzosen aus Indochina fest und teilte Vietnam in einen kommunistischen Staat im Norden und einen antikommunistischen Staat im Süden. In der Schlussdeklaration vom 21.7.1954 unterstützten Großbritannien, die Sowjetunion und China den Waffenstillstand sowie den Vorschlag, in zwei Jahren Wahlen in ganz Vietnam durchzuführen. Die USA und Südvietnam lehnten beide Dokumente ab und schlugen einen Kurs ein, der zur Ignorierung der Wahlen im Jahre 1956 und zur Einleitung des zweiten Vietnamkrieges führte. Die USA übernahmen die Rolle Frankreichs in Vietnam, doch auch ihre mächtige Militärmaschinerie konnte die DRV nicht besiegen. Die Niederlage der USA markierte den Beginn eines Verhandlungsprozesses, aus dem im Jahre 1975 die Vereinigung der beiden vietnamesischen Staaten und die Gründung der Sozialistischen Republik Vietnam resultierte.

Kambodscha und Laos

Nach der Rückkehr der Franzosen in ihre beiden ehemaligen Protektorate änderte sich für diese Länder nur wenig. Zwar kam in Kambodscha im Januar 1946 ein Modus Vivendi zustande, der Kambodscha zu einem autonomen Königreich innerhalb der Französischen Union machte, auch durfte sich ab April 1946 der König von Laos Herrscher über das »Königreich von Laos« nennen, aber damit wurden nur die alten Verhältnisse wiederhergestellt. In den folgenden Jahren war Frankreich zu stufenweisen Verhandlungen über die Unabhängigkeit bereit. 1949 erhielten Kambodscha und Laos als »Assoziierte Staaten« innerhalb der Französischen Union die Autonomie über die meisten innenpolitischen Angelegenheiten. Unter dem Einfluss der Ereignisse in Vietnam gewährte Frankreich Ende 1953 beiden Staaten die Unabhängigkeit, die auf der Genfer Konferenz 1954 bestätigt wurde.

Am 21.7.1954 wurde das Waffenstillstandsabkommen für Laos und Kambodscha unterzeichnet, das den Rückzug der französischen und vietnamesischen Truppen aus beiden Ländern festlegte.

Die Philippinen: »Unabhängigkeit ohne Dekolonisation«

Dieser Titel von McCoy (1981) bündelt die Besonderheiten der philippinischen Nachkriegsentwicklung in einer kurzen, aber präzisen Form. Der Zweite Weltkrieg hinterließ tiefe Spuren in der philippinischen Gesellschaft. Die proamerikanische Elite, die mit den USA den Unabhängigkeitskompromiss ausgehandelt hatte, kollaborierte (mit wenigen Ausnahmen) mit den Japanern. Die Hukbalahap kämpfte gegen die Japaner, die das illoyale Verhalten der philippinischen Bevölkerung mit blutigen Strafexpeditionen (McCoy 1981:56) belegten und das Land verwüsteten. Die USA erfüllten die Hoffnungen der Filipinos auf großzügige und schnelle Hilfe zur Überwindung der Kriegsschäden nach Beendigung des Zweiten Weltkrieges nicht, sie »halfen« aber bei der zügigen Lösung des Kollaborationsproblems, das die philippinische Gesellschaft nach 1945 sehr stark beschäftigte. Die Bedenken gegen die projapanischen Kollaborateure der philippinischen Elite wurden fallen gelassen, weil nun die Huks, die bäuerlichen und von den Großgrundbesitzern als Kommunisten denunzierten Rebellen, in dem beginnenden Kalten Krieg als Gegner angesehen wurden. Schon im Jahre 1945 waren Huk-Guerillas, die die Amerikaner bei ihrem Vormarsch auf Manila unterstützt hatten, aufgelöst und teilweise exekutiert worden (McCoy 1981:59). Im April 1946 verhinderte die konservative Kongressmehrheit, dass sechs linke Abgeordnete ihre Mandate antreten konnten, die in Zentral-Luzon, dem Hauptgebiet der Huk-Anhänger, gewählt worden waren.

Als am 4. Juli 1946 die Unabhängigkeit der Philippinen verkündet wurde, kehrte die alte Ordnung zurück (Steinberg 2000:109). Die USA gewährten die formale Unabhängigkeit, wichtige Bereiche der Verwaltung aber blieben im Vergleich zum 1935 errichteten Commonwealth of the Philippines unverändert.

Der Bell Trade Act, der am Vorabend der Verkündung der Unabhängigkeit nur mit der o.g. Fälschung der Wahlergebnisse der April-Wahlen angenommen werden konnte, garantierte der amerikanischen Wirtschaft Paritätsrechte in den Philippinen und band den philippinischen Peso an den amerikanischen Dollar. Das Military Bases Agreement von 1947 sicherte den USA Militärstützpunkte auf den Philippinen für 99 Jahre und das Military Assistance Agreement aus dem gleichen Jahre gestattete der US-Armee, die Ausbildung der philippinischen Streitkräfte fortzusetzen. Das Laurel-Langley Trade Agreement von 1954 schließlich band die philippinischen Exporte weiterhin an den amerikanischen Markt.

Die USA knüpften also Hilfsleistungen zum Wiederaufbau der im Zweiten Weltkrieg zerstörten Wirtschaft an Bedingungen, die Steinberg »neokolonial« genannt hat (Steinberg 2000:111). Sie unterstützten die alte Oligarchie und sahen keine Notwendigkeit für Landreformen zur Beseitigung der Armut. Die alten Herrschaftsverhältnisse aber führten den Huks, die nach der Ermordung ihres Führers Juan Feleo im August 1946 die Kampfhandlungen wieder aufgenommen hatten, immer neue Anhänger zu. Die Präsidenten Manuel Roxas und Elpidio Quirino konnten die von Luis Taruc geleitete bäuerliche Rebellion nicht brechen. Mit dem 1953 gewählten Präsidenten Ramon Magsaysay, der von den USA massive Unterstützung zur Bekämpfung der Huks erhielt, begann der Niedergang der Huk-Rebellion; 1954 waren die wichtigsten Huk-Einheiten zerschlagen, Taruc kapitulierte (Lachica 1971:135).

Dekolonisation in Burma

Die britischen Pläne für Burma, ausgearbeitet vor und während des Krieges, sahen eine längere Übergangsphase bis zur Errichtung einer eigenständigen Regierung vor. Auch Großbritannien bereitete sich also auf die Wiederaufnahme seiner Herrschaft in Burma vor.

Die Briten legten nach ihrer Rückkehr im Mai 1945 ein Weißbuch vor, in dem diese
Pläne konkretisiert wurden.

Sie sahen sich jedoch mit Realitäten konfrontiert, die sie im Jahre 1946 zu einer
Korrektur ihrer Pläne veranlassten. Die AFPFL, eine nationale Einheitsfront mit verschiedenen politischen Gruppierungen und einer engen Verbindung zur Burmesischen
Nationalarmee (BNA), wuchs zwischen Mai 1945 und Oktober 1946 angesichts der
britischen Politik, die Aung San und seine Soldaten als Verräter diffamierte, zur
entscheidenden Kraft bei der Erringung der Unabhängigkeit heran. Sie stellte ihre inneren
Differenzen zurück, forderte die unmittelbare und sofortige Unabhängigkeit und konnte – das erkannten auch einige britische Politiker – nicht mehr ignoriert werden. Der
Kommandeur der britischen (alliierten) Verbände, General Slim, zeigte sich schon im
Mai 1945 beeindruckt vom Mut Aung Sans und seiner Entschlossenheit, die Unabhän-
gigkeit Burmas durchzusetzen (Christie 1998:108f). Auch der Chef der alliierten Streit-
kräfte in Südostasien, Admiral Mountbatten, erkannte die neuen Realitäten in Burma an.
Wenn gewaltsame Unruhen vermieden werden sollten, musste die britische Burma-
Politik modifiziert werden. Zu einer Wende kam es aber erst nach der Ersetzung des
Hardliner-Gouverneurs Dorman-Smith durch Sir Hubert Rance im September 1946.

Nach der Rückkehr der Briten bemühte sich Aung San um ein loyales Verhältnis der
burmesischen Armee zur AFPFL, deren Vorsitzender er im Mai 1945 geworden war (er
ersetzte auf diesem Posten den Kommunisten Thakin Soe). Aung San handelte einen
Kompromiss mit den Briten aus, der von Mountbatten eingeleitet worden war. Danach
wurde ein Teil der burmesischen Armee in die Dienste der kolonialen Armee übernommen. Gleichzeitig aber konnte mit der People's Volunteer Organization (PVO), die
Verbindungen zu aktiven und demobilisierten Veteranen der BNA pflegte und sich loyal
zu Aung San verhielt, eine populäre und antibritische Kraft erhalten bleiben. Dieses
Kandy-Abkommen kam zwischen Admiral Mountbatten und Aung San im September
1945 zustande (Taylor 1987:235). Die PVO entwickelte sich zum militärischen Arm der
AFPFL und wurde in den folgenden Auseinandersetzungen mit der britischen Kolonialregierung als wichtiges Druckmittel eingesetzt.

Am 26.9.1946 erhielt Rance aus London die Genehmigung, einen beratenden
Exekutivrat mit Führern der AFPFL zu besetzen. Die AFPFL, nun wichtigster Verhand-
lungspartner der Briten, forderte im November 1946 in ultimativer Form Wahlen zu einer
Verfassunggebenden Versammlung für den Monat April 1947 und ein Jahr nach diesen
Wahlen die Gewährung der Unabhängigkeit. Die Briten lenkten ein.

Am 27. Januar 1947 endeten die Gespräche zwischen dem britischen Premierminister Clement Attlee und Aung San mit der Unterzeichnung eines Vertrages. Aung San war
zu diesem Zeitpunkt der Vorsitzende der AFPFL und gleichzeitig Außen- und Verteidigungsminister. Das Aung San-Attlee-Abkommen sah zur Erringung der Unabhängigkeit
Burmas freie Wahlen für eine Verfassunggebende Versammlung, die im April 1947
stattfinden sollten, eine Übergangsregierung (hervorgehend aus dem Exekutivrat) und
die administrative Zusammenführung der noch immer getrennt verwalteten so genannten
»Frontier-areas« mit dem »Ministerial Burma« (davor »Burma proper« genannt) vor. Im
Februar 1947 sollte eine Konferenz in Panglong einberufen werden, die mit den
Vertretern der betroffenen Ethnien die Bedingungen dieses Zusammenschlusses zu
klären hatte (Smith 1974:87ff).

Mit diesem Abkommen erzielte Aung San den größten Erfolg seines über zehnjährigen Kampfes an der Spitze der nationalen Bewegung. Es war der Stärke dieser nationalen Bewegung zu verdanken, dass die Briten ihre Pläne so schnell änderten. Mit der Aung San entgegengebrachten großen Anerkennung gelang ihm dann auch die Einigung mit den Minderheiten der Shan, Chin und Kachin, die am 12.2.1947 mit dem Panglong-Abkommen zustande kam. Dieses Abkommen markierte das Ende der britischen Herrschaft in ganz Burma (Maung Maung 1989:284).

Aus den Wahlen zur Verfassunggebenden Versammlung im April 1947 ging die AFPFL als die mit Abstand stärkste politische Kraft hervor. Der Boykott der Wahlen durch kommunistische Kräfte und die Karen National Union (KNU) deutete aber bereits auf zukünftige Auseinandersetzungen hin.

Bereits Ende Mai 1947 wurde der AFPFL auf einem Kongress ein Verfassungsentwurf vorgelegt, an dem Aung San maßgeblich mitgewirkt hatte. Er sollte aber die Verabschiedung der Verfassung der künftigen »Union von Burma« nicht mehr erleben. Der 32 Jahre alte Aung San wurde am 19. Juli 1947 mit acht weiteren Mitgliedern seiner Regierung erschossen. Für dieses Attentat wurde später der letzte Vorkriegspremier U Saw verantwortlich gemacht.

Am 4. Januar 1948 unterzeichnete U Nu für Burma das Unabhängigkeitsabkommen. Burma lehnte den Verbleib der Union von Burma im britischen Commonwealth ab.

Zwischen September 1945 und Anfang 1948 war Burma das einzige Territorium, auf dem eine Kolonialmacht bei der Wiedererrichtung ihrer Herrschaft scheiterte.

Dekolonisation in der malaiischen Region

Die britischen Kriegspläne für Malaya sahen die Vereinigung der verschiedenen malaiischen Staaten und der Straits Settlements (ohne Singapur) in einer von den Briten direkt verwalteten Malaiischen Union und eine Kronkolonie für Singapur, Nordborneo und Sarawak vor. Der Sonderstatus der malaiischen Herrscher sollte beendet und eine einzige Staatsbürgerschaft für jeden permanent in Malaya lebenden Bürger geschaffen werden. Gegen diese Pläne, besonders aber gegen die Gewährung gleicher politischer Rechte für Nichtmalaien, regte sich großer Widerstand unter den Malaien, die sich unter der Führung von Dato Onn im Jahre 1946 zur United Malay National Organisation (UMNO) zusammenschlossen. Die UMNO organisierte einen vehementen, aber friedlichen Widerstand, der die Briten zwang, ihre Pläne zu ändern. Im Februar 1948 ersetzte die Malaiische Föderation die Malaiische Union, die den Status der malaiischen Herrscher und damit auch die britisch-malaiische Kooperation in den malaiischen Staaten, Penang und Malakka wiederherstellte. Während die Malaien die Staatsbürgerschaft automatisch erhielten, waren die Regelungen für Nichtmalaien restriktiver gestaltet.

Die chinesische Gemeinschaft in Malaya reagierte auf die britischen Pläne einer Malaiischen Union nicht einheitlich. Die Malayan Communist Party (MCP), die nur wenige Anhänger unter den Malaien und Indern gewann, lehnte diese Pläne kompromisslos ab und forderte das Ende der britischen Kolonialherrschaft. Zunächst orientierte sich die MCP auf die Zusammenarbeit mit anderen politischen Organisationen, sie erreichte zeitweilig mit dem Pan-Malaya Council of Joint Action auch Erfolge (Lee Kam Hing

1981:231f). Mit dem Scheitern der Bemühungen um eine nationale Einheitsfront entschied sich die MCP unter dem neuen Generalsekretär Chin Peng ab 1948 für den bewaffneten Kampf gegen die Briten. Der im Juni 1948 von den Briten verhängte Ausnahmezustand sollte bis zum Jahre 1960 dauern. Dieser Guerillakrieg vertiefte die Spannungen zwischen den Malaien und Chinesen sowie zwischen den Briten und der chinesischen Gemeinschaft. Die chinesischen Unternehmer und die chinesische politische Elite schlossen sich im Februar 1949 unter der Führung von Tan Cheng Lock zur Malayan Chinese Association (MCA) zusammen. Damit waren die Voraussetzungen für Gespräche zwischen den beiden größten Ethnien und einem Elitenkompromiss in Malaya geschaffen. Die Briten schufen ein Communities Liaison Committee (CLC), das 1949 Verhandlungen über die Vorbereitung der Unabhängigkeit aufnahm, die bis zum Jahre 1957 andauerten.

Ab 1953 dominierte die interethnische Allianz zwischen der UMNO, der MCA und dem MIC (Malayan Indian Congress) diesen Prozess. Im Jahre 1955 gewann die Allianz bei Wahlen für den Legislativrat 51 von 52 Sitzen, Tunku Abdul Rahman wurde Premierminister. Kernpunkte der Unabhängigkeitsverhandlungen zwischen den ethnischen Eliten des Landes waren die Dominanz der nichtmalaiischen Bevölkerungsgruppe in der Wirtschaft und die malaiische Kontrolle des politischen Systems. Die Sonderposition der Malaien wurde nicht nur in der Festlegung des Malaiischen als offizieller Sprache und des Islam als Staatsreligion, sondern auch mit genauen Quotenregelungen für Landbesitz, öffentliche Ämter, Stipendien usw. unterstrichen (Lee Kam Hing 1981:246).

Malaya wurde am 31.8.1957 unabhängig. Mit Ausnahme des erdölreichen Protektorats Brunei wurden die übrigen britischen Kolonialgebiete der Region (Singapur, Sarawak und Nordborneo/Sabah) im Jahre 1963 mit Malaya zur Föderation von Malaysia zusammengeschlossen. Singapur verließ diese Föderation im Jahre 1965.

Die Phase des Zweiten Weltkrieges und der Dekolonisation veränderte Südostasien grundlegend. Die Umbrüche während der japanischen Okkupation, der Widerstand gegen die Kolonialmächte, die Entstehung der unabhängigen Staaten und das Ende der Kolonialherrschaft prägten die Entwicklungen in den einzelnen Ländern und ließen sie ähnliche Erfahrungen sammeln, wenngleich Unterschiede hinsichtlich der inneren und äußeren Faktoren unübersehbar waren. Konfrontationen und kriegerische Auseinandersetzungen zwischen den Kolonialmächten und den nationalen Bewegungen standen neben Verhandlungen bzw. wurden durch erzwungene Zugeständnisse der Kolonialmächte gegenüber den Unabhängigkeitsbestrebungen ersetzt. Die nationalen Bewegungen erwiesen sich als eindeutige Gewinner des Dekolonisationsprozesses, sie hatten sich im antijapanischen Widerstand konsolidiert und konnten ihre Stärke im Kampf und in den Verhandlungen um die Unabhängigkeit erfolgreich einsetzen.

Literatur

Anderson, Benedict R.O'G. (1972): Java in a Time of Revolution. Occupation and Resistance 1944–1946. Ithaca/London: Cornell University Press

Dahm, Bernhard (1990): Der Dekolonisationsprozeß Indonesiens. In: Das Ende der Kolonialreiche. Dekolonisation und die Politik der Großmächte, Hg. Wolfgang J. Mommsen. Frankfurt am Main: Fischer Taschenbuch Verlag: 67-88

Dahm, Bernhard/Ptak Roderich, Hg. (1999): Südostasien-Handbuch. Geschichte, Gesellschaft, Politik, Wirtschaft, Kultur. München: Verlag C.H.Beck

Christie, Clive J. (1998): Southeast Asia in the Twentieth Century. A Reader. London/New York: I.B.Tauris Publishers

Kahin, George McT. (1952): Nationalism and Revolution in Indonesia. Ithaca/New York: Cornell University Press

Kubitscheck, Hans-Dieter/Wessel, Ingrid (1981): Geschichte Indonesiens. Vom Altertum bis zur Gegenwart. Berlin: Akademie-Verlag

Lachica, Eduardo (1971): HUK: Philippine Agrarian Society in Revolt. Manila: Solidaridad Publishing House

Lee Kam Hing (1981): Malaya: New State and Old Elites. In: Asia – The Winning of Independence, Hg. Robin Jeffrey. London: The Macmillan Press: 213-257

Marr, David (1981): Vietnam: Harnessing the Wirlwind. In: Asia – The Winning of Independence, Hg. Robin Jeffrey. London: The Macmillan Press: 163-207

Marr, David (1995): Vietnam 1945. The Quest for Power. Berkeley: University of California Press

McCoy, Alfred W. (1981): Independence without Decolonisation. In: Asia – The Winning of Independence, Hg. Robin Jeffrey. London: The Macmillan Press: 23-65

McMahon, Robert J. (1981): Colonialism and Cold War. The United States and the Struggle for Indonesian Independence, 1945–49. Ithaca/London: Cornell University Press

Maung Maung, U. (1989): Burmese Nationalist Movements 1940–1948. Edinburgh: Kiscadale

Pluvier, Jan M. (1974): South-East Asia from Colonialism to Independence. Kuala Lumpur: Oxford University Press

Ricklefs, M.C. (1981): A History of Modern Indonesia. London: Macmillan

Smith, Roger M., Hg. (1974): Southeast Asia. Documents of Political Development and Change. Ithaca/London: Cornell University Press

Steinberg, David J., Hg. (1987): In Search of Southeast Asia. A Modern History. (Revised Edition) Honolulu: University of Hawaii Press

Steinberg, David J. (2000): The Philippines. A Singular and a Plural Place. Boulder, Colorado: Westview Press

Sukarno (o.J.): Dari Proklamasi sampai Resopim (Reden anläßlich des Unabhängigkeitstages, von 1945 bis 1961). Jakarta: Departemen Penerangan

Tarling, Nicholas, Hg. (1999): The Cambridge History of Southeast Asia. Bd. 2, Teil 2: From World War II to the Present. Cambridge: Cambridge University Press

Tarling, Nicholas (2001): A Sudden Rampage. The Japanese Occupation of Southeast Asia 1941–1945. Singapore: Horizon Books

Taylor, Robert H. (1987): The State in Burma. Honolulu: University of Hawaii Press

Weiterführende Literatur

Becka, Jan (1983): The National Liberation Movement in Burma during the Japanese Period, 1941–1945. Prag: Publishing House

Benda, Harry J. (1958): The Crescent and the Rising Sun: Indonesian Islam under the Japanese Occupation, 1942–1945. Den Haag: Foris Publications

Cable, James (1986): The Geneva Conference of 1954 on Indochina. London: Macmillan

Cady, John F. (1965): A History of Modern Burma. Ithaca: Cornell University Press

Cady, John F. (1974): The History of Postwar Southeast Asia: Independence Problems. Athens, Ohio: Ohio University Press

Chan, Heng Chee (1971): Singapore: The Politics of Survival, 1965–1967. Singapore: Oxford University Press

Chandler, David P. (1991): The Tragedy of Cambodian History. Politcs, War, and Revolution since 1945. New Haven/London: Yale University Press

Iriye, Akira (1987): The Origins of the Second World War in Asia and the Pacific. London: Longman

Kerkvliet, Benedict J. (1979 u. 1986): The HUK Rebellion. A Study of Peasant Revolt in the Philippines. Quezon City: Rowman and Littlefield Publishing Group

McCoy, Alfred W., Hg. (1985, 2. Aufl.): Southeast Asia under Japanese Occupation. New Haven: Yale University Southeast Asian Studies

Osborne, Milton (1997, Seventh Edition): South-East Asia from Colonialism to Independence. Kuala Lumpur: Oxford University Press

Reid, Anthony (1986): The Indonesian National Revolution 1945–1950. Westport, Connecticut: Greenwood Press Publishers

Steinberg, David J. (1960): The Philippine »Collaborators«: Survival of an Oligarchy. In: Southeast Asia in World War II: Four Essays. Hg. Josef Silverstein. New Haven: Yale University, Southeast Asia Studies, Monograph Series No. 7

Stein, Tønneson (1991): The Vietnamese Revolution of 1945. Roosevelt, Ho Chi Minh and de Gaulle in the World at War. London: Sage Publications

Stuart-Fox, Martin (1997): A History of Laos. Cambridge: Cambridge University Press

Tucker, Shelby (2001): Burma. The Curse of Independence. London: Pluto Press

Wilson, David A. (1966): Politics in Thailand. Ithaca: Cornell University Press

Wyatt, David K. (1984): Thailand: A Short History. New Haven: Yale University Press

Günter Spreitzhofer

Gunst- und Ungunsträume in Südostasien:
Geologische und klimatische Naturraumpotenziale als Determinanten landwirtschaftlicher Nutzung?

Feurige Grundlagen: Geomorphologie und Plattentektonik

Südostasien ist kein homogener Raum. Eine Fülle an Kulturen, Gesellschafts- und Wirtschaftsformen ist an die naturräumlichen Grundlagen gekoppelt und in ständiger Veränderung begriffen: Sowohl historische Wanderungsbewegungen wie auch die Streuung von Siedlungsraum sind die Folge vorherrschender Boden- und Flusssysteme und das Produkt exogener wie endogener Kräfte. Der fortschreitende Organisationsgrad wie das Aufkommen neuer (landwirtschaftlicher) Techniken haben nicht nur den Naturraum verändert, sondern auch das sozioökonomische Gefüge einer Region, die zunehmend in weltwirtschaftliche Handelsnetze eingebunden ist.

Südostasien wird allgemein in zwei Hauptregionen gegliedert, deren Landfläche annähernd gleich groß ist (Uhlig 1988): Das nördliche *Festland-Südostasien* umfasst Kambodscha, Laos, Myanmar, Thailand und Vietnam, während Brunei, Indonesien, Malaysia, die Philippinen und Singapur zu *Insel-Südostasien* gezählt werden. So unterschiedlich wie der kulturelle und historische Werdegang der Region erweist sich auch die geologische Entwicklung. Der komplexe geomorphologische Aufbau Südostasiens ist die Folge permanenter Plattenbewegungen, die bis heute andauern und die sozioökonomischen Disparitäten dieser uneinheitlichen Region bestimmen: Historische Betrachtungen zur Topographie des Subkontinents reichen von »Shatterbelt« (Broek 1944) bis zu »Balkans of the Orient« (Fisher 1964).

Das geographische Erscheinungsbild des Archipels variierte im Lauf der geologischen Geschichte beträchtlich. Massive Schwankungen des Meeresspiegels lassen Siedlungsströme und indigene Überlebensstrategien in vorgeschichtlicher Zeit aus anderem Blickwinkel sehen: Lag der regionale Meeresspiegel vor 4.000 Jahren etwa sechs Meter höher als heute und die Mündung des Roten Flusses damit westlich von Hanoi (Vietnam), so befand sich das Meeresniveau vor 10.000 Jahren bis zu 60 m unter dem gegenwärtigen Pegel; große Teile des Sunda-Schelfs, das die Verbindung zwischen Borneo und Festland-Südostasien darstellt, waren somit frei von Wasser (Parnwell 1998:25). Die heutige Inselwelt war zu dieser Zeit vielfach eine zusammenhängende Landmasse: Die Entstehung und Zerstörung von Land genauso wie die Schwankung des

Meeresspiegels ist ein stetiger, andauernder Prozess, in dem der gegenwärtig prognostizierte Anstieg des globalen Wasserniveaus vergleichsweise gering erscheint.

Das heutige Südostasien (Landfläche: 4,5 Mio. km^2) ist das Produkt der Kontinental-
drift, die seit 500 Mio. Jahren von der Plattentektonik bedingt wird. Der überwiegende
Teil befindet sich mit einem Großteil des asiatischen Festlandes und Europa auf der
eurasischen Platte, während der Rest der australischen und philippinischen Platte
zugeordnet wird (vgl. Abb. 1). Die Wallace-Linie – benannt nach dem britischen
Forscher Alfred Russel Wallace – bildet die Grenze zwischen eurasischer und australischer Platte: Mag der genaue Verlauf dieser (später von Weber modifizierten) Grenzfläche,
die in die 17-km-Meerenge zwischen den Sundainseln Bali und Lombok (Indonesien)
projiziert wird, auch umstritten sein, ihre Existenz steht außer Zweifel – jede der beiden
indonesischen Inseln weist eine divergierende Fauna und Flora auf, die auf der jeweils
anderen Insel unbekannt ist. Analog dazu wird der Raum westlich von Bali als indo-
malaiische Region, der Raum östlich von Lombok als australo-malaiische Region
bezeichnet (Parnwell 1998:24ff); Kummer (2000:17f) hingegen gliedert in »Asian
(Oriental) Realm« und »Australian Realm«.

Abb. 1: Geologische Grundstrukturen, geomorphologischer Aufbau und Klima

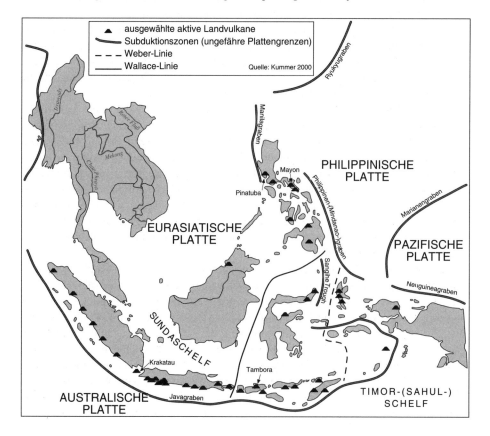

Eine regionale Identität Südostasiens im Sinne geopolitischer Vorstellungen zu finden fällt am Nordwestrand des Großraums leichter, wo die Ausläufer des Himalaya und das Arakangebirge eine natürliche Grenze zum Indischen Subkontinent bilden. Festland-Südostasien ist von der Unberechenbarkeit der endogenen Kräfte weitgehend verschont, die für vielfältige Migrationen im Lauf der Besiedlungsgeschichte Insel-Südostasiens ebenso verantwortlich zeichnen wie für den Wandel im Erwerbsleben verschiedener ethnischer Gruppen.

Vulkanismus und Bodenqualität: Fruchtbare Legenden

Festland-Südostasien und Teile Insel-Südostasiens (Borneo, Sundaschelf) sind Bestandteil der eurasischen Platte, während die philippinischen und indonesischen Archipelregionen im Kollisionsbereich von australischer, pazifischer und philippinischer Platte liegen. Letztere sind als ozeanische Platten schwerer als kontinentale Platten, schieben sich unter die eurasische Platte und bilden Subduktionszonen mit gewaltigen Tiefseegräben wie dem Philippinengraben, die annähernd die Grenzen der einzelnen Platten darstellen. Die endogenen Kräfte der Plattentektonik bewirken dynamische Gebirgsbildung, große Erdbebenhäufigkeit und vulkanische Aktivitäten, die die beiden größten Inselstaaten der Welt (Indonesien: 13.000 Inseln, Philippinen: 7.000 Inseln) gebildet haben; geschätzte 22 Prozent der weltweit aktiven Vulkane befinden sich in Indonesien, das von zwei der markantesten Eruptionen des 19. Jahrhunderts (Tambora: 1815, Insel Krakatau: 1883) erschüttert wurde. Der Vulkanausbruch des Krakatau allein ließ nicht nur die 800 m hohe Insel verschwinden, sondern verursachte – mit einer Eruptionsmasse von 18 km^3 – eine weltweite Verdunkelung über zwei Jahre und eine Flutwelle (Tsunami), die in Java und Sumatra 36.000 Menschenleben forderte; die Folgen der weitaus dramatischeren Ausbrüche von Tambora (150 km^3 Material) und Toba (geschätzte 2.800 km^3 Material, vor 75.000 Jahren) sind nicht dokumentiert und können nur erahnt werden. Die verheerendste Vulkankatastrophe des 20. Jahrhunderts (Pinatubo: 1991; Eruption von 11 km^3 Asche und Bimsstein) forderte auf Luzon (Philippinen) 200 Menschenleben, machte Hunderttausende obdachlos und zerstörte zehntausende Hektar fruchtbares Agrarland.

Die – im tropischen Vergleich – hohe Fruchtbarkeit vulkanischer Böden ist legendär, aber nicht selbstverständlich und mitverantwortlich für die hohen Bevölkerungsdichten in weiten Teilen Südostasiens. Wird das Eruptionsmaterial durch klimatische Prozesse und Veränderungen der Böden rasch abgebaut, ist die morphologische Grundlage gelegt. Verantwortlich für jedwede Bodenfruchtbarkeit ist die basische (oder neutrale) Zusammensetzung des Gesteinsmaterials, die gute Bodenqualität bewirkt und – in Java, Bali und in Teilen Sumatras, Sulawesis und der Philippinen – intensive landwirtschaftliche Nutzung über Jahrhunderte ermöglicht hat; je saurer das Material, desto unfruchtbarer der Boden, wie in großen Teilen Borneos und Sulawesis.

Die latente seismische Aktivität am Rande des zirkumpazifischen Feuerrings (»Rim of Fire«) macht die dicht besiedelten Räume Insel-Südostasiens jedoch zu potenziellen Gefahrenzonen. Selbst im ruralen Java übersteigt die Bevölkerungsdichte vielfach 1.000 Einwohner pro km^2 (Spreitzhofer/Heintel 2000): »... because of the high population density, more people are subjected to some degree of earthquake risk than anywhere else in the world. Over 200 million people live in an area in which there is at least one great earthquake every decade, … and a thousand small earthquakes every year.« (Arnold 1986:15)

Als Folge der endogenen Kräfte ist Insel-Südostasien geologisch jünger und insgesamt stärker gegliedert als die Festland-Achse. Die einzigen außervulkanischen Regionen mit großer Bodenfruchtbarkeit finden sich in den ausgedehnten Schwemmlandebenen und Deltas des Festlands: Die jährlichen Überflutungen dieser breiten Flussbecken führten zu einer Ansammlung fruchtbarer Schlickmengen und Bodenschichten, die die Flüsse aus den Hochländern auswuschen; abgesehen von den genannten Regionen sind die Böden des Großraums im Hinblick auf Fruchtbarkeit und Zusammensetzung jedoch äußerst arm (Parnwell 1998:28): Die geologischen und topographischen Grundlagen, hauptsächlich jedoch die vorherrschenden klimatischen Bedingungen, sorgen dafür, dass organisches Material rasch zersetzt wird und anorganisches Material sofort durch die oberen Bodenschichten sickert. Beides begrenzt die schnelle Verfügbarkeit von Nährstoffen, die Pflanzen zum Wachstum benötigen. Vor allem auf Borneo und den anderen äußeren Inseln Indonesiens, auf weiten Flächen der Philippinen, Teilen der Malaiischen Halbinsel und in den meisten Hochlandzonen des Festlands stellt die schlechte Bodenqualität seit Generationen ein beträchtliches Hindernis für landwirtschaftliche Nutzung dar.

Forstwirtschaftliche wie landwirtschaftliche Eingriffe aller Art erwiesen sich als nicht geeignet, die Bodenqualität dauerhaft und nachhaltig zu verbessern. Sowohl Rodungen als auch Pflanzungen aller Art verstärken die Erosion, die folgende Bodenbewirtschaftung (Pflügen, Hackstock) verhindert bleibende Verfestigung. Düngemittel – die seit der »Grünen Revolution« der 60er-Jahre vermehrt zum Einsatz kommen – trugen zwar vielfach zu einer Steigerung des Nahrungsangebots bei, zerstören jedoch langfristig die Bodengüte: »… due to the amount and intensity of rainfall, fertilizer leaches out the system quickly and ends up in nearby waterways where damage to wildlife and water quality may be severe.« (Kummer 2000:17)

Klima und Vegetation: Monsune, Taifune und mehr

Südostasien verfügt über ein weitgehend einheitliches Klima: feucht, heiß und niederschlagsreich. Ungeachtet lokaler Schwankungen durch Standort, Höhe oder Topographie, die sowohl humangeographisch wie auch naturräumlich von Bedeutung sind, lässt sich eine klimatische Zweiteilung des Großraums vornehmen:

Die *immerfeuchten Tropen* oder *Zentraläquatoriale Zone* (Sumatra, Borneo, Sulawesi, Mindanao, Zentral- und Westjava, Singapur, Malaiische Halbinsel) liegen in der innertropischen Konvergenzzone (bis 10° N bzw. 10° S); diese Zone schließt beiderseits des Äquators an und weist zwei Mal jährlich Strahlungshöchstwerte auf, wenn die Sonne zwischen den beiden Wendekreisen ›wandert‹ – dieser Dynamik verdankt die Äquatorialzone zwei Niederschlagsmaxima im Jahr und ganzjährig hohe Temperaturen. Die Jahresmitteltemperatur liegt bei 27° C, wobei der Unterschied zwischen Tag und Nacht größer ist als jahreszeitliche Schwankungen (›Tageszeitenklima‹ statt ›Jahreszeitenklima‹); ausgesprochene Trockenzeiten sind nicht vorhanden.

Nördlich und südlich dieser Zone ergibt sich eine stärker spürbare jahreszeitliche Unterteilung mit ausgeprägten Regen- und Trockenperioden, die *monsunale Zone*. Diese ist abhängig von den Nordost- und Südostpassaten und den Maxima und Minima der Sonneneinstrahlung. Derartige Monsun-Winde (arab. Wortstamm: *mausim* = Jahreszeit) kommen durch die saisonale Veränderung von überregionalen Hoch- und Tiefdrucksystemen zustande, die sich ihrerseits aus dem komplexen Zusammenwirken von unterschiedlichen Erhitzungen von Wasser- und Landmassen wie auch aus der Bewegung der subtropischen Jet-Streams ergeben. Taifune im nordöstlichen Südostasien (Philippinen, Vietnam) sind zumeist von starken Regenfällen begleitet: In Baguio (Philippinen) wurden 1911 innerhalb von 24 Stunden 117 cm Niederschlag registriert, die bis heute höchste bekannte Menge.

So ertragsarm die Böden zahlreicher Regionen sein mögen, so groß ist die tropische Vielfalt der natürlichen Vegetation, deren Artenreichtum sich aus unterschiedlichen Kombinationen von Topographie, Boden und Klimaregion ergibt: In ihrer ursprünglichen Form besteht die Vegetation Südostasiens hauptsächlich aus *tropischem Regenwald* (Vorkommen: alle Staaten Südostasiens, Ausnahme Singapur) und in geringerem Maße aus *Monsunwald* (Vorkommen: Zentralindonesien, Myanmar, Thailand), der – aufgrund seiner ausgeprägten Trockenperiode – insgesamt feueranfälliger ist. Die beiden anderen Hauptvegetationstypen sind die Sumpfareale im Tiefland und die *Mangrovenwälder* im Küstenbereich (Vorkommen: Indonesien; Flussdeltas in Festland-Südostasien) – diese können aus bis zu 40 Baumarten bestehen, die widerstandsfähig gegen Salzwasser und tägliche Überflutung sind und Schutz vor Taifunen und Erosion geben (Uthoff 1999). Indonesien verfügt mit vier Millionen ha (Südostasien gesamt: 5,4 Mio. ha) über die größten Mangrovenvorkommen weltweit, Malaysia über die fünft- und Myanmar über die achtgrößten; die Rückgänge der regionalen Bestände sind jedoch beträchtlich. Auf den Philippinen etwa gingen von 1920 bis 1970 70 Prozent der Mangrovenvorkommen verloren, eine Folge der Ausbreitung städtischen Siedlungsraumes, der Rodung für Feuerholz, des Flächenbedarfs für Shrimpzucht sowie zunehmender (chemischer) Verschmutzung durch Bergbau und Landwirtschaft (World Resources Institute 1998).

Ab der unmittelbaren Nachkriegszeit bis in die 80er-Jahre kamen geschätzte 85 Prozent sämtlicher Tropenexporthölzer aus Südostasien, vor allem aus Malaysia und Indonesien. Der hohe kommerzielle Wert der regionalen Wälder liegt in der vergleichsweisen Dichte nutzbarer Hölzer, die weltweit nur von manchen Teilen Afrikas übertroffen wird: »While these forests still contain a great deal of tree species diversity, their commercial yields as measured by cubic meters of wood per hectare can be very high«, streicht Kummer (2000:19f) die hohe Qualitätsdichte der Bäume der Region hervor.

Insgesamt ist Südostasien weitgehend Gebirgs- oder Hügelland, von Flussebenen und -deltas (Irrawaddy, Chao Phraya, Mekong, Roter Fluss) sowie vereinzelten Hochebenen (Shan-Plateau, u.a.) abgesehen. Die Topographie der Region hat die Besiedelung entscheidend beeinflusst: Dichtbesiedelte Flusstäler und Mündungen werden von hügeligen, lange Zeit schwer zugänglichen Waldgebieten getrennt; diese Peripherräume wurden im Lauf der Jahrtausende zum Rückzugsraum ethnischer Gruppen, die mit den Entwicklungsständen ihrer Epochen nicht mithalten konnten (wollten) und deshalb aus den fruchtbaren Tieflandregionen vertrieben wurden.

Heute werden sämtliche Gunsträume, zumeist Tieflandregionen (Küsten, Flussebenen, Deltas), von den dominanten ethnischen Gruppierungen der jeweiligen Staaten bewohnt, die die politischen und wirtschaftlichen Leitbilder vorgeben: Burmesen in

Myanmar (Burma), Thais in Thailand, Khmer in Kambodscha und die Javanesen in Java (Spreitzhofer 1999:241ff); ethnische Minderheiten (Shan in Myanmar, Yao in Thailand, u.a.) wurden hingegen in die Hochländer verdrängt und betreiben bis heute Wanderhackbau (Shifting Cultivation, *swidden*), während sich die Tieflandvölker auf intensive Nassreisproduktion (*sawah*) konzentrieren konnten. Beide Wirtschaftsformen sind seit Jahrhunderten etabliert, bis heute verbreitet und wesentlich für das Verständnis von regionalen und globalen Umweltfragen.

Von wenigen Ausnahmen abgesehen bilden die meisten Küstenebenen der Region nur schmale Landstreifen: Lediglich die Flussdeltas von Irrawaddy und Mekong, der Ostteil Sumatras sowie die Südküste Borneos bilden größere zusammenhängende Tiefländer, die jedoch vielfach zu sumpfig für landwirtschaftliche Nutzung und dauerhafte Besiedlung sind (vgl. Zimmermann 2002:15f): Trotz tropischer Vielfalt erweist sich die kultivierbare Fläche Südostasiens als vergleichsweise gering. Während in den USA beinahe 50 Prozent der Landfläche in irgendeiner Form land- oder weidewirtschaftlich Verwendung finden, liegt eine derartige Nutzung in Laos (sieben Prozent), Malaysia (15 Prozent), Myanmar (16 Prozent) oder Vietnam (21 Prozent) deutlich niedriger (Kummer 2000:8) – mit der Konsequenz arbeitsintensiven Bewässerungs(terrassen)feldbaus (vgl. Luzon, Bali, u.a.) und verschiedener Formen extensiver Shifting Cultivation (vgl. Sumatra, Borneo u.a.).

Die geomorphologische Grundlage hat die agrarische Nutzung bis heute bestimmt. Getrennt durch hügeliges, bewaldetes Terrain haben verschiedene Völker unterschiedliche Kulturformen entwickelt, die durchaus nachhaltig waren, bis regionale und internationale Vernetzungen durch neue Verkehrswege erfolgten. In Verbindung mit hohem Bevölkerungsdruck, der auch vor fragilen Ökosystemen in bislang schwer zugänglichen Hügelländern des Nordens nicht Halt macht, scheinen viele tradierte wie bewährte Bewirtschaftungsformen zu Beginn des 21. Jahrhunderts ökologisch umstritten.

Gunsträume und Ungunsträume: Würzige Aussichten für agrarwirtschaftliche Transformation?

Die Tragfähigkeit der Böden: Schwankende Gunst?

Die derzeitige rasante Umwandlung von Naturland zu Kulturland geht über die Grenzen der natürlichen Gunsträume hinaus. Der rapide Bevölkerungszuwachs bewirkte eine vermehrte Ausweitung von landwirtschaftlichen Tätigkeiten in klimatische und auch geologische Ungunsträume: Nahezu alle Erweiterungen potenzieller Anbauflächen setzen die Rodung tropischer Wälder voraus. Galten diese, aufgrund ihrer üppigen Biomasse, lange als Potenzial agrarischer Landreserven, hat sich seit geraumer Zeit die Erkenntnis natürlicher Beschränkungen ihrer Tragfähigkeit bei ackerbaulicher Nutzung durchgesetzt. Lediglich vulkanische Böden erlauben (teils) intensive agrarische Nutzung und Besiedlung (vgl. Sumatra), während vulkanfreie Regionen mit ähnlichen Klimavoraussetzungen mit nährstoffarmen, feucht-tropischen Böden zu kämpfen haben (vgl. Borneo). Es dominieren gelb-rote Latosole, Podsole und Ferrosole, die meist nur (Sekundär-)Buschwald oder Hartgrassavannen tragen (*alang-alang*) und landwirtschaftlich lediglich bedingt nutzbar sind: Kautschuk- und Ölpalmenpflanzungen finden sich oft auf derartigen Böden, die – kombiniert mit Fruchtrotationen oder Brachphasen – brauchbare Erträge ermöglichen (Uhlig 1988:39ff); ähnliche Prinzipien liegen auch dem traditionellen Brandrodungs-Wanderfeldbau zugrunde.

Das stärkere Relief im Bergland, das etwa 30 Prozent auf den innertropischen Inseln einnimmt, bedingt auch eine gesteigerte Abtragung und somit höhere Restmineralgehalte der Böden: Nennenswerte Siedlungs- und Kulturentfaltung auf den immerfeuchten Inseln in unmittelbarer Äquatornähe fand daher stets eher in den Hochländern als den versumpften Tiefländern statt; der »Bergreis«, mit Pflanzstock im Wanderfeldbau gezogen, war über Jahrtausende die bestbewährte Anbauform. Von Regenwäldern bestandene Tieflandsümpfe, die etwa 25 Prozent der innertropischen Inseln einnehmen, sind – im Gegensatz zu den euphorischen Prognosen kolonialer Tropengeographen (vgl. Dobby 1952) – wesentlich schwieriger nutzbar als Hügelländer mit rot-gelben podsoligen Böden.

In den periodisch trockeneren, monsunal-wechselfeuchten Tropen – festländisches Südostasien, Indonesien (Zentral- und Ostjava, Kleine Sundainseln), Teile der Philippinen – ist neben dem höheren Nährstoffpotenzial auch die agrarklimatische Ausgangslage besser. Einerseits steigen nach unten ausgewaschene Nährstoffe durch die in der Trockenzeit verdunstende Bodenfeuchte wieder auf; andererseits sorgen Bäume mit Wurzelsystemen von bis zu 30 m – so genannte ›Tree-Pumps‹ – sowie die Nährstoffbeschaffung in Termitenbauten für eine ausgewogenere Bodenqualität. Verbindet sich klimatische Trockenheit mit armen (podsoligen) Böden wie etwa im vulkanischen Südstreifen Javas, lässt sich die teils dichte Besiedlung dieser Ungunsträume nur durch den historisch hohen Bevölkerungsdruck erklären.

Agrarraum im Wandel: Von der Subsistenzwirtschaft zum Cash Crop

Bei aller Industrialisierungseuphorie und globaler Wachstumsdynamik der Region darf nicht übersehen werden, dass sich diese Entwicklung vorerst auf urbane Zentren beschränkt: Der primäre Sektor bietet immer noch annähernd der Hälfte sämtlicher Erwerbstätiger Arbeitsplätze und Einkommen, bis zur Hälfte des Volkseinkommens wird in der Land- und Forstwirtschaft erwirtschaftet. Trotz eines nach wie vor erheblichen Anteils der Selbstversorgung stellt der Export von Agrarprodukten seit langem ein wesentliches Standbein der einzelnen Nationalökonomien dar: Unterscheiden lassen sich

* (ursprünglich vorhandene und teils marktwirtschaftlich erweiterte) *bäuerliche Wirtschaften*: In der frühesten kolonialwirtschaftlichen Phase erzeugten allein unabhängige Bauern die Exportprodukte (Gewürze u.a.).
* (neuere) *spezialisierte Kleinbetriebe*: Diese wurden zunächst um spezialisierte (oft von zugewanderten Chinesen angelegte) Kleinpflanzungen ergänzt und in weiterer Folge durch die Betriebstypen der »Small Holder« erweitert (bäuerliche Besitzstruktur; spezialisierte, handelsorientierte Produktion).
* *Plantagenwirtschaften*: Produziert wird mit Fremdkapital und (teils) Fremdarbeitern ausschließlich für den Weltmarkt.

In einem vierten Entwicklungsschritt übernahmen in einigen Staaten die erstgenannten bäuerlichen Betriebe die Produktion neuer Handelsgewächse wie Kautschuk oder Kokosprodukte (Malaysia, Indonesien), während in anderen Ländern der weltmarktwirtschaftliche Ausbau des traditionellen Reisanbaus in alten und neuen (Klein)Bauernbetrieben erfolgte (Kambodscha, Myanmar, Thailand, Vietnam). Etwas abweichend verlief die Entwicklung auf den Philippinen, deren hauptsächliche Produktion von Handelsgewächsen (Zuckerrohr, Tabak u.a.) vielfach mehr in der Tradition des spanisch-amerikanischen, individuellen Großgrundbesitzes als von Plantagen oder bäuerlichen Kleinbetrieben erbracht wird.

Zumindest der Reisbau – auch für den Weltmarkt – ist jedenfalls stets in bäuerlicher Hand geblieben und wurde von kolonialen Konzernen nicht monopolisiert.

Der Großteil der agrarischen Produktion Südostasiens findet nach wie vor in kleinmaßstäbigen, weitgehend auf Selbstversorgung ausgerichteten Einheiten statt, die – obwohl heute als ›traditionell‹ bezeichnet – im Lauf der Jahrhunderte einer Fülle von technologischen und ökonomischen Zwängen unterworfen waren (Shoemaker/Baird/Baird 2002). Die Modifikation des Produktionsumfeldes wurde zum gemeinsamen bestimmenden Element einer Vielzahl unterschiedlicher ethnischer Gruppen. Ursprüngliche Subsistenzgesellschaften sind zu Beginn des neuen Jahrtausends nur mehr in Peripherregionen wie Irian Jaya, Kalimantan und Mindanao zu finden (Hafner 2000:141), die nicht als Gunsträume im kommerziellen Verständnis einstufbar sind: Vegetation und Klima lassen eine Ausweitung der Produktion kaum zu.

Die Ressource Boden wird vermehrt zur Handelsware. Die Integration des ruralen Raumes in nationale und internationale Wirtschaftssysteme beeinflusst vermehrt den Einsatz von Arbeit; vermehrte Landlosigkeit und der Anstieg von Lohnarbeit wiederum verändern die ursprüngliche Bedeutung von Gunst- und Ungunsträumen entscheidend: »While visual impressions of the agricultural landscape may suggest it has changed little over time, the social, economic, and even biophysical frameworks behind these images have been significantly altered. This point emphasizes the importance of understanding agricultural systems in terms of both their natural and human components and how their interactions influence these systems«, weist Hafner (2000:141) auf die anhaltende Transformation der klimatischen Gunsträume hin.

Padi hier, Plantagen dort? Grundnahrungsmittel versus Exportpflanzen

Shifting Cultivation (*swidden*), der Anbau von Nassreis (*sawah*) sowie kommerzielle Pflanzungen sind die dominanten agrarwirtschaftlichen Systeme innerhalb der Region. Jede dieser drei Produktionsformen nimmt eine Fülle von regionalen und lokalen Ausprägungen an; zahlreiche landwirtschaftliche genutzte Zonen stellen eine Kombination der genannten Nutzungsmöglichkeiten dar, denen ihrerseits mit unterschiedlichem technischen Entwicklungsstand nachgegangen wird.

Während die Shifting Cultivation (die im Übrigen in einem weiteren Aufsatz des Autors in diesem Band näher erläutert wird) weitgehend ohne chemische und technische Hilfsmittel auskommt, ist die Produktion von Reis ohne die Einbindung der Erkenntnisse der (später näher erläuterten) Grünen Revolution kaum mehr vorstellbar: Reis ist das Grundnahrungsmittel Südostasiens und deshalb schwerlich dem natürlichen Wachstum überlassbar – das rapide Bevölkerungswachstum erfordert seit Jahrzehnten eine Sicherung der Nahrungsgrundversorgung.

Über 50 Prozent der Agrarfläche sind dem Reis (*padi*) gewidmet, der mehr ist als eine der wichtigsten Kulturpflanzen der Erde: Nirgendwo sind eine Pflanze und eine Gesellschaft so miteinander verwoben wie im monsunalen Südostasien. »The long history of padi culture in Southeast Asia has also seen the crop interwoven into the social and cultural fabric of most societies, forming a symbolic part of their daily and seasonal activities, rituals, ceremonies, religion and folklore. In Thailand, the King still presides over the annual plowing ceremony, casting rice into a plowed furrow as a symbolic ritual to seek good favor for the upcoming agricultural season.« (Hafner 2000:142)

Nassreiskulturen (*sawah*) bringen bis zu drei Viertel der Reisernten in Indonesien, Thailand und den Philippen, wobei bergiges Gelände die Terrassierung der Hänge erfordert – die Anlagen der Reisterrassen in Banaue (Luzon/Philippinen) belegen eindrucksvoll die Umwandlung eines Ungunstraumes zu agrarwirtschaftlich nutzbarem Land. Außerhalb der *sawah*-Zonen, wo aufgrund ausreichender Wasservorkommen zwei bis drei Ernten das ganze Jahr über möglich sind, gedeiht Reis vor allem in wasserarmen Hügelländern auch ohne Bewässerung – Ernten sind dann allerdings an die Regenzeit gebunden.

Im Gegensatz zum Wanderfeldbau ist der Reisbau arbeits- und kapitalintensiv. Sowohl Pflanzen wie auch Ernten bedürfen eines hohen Grades an kooperativer Arbeitsteilung, trotz verstärkter Mechanisierung und erhöhtem Einsatz von Chemikalien: Eine Reihe von unkalkulierbaren Nebeneffekten für Umwelt und Gesellschaft gestaltet die angestrebte Ausweitung von Lebens- und Wirtschaftsraum vielfach illusorisch. Die weitgehende Eliminierung von Frauen aus dem arbeitsaufwendigen Ernteprozess zugunsten kontraktgebundener Männer(klein)gruppen, die wachsende Bedeutung der Eigentümerverhältnisse und die massive Mechanisierung des Reisanbaus führten zu einer tiefgreifenden Transformation der Produktions- und Arbeitsbedingungen. Waren früher in Java bis zu 500 (vorwiegend weibliche) Arbeitskräfte pro Hektar für die indonesische Reisernte beschäftigt, so reichen heute zehn bis 20 Personen aus (Spreitzhofer/Heintel 2000:211); David/Otsuka (1994) konstatieren ähnliche Entwicklungen für die philippinischen Provinzen Bulacan und Batangas. Der Einsatz von (ökologisch sensiblen) Hochleistungssorten begünstigte durch hohen Dünge- und Pestizideinsatz kapitalintensive Großbetriebe und bedingte dadurch die Überschuldung der traditionellen Kleinbetriebe (indonesienweit: 70 Prozent der landwirtschaftlichen Betriebe sind kleiner als ein Hektar).

An der Plantagenwirtschaft lassen sich wohl am besten die Zusammenhänge zwischen westlichen Wirtschaftskräften und regionaler landwirtschaftlicher Aktivität dokumentieren, die in präkolonialen Zeiten nicht gegeben waren (Reid 1998:210f): Seit über 200 Jahren werden die natürliche Vegetation und etablierte Anbauprodukte zur Eigenversorgung vermehrt durch koloniale *cash crops* ergänzt, die – vielfach ohne Berücksichtigung des natürlichen klimatischen Gunst- und Ungunstgefüges Südostasiens übernommen – die Böden zusätzlich auslaugen und belasten. »The vast majority of plantation agriculture has remained concentrated near the equator where high humidity and temperatures are best suited to year-round production and the uniform use of labor and equipment« (Hafner 2000:145): Waren es anfangs Pfeffer, Zuckerrohr und Gewürze, die auf Pflanzungen unter chinesischer und europäischer Leitung gezogen wurden, so veränderten die britischen Gummiplantagen seit Ende des 19. Jahrhunderts die Oberflächenform vor allem Festland-Südostasiens (Malaysia, Südthailand) am nachhaltigsten. Viele dieser ersten Plantagen, die Mitte des 20. Jahrhunderts zumeist in (mehrheitliches) Staatseigentum überführt wurden, gerieten zur wirtschaftlichen Grundlage multinationaler Agrokonzerne wie Castle & Cook, Dole und Del Monte, die die Integration in die Weltwirtschaft vorantrieben.

Der Anteil der Großplantagen, deren auf Monokultur ausgerichtete Produktionsweise die labilen (sub)tropischen Bodensysteme stark belastet, ist mittlerweile rückläufig.

Drei Viertel der gesamten Plantagenfläche – die insgesamt nur ein Sechstel der Reis-
flächen Südostasiens ausmachen – werden von Kleinbetrieben bewirtschaftet. Gummi,
der bedeutendste Cash Crop, nimmt immer noch die Hälfte des regionalen Pflanzungs-
raumes ein: Nach Schätzungen der FAO werden in Malaysia und Indonesien 80 Prozent
dieser Gummipflanzungen (3,6 Mio. ha) von so genannten »Smallholdern« betrieben, in
Thailand – dem weltgrößten Gummiproduzenten – 91 Prozent (1,7 Mio. ha).

In äquatorferneren Regionen mit ausgeprägten (monsunalen) Trocken- und Regen-
zeiten dominieren Zuckerrohr und Kokospalmen (Zentral-Philippinen) sowie Obstbau
(Mindanao) die Plantagenindustrie; die Besitzverhältnisse hier zeigen jedoch eine völlig
gegenläufige Tendenz. Seit 1978 haben multinationale Agrokonzerne ihren Besitzanteil
um 43 Prozent gesteigert und ziehen allein in Mindanao 160.000 ha Plantagenkulturen
(Bananen, Ananas und Ölpalmen) – eine Folge der Überfülle an billigem Arbeitskräfte-
potenzial, der Nähe zum japanischen Absatzmarkt und politischer Steuerungsmaßnahmen:
Del Monte und Dole kontrollieren derart die Hälfte des bebaubaren Landes auf der
philippinischen Insel (Gaspar 2001:14f), was soziale Spannungen genauso schürt wie
wenig nachhaltige monokulturelle Bewirtschaftungsformen: »Political and social
opposition to the control of large areas of productive land by foreign corporations and to
large landholdings under any form of ownership has grown throughout the region. There
will ... be a need to shift ownership to the private sector if these systems are to remain
competitive«, betont Hafner (2000:146) die fehlende Adaptionsbereitschaft internationaler Investoren an natürliche Gunst- und Ungunstgrenzen.

Naturraum versus Industrieraum:
Interessenkonflikte und Lösungsansätze

Boden und Fläche: Die Nutzungsinteressen variieren

Erklärtes Ziel sämtlicher südostasiatischer Staaten ist Wirtschaftswachstum nach westlichem Muster – um jeden Preis: Entwicklung geht vielfach auf Kosten der Umwelt, die
mittelfristige Ausbeutung der natürlichen Rohstoffe steht vor nachhaltiger langfristiger
Nutzung. Die Region hat, mit Ende der Kolonialherrschaften in weiten Teilen seit Mitte
des 20. Jahrhunderts, einen Wachstumsschub sondergleichen erfahren; zahlreiche Entwicklungen, die einige Staaten des Nordens stufenweise im Lauf von Jahrhunderten
durchmachten, erfolgen hier übergangslos innerhalb von ein oder zwei Generationen:
Singapur gilt seit Jahrzehnten als wirtschaftliches Aushängeschild der Region und
»Tigerstaat«; das Pro-Kopf-Einkommen in Brunei zählt aufgrund seiner Ölexporte zu
den höchsten der Welt; Thailand und Malaysia wiederum haben seit geraumer Zeit den
Übergang zu »Newly Industrializing Countries« (NICs) geschafft, auch Vietnam und
Indonesien haben ihre Volkswirtschaften liberalisiert und buhlen um ausländische
Investitionen – der Übergang zur Industriegesellschaft geht allerdings selten reibungslos
vor sich, schafft soziale und soziokulturelle Spannungsfelder und erhöht die Disparitäten
zwischen (traditionellen) ruralen Betätigungsfeldern und (globalen) urbanen Zukunfts-
branchen.

Die Veränderung der ökologischen Rahmenbedingungen ist allerdings kein Phänomen der jüngeren Vergangenheit. Die Umwandlung von Naturland in Kulturland –

Rodung und Ackerbau in Küstenebenen – begann vor mehr als 6.000 Jahren. Vor allem die Nassreis-Flächen in den verkehrsgünstig gelegenen Tieflandzonen werden vielfach zu urbanen Industrie- und Wohnflächen umgewandelt, wobei selbst die Technologien der Grünen Revolution durch die massive Flächenreduzierung keine weitere Intensivierung der Landwirtschaft zulassen (Potter 2001:306).

Die Nachhaltigkeit der Grünen Revolution: Neue Kunst, neue Gunst?

Der rasante Bevölkerungsanstieg des vergangenen Jahrhunderts machte eine menschliche Ausweitung des Lebensraumes in natürliche Ungunsträume erforderlich. Reis, der Ernährungsgrundlage von heute über 600 Mio. Menschen, galt das Hauptaugenmerk: Der technologische Wandel – gemeinhin als »Grüne Revolution« bezeichnet – nahm mit der Gründung des ›International Rice Research Institute‹ (IRRI) in Los Baños (Philippinen) seinen Anfang, wo seit den 60er-Jahren neue Reissorten entwickelt werden. Diese genetisch veränderten Hochleistungsarten (*high-yielding varieties*, HYVs) vermochten, gemeinsam mit der zunehmenden Mechanisierung, die gesamte Reisproduktion Südostasiens von 1969 bis 1989 zu verdoppeln – weitgehend eine Folge der höheren und häufigeren Hektar-Erträge, die durch gezielte Düngung noch steigerbar waren (David/ Otsuka 1994:20ff).

Das Konzept der Grünen Revolution geht über die laborintensive Entwicklung von geländeangepassten Sorten hinaus: Neben verstärkter Bewässerung, erhöhtem Pestizid- und Düngemitteleinsatz und neuen Methoden des landwirtschaftlichen Managements werden zunehmend auch staatliche Unterstützung und die Schaffung neuer wirtschaftlicher Rahmenbedingungen bedeutsam (vgl. Görg/Brand 2002). Diese erfolgten durch Kredite an die Landwirtschaft, um die neuen Sorten zum Einsatz bringen zu können. Die Folge war die Ausbildung enormer Monokulturen von düngemittelabhängigen, rasch wachsenden, krankheitsresistenten Varianten: Die synthetische Reissorte IR8 und deren genetische Weiterentwicklungen wurden 1970 auf 25 Prozent der Gesamtreisfläche Südostasiens, 1984 bereits auf 40 Prozent gepflanzt (Fox 1993:213ff). IR36 wurde Anfang der 90er-Jahre (Anbaufläche: 11 Mio. ha) »the most widely grown strain of any crop at any time in world history« (Hafner 2000:148f).

Indonesien (+200 Prozent), die Philippinen (+120 Prozent) sowie Vietnam (+74 Prozent) konnten, trotz Bevölkerungsexplosion, auf diese Weise ihre Selbstversorgung sicherstellen. Myanmars Anstieg hingegen geht nicht auf das Konto neuer Sorten (Win/Win 1990); Malaysias Reisproduktion wiederum stagniert, was allgemein als Folge unzureichenden Managements interpretiert wird; Thailands wachsende Reisproduktion (1974–94: +19 Prozent) schließlich beruht vorwiegend auf der Ausweitung der Anbauflächen.

Der anfängliche Enthusiasmus über das Wundermittel Gen-Reis ist mittlerweile verflogen und hat Ernüchterung Platz gemacht. Neben steigenden Kosten für Saatgut, schlechter nationaler Agrarverwaltung und vielfach saisonal unzureichenden Bewässerungsmöglichkeiten (vgl. El Niño), werden die umweltfeindlichen Nebenerscheinungen großflächigen Chemikalieneinsatzes verstärkt spürbar. Die Verminderung der Artenvielfalt innerhalb der regionalen Monokulturen fördert permanenten Schädlingsbefall, dem wieder (kostenintensiv) zu begegnen ist. »Pesticide use and their residues have posed increasing hazards to human health, harm the larger padi ecosystem, contaminate aquatic food resources, and have led to a ›pesticide treadmill‹ where ever larger doses of more potent pesticides have been required to counteract pesticide-resistant insects and plant diseases«, wie Hafner (2000:151) verdeutlicht.

Bei aller ökologisch wie sozial berechtigten Kritik steht außer Zweifel, dass die Grüne Revolution die Disparitäten zwischen regionalen Gunst- und Ungunsträumen weiter verschärft hat (Wolff 1995): Tieflandbauern haben, oftmals staatlich unterstützt, deutlich bessere Einkommensmöglichkeiten als die agrarische Bevölkerung der Hoch- und Bergländer. Während Letztere sowohl durch klimatische und naturräumliche Faktoren (Unzugänglichkeit, Erosionsanfälligkeit u.a.) ohnedies benachteiligt sind, tragen die (agrar)wirtschaftspolitischen Entscheidungen der vergleichsweise prosperierenden ethnischen Eliten, die weitgehend die fruchtbaren Tiefländer besiedeln, zur weiteren Marginalisierung der Minderheiten bei. Ein nachhaltiges Konzept?

Zwischen Genreis und Gummibaum:
Zähe Zukunft trotz vielversprechender naturräumlicher Potenziale?
Nachhaltige Landwirtschaft ist definierbar als Produktionssystem, »which can evolve indefinitely toward greater productivity and human utility, enhance protection and conservation of the natural resource base, and ensure a favorable balance with the environment« (Havener 1992:5): Dies bedeutet einerseits Produktionssteigerungen zur Verbesserung der Lebensqualität und den Ausgleich von Disparitäten – allerdings unter Wahrung der naturräumlichen Grundlagen. Es obliegt den regionalen Entscheidungsträgern, die Marschrichtung ins 21. Jahrhundert festzulegen: Mehr Nahrungsmittel für den Eigenbedarf oder Festhalten an der Konzentration auf exportorientierte Cash Crops? Kurzfristiger ökonomischer Nutzen oder langfristige Umweltqualität? Maximierung der Produktion in den ackerbaulichen Gunsträumen oder Rehabilitierung von degradierten oder unproduktiven (unproduktiv gemachten) Flächen? Die Prioritäten für nachhaltige, naturräumlich angepasste Nutzung variieren in Abhängigkeit von den drei Hauptagrarsystemen Südostasiens.

Die peripheren *Bergregionen* haben diesbezüglich den größten Aufholbedarf. Sowohl Bodenqualität als auch Wasserversorgung sind vergleichsweise ungünstig, soziale Spannungen – oft aufgrund verstärkter Migration aus bevölkerungsreichen Tieflandgebieten – und latente Rodung sind realpolitische Fakten, denen nur mit kompakten Maßnahmenbündeln begegnet werden kann. Ohne die Schaffung adäquater institutioneller Infrastruktur, geeigneter Absatzmärkte und Transportmöglichkeiten sowie die Information und Bereitstellung von alternativen Anbauprodukten und -produktionsweisen wird Nachhaltigkeit kaum erreichbar sein.

Die *Tieflandregionen* sind vergleichsweise begünstigt: Boden- und Wasserqualität sind besser, genauso wie der Entwicklungsgrad der regionalen Infrastruktur ausgereifter ist. Hier muss die Priorität auf verbessertem kommunalen Wassermanagement, verstärkter Sortenstreuung und der allmählichen Abkehr von gentechnisch manipulierten Produkten liegen, um die Gesundheitsbelastung künftiger Generationen gering zu halten: Der Pestizideinsatz allein in der philippinischen Provinz Nueva Ecija Pro verursachte innerhalb von sieben Jahren 4.000 Fälle von akuter Vergiftung und 603 Todesfälle (Rola/Pingali 1993:50ff).

Die Prioritäten für die kapitalintensiven *agroindustriellen Plantagenwirtschaften*, die ungeachtet der Höhenlage südostasienweit Bananen, Palmöl u.a. für den internationalen Markt produzieren, liegen nicht nur im Umweltbereich: Nachhaltigkeitsstrategien müssen auf verstärkten (Klein)Privatbesitz, integrierte Seuchenschutzprogramme für derartige Monokulturen sowie eine Verbesserung der Arbeitsbedingungen abzielen.

Die naturräumlichen Voraussetzungen Südostasiens zur Ernährung seiner wachsenden Bevölkerung scheinen – bei aller Unberechenbarkeit der endogenen (Erdbeben, Vulkanismus) und exogenen Kräfte (Taifune, Brände u.a.) – vielfach dennoch deutlich besser als in afrikanischen oder lateinamerikanischen Vergleichsregionen mit ähnlicher Vegetation und Klimaausstattung. Solange das industrielle Wirtschaftswachstum nicht auf Kosten der ökologischen Lebensgrundlagen für die Mehrzahl der Bevölkerung erfolgt, scheinen die langfristigen Prognosen nicht durchwegs negativ zu sein. Zumindest das Problembewusstsein scheint erreicht, dass nicht alle Ungunsträume in Gunsträume umwandelbar sind, um neuen Lebens- und Arbeitsraum als Ventil für die regionalen Ballungsräume zu schaffen: Konkurrenz wie Interdependenz zwischen Naturraum und Kulturraum sind historisch gewachsen. Die wachsenden Disparitäten zwischen Tiefland und Bergland sind ein Produkt zunehmender weltwirtschaftlicher Verflechtungen, deren ökologische Auswirkungen Eliten (in den südostasiatischen Zentralräumen) wie marginalisierte Minderheiten (in den südostasiatischen Peripherräumen) gleichermaßen betreffen – ungeachtet des jeweiligen Standes von Entwicklung und Demokratie. Hafners vorsichtiges Resumè (2000:154) scheint legitim: »... the region is perhaps better positioned to address these problems than any other area in the developing world.«

Literatur

Arnold, E.P. (1986): Earthquake Migration Programme in Southeast Asia: Technical Evaluation, Executive Summary, and Final Report. Denver: U.S. Geological Survey

Broek, J. (1944): Diversity and Unity in Southeast Asia. In: Geographical Review 34/1944: 175-195

David, C.C./Otsuka, K. (1994): Modern Rice Technology and Income Distribution in Asia. Boulder: Lynne Rienner Publishers

Dobby, E.H.G. (1952): The Changing Significance of Rice-Growing in Southeast Asia. In: The Malayan Journal of Tropical Geography 3/1952–53

Fisher, C.A. (1964): Southeast Asia. A Social, Economic and Political Geography. London

Fox, J.J. (1993): Ecological Policies for Sustaining High Production in Rice: Observations on Rice Intensification in Indonesia. In: South-East Asia's Environmental Future: The Search for Sustainability, Hg. H. Brookfield/Y. Burton. Tokyo: United Nations University Press: 211-24

Gaspar, K. (2001): Land ist Leben. Der Kampf der indigenen Bevölkerung im Angesicht der Globalisierung. In: Land in Sicht? Herausforderungen und Perspektiven einer umverteilenden Agrarreform. Am Beispiel der Philippinen, Hg. Food First Information Network, u.a. Essen: Focus: 30-31

Görg, C./Brand, U., Hg. (2002): Mythen globalen Umweltmanagements. »Rio + 10« und die Sackgassen nachhaltiger Entwicklung. Münster: Westfälisches Dampfboot

Hafner, J. (2000): Perspectives on Agriculture and Rural Development. In: Southeast Asia. Diversity and Development, Hg. T.R. Leinbach/R. Ulack. Upper Saddle River: Prentice Hall: 133-159

Havener, R.D. (1992): Food Production After the Green Revolution: Addressing Sustainability Issues. Proceedings: Sustainable Agricultural Development in Asia and the Pacific Region. Manila: The Asian Development Bank and Winrock International: 5-14

Kummer, D.M. (2000): The Physical Environment. In: Southeast Asia. Diversity and Development, Hg. T.R. Leinbach/R. Ulack. Upper Saddle River: Prentice Hall: 7-33

Parnwell, M. (1998): Naturraum und Geographie. In: Südostasienhandbuch. Geschichte, Gesellschaft, Politik, Wirtschaft, Kultur, Hg. B. Dahm/R. Ptak. München: Beck: 22-33

Potter, L. (2001): Agricultural Intensification in Indonesia: Outside Pressures and Indigenous Strategies. In: Asia Pacific Viewpoint 42/2-3: 305-324

Reid, A. (1998): Humans and Forest in Pre-Colonial Southeast Asia. In: Nature and the Orient. The Environmental History of South and Southeast Asia, Hg. R. Grove/V. Damodaran/S. Sangwan. Oxford: Oxford University Press: 106-126

Rola, A./Pingali, P. (1993): Pesticides, Rice Productivity and Health Impacts in the Philippines. In: Agricultural Policy and Sustainability, Hg. P. Faeth. Washington D.C.: World Resources Institute: 47-62

Shoemaker, B./Baird, I./Baird, M. (2002): The People and Their River: The Xe Bang Fai River Basin, Lao PDR. In: Watershed 7/3: 33-44

Spreitzhofer, G. (1999): Gesellschaftliche Liberalisierung in Indonesien? Aktuelle Aspekte in Partei und Politik. In: asien, afrika, lateinamerika 27/3: 227-244

Spreitzhofer, G./Heintel, M. (2000): Metro-Jakarta: Zwischen Nasi und Nike. Suhartos ›Neue Ordnung‹ als Motor der Regionalentwicklung in Westjava? Frankfurt am Main: Peter Lang

Uhlig, H. (1988, 2. Aufl.): Südostasien. Frankfurt am Main: Fischer

Uthoff, D. (1999): Mangrovewälder in Südostasien. Nachhaltige Nutzung versus Degradierung und Zerstörung. In: Interdisziplinärer Arbeitskreis Dritte Welt 13: 135-184

Win, K./Win, K. (1990): Myanmar's Experience in Rice Improvement, 1830–1985. IRRI Research Paper Series 141. Los Baños: International Rice Research Institute

Wolff, P. (1995): Die Zukunft wird nicht wie die Vergangenheit sein: Fragen zur künftigen Entwicklung der ländlichen Räume in den Tropen. Festvortrag zur Verabschiedung von Professor Dr. Hans-Joachim Glauner aus dem aktiven Hochschuldienst. www.wiz.uni-kassel.de/kww (4.10.2002)

World Resources Institute, Hg. (1998): World Resources 1998–99. A Guide to the Global Environment. New York: Oxford University Press

http://www.asienhaus.org/library/02_02/PERSONEN/K1-00045.HTM - 278

Zimmermann, W. (2002): Fair Access to Land and Security of Land Rights. An Updated Strategy on Land Reform. In: D + C. (Development and Cooperation) 2: 15-18

Günter Spreitzhofer

Brennpunkt Regenwald:
Ökologische und sozioökonomische Wurzeln der Rodung Südostasiens

»Will any timber be left by 1990?«
(A. Verkuyl, niederländischer Forstkommissar in Kalimantan, 1949)

Schneidige Widersprüche: Degradation oder Deforestation?

Sorge über den Verlust von Artenvielfalt und Primärwald ist kein Phänomen der jüngeren Vergangenheit. Doch es ist die Geschwindigkeit und die rapide flächenhafte Ausbreitung von Rodungsvorgängen, deren Folgen zum Bewusstseinswandel der Gegenwart beigetragen haben. Bis in die 70er-Jahre des vergangenen Jahrhunderts befürworteten selbst UN und Weltbank die rapide Ausbeutung der natürlichen Ressourcen als Mittel zur Bekämpfung der Armut: Umweltfragen sind erst seit kurzem Anliegen von NGOs und Regierungen geworden, die der Bewahrung der natürlichen Lebensgrundlagen nur zögernd größere Bedeutung zumessen.

Die kommerzielle Rodung der Wälder ist eine Facette des globalen kapitalistischen Systems und kein südostasiatisches Spezifikum: Die Beschaffung von Rohstoffen erfolgt selten umweltfreundlich, erst nach dem Auftreten von Degradierungserscheinungen und abflauender Nachfrage werden Rufe nach nachhaltiger Bewirtschaftung laut. Die Rodungen im Süden der USA, die Waljagd im Nordpazifik oder die Ausbeutung der Goldreserven Australiens und Kanadas im 19. Jahrhundert zeigen eine ähnliche Genese und Dynamik. Südostasien ist zu Beginn des 21. Jahrhunderts zweifelsfrei in der Degradierungsphase angelangt (Kummer 2000:29).

Tropische Wälder sind seit Beginn der jahrtausendjährigen Besiedlungsgeschichte Südostasiens der Angelpunkt sämtlicher Handelsbeziehungen und Wirtschaftätigkeiten – und seit geraumer Zeit als bedroht erachtet: »The forest economy was locked into a system of voluntary exchange of goods and resources between geographically contrasting and economically complementary regimes along riverine transect.« (Kathirithamby-Wells 1998:919f) Doch die Wälder der Gegenwart verschwinden, rapide und stetig – die Ursachen und Folgen der Rodungsmaßnahmen sind vielschichtig, längst nicht regional begrenzbar und stehen im Mittelpunkt des globalen Interesses.

Der Mythos Regenwald ist weltweit Stoff für Märchen und gleichzeitig selbst Legende – die vielfach unterstellte jahrhundertelange kompakte Unveränderbarkeit der

Primärwälder, die nur durch kommerzielle menschliche Einflüsse ihrer Urtümlichkeit beraubt wird, hält jedoch empirischer Betrachtung nicht stand: Bereits 1949 konstatierte A.H. Verkuyl, niederländischer Leiter der Waldplanungsbrigade Kalimantan, dass die Hälfte des erhobenen Waldgebietes »deforested, …, shrubby, swampy or boggy by nature« (Potter 1996:17) sei.

Rasante Entwaldung und damit verbundene verstärkte Erosionserscheinungen und Verlust von Boden gelten allgemein als ökologisches Grundproblem in zahlreichen tropischen Staaten: Verantwortlich dafür ist eine Kombination aus traditionellem Wanderfeldbau, der Ausweitung von Agrarland und Wohngebiet sowie kommerzieller Holzfällerei. Zahlreiche Studien machen ein komplexes Faktorenbündel aus wachsender Armut, steigendem Energiebedarf und Profitstreben für die anhaltende Rodung verantwortlich, die trotz internationaler Protestnoten im Zuge globaler Klimaveränderungen unverändert hoch ist – ein vielfach urgiertes generelles Abholzungsverbot ohne entsprechende Begleitmaßnahmen wäre jedoch weder sozioökonomisch noch ökologisch ein nachhaltiges Konzept:

Abb. 1: Waldbestand und Waldtypen in Südostasien Mitte der 1990er-Jahre

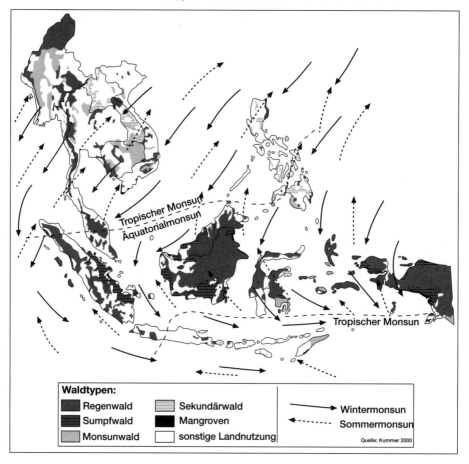

»In many rural areas, the most commonly used source of energy is still wood that is collected in the forest. However, forests are rapidly disappearing and are increasingly declared out of bounds for the collection of firewood because of fears of further deforestation. Lack of access to sources of energy has an impact on the living conditions of the poor (lighting, cooking etc.) as well as on their possibilities for economic development (both on- and off-farm). On the other hand, a reliance on wood as a source of energy has serious implications for the environment and thereby indirectly on the productivity of agriculture through erosion resulting from deforestation.« (United Nations 2001:84)

Die FAO unterscheidet zwischen *forest degradation* und *deforestation*, ohne jedoch spezifische Zuordnungen zu treffen: Während erstere als »a reduction in the extent and quality of the forest cover due to such factors as indiscriminate logging, inappropriate road-making methods and fire« definiert wird, gilt zweitere als »transfer of forest land to non-forest users« – dazu zählen Bergbau, Dammbau, Siedlungen, Shifting Cultivation wie auch die Einrichtung permanenter agrarwirtschaftlicher Flächen, während bloße Holzfällerei als Degradation klassifiziert wird (Rao 1989:3ff). Ungeachtet der definitorischen Widersprüchlichkeiten steht der Rückgang südostasiatischer Waldflächen außer Zweifel (vgl. Abb. 1).

Die staatlichen Wiederaufforstungsprogramme (Indonesien, Malaysia, Philippinen, Thailand) belegen das – international geschürte – Bewusstsein für die Vergänglichkeit des Rohstoffes Wald, dessen Rolle als Stabilisator für Klima und Boden verstärkt akzeptiert wird; auch Holzkonzerne fördern mittlerweile derartige Projekte, um ihre Rohstoffe – und damit die eigene (wirtschaftliche) Lebensgrundlage – nicht nachhaltig zu vernichten. »… virtually all of these programs have involved about a half-dozen tree species, all of them … not native to the region. Because reforestation efforts in the region will most likely increase in the future, the long-term effect of these programmes on biodiversity is an important concern«, resümiert Kummer (2000:21) die gegenwärtigen Bestrebungen.

Die Ursachen der Rodung

Der Brandrodungs-Wanderfeldbau: Shifting Cultivation und Opium Power
Voraussetzungen, Chancen und Risken
Der traditionelle Dualismus der Agrarstruktur Südostasiens beruht auf den jeweiligen Siedlungsweisen, die ihrerseits klima- und bodenabhängig sind: Permanente Siedlungsweise begünstigt die Anlage von Nassreis-Dauerkulturen, während episodische Siedlungsverlagerung Brandrodungs-Wanderfeldbau fördert. Traditionelles Hauptwerkzeug ist der Pflanzstock, der auch für Trockenlandreisbau (»Bergreis«) Anwendung findet.

Die wissenschaftliche Terminologie hierzu ist keineswegs einheitlich und weist eine Vielzahl von Regionalbezeichnungen auf (Indonesien: Ladang; Myanmar: Taunggya; u.a.): Neben *swidden* und *slash-and-burn-agriculture* hat sich im internationalen Diskurs vor allem der Begriff der *shifting cultivation* etabliert, die von Scholz (1987) als Wanderfeldbau bezeichnet wird. Nach der Rodung und darauf folgenden Austrocknung wird das Restgewächs verbrannt, wonach die verbleibende Asche einen natürlichen Dünger für den Anbau einer Reihe von Feldfrüchten bietet (Bohnen, Chili, Mais, Pfeffer, u.a.); durch die rasche Auswaschung der Nährstoffe sinkt der Ertrag nach einigen Jahren rapide ab, wodurch neue Flächen auf gleiche Weise urbar gemacht werden müssen – das System hat einen großen Flächenbedarf bei extensiver Landnutzung.

Voraussetzung für eine ökologische Tragfähigkeit dieser Feld-Wald-Wechselsysteme war die Existenz ausgedehnter, schwach besiedelter, tropischer Wälder. Die Bevölkerungsdichte sollte 50 Einwohner/km^2 nicht überschreiten, um dem Boden ausreichende Buschbrache-Ruhephasen (7-15 Jahre) zur Regeneration zu ermöglichen. Das Zurückfallen der mühsam gewonnenen Anbauflächen an die Buschbrache ist deshalb erforderlich, weil der Nährstoffgehalt (Nitrate) des tropischen Waldbodens nach der Rodung sehr schnell erschöpft wird – der Regenwald lebt eutroph, d.h. von seiner eigenen organischen Substanz (verwesendes Laub und Holz, Tierkadaver), und wird bei Freilegen der Bodenfläche extrem erosionsanfällig.»Solange die Bergvölker auf die einfachen, ihnen verfügbaren Werkzeuge beschränkt blieben, bildete der Brandrodungs-Wanderfeldbau ein notwendiges und auch ökologisch vertretbares System der Ernährungssicherung auf … nicht bewässerbaren Flächen und Hängen« (Uhlig 1988:150ff).

Shifting Cultivation wird bis heute in den peripheren Hügelländern Festland-Südostasiens (Laos, Myanmar, Thailand) genauso praktiziert wie in den Hochlandregionen Insel-Südostasiens (Irian Jaya, Kalimantan, Mindanao). Die Kritik an dieser Wirtschaftsweise ist kein Produkt der Postkolonialzeit, sondern reicht bis in das 19. Jahrhundert zurück, wie Harper (1998:936ff) für die Orang Asli Westmalaysias nachweist.

So nachhaltig dieses System über Jahrhunderte funktionierte, so tiefgreifende negative Folgen für Artenvielfalt und Produktivität lassen sich seit Mitte des 20. Jahrhunderts feststellen: Bereits vor vier Jahrzehnten bezeichnete Spencer (1966) diese Lebens- und Wirtschaftsform als eines der dringlichsten Entwicklungsprobleme und forderte die dauerhafte Sesshaftmachung und Eingliederung der Bergvölker Festland-Südostasiens in die jungen, vielfach post-kolonialen Staatsgebilde.

Längst ist die Shifting Cultivation zum Politikum geworden, das NGOs wie Nationalregierungen aus unterschiedlichen Motiven gleichermaßen thematisieren. Die Konfliktpotenziale der Gegenwart mögen in den traditionellen Anbauformen wurzeln, haben aber menschenrechtliche und politische Dimensionen angenommen, die über ökologische Fragestellungen weit hinaus gehen.»Governments universally detest shifting cultivation; if allowed to persist in its traditional form, it locks up land and timber resources which planners may seek to allocate elsewhere. It is therefore both easy and self-justifying to castigate the system as primitive and its practitioners as … destroyers of the forest» (Potter 1996:25): Ohne nachweisbare regelmäßige Ernteerträge (etwa durch Obstbäume) gewährt die indonesische Regierung keine Landrechte.

Brandherd Thailand: Die Rodung von Kulturen
Die regionalen Disparitäten zwischen den Bergvölkern – zumeist Minderheiten in den peripheren Randregionen Myanmars, Thailands und Indochinas – und den (politisch und wirtschaftlich dominanten) Ethnien in den zentralen Küstenregionen und Flussebenen sind latent spannungsgeladen (Akimoto 2001:4ff). Die Politik gegenüber diesen Minderheiten war und ist in ihrer Umsetzung weitgehend eine Assimilations- und Repressionspolitik: Der Sammelbegriff ›Hilltribes‹ kam in den 50er-Jahren in Gebrauch und wurde mit dem negativen Stereotyp der ›fremden‹, waldzerstörenden Unruhestifter und Opiumpflanzer verbunden, das sich in den 60er-Jahren im Zuge der Kommunismusbekämpfung

entwickelte. Diese heute etwa 800.000 Menschen gehören kulturell sehr verschiedenen Gruppen an, die zum Teil schon vor der Ankunft der Thai auf dem heutigen Staatsgebiet Thailands siedelten (Lawa, H'tin, vermutlich Karen) oder seit der Mitte des 19. (Hmong, Yao, Lahu) oder zu Beginn des 20. Jahrhunderts (Lisu, Akha) in das Gebiet an der chinesischen Südgrenze einwanderten.

Die über Jahrhunderte kultivierte Subsistenzwirtschaft konnte zwar weitgehend die Selbstversorgung sicherstellen, nicht aber der beginnenden neuen Konsumorientierung gerecht werden – zu gering sind die Erträge in den schwer zugänglichen, gebirgigen Ungunsträumen, um mit der Intensivbewirtschaftung in verkehrsgünstigen Tallagen konkurrieren zu können. Auch zusätzliche Sammel- und Jagdprodukte (Harze, Wildhonig, Bambus, Pilze, Edelsteine, Kleintiere) bringen keine wesentliche Steigerung des frei verfügbaren Einkommens, marginalisieren die betroffenen Gesellschaften zusätzlich und zwingen zu einer Konzentration auf lukrative Nebenprodukte wie Mohnanbau für die Produktion von Opium und Heroin (vgl. Berg 2002; Dirksen 2002; Keßler 2002).

Für die Bergstämme ist Mohn vielfach die lukrativste, leichtest transportable und hohe Erträge versprechende Cash Crop, mit der sie marktwirtschaftlich reüssieren können (Sanong 2002:12). Die hohen Gewinnmöglichkeiten, die Lage der Hauptanbaugebiete sowie der Handel (Schmuggel) bewirkten ab 1920 die Ausweitung der Shifting Cultivation auf internationale Nachfragemuster (Uhlig 1988:164ff); das Dreiländereck von Laos, Myanmar und Thailand (»Goldenes Dreieck«) mit dem angrenzenden Shan-Hochland (Myanmar) gilt als internationale Drehscheibe der Mohnproduktion und Verarbeitung. Der Durchsetzung des Anbauverbotes – in Thailand offiziell seit 1956 – stehen nicht nur die Entlegenheit schwer zugänglicher Waldgebiete und politische wie soziale Rücksichtnahmen auf die Bergstämme gegenüber. Ohne nachhaltige Anbaualternativen wird auch massiver politischer Druck keine Veränderung der Anbaustrukturen ergeben: 80 Prozent des Wanderfeldbaulandes werden mit Mohn bestellt, der mit dem traditionellen Bergreis eine perfekte Rotationskette bilden lässt: Weder die optimale Anbauhöhe (Mohn: 900-1600 m; Bergreis: <1100 m) noch die saisonale Reifezeit (Mohn: Regenzeit = August–Februar; Bergreis: Trockenzeit = April–November) konkurrieren wesentlich. Dennoch wird vermehrt die Rotation Mohn-Mais bevorzugt, da Mais nur von April bis August die Felder belegt, und zudem verstärkte Schweinezucht fördert, die höhere Einkünfte bringt als die Selbstversorgung mit Bergreis.

Abgesehen von der ökonomischen Bedeutung des Opiums als Wirtschaftsfaktor verstärkt die Mohnproduktion auch die Rotationsfrequenz im Rahmen der Shifting Cultivation: Nach Stichproben des internationalen »Opium Survey« wechseln über 90 Prozent der Hmong (Miao), die als federführende Produzenten gelten, innerhalb von zehn Jahren ihre Siedlungs- und Anbauplätze, im Gegensatz zu 24-76 Prozent anderer ethnischer Minderheiten – Mohnanbau bewirkt langfristig die völlige Bodenerschöpfung, so dass das Anwachsen der Miao-Bevölkerung den ökologischen Druck auf die Waldreserven wie auch die Konfliktpotenziale mit den lokalen Forstbehörden kontinuierlich steigert.

Während der ersten Hälfte des 20. Jahrhunderts machten Einnahmen aus dem staatlichen Opiummonopol einen beträchtlichen Teil der thailändischen Staatseinnahmen aus, zeitweise wurde der Opiumanbau in Thailand staatlicherseits sogar gefördert; der Druck des westlichen Auslands zwang 1958 die Militärregierung in Thailand, die den Opiumhandel vor und teilweise auch noch nach dem Verbot kontrollierte, den Anbau und

Konsum von Opium zu verbieten und 1959 das »Central Hill Tribe Committee«
einzurichten: Erklärtes Ziel war die Kontrolle und Substitution des Opiumanbaus sowie
die Sicherung der Waldressourcen und Wassereinzugsgebiete gegen den als destruktiv
definierten Brandrodungsfeldbau der ›Hilltribes‹ (Buergin 2002).

Seit der Einrichtung der staatlichen Forstverwaltung 1896, dem ›Royal Forest
Department‹ (RFD), versuchte Thailand, sich die Kontrolle über eine der wertvollsten
natürlichen Ressourcen des Landes zu sichern. Zunächst waren Konzessionsvergabe und
die Kontrolle der Nutzung die primäre Aufgabe des RFD. Erst in den 60er-Jahren vollzog
sich ein Wandel der Forstpolitik hin zur territorialen Kontrolle. Die Ausweisung der
Staatswälder als Forstreserven und Schutzgebiete sowie die damit verbundenen Nutzungs-
einschränkungen erfolgten meist ohne Rücksicht auf bereits bestehende Siedlungen und
lokale Nutzungsformen. Darüber hinaus war die Strategie wenig effektiv im Hinblick auf
das Ziel des Waldschutzes. Die rapide Entwaldung durch legalen und illegalen Holzein-
schlag, Infrastrukturausbau sowie die stetige Ausdehnung der landwirtschaftlichen
Nutzfläche auf die Forstreserven konnte so nicht gestoppt werden.

Auf den Misserfolg dieser Demarkationspolitik reagierte die Forstverwaltung Mitte
der 80er-Jahre, indem sie die von ihr beanspruchten Flächen nach Funktionen in Zonen
gliederte und darüber hinaus das Konzept eines Schutzgebiet-Systems entwickelte, in
dem menschliche Nutzung verboten und die Umsiedlung bestehender Siedlungen er-
zwungen werden sollte. Da die noch verbliebenen und schützenswerten Waldgebiete
meist in den Berggebieten und damit den Siedlungsgebieten der Hilltribes lagen, rückte
der ›Waldschutz‹ zu einem zentralen Anliegen der ›Hilltribe-Politik‹ auf. Im Zusammenhang mit dem Widerstand gegen Umsiedlungen aus den Staatswäldern und Aufforstungs-
versuche mittels Eukalyptusplantagen begannen Ende der 80er-Jahre NGOs, Akademi-
ker- und Bauernbewegungen alternative Waldschutzstrategien zu entwickeln. Die
Ressourcenkontrolle sollte nunmehr überwiegend in der Verantwortung der Gemeinden
liegen. In den andauernden heftigen Auseinandersetzungen um dieses Konzept spiegeln
sich nicht nur die Interessensgegensätze zwischen Forstverwaltung und Siedlern in den
Forstreserven wider, sondern auch gegensätzliche Waldschutz-Konzepte und unterschiedliche Werthaltungen, die quer durch NGO-Bewegungen und Gesellschaft gehen.

Ende der 90er-Jahre beansprucht das RFD die Zuständigkeit für fast die Hälfte der
Landesfläche, von der aber nur etwa ein Drittel noch bewaldet ist. Der Rest ist über-wiegend
landwirtschaftliche Nutzfläche für etwa zehn Millionen Menschen, die in aller Regel keine
gesicherten Rechte für dieses Land haben. Nachdem die Forstpolitik praktisch gescheitert
und die Umsiedlung der Mehrheit der in den Forstreserven siedelnden Bauern (überwiegend Thai) praktisch und politisch nicht mehr durchsetzbar ist, versucht die Forstverwaltung, verloren gegangenes Terrain zumindest in Teilbereichen zurückzugewinnen.

Im Militär fand die Forstverwaltung einen aufgeschlossenen Partner. Dieses suchte
nach dem Wegfall der kommunistischen Bedrohung, einem gescheiterten blutigen
Putsch und schwindendem politischen Einfluss im ›Umweltschutz‹ nach neuen Legi-
timationsgrundlagen: Seit Mitte der 90er-Jahre zeichnet sich eine zunehmend rassisti-
sche Ausgrenzungsstrategie ab. Teile etwa des thailändischen Staatsapparates versuchen
so Machtpositionen, die in den Auseinandersetzungen der 80er- und 90er-Jahre um
Siedlungs- und Nutzungsrechte in Staatswäldern verloren gegangen waren, zumindest
teilweise zurückzuerobern. Der Generaldirektor der thailändischen Forstverwaltung

stellte 1998 klar, dass er »die Koexistenz von Mensch und Wald nicht für möglich« hält (Buergin 2002) – seit damals häufen sich willkürliche Verhaftungen, Umsiedlungen, Drohungen, Zerstörungen und Gewalttätigkeiten durch Forstverwaltung und Militär, das weitgehende Befugnisse bei der Bekämpfung des illegalen Holzeinschlags eingeräumt bekam (www.geocities.com, 25.10.2002): Welche Früchte dieses Abkommen und die neue Politik trägt, zeigte sich im Zusammenhang mit einem Pilotprojekt dieser Allianz im Thung Yai Naresuan Wildlife Sanctuary, seit Jahrhunderten Lebensraum der Karen und »World Heritage Site« seit 1991, wo der Generaldirektor des RFD persönlich eine dort jährlich stattfindende religiöse Zeremonie der Karen auflöste (Buergin 2001:7ff).

Shifted Cultivators: Migranten und andere Fälle

Neben den traditionellen Formen des Wanderfeldbaus, der zunehmend auf marginalisierte Peripherräume beschränkt ist, sorgen vermehrt sowohl spontane als auch geplante Wanderungsbewegungen für zusätzlichen Bevölkerungsdruck auf ökologisch fragile Waldgebiete; staatliche Zwangsumsiedlungen wie im Hilltribe-Bereich sind ein weiterer Mosaikstein im engen Wirkungsgefüge von (traditioneller) landwirtschaftlicher Nutzung, gesellschaftspolitischer Intervention und ökologischer Degradation der natürlichen Ressourcen. Trotz zunehmender Erfolge im Bereich der Geburtenkontrolle ist Südostasien weiterhin durch starkes Bevölkerungswachstum und weiteren Landbedarf gekennzeichnet.

Die Steigerung der agrarischen Nahrungs- und Exportproduktion, die Hebung des ländlichen Lebensstandards, die Erschließung von mineralischen Ressourcen sowie innenpolitische Ziele machen die Neulanderschließung zu einer vordringlichen Entwicklungsaufgabe innerhalb der Region. Die Ausdehnung von Anbauflächen für Plantagenprodukte in Kleinbetrieben sowie Innovationen im Reisbau haben die Agrarstruktur nachhaltig verändert: Jungfamilien aus übervölkerten Reisbauerndörfern mit geringen Betriebsgrößen und engen agrarsozialen Verhältnissen, landlose oder verschuldete Kleinbauern sowie die Eindämmung der »Shifting Cultivation« drängen nach der Öffnung zusätzlicher Landreserven in peripheren Räumen. Geplante Migration wurde vielfach zum Instrument des »Nationbuilding« in postkolonialen, ethnisch vielfältigen Staatsgebilden wie Indonesien.

Derartige Migrationsströme sind vorwiegend ein Produkt von – zunehmend urbaner – Armut und Arbeitslosigkeit in oftmals übervölkerten Tieflandregionen: Während die Neusiedler Thailands oder Malaysias oft im Radius einer mehrstündigen Busreise zu ihren Heimatorten bleiben, beruht die Neulanderschließung in Indonesien oder auf den Philippinen oft auf einer Aufgabe des (klimatisch und sozial) bekannten Wahrnehmungsfeldes. Verbindendes Element sämtlicher Wanderungen, die vor allem auf den Philippinen, in Nordthailand und Teilen Indonesiens (Kalimantan, Sumatra) feststellbar sind, scheinen gravierende Defizite im Umgang mit dem neuen Lebens- und Arbeitsumfeld zu sein. Eine Vielzahl der zugewanderten Haushalte verfügt über keinerlei landwirtschaftliche Erfahrung, zumindest im Umgang mit tropischen, oftmals steilen und erosionsgefährdeten Rodungsgebieten.

Im Vergleich zur ansässigen Bevölkerung ist die praktizierte Shifting Cultivation derart sowohl destruktiver als auch weniger produktiv; besitzrechtliche, sicherheitspolitische und ethnisch-kulturelle Spannungen waren von Beginn an unausweichlich und wurden oft nur durch staatlichen Druck kontrollierbar. Die spekulative Ausbeutung von Waldböden ohne Rücksichtnahme auf deren natürliche Substanz führte genauso zu

Interessenkollisionen wie interne Kommunikationsprobleme zwischen staatlichen Autoritäten (Forst-, Agrar-, Siedlungs- und Katasterbehörden).

Staatlich sanktionierte Zugriffe auf gewohnheitsrechtliche Waldreserven von Stammesbevölkerungen mit traditioneller Landwechselwirtschaft und latente mangelnde Integration mit alteingesessenen ethnischen Gruppierungen ließen die derart vorprogrammierten Konflikte in Indonesien nach 1998 blutig eskalieren: Die staatlich gelenkte »Transmigration«, die neben der Entvölkerung der dicht besiedelten *Inneren Inseln* Java, Madura, Bali und Lombok zugleich auf die politische und militärische »Javanisierung« der *Äußeren Inseln* Kalimantan, Irian Jaya, den Molukken, Sulawesi und Sumatra abzielte, hatte längst nicht mehr den Pioniercharakter der subsistenzwirtschaftlichen »Urwaldrodung« mit einfachen Handgeräten. Staatliche Umsiedlungsprogramme für Millionen Familien zur Landerschließung erfolgten mit intensiver, subventionierter Landaufschließung schon vor dem Eintreffen der Siedler, ohne Rücksicht auf lokale und regionale Einwände. Die Kritik an der staatlichen Zwangsumsiedlung reicht von sozialen und menschenrechtlichen Überlegungen bis zur ökologischen Sinnhaftigkeit, da die unfachgemäße Nutzung von Waldflächen die nachhaltige Zerstörung von Fauna und Flora beschleunigt, wie Studien für Kalimantan belegen: »The adaptive strategies of the Javanese transmigrants are … ›fugitive strategies‹. This set of strategies accounts for the exploitative nature of frontier agriculture which leads to partial resource depletion or long-term ecological degradation. The Javanese move from one field to another without apparent concern for its future productivity when they realize that the fertility of their presently cultivated leased or purchased land is beginning to decline. … The Javanese have become ›opportunists‹ … and take immediate advantage of newly available resources … they find in other areas.« (Abdoellah 1996:276)

Lediglich das Programm der malaysischen Federal Land Development Authority (FELDA), das ebenfalls tropische Wälder zu landwirtschaftlich nutzbaren Flächen umwandelte, gilt zumindest als ökonomischer Erfolg. Die gezielte Plantagenwirtschaft der Postkolonialzeit reihte Malaysia unter die weltgrößten Exporteure im Bereich der Kautschuk- und Palmölproduktion und trug zum regional (statistisch) hohen Lebensstandard bei (Kummer 2000:30).

Tab. 1: Nahrungsmittelproduktion und Entwaldungsrate

Land	Nahrungsmittelproduktion (1989–91 = 100)		jährliche Entwaldung	
	1979–81	1994–96	Verlorene km²	Prozentueller Rückgang im Jahresmittel 1990–95
Brunei	k.A.	k.A.	k.A.	-0,6
Indonesien	64	119	10.844	-1,0
Kambodscha	51	116	1.638	-1,6
Laos	71	115	k.A.	-1,2
Malaysia	55	122	4.022	-2,4
Myanmar	k.A.	k.A.	k.A.	-1,4
Philippinen	86	116	2.624	-3,5
Thailand	80	108	3.294	-2,6
Vietnam	64	127	1.352	-1,0

Quellen: Weltbank 1999: Tab.8,9; United Nations Development Report 1998:180f

Shocking Logging? Die Rolle der kommerziellen Forstwirtschaft

Die natürlichen Voraussetzungen der südostasiatischen Forstwirtschaft sind regional verschieden und bestimmen das Ausmaß des jährlichen Holzeinschlags. Unterschieden werden muss zwischen den immerfeuchten Regen- (und Berg)wäldern und den laubabwerfenden Monsunwäldern. Die holzwirtschaftlich bedeutendsten Baumarten der ersteren Gruppe gehören nahezu ausschließlich der artenreichen Unterfamilie der Dipterocarpoideen (»Dipterocarp-Wälder«) an und werden – meist nur durch die Holzfarbe unterschieden – unter verschiedenen regionalen Namen gehandelt: Yang (Thailand), Kanyin (Myanmar), Meranti, Lauan oder Apitong (Indonesien); Teak (Tectona Grandis) ist dagegen die wertvollste Holzart in den monsunalen Wäldern und kommt im Schiffs- und Möbelbau zum Einsatz (Ostindonesien: Kleine Sundainseln; nördliche Hügelländer in Festland-Südostasien). Teak ist – im Gegensatz zu zahlreichen Regenwaldpflanzen – wieder aufforstbar: Etwa die Hälfte der 900.000 ha Teakbestände auf Java sind künstlich angelegt, Myanmar und Thailand sind die größten Teakholz-Produzenten weltweit (Kummer 2000:20).

Die wirtschaftliche Bedeutung liegt jedoch nicht am Holz allein: Neben weiteren Werthölzern (Eisenholz, Sandelholz u.a.) und Mangrovenwäldern im Küstenbereich (Gewinnung von Holzkohle, Bauholz) haben auch Sammelprodukte erheblichen volkswirtschaftlichen und gesellschaftspolitischen Nutzen (Uthoff 1999:135ff). Lacke (vom Lackbaum), Harze, Baumöl, Rattan (Korbmöbel), Bambus (Baumaterial) oder Wildkautschuk sind nur einige Beispiele für die sozioökonomische Bedeutung verschiedener Baumarten und deren Produkte, die im Zuge von Rodungsarbeiten eliminiert werden. Die Nachfrage danach ist Schwankungen unterworfen – so war das Rattan während der holländischen Kolonialzeit das wertvollste Exportprodukt (Potter 1996:15).

Mit 59 Prozent der Primärwaldfläche und 81 Prozent der Holzproduktion ganz Tropisch-Asiens war das insulare Südostasien der bedeutendste Hartholzexporteur der Erde; Festland-Südostasiens Anteil am Rundholzaufkommen des tropischen Asiens lag Mitte der 80er-Jahre bei bescheidenen sieben Prozent (Uhlig 1988:196ff).

Häufig wird der forstliche Reichtum der tropischen »Urwälder« weit überschätzt, die nur zehn Prozent des Forstertrags der Erde erbringen – die Nadelwälder der Nordkontinente decken dagegen den überwiegenden globalen Holzbedarf, allerdings vor allem im Bereich des Massenbedarfs (Gruben-, Schnitt-, Papierholz). Die quantitative Bedeutung der teuren südostasiatischen Edelhölzer mag dagegen vergleichsweise gering sein, ihre Gewinnung gestaltet sich jedoch angesichts der tropischen Artenvielfalt weiterhin flächenintensiv: Pro ha Regenwald sind nur 7-10 Bäume exporttechnisch attraktiv, in monsunalen Wäldern etwa 25 Bäume – um an die wertvollen Stämme heranzukommen, muss zumeist ein Vielfaches an Wald geräumt und mit neuen Straßen der Abtransport gesichert werden.

Seit zwei Jahrzehnten ist die erste Rodungseuphorie der Nachkriegszeit der Erkenntnis gewichen, dass – abgesehen von globalen ökologischen Bedenken – die wertvolle Ressource Wald nicht als reines Exportgut auf den Weltmarkt gelangen soll. Sowohl die Exporte von unverarbeitetem Rundholz als auch der Umfang der Einschläge wurden drastisch eingeschränkt und eigene Holz verarbeitende Industrien (Furnier- und Sperrholz) aufgebaut und zwischengeschaltet. Die Verwertung erfolgt zumeist über schwimmende oder mobile Fabriken, die im Einzugsgebiet von nutzbaren Wäldern temporär installiert werden: Indonesien gilt als der bedeutendste Sperrholzproduzent der Welt. Die Unzugänglichkeit vieler Gebiete gestaltet die Abschätzung des derzeitigen Rodungsausmaßes nach wie vor zu kryptischen Zahlenspielereien, wie Glatzel (1996:114f) für die Molukken ausführt: »… Nach dem Zuschlag beginnt die Erschließung von einem Brückenkopf aus… Vom Land ist das Forststraßensystem meist nicht zu erreichen. Daher ist eine Besichtigung laufender Aufschließungs- und Schlägerungsarbeiten nur mit einer Passage durch das Holzfällerlager möglich. Die Zustimmung wird ausländischen Besuchern fast immer verwehrt, oder es werden nur ausgewählte Flächen gezeigt.«

Bei allen Bemühungen um ökologisch verträglichere Holzbringungsformen schädigt der selektive Einschlag weiterhin 40 Prozent der verbleibenden Bäume und der geschlagenen Fläche nachhaltig; vielfach werden nach dem Abtransport der Edelhölzer die verwüsteten Flächen dem Wanderfeldbau von Neusiedlern überlassen, deren Erfolg von der Bodengüte abhängt: Je flacher und alluvialer (aber auch hochwassergefährdeter), desto besser sind die Chancen auf eine nachhaltige Wiedernutzung; je steiler und erosionsausgesetzter, desto geringer (Glatzel 1996:115ff).

Die kurzfristige landwirtschaftliche Nutzung unmittelbar im Anschluss an maschinelle Abholzung ist nur ein bis zwei Jahre ertragreich, bis die Erosion jedwede weitere Nutzung langfristig verhindert: »…it is more often the case that the productive forest is replaced by a badly degraded land surface that is not capable of sustaining intensive agriculture. The extensive areas of almost completely unproductive grasslands throughout Southeast Asia are eloquent testimony to a destructive process of recent deforestation.« (Kummer 2000:27) Die Umweltsünden der Vergangenheit mit exzessiver Übernutzung der Wälder wurden zu spät realisiert und sind vielfach nicht nur ökologisch irreversibel, sondern auch von sozioökonomischer Bedeutung: Sowohl Thailand als auch die Philippinen wurden innerhalb weniger Jahrzehnte vom Holzexport- zum Holzimportland (Malaysia, Indonesien).

Die Kombination aus forstwirtschaftlicher Nutzung mit großmaßstäbiger Rodung für Neusiedlungsgebiete ist seit den 60er-Jahren etabliert. Längst sind ganze Wälder an internationale (vor allem japanische) Konzessionäre verkauft, die die Erschließung, den Einschlag, den Transport (LKW, Flöße) sowie die Verschiffung der Rundhölzer übernehmen. Viele südostasiatische Regierungen müssen derart nicht mehr direkt soziale und ökologische Eingriffe verantworten, ziehen aber durch gezielte Konzessionsvergabe weiterhin die Fäden, wie das Industriejournal *Tropical Timbers* auszuführen versucht: »At the international level, the availability of cheap, illegally felled trees from Indonesia has led to a huge decrease in international plywood prices.« (www.greenpeace.org, 7.10.2002) Japan, ein G8-Mitglied, ist weiterhin der weltgrößte Importeur von südostasiatischem Holz, gefolgt von den USA, der EU und den ostasiatischen Tigerstaaten Taiwan und Südkorea.

Allein in Kalimantan, dem indonesischen Südteil von Borneo, der verantwortlich ist für 50 Prozent der gesamten südostasiatischen Holzproduktion, waren in den 70er-Jahren über 100 Konzessionen vergeben (Uhlig 1988:197); Mitte der 90er-Jahre waren es indonesienweit 561 Konzessionen, 294 davon in Kalimantan (Potter 1996:17). Hafenstädte wie Balikpapan und Samarinda (Ost-Kalimantan) sowie Sandakan (Sabah), wo zeitweise 25 Prozent des Weltexports tropischer Hölzer zur Verschiffung kamen, wurden zu Boomtowns auf Borneo. Eine Bevölkerungsexplosion folgte, die – teils durch nationale Umsiedlungsprogramme mitbeeinflusst – den regionalen Flächenbedarf potenzierte (Siedlung, Ackerbau, Industrie) und die fragile Ökologie somit weiter belastete.

Der steigende Energiebedarf einer zunehmend konsumorientierten Gesellschaft ist oft genug nur durch Wasserkraftwerke in peripheren Räumen zu decken, wo die Anlage von Speicherstauseen Lebensraum und primären Regenwald vernichtet und zusätzliche soziale Spannungsfelder schafft: Durch die Anlage des Bakun-Dammes in Sarawak mit einem Speicherreservoir von der Größe halb Singapurs verlieren, trotz äußerst geringer regionaler Bevölkerungsdichten, 8.000 Menschen ihr Lebensumfeld (Raman/Sangaralingam 1995:15f).

Sag mir, wo die Wälder sind: Die Folgen der Abholzung

Neue Eliten und alte Disparitäten

Die absehbare Holzknappheit ist Bedrohung und Chance zugleich: Der Lebensraum Wald war omnipräsent, praktisch unzerstörbar und hat sich über Jahrtausende selbst erneuert. Er war Jagdrevier und lieferte Nahrung, Medizin und eine Vielzahl von Rohstoffen – seine Rolle als Holzlieferant war vergleichsweise bescheiden und wurde erst durch die Nachfragemuster der Industriegesellschaft bedeutsam gemacht, wie der beginnende Einfluss der VOC (*Vereenigde Oostindische Compagnie*) bereits für das Indonesien des 17. Jahrhunderts belegbar ist (Boomgaard 1998:389ff).

Die fortschreitende Entwaldung hat die sozioökonomischen Disparitäten verschärft und neue Eliten geschaffen – sämtliche (späte) Erkenntnis über die komplexen Folgen exzessiver Rodungsmaßnahmen wird ohne greifbare positive Folgen bleiben, solange die Kluft zwischen Arm und Reich südostasienweit weiter ständig anwächst und Begehrlichkeiten aller Art ökologische Bedenken hintanstellen:»Corrupt political elites in the developing world, working hand-in-hand with greedy business people and unscrupulous investors, are putting private gain before the welfare of citizens and the economic development of their countries,« folgert Peter Eigen, Vorsitzender von *Transparency International*: Dem aktuellen «Corruption Perceptions Index« zufolge rangiert Indonesien zurzeit an asienweit zweiter Stelle (hinter Bangladesch) und weltweit siebenter Stelle (www.cnn.com, 29.8.2002). Die latente Korruption im Forstbereich hat viele Gesichter:

- Illegale kommerzielle Schlägerungen, ohne Permit oder in ausgewiesenen Schutzzonen (vgl. Greenpeace 2001; Marshall 2000).
- Unterdeklarierung und Schmuggel von Holzexporten nach Übersee: Allein aus Ost-Kalimantan werden jährlich 70.000 bis 100.000 m³ Holz außer Landes geschmuggelt, vorwiegend nach Malaysia (IFI 2000).
- Erteilung von Rodungs-Konzessionen an politische oder militärische Günstlinge (vgl. Klute 2002:3f).

Schätzte Uhlig (1988:198) die laufende jährliche Entwaldung im insularen Südostasien noch auf 0,9 Mio. ha, so kulminieren die Werte für den gesamten Großraum auf jährlich 2,9 Mio. ha (Beobachtungszeitraum: 1990 bis 1995). Jahr für Jahr verschwinden südostasienweit Waldgebiete von der Größe Belgiens (FAO 1999; TREES 1998). Satellitenaufnahmen belegen, dass allein in Indonesien seit 1985 mehr als 17 Mio. ha Wald verloren gegangen sind – die Tieflandwälder Sumatras könnten bei anhaltender Rodungsgeschwindigkeit innerhalb der nächsten fünf Jahre völlig verschwinden (Sieu 2000). Ost-Kalimantan, Indonesiens zweitgrößte Provinz, beherbergt nicht einmal ein Prozent der Nationalbevölkerung (1,7 Mio.), weist 34 Prozent des indonesischen Waldbestands auf, trägt aber

25 Prozent zum Exportvolumen natürlicher Ressourcen wie Öl und Holz bei: »The future for Kalimantan forests is clear: both dry-land and swamp forests will come under increasing threat from logging and conversion to agriculture.« (MacKinnon/Sumardja 1996:60)

Die Folgen sind weitreichend und haben längst überregionale Bedeutung angenommen. Zugang und Kontrolle der Wälder sind einer Vielzahl von Interessen unterworfen, wobei Fragen der ökologischen Nachhaltigkeit nur eine Nebenrolle einnehmen: Die Fortsetzung der Abholzung der südostasiatischen Wälder liegt im persönlichen Interesse zahlreicher regionaler Protagonisten aus Wirtschaft und Politik, die die positiven Effekte der Entwaldung betonen: Arbeitsplätze (Holzfäller, Möbelproduzenten, Maschinenbauer), Devisen (v.a. für Indonesien, Malaysia und die Philippinen) und die Möglichkeit der Ausweitung agrarwirtschaftlicher Tätigkeiten. Rodung steht vielfach für Entwicklung, für eine produktivere Art der Landnutzung und Modernisierungsschübe für indigene Volksgruppen (vgl. Cordillera People's Alliance 2001) – zumindest aus der Sicht der profitierenden (staatlichen) Akteure, die auf zunehmende internationale Kritik zahlreicher NGOs zumindest Problembewusstsein anklingen lassen und mit der rasanten Schaffung von Nationalparks und Naturschutzzonen (Indonesien, Malaysia, Singapur) reagieren. Bei aller »grüner« Euphorie handelt es sich dennoch vielfach um reine Augenauswischerei, ist doch lediglich ein Prozent der ausgewiesenen Schutzzonen tatsächlich frei von exogenen Einflüssen wie Luftverschmutzung, Bergbau oder Tourismus, wie aktuelle Studien der World Bank und des Worldwide Fund for Nature belegen (Sieu 2000).

In Kambodscha etwa, dessen Waldanteil von 74 Prozent (1970) auf 58 Prozent (2000) gesunken ist, stehen auf illegale Holzfällerei (in Nationalparks, Wildparks und außerhalb konzessionierter Rodungszonen) seit kurzem zehn Jahre Haft und Geldstrafen von 25.000 US-$ (Carmichael 2002:5); zusätzlich sind Jungvermählte verpflichtet, eine Anzahl von Bäumen zu pflanzen – laut Kambodschas Landwirtschaftsminister Chan Sarun »an important instrument for guaranteeing sustainability of valuable natural heritage« (www.cnn.com, 30.7.2002).

Zwischen Biodiversität und Lebensraum: Stämmige Gewinner, dürre Verlierer?

Eine Beurteilung der Kosten und Nutzen für Gesellschaft und Einzelpersonen gestaltet sich so schwierig wie ambivalent. Versuchsweise monetäre Berechnungen machen wohl wenig Sinn: Wie viel kostet eine ausgestorbene Art? Profitiert eine Nation durch Rodungen im Oberlauf von Flüssen (Brennholz statt Importöl), wenn erosionsbedingte Hochwässer im Unterlauf die Ernten zerstören? Die negativen Folgen sind vielfach erst mittelfristig feststellbar und nicht unmittelbar ersichtlich:

Rodungen bewirken massive *Erosionserscheinungen*, die Flüsse versanden lassen, die Hochwassergefahr erhöhen und die Staustufen hydroelektrischer Projekte lahm legen. In weiterer Folge ist eine Schädigung der marinen Korallenriffe und damit eine Beeinträchtigung des traditionellen Lebensunterhalts der Küstenbewohner (Fischfang, Perlenfischerei, Sammeln von Seegurken) unausweichlich. Korallenriffe, wegen der in ihr beheimateten großen Artenvielfalt als »Tropenwälder der Meere« bezeichnet, beherbergen mehr als eine Million Arten, von denen 4.000 Fischarten und 800 Korallenarten bis heute beschrieben sind. Für die menschliche Nahrungsversorgung mit Fisch sind sie überaus bedeutsam: Ein Viertel des Fischfangs in den Entwicklungsländern stammt aus der Umgebung von Korallenriffen – auf einem Quadratkilometer können jährlich bis zu 15 t Fisch gefangen werden. Darüber hinaus dienen Korallenriffe dem Schutz der Küsten vor Wellenaktivität und Stürmen. Der über 25 Jahre aufsummierte ökonomische Wert eines Kilometers Korallenriffs wird auf bis zu 1,2 Mio. US-$ beziffert. Nach einer 1998 durchgeführten Untersuchung sind weltweit 58 Prozent der Korallenriffe von menschlichen Aktivitäten bedroht, die besonders artenreichen Riffe Südostasiens sind sogar zu 80 Prozent, davon 55 Prozent mit (sehr) hohem Risiko (Fischer Weltalmanach 1999:1208). Als wichtigste Ursachen der Bedrohung gelten die Überfischung und unangepasste Fangtechniken (»Dynamitfischen«) sowie die Küstenentwicklung (nährstoffreiche Abwässer, Landgewinnung, Hafenausbau, u.a.).

Die *Artenvielfalt* der nachwachsenden Wälder sinkt rasant: Allein auf den Philippinen gelten 80 Prozent der Flora und Fauna des Landes seit Beobachtungsbeginn 1945 als ausgerottet (Kummer 2000:28). Die reduzierte Biodiversität etwa zieht den Verlust der Lebensgrundlagen indigener Bevölkerungsgruppen nach sich: Allein Borneos Flora ist immer noch artenreicher als ganz Afrika, mit 3.000 verschiedenen Baumarten, 2.000 verschiedenen Orchideen und 1.000 Arten von Farnen (MacKinnon/Sumardja 1996:59f); auch in hügeligen oder gebirgigen Waldgebieten, wo die großflächige maschinelle Abholzung erschwert möglich ist, bleiben langfristig unnutzbare Zonen zurück. Kommt temporäre oder permanente Shifting Cultivation dazu, wird die erforderliche Regenerationszeit weiter beeinträchtigt. Vielfach entsteht erheblicher Jagddruck und so manche Flurhüter und Nationalparkwächter scheinen durchaus geneigt, sich ein Zubrot mit dem Sammeln und Jagen seltener Pflanzen und Tiere zu verdienen.

Neben der Verringerung der Biodiversität gilt der *Verlust indigenen Lebensraumes* als unumstritten (Brunner/Talbott 2001:16f). Stets sind ethnische Minderheiten davon hauptbetroffen, stets profitieren die politischen und ökonomischen Eliten von der Reduzierung der Wälder. Die nomadischen Penan in Sarawak (Malaysia) etwa setzten sich bereits vor Jahrzehnten mit Straßenblockaden in den Blickpunkt der Weltöffentlichkeit, um auf die Eingriffe in ihre Heimat aufmerksam zu machen – »the loss of distinct cultures is an irretrievable loss of parts of the world's heritage«, wie Kummer (2000:28) ausführt.

Im Einzugsbereich von städtischen Siedlungen führt die Vernichtung der Waldflächen auch zu einer *Beeinträchtigung der Grundwasserressourcen*. Zusätzlich geht Wald für urbane oder touristische Erholungszwecke verloren, sodass besonders im Nahbereich der Städte der Druck auf gerodeten Wald sehr groß ist: Der Weg von Shifting Cultivation über Weideland und Feuersavanne bis hin zu zerfurchten, unkrautüberwucherten Landruinen ist kurz.

Dürre, Hunger, Waldbrand: Der Sündenbock heißt El Niño

> »City people say the forest burned. Actually what burned was our livelihood ...
> I cannot paint our feelings. As if the world was suddenly doomed ...«
> (Ngang Bilung, Bewohner von Tangjumanis, Ost-Kalimantan)

Nicht alle ökologischen Problemfelder Südostasiens sind auf die anhaltende Entwaldung zurückzuführen, wenngleich die gezielte Verringerung der Waldflächen die Wurzel einiger verwandter Desaster ist: Die verheerenden Waldbrände von 1997 sind nicht zuletzt eine

Begleiterscheinung des weltweiten El Niño-Phänomens, das das insulare Südostasien saisonal atypisch ausgedörrt hat; doch ohne die traditionell übliche – legale wie illegale, zu kommerziellen Zwecken oder traditioneller Shifting Cultivation – Brandlegung zur Schaffung waldfreier Flächen zum verstärkten Anbau von Cash Crops (Ölpalmen, Kaffee, u.a.) wären die Feuer weder entstanden noch kaum außer Kontrolle geraten.

Mit El Niño wird eine Reihe von atmosphärisch-ozeanischen Abläufen beschrieben, die sich zwischen der Westküste Südamerikas und dem südostasiatischen Raum (Indonesien, Australien) ereignen. Seit mehr als 150 Jahren kommt es in zwei- bis siebenjährigen Abständen zu diesen Wetter-Umkehrungen, die jeweils 12-22 Monate andauern – schon die spanischen Konquistadoren Lateinamerikas haben dieses Phänomen vor 500 Jahren dokumentiert (Rappold 2002). Peruanische Fischer nannten das stets um die Weihnachtszeit wiederkehrende Klimaparadoxon »El Niño« (»Christkind«, »Knabe«), das zunächst die Erwärmung des Oberflächenwassers um bis zu 8°C und damit die Abwanderung der Fischschwärme in andere Meeresregionen bewirkte.

In normalen Jahren bläst der Südostpassat im Bereich des Äquators von Osten nach Westen und treibt kühles Oberflächenwasser von der südamerikanischen Küste Richtung Südostasien. Dort angekommen hat sich das Oberflächenwasser erwärmt und verdrängt kaltes Wasser. So bewegt sich das kalte, nährstoffreiche Wasser von Westen nach Osten. Vor Südamerikas Westküste bildet es den kalten und nährstoffreichen Humboldtstrom. Der Wasserzirkulation ist eine Luftzirkulation übergelagert: Südostpassatwinde wehen in Richtung Südostasien. So steigt in Normaljahren die Luft über dem warmen Oberflächenwasser vor Indonesien auf und es entsteht ein Tiefdruckgebiet in dieser Region; jenseits des Pazifiks befindet sich ein relativ stabiles Hochdruckgebiet vor Südamerika (Peru). Die Luftmassen aus dem Tief werden durch eine hohe Westwindströmung in diese Richtung getrieben. Sie sinken im Hoch ab und strömen am Boden wieder auseinander: Dieser enorme Luftdruckunterschied beeinflusst die Intensität der Passatwinde.

El Niño kehrt die regelmäßigen Feuchtigkeits- und Trockenperioden im Großraum Pazifik um (Latif 1998): Das insulare Südostasien war von derartigen Erscheinungen stets wesentlich stärker betroffen als Festland-Südostasien: Extremer Trockenheit und Dürre in Südostasien und Australien stehen sintflutartige Regenfälle an der lateinamerikanischen Pazifikküste gegenüber. Nach den bis dahin verheerendsten El Niño-Erscheinungen von 1982/83, die asienweit Schäden von 13 Mrd. US-$ verursachten, war das Phänomen Mitte der 90er-Jahre besser untersucht denn je, ohne jedoch die komplexen Zusammenhänge zwischen Ursache und Wirkung annähernd entschlüsselt zu haben. Allein in Ost-Kalimantan verbrannten Anfang der 80er-Jahre 2,2 Mio. ha Wald, eine weitere Mio. ha wurde stark beschädigt: Auch fast ein Jahrzehnt danach waren die Folgen – Nahrungsversorgung, Wasserqualität, Zugänglichkeit der Orte, gesundheitliche Beeinträchtigungen, Verfügbarkeit von Waldprodukten – immer noch deutlich spürbar (Mayer 1996:194ff). Überdurchschnittlich heftige El Niño-Jahre wie 1997 treffen die landwirtschaftliche Bevölkerung vielfach nicht mehr unvorbereitet, die von Regierungsseite angehalten wird, ihre Produktionsweisen der zu erwartenden Dürre anzupassen: Auf den Philippinen etwa wurde – trotz Errichtung von 8.000 neuen Brunnen zur Bewässerung von 40.000 ha Agrarfläche – der Verzicht auf die Aussaat einer dritten Reisernte zugunsten von Mongo-Bohnen empfohlen und Fischern verstärkte Entenzucht (?!) nahegelegt.

Indonesien hingegen schien 1997 völlig unvorbereitet auf die prognostizierte Klima-umkehr: »In drought-stricken Indonesia, growers are offering to swap gold for water, so parched are their rice fields. The water company in the East Kalimantan capital Samarinda recently cut off supplies because salt water is creeping up the local river. Bottled water is selling there for a dollar, twice the usual price. In some parts of the country, people are washing only a couple of times a week. Body odor is the least of the problem; diseases such as cholera are on the rise because people are using dirty water. Swimming pools in elite Jakarta suburbs are turning green as wells dry up. Water pumps are breaking down because people are running them around the clock to tap the dwindling supply of ground water that supplies more than half the Indonesian capital. In areas that rely on hydro-power, such as Mindanao, low rainfall could mean brownouts.« (Ajillo 1997)

Die Auswirkungen der episodischen Klimaumkehrungen für Südostasiens Umwelt und Wirtschaft sind so umfassend wie schwerwiegend, zu einem Gutteil hausgemacht und Folgeerscheinung agrarwirtschaftlicher Expansionstätigkeit.

• *Ökonomische Folgen*:

Reis- und Maisernten wurden um die Erträge von je 100.000 ha dezimiert, nur 40 Prozent der Exportgüter wie Kaffee, Tee, Kokosöl und Kakao gediehen – sehr zur Freude globaler Spekulanten, die die Preise derartiger Cash Crops durch gezielte Spekulationen über Ausmaß und Auftreten von El Niño oft gezielt in die Höhe treiben konnten.

Von Oktober bis Dezember 1997 mussten bis zu 300.000 t Weizen eingeführt werden, um die Verluste auszugleichen; durch den Kostenanstieg für Nahrungsmit-tel waren 1997/98 200 Mio. Menschen von Hunger in Folge der Dürre bedroht.

• *Soziale Folgen*:

Die starke Rauchentwicklung durch die schweren Waldbrände im insularen Südostasi-en, verursacht durch den so genannten »Tropical Haze« oder »Kabut« (indon.: Nebel) – einer riesigen Wolke aus Verbrennungsprodukten, die je nach Windrichtung weit auf das Südchinesische Meer oder den Indischen Ozean getragen wurde – machte 300 Mio. Menschen obdachlos. Nach Schätzungen des World Wide Fund for Nature sind 600.000 ha (davon ein Zehntel Naturschutzgebiet gefährdeter Arten wie Orang Utan und Sumatra-Tiger), das entspricht etwa der Fläche Bruneis, verbrannt. Außer-dem verursachten sie starke Belastungen der Atemluft mit Überschreitungen der WHO-Grenzwerte bis zu den Badeorten Südthailands: Der Luftverschmutzungsindex von Kuching (Sarawak/Borneo) lag bei 839 (Werte zwischen 100 und 200 gelten als »gesundheitsgefährlich«). Die über Wochen reduzierten Sichtweiten von wenigen hundert Metern gelten als Ursache für Flugzeugabstürze und Tankerkollisionen sowie massive Gesundheitsgefährdungen für die dort lebende Bevölkerung: 50.000 Personen mussten südostasienweit ärztliche Hilfe in Anspruch nehmen (Sieu 1997).

Mag das El Niño-Phänomen auch nicht auf direkte menschliche Einflussnahme zurück-führbar sein, so verschärft die steigende Trockenheit doch die Zahl und Intensität verheerender Waldbrände innerhalb der Region. »El Niño is a convenient … guy. Whenever the infamous weather pattern appears, sensible folk start cursing it for everything that goes awry. Consider the Indonesian disaster-coordination official who blames the phenomenon for the forest fires that are consuming vast hectarage of tropical rain forest and choking people in five countries. ›It's a natural disaster that no one could have prevented,‹ says Azwar Anas [a politician], who neglects to mention that most of the fires are man-made.« (Ajillo 1997)

Die kommerzielle Rodung mittels gezielter Brandsetzung ist jedoch kein indonesisches Spezifikum, sondern allgemeine Praxis, um Aufschließungskosten zu sparen. Die Nachbarstaaten Indonesiens, allen voran Malaysia, lukrieren beträchtliche Gewinne aus Plantagen-Konzessionen auf indonesischem Staatsgebiet, vor allem auf Borneo und Sumatra: 31 von 43 malaysischen Unternehmen, die in kommerziellen Joint-Venture-Verflechtungen mit Indonesien stehen, erbrachten die »freiwilligen Unterstützungsbeiträge« zur Löschung der Brände im Ausmaß von 1,2 Mio. US-$, die die malaysische Regierung eingefordert hatte. Selbstschutz oder schlechtes Gewissen?

Spätestens die Waldbrände 1997 machten die überregionale Verflechtung ausschließlich waldgebundener Wirtschaftsweisen deutlich, die durch exogene Parameter (Trockenheit als Folge von El Niño) zur überregionalen Bedrohung mutierten: «In the smog-engulfed Indonesian provinces of Jambi and Riau, in Sumatra, the air is so polluted that a local doctor compares breathing to smoking four packs of cigarettes a day – for every man, woman and child. ... In the end, local journalists took to the streets with placards urging locals to use surgical masks – poor protection though they are. More than 10,000 residents have suffered respiratory problems since August, and yet for weeks children were allowed to run around in playgrounds. It was not until late September that Riau Governor Soeripto began warning people to reduce their activities outside. The smog has put a stop to much agricultural work. There's not much latex to be tapped after rubber trees have been licked by flames. Instead, young men keep watch outside their villages, ready to sound an early warning should the fires spread their way... Last week, some multinational companies in Sumatra ... sent more than 1,000 expatriate staff and their families to Singapore. An executive called it ›medical evacuation.‹« (Sieu 1997)

Knisternde Perspektiven? Wege aus der Öko-Misere

Wankende Umwelt: Südostasien am Holzweg?

Die fortschreitende Veränderung der Rahmenbedingungen für Mensch und Umwelt beruht auf der Interaktion von physischen Grundlagen mit natürlichen und sozialen Prozessen. Lange Zeit wurde dem ressourcenintensiven Wirtschaftsaufschwung der südostasiatischen ›Tigerstaaten‹ in den 80er- und frühen 90er-Jahren mehr Aufmerksamkeit geschenkt als seinen Schattenseiten, die in der anhaltenden Umweltkrise immer deutlicher hervortreten. Brände und Bodendegradation im Zuge von Rodungsvorgängen sind die nachhaltigsten, nicht aber die einzigen Folgewirkungen in einer sich ›globalisierenden‹ Großregion Südostasien. In einem umfassenden Bericht hat die Asiatische Entwicklungsbank (ADB) 1997 die Entwicklung des Umweltzustands in den asiatischen Entwicklungsländern insgesamt als äußerst Besorgnis erregend eingestuft:

– In den letzten 30 Jahren verlor Asien die Hälfte seiner Wälder mitsamt unzähligen Tier- und Pflanzenarten. Der Pro-Kopf-Waldbestand in Asien ist auf einem Drittel des globalen Durchschnitts angelangt. Jedes Jahr fällt ein Prozent des Waldbestandes dem Brandrodungswanderfeldbau, der großflächigen Anlage von Plantagen, der

Industrialisierung, der Rohstoffgewinnung sowie Verkehrs-, Stadt- oder Staudamm-planungen zum Opfer (Akimoto 2001).

– Ein Drittel der gesamten landwirtschaftlichen Nutzfläche gilt als geschädigt. Die südostasiatischen Flüsse und Seen sind stark vergiftet und enthalten drei bis vier Mal mehr Fäkalbakterien als der Weltdurchschnitt und 50 Mal mehr als die WHO für erträglich erachtet. Bleihaltige Abwässer aus Fabriken belasten die Flüsse und Seen 20 Mal mehr als im globalen Durchschnitt (Hubbel 2001:32f). Der verstärkte Einsatz von Pestiziden und Düngemitteln im Zuge der Grünen Revolution bewirkt zusätzli-chen Druck auf labile Ökosysteme.

– Die Fischbestände sind auf die Hälfte geschrumpft (Fischer Weltalmanach 1999:1208); gleichzeitig führte die Überfischung der Korallenriffe Malaysias, Indonesiens und der Philippinen zum Aussterben zahlreicher Fischarten: »In order to cater to the seafood-crazy appetites of Hong Kong, China and Singapore, fish supplies from Southeast Asia leapt from 400 tons in 1989 to 5,000 tons in 1995. By then, demand had exceeded the ability of fish populations to replenish themselves. Catches fell 22 Prozent in 1996.« (Sieu 2000)

Die globalen Folgen der Wechselwirkungen von Abholzung, Lebensqualität und Gesund-heit sind nicht absehbar: «Shrinking forest cover will remove the best defense against global warming. Rising temperatures and melting ice caps are not just distant worries for mainly low-lying Pacific islanders and owners of prime coastal land. Last month, scientists warned that a hotter planet would have a far wider impact than previously thought. Higher temperatures may well produce more cases of cholera. The bug is a parasite in a common plankton, so warmer seas will stimulate the bacteria to replicate more rapidly. Similarly, heavier rainfall is likely to bring more outbreaks on land of mosquito-borne diseases such as malaria«, zeichnet Sieu (2000) ein bedenkliches Szenario.

Rurale Regionen leiden an Entwaldung, Erosion und dramatisch verstärkter Hochwassergefahr, während die anhaltende Verstädterung – eine Folge von weltweiten Phänomenen der Globalisierung und Industrialisierung – verstärkten Druck auf die Qualität von Luft und Wasser ausübt und damit die Lebensbedingungen der urbanen Bevölkerung kontinuierlich verschlechtert; der wachsende Migrationsdruck auf die urbanen Räume ist eine Antwort auf zunehmende Landlosigkeit und den Verlust von angestammtem Lebensraum durch exogene Faktoren (Hochwässer, Dürre, Brände, u.a.), und damit nicht zuletzt auch ökologisch bedingt.

Vor allem in den »extended metropolitan regions« (EMR) von Manila, Bangkok oder Jakarta (vgl. Spreitzhofer/Heintel 2001:53ff) haben die prekären Umweltbedin-gungen längst unmittelbare volkswirtschaftliche Konsequenzen: In Metro-Jakarta etwa, mit bald 25 Mio. Menschen der größte Ballungsraum Südostasiens, ist die Zahl tödlicher Lungenerkrankungen (12,6 Prozent aller Todesursachen in der Hauptstadt-region) doppelt so hoch wie im Landesmittel. Die durch die bedenkliche Wasser-qualität ausgelösten Erkrankungen und Todesfälle ergeben einen volkswirtschaftli-chen Schaden von 300 Millionen US-$ pro Jahr; immerhin ein Prozent des BNP der Stadt muss für das Abkochen von Wasser aufgewendet werden, dennoch bedingen Durchfallerkrankungen 12 Prozent sämtlicher Todesursachen. Die Kosten der Luft- und Wasserverschmutzung Jakartas übersteigen eine Milliarde US-$ jährlich (Spreitz-hofer/Heintel 2000:186ff).

Südostasiens Umweltmisere ist nicht eindimensional zu lösen: Weder mit ökonomischen Anreizen noch ökologischen Nutzungsbeschränkungen kann der mittelfristige Kollaps verhindert werden, solange das sozioökonomische Umfeld unverändert bleibt. Vor dem Hintergrund rascher Bevölkerungszunahme sind sowohl endogene (Shifting Cultivation, Umsiedlungsprogramme, Dynamitfischerei) wie exogene Faktoren (Holzexport, Produktion von Cash Crops) verantwortlich für die Degradation von Boden und Wasser – eine Folge der gezielten Ausweitung von (primär)waldfreien Flächen, um dem steigenden Bedarf nach Nahrung, Plantagenprodukten, Industriezonen und Wohnraum gerecht zu werden. Lag die Bevölkerung Südostasiens 1996 noch bei 500 Mio., so wird sie bis 2025 voraussichtlich auf 718 Mio. anwachsen (vgl. dazu auch Husa/Wohlschlägl in diesem Band) – ein Anstieg um fast 50 Prozent, der eine Fortschreibung der bestehenden Trends erwarten lässt:
–   Weiterer Verlust der (primären) Waldbestände, zunehmende Verringerung der Artenvielfalt,
–   Mehr Savannen und Grasland, Ausweitung landwirtschaftlich nutzbarer Flächen,
–   Zunehmende Verstädterung, verstärkter Druck auf inadäquate soziale Infrastruktur
Umweltfragen sind zum Spielball von Visionären und Fundamentalisten geworden, beschleunigt durch den rapiden sozioökonomischen Wandel einer Region an der Schwelle zur Industriegesellschaft: Die Forderungen (urbaner) Umweltschützer nach nachhaltiger Entwicklung konterkarieren die traditionellen Rechte indigener Bevölkerungsgruppen nach Beibehaltung ihrer Lebensweise; weder die chemischen Möglichkeiten der Plantagenwirtschaft noch die zerstörerischen Fischfangmethoden im Umfeld von Korallenriffen oder die Überlebensstrategien marginalisierter und landloser Stadtbewohner sind nachhaltig. Umweltschutz und Entwicklung sind eng verwoben, doch Gegenstand divergierender Interpretationen durch die verschiedenen sozialen Schichten und ethnischen Gruppierungen in peripheren und zentralen Räumen.

Die Ausbeutung der natürlichen Ressourcen stand über Jahrzehnte im Mittelpunkt der staatlichen Entwicklungsstrategien, die das Primat der Industrialisierung nach westlichem Muster bedingungslos verfolgten. Politische Ignoranz und Korruption begünstigten Rodung und Degradation: Opposition zu den vielfach autokratischen Regimes Südostasiens war vielfach nicht existent und nur wenig mit Umweltfragen befasst. Nahezu alle großflächigen Rodungsvorgänge finden weiterhin auf Regierungsland unter Ausnutzung der regionalen Gesetzeslage statt.

Nachhaltige Forstwirtschaft: Lichte Höhen?

Das Hauptaugenmerk jedweder nachhaltiger Nutzung muss wohl auf der Regeneration von degradierten Flächen liegen, ist ein absehbares Ende der Rodungen doch aus wirtschaftlichen Motiven unwahrscheinlich. Besonders in Dipterocarp-Wäldern gipfeln internationale Bestrebungen in langfristigen Untersuchungsreihen, um das komplizierte Ökosystem mit speziellen symbiotischen Pilzkulturen regenerierbarer zu gestalten; doch derartige Maßnahmen gingen bereits vor der regionalen Wirtschaftskrise über punktuelle Versuchsforste kaum hinaus (Potter 1996:34f).

Die nationalen Regierungsstrategien zielen vielmehr auf die Pflanzung von Industriehölzern, um der Nachfrage nach Holz gerecht zu werden: Rasch wachsende Arten wie Acacia mangium, Albizzia falcataria und verschiedene Eukalyptusarten sollten innerhalb des nächsten Jahrzehnts den internationalen Holzbedarf vermehrt abfedern; doch vermehrter Schädlingsbefall machte die Monokulturen weniger ertragreich als vorgesehen. Zusätzliche Spannungen mit lokalen Shifting Cultivators waren zudem vorprogrammiert, die die Mischnutzung aus Baum, Feld und Vieh nicht übernehmen wollten und ihren Wahrnehmungsbereich eingeengt sahen:»... the system was about ... making rural life more attractive: people will only accept and further develop agroforestry if ›it pays‹«, folgerten Lahjie/Seibert bereits 1988.

Die zunehmende Entfilzung korrupter Mechanismen von Konzessionsvergabe und ökologischem Nepotismus muss jedoch nicht zwangsläufig zu nachhaltiger, konfliktfreier Nutzung des Landes führen. Verstärkte Liberalisierung muss der Umwelt nicht helfen. Die schwindende Autorität pseudo-demokratischer Regime kann vielmehr auch kontraproduktive Folgen zeitigen, wie der Sturz von Langzeit-Präsident Suharto (1966–1998) in Indonesien zeigt:»All forest boundaries have been challenged, both by seekers after previously forbidden resources and those wanting restoration of ancestral lands. Demonstrations occur almost daily ... over land uses. ... As people are more exposed to outside forces, they need to earn more from the lands they can access.« (Potter 2001:320f) Die voranschreitende Diversifizierung von Produktion und Boden trägt heute mehr denn je ökonomische Züge, hat jedoch kaum ökologische oder nutzungstraditionelle Motive.

Ohne verstärkte politische Intervention zur Schaffung nachhaltiger Rahmenbedingungen wird die ungehemmte Rodung, Auslöser und Verursacher nachgelagerter globaler Umweltprobleme, wohl ungehindert weitergehen: Noch so engagierte internationale Pressure-Groups und NGOs vermögen wohl kaum mehr als Bewusstseinsbildung – und das vor allem außerhalb Südostasiens – zu schaffen. Solange Kompetenzfragen und interne Kommunikationsmuster selbst auf nationaler Entscheidungsebene weitgehend ungeklärt bleiben, können überregionale Handlungsmuster über theoretische (optimistische) Szenarien und (düstere) Bestandsaufnahmen kaum hinausgehen: Zumindest der Polit-Dschungel Südostasiens scheint lebendiger denn je zuvor.

Literatur

Abdoellah, O. (1996): Social and environmental impacts of transmigration: a case-study in Barambai, South Kalimantan. In: Borneo in Transition. People, Forests, Conservation and Development, Hg. C. Padoch/N.L. Peluso. Kuala Lumpur: Oxford University Press: 266-279

Ajillo, R. (1997): El Niño. The bad boy is back. In: Asiaweek 10.10.1997

Akimoto, Y. (2001): The Environmental Cost of Military Rule in Burma. In: Burma Debate 8/4: 4-10

Berg, C. (2002): Das Konzept der Alternativen Entwicklung – Potentiale, Erfolge, Grenzen. In: Entwicklung & ländlicher Raum 36/3: 8-11

Boomgaard, P. (1998): The VOC Trade in Forest Products in the Seventeenth Century. In: Nature and the Orient. The Environmental History of South and Southeast Asia, Hg. R. Grove/V. Damodaran/S. Sangwan. Oxford: Oxford University Press: 375-395

Brunner, J./Talbott, K. (2001): Post-Conflict Biodiversity Loss. Burma's Challenge. In: Burma Debate 8/4: 14-19

Buergin, R. (2001): Contested Heritages. Disputes on People, Forests and a World Heritage Site in Globalizing Thailand. SEFUT Working Paper No. 9. Freiburg

Buergin, R. (2002): »Hill Tribes« und Ressourcenkonflikte – Minderheitenpolitik in Thailand. In: www.asienhaus.org (6.10.2002)

Carmichael, R. (2002): Key forestry decisions as CG meeting looms. In: Phnom Penh Post 24.06.2002: 5

Cordillera People's Alliance (2001): The National Roundtable: The Impact of Development Projects on Philippine Indigenous Peoples. Baguio City

Dirksen, H. (2002): The Thai-German Highland Development Program – a success story? In: Entwicklung & Ländlicher Raum 36/3: 18-21

FAO (1999): State of the world's forests 1999. Rom: FAO

Fischer Weltalmanach (verschiedene Jahrgänge). Frankfurt am Main: Fischer

Glatzel, G. (1996): Nachhaltige Waldnutzung auf den Molukken (Indonesien) – Betrachtungen aus waldökologischer Perspektive. In: Das Pazifische Jahrhundert? Wirtschaftliche, ökologische und politische Entwicklung in Ost- und Südostasien, Hg. E. Binderhofer/I. Getreuer-Kargl/H. Lukas. Wien: Brandes & Apsel (Historische Sozialkunde 10): 109-120

Greenpeace (2001): Against the Law: the G8 and the illegal timber trade. Special Report

Hafner, J. (2000): Perspectives on Agriculture and Rural Development. In: Southeast Asia. Diversity and Development, Hg. T.R. Leinbach/R. Ulack. Upper Saddle River: Prentice Hall: 133-159

Harper, T.N. (1998): The Orang Asli and the Politics of the Forest in Colonial Malaya. In: Nature and the Orient. The Environmental History of South and Southeast Asia, Hg. R. Grove/V. Damodaran/S. Sangwan. Oxford: Oxford University Press: 936-966

Havener, R.D. (1992): Food Production After the Green Revolution: Addressing Sustainability Issues. Proceedings: Sustainable Agricultural Development in Asia and the Pacific Region. Manila: The Asian Development Bank and Winrock International: 5-14

Hubbel, D. (2001): Decade of »development«. In: Watershed 7/2:27-34

IFI (2000): Vortrag von Dr. Dradjad Wibowo, Executive Director, LEI (Indonesia Ecolabelling Institute). WWF's Millennium Forests for Life Conference. London, 6.6.2000

Kathirithamby-Wells, J. (1998): Attitudes to Natural Resources and Environment among the Upland Forest and Swidden Communities of Southeast Asia during the Nineteenth and Early Twentieth Centuries. In: Nature and the Orient. The Environmental History of South and Southeast Asia, Hg. R. Grove/V. Damodaran/S. Sangwan. Oxford: Oxford University Press: 918-935

Keßler, C. (2002): Waldschutz, Geschlechterverhältnisse, Gemeineigentum. Ergebnisse einer Dorfstudie in Nordthailand. In: Pacific News 18: 8-11

Klute, M. (2002): Der Countdown läuft. Zur Lage des Waldes in Indonesien. In: Indonesien-Information 11/2: 40-45

Kummer, D.M. (2000): The Physical Environment. In: Southeast Asia. Diversity and Development, Hg. T.R. Leinbach/R. Ulack. Upper Saddle River: Prentice Hall: 7-33

Lahjie, A.M./Seibert, B. (1988): Agroforestry – Untuk Pembangunan Daerah Pedesaan di Kalimantan Timur. Proceedings of a seminar held 19-22 September 1988. Fakultas Kehutanan, Universitas Mulawarman. Samarinda

Latif, M. (1998): El Niño/Southern Oscillation. Hamburg: Max-Planck-Institut für Meteorologie. www.dkrz.de/klima/elnino/enso.html (10.10.2002)

MacKinnon, K./Sumardja, E. (1996): Forest for the Future: Conservation in Kalimantan. In: Borneo in Transition. People, Forests, Conservation and Development, Hg. C. Padoch/N.L. Peluso. Kuala Lumpur: Oxford University Press: 59-75

Marshall, G. (2000): The extent of illegal logging in the Papua New Guinean Timber Industry. Internal report for Greenpeace International

Mayer, J. (1996): Impacts of the East Kalimantan Forest Fires of 1982–83 on Village Life, Forest Use and Land Use. In: Borneo in Transition. People, Forests, Conservation and Development, Hg. C. Padoch/N.L. Peluso. Kuala Lumpur: Oxford University Press: 187-218

Parnwell, M. (1998): Naturraum und Geographie. In: Südostasienhandbuch. Geschichte, Gesellschaft, Politik, Wirtschaft, Kultur, Hg. B. Dahm/R. Ptak. München: Beck: 22-33

Potter, L. (1996): Forest Degradation, Deforestation, and Reforestation in Kalimantan: Towards a sustainable landuse? In: Borneo in Transition. People, Forests, Conservation and Development, Hg. C. Padoch,/N.L. Peluso. Kuala Lumpur: Oxford University Press, 13-40

Potter, L. (2001): Agricultural Intensification in Indonesia: outside pressures and indigenous strategies. In: Asia Pacific Viewpoint 42/2-3: 305-324

Raman, M./Sangaralingam, M. (1995): The social and ecological implications of industrial relocation: The Malaysian experience. Center for Information and Development Studies (Cides). Jakarta

Rao, Y. (1989): Forest Resources of Tropical Asia. In: Environment and Agriculture – Environmental Problems affecting agriculture in the Asia-Pacific Region, World Food Day Symposium. Bangkok: FAO/RAPA: 1-20

Rappold, J. (2002): El Niño – eine Klimaanomalie im Pazifikraum. MMSpecial. In: www.br-online.de/politik-wirtschaft/mittagsmagazin/dynamisch/specials/elnino/elnino.htm (13. 10. 2002)

Sanong, C. (2002): Together in the fight against drugs in Southeast Asia. In: Entwicklung & Ländlicher Raum 36/3: 12-14

Scholz, U. (1987): Agrargeographie von Sumatra. Eine Analyse der räumlichen Differenzierung der landwirtschaftlichen Produktion. Gießen: Gießener Geographische Schriften

Sieu, C.T. (1997): Scorched Earth. In: Asiaweek 10.10.1997

Sieu, C.T. (2000): The Greening of Asia. In: Asiaweek 10.3.2000

Spencer, J.E. (1966): Shifting Cultivation in Southeastern Asia. University of California Publications in Geography 19. Berkeley/Los Angeles

Spreitzhofer, G./Heintel, M. (2000): Metro-Jakarta: Zwischen Nasi und Nike. Suhartos ›Neue Ordnung‹ als Motor der Regionalentwicklung in Westjava? Frankfurt am Main: Peter Lang

Spreitzhofer, G./Heintel, M. (2001): Die Infrastruktur der Megastadt: Zeitbombe Jabotabek? Metro-Jakarta im Spannungsfeld von internationaler Investition, ökologischem Desaster und politischer Labilisierung. In: Asien 78/1: 50-69

TREES (1998): Identification of deforestation hot spot areas in the humid tropics. TREES Publications Series B: research report no 4.

Uhlig, H. (1988, 2. Aufl.): Südostasien. Frankfurt am Main: Fischer

United Nations Development Programme (1998): Human Development Report. New York

United Nations (2001): Reducing Disparities: Balanced Development of Urban and Rural Areas and Regions within the Countries of Asia and the Pacific. Economic and Social Commission for Asia and the Pacific. New York

Uthoff, D. (1999): Mangrovewälder in Südostasien. Nachhaltige Nutzung versus Degradierung und Zerstörung. In: Interdisziplinärer Arbeitskreis Dritte Welt 13: 135-184

Weltbank (1999): World Development Report 1998/99. New York

Websites:

www.geocities.com
www.greenpeace.org
www.cnn.com

Rüdiger Korff

Kulturen der Randbereiche:
Moderne und Ethnizität im Bergland Südostasiens

In den 70er-Jahren stand auf dem Programm fast jedes Rucksackreisenden in Südostasien eine »Hilltribe-Tour« im Norden Thailands, um in den Bergen des Goldenen Dreiecks, direkt an der Quelle in einem Dorf der Hmong, Akha oder der Kuomintang, deren Reste der achten Armee sich in Nordthailand niedergelassen hatten, nachdem sie aus Burma vertrieben worden waren, an einer Opiumpfeife zu ziehen und die Exotik der schroffen Berge, der Reisterrassen in den kleinen Tälern, und manchmal auch eines Mohnfeldes, sowie der bunten Kleidung der Leute zu erleben. Hinzu kam ein »Abenteueraspekt«, denn man wanderte durch eine Gegend, von der niemand wirklich wusste, wessen Gesetz dort galt und wer sie kontrollierte. Waren es die Reste der Kuomintang-Armee, die in Thailand nicht kontrolliert werden konnte und als »Border Patrol Police« integriert wurde und dort vor allem den Schmuggel von Opium und Heroin organisierte, oder die Shan-Armee, die Karen Liberation Armee, oder doch der CIA mit seinen Alliierten?

Chiang Mai war zu dieser Zeit der einzige Ort im Bergland, der leicht erreicht werden konnte. Zwar durfte Burma besucht werden, doch nicht die Bergregion im Osten des Landes, in der die Shan, Karen, Kachin, PaO, Wa usw. um Autonomie kämpften. In Laos kämpften die mit den Nordvietnamesen alliierten Pathet Lao und Hmong gegen die laotische Armee und die vom CIA unterstützten Hmong (Meo)-Gruppen. Das Bergland in Nordvietnam war für Besuche geschlossen, denn hier verliefen die Versorgungswege in den Süden (Ho Chi Minh-Pfad) nach Laos und von China. China und besonders Yunnan waren ebenfalls für Besucher verboten. So war Chiang Mai, als einzige Stadt des Berglandes, die in eine umfassendere Infrastruktur integriert war, ein Zentrum, über das fast der gesamte Warenverkehr (inklusive Medizin, Waffen, Drogen und Edelsteine wie Jade, Rubine und Saphire, aber auch Außenbordmotoren usw.) zwischen dem Bergland und der Weltwirtschaft abgewickelt wurde. Damit war Chiang Mai auch ein Treffpunkt all derjenigen, die irgendwie in den Dynamiken der Bergregion involviert waren, wie Anthropologen, Missionare, Agenten, Drogen-, Waffen- und Edelsteinhändler, Entwicklungsexperten, und die Führer der vielfältigen Armeen. Oftmals ließen sich die einzelnen Gruppen nicht klar unterscheiden. So mancher Missionar war Informant des CIA und so mancher Anthropologe wurde von Missionsgesellschaften unterstützt. Der CIA unterstützte den Drogenhandel, denn die Gelder waren eine der Lebensgrundlagen der verbündeten Bergstämme (McCoy 1991). Der Begriff, den Vatikiotis (2001) verwendet: »debatable land«, trifft die

Situation recht genau. Zwar war die Bergregion formal Teil der Staaten, doch diese waren an sich nicht oder kaum präsent. Tatsächliche Kontrolle wurde nur von informellen Gruppen, Warlords usw. ausgeübt und diese wechselten häufig.

Erst in den späten 80er- und 90er-Jahren änderte sich die Situation. Die Vietnamkriege waren beendet, die Kuomintang-Armee hatte sich nach 50 Jahren weitgehend aufgelöst, die Beziehungen zwischen den USA und China verbesserten sich und die Länder öffneten sich für Tourismus, Entwicklungsprojekte und Wissenschaftler. Die Produktion von Opium nahm in Thailand ab und insgesamt wurde das Goldene Dreieck als Hauptproduktionsstandort des weltweit gehandelten Heroins durch Afghanistan und Kolumbien ersetzt. Vor allem in Yunnan und Thailand, zu einem geringeren Grad in Vietnam, Laos und Burma wurde die Infrastruktur stark ausgebaut und die Bevölkerung enger in die Verwaltung, das Bildungssystem und die Wirtschaft integriert und damit auch pazifiziert. Seit Mitte der 90er-Jahre wird geplant, das Goldene Dreieck durch ein »Wachstums-Viereck« entlang dem Mekong, gebildet durch West-Laos, Ost-Burma, Nord-Thailand und Süd-Yunnan (Xishuangbanna), zu ersetzen.

Die Bergregion als Randbereich

Südlich des Himalaja beginnt das Bergland Südostasiens. Es erstreckt sich von Yunnan in Südwestchina über Teile des Südens Chinas, Ostburma, Nord- und Westthailand und Laos bis nach Nordvietnam. Größere und kleinere Täler liegen zwischen den oftmals recht schroffen, von Norden nach Süden verlaufenden Bergketten. In Yunnan sind die Berge über 5 000 m hoch, und noch in den südlichen Ausläufern liegen die Gipfel über 2 000 m. Weite Täler wurden vor allem von den Flüssen Irrawady, Salween, Mekong und dem Roten Fluss (die größten Flüsse Südostasiens) geschaffen. In den fruchtbaren Ebenen dieser Flüsse bildeten sich die frühen indianisierten Reiche (Pagan, Khmer, Champa usw.). Inzwischen gibt es einige Strassen durch die Bergregion, doch immer noch ist die Infrastruktur sehr begrenzt und vor allem in der Regenzeit können viele Gebiete nur zu Fuß oder mit Maultierkarawanen erreicht werden. Soweit es geht, werden die Flüsse als Verkehrswege genutzt.

Nicht zuletzt wegen der natürlichen Bedingungen, also den kleinen Tälern, eingeschlossen von schroffen hohen Bergen, die einfache Kommunikation unmöglich machen, und der begrenzten Produktivität der Landwirtschaft entstanden in der Bergregion keine größeren Städte oder Herrschaftszentren. Nur in den größeren Tälern bildeten sich feudale Fürstentümer (Lan-na, Sip-song-phan-na oder Xishuangbanna), die allerdings über den lokalen Bereich hinausgehend keine wirkliche Bedeutung hatten. Durch die Berge und Wälder waren sie nur schwer erreichbar und eine Kontrolle etwa durch die größeren Reiche oder später die Kolonialmächte nahezu unmöglich. Ökonomisch war die Region eher unbedeutend. Die Güter, die interessant waren (Lacke, Harze und andere Dschungelprodukte, Edelsteine, später Opium) wurden über informelle Beziehungen gehandelt. Einzig Edelhölzer hatten ab dem späten 19. Jahrhundert eine wirtschaftliche Relevanz. Eine Gefahr für die Herrschaftssysteme der Ebenen ging von der Bergregion nicht aus. So gab es keine Gründe, eine direktere und damit auch kostspielige Kontrolle und Verwaltung aufzubauen (Walker 1992).

Nur für einige Zeit am Ende des 19. Jahrhunderts war das Bergland für die Kolonial-mächte interessant, da man hoffte, einen Landweg nach China etablieren zu können. Laos wurde u.a. von Frankreich kolonialisiert, da man erwartete, über den Mekong den inländischen chinesischen Markt beliefern zu können, was sich dann allerdings als Irrtum herausstellte. Ein Grund für die Annektierung Nordburmas durch die Briten war auch die Hoffnung, über die Berge einen Landweg nach China zu eröffnen. Auch das stellte sich als Illusion heraus. Was blieb war die Nutzung der Bergregion als Lieferant für Edelhölzer. Erst während des Zweiten Weltkrieges wurden von der japanischen Armee Straßen und im Süden die berühmte Eisenbahnlinie im Tal des Kwai-Flusses durch das Bergland gebaut, um den Nachschub nach Burma zu gewährleisten. Von den Alliierten wurde die nach Yunnan führende, so genannte »Burma-road« gebaut. Diese Straßen verfielen nach dem Krieg wieder bzw. wurden zu einfachen Wegen, die Eisenbahn wurde aufgegeben.

Auch wenn die Bergregion eine Peripherie war, heißt dies nicht, dass es sich um eine isolierte Region handelte. Da die Reiche und späteren Kolonien an die Region grenzten, verliefen immer Handelswege, allerdings weniger bedeutsame und eher informelle, zwischen den Reichen durch die Bergregion. Weiterhin war die Region das Durchgangsgebiet der Armeen während der Kriege zwischen den Staaten. Nicht zuletzt war das Bergland ein Rückzugsgebiet für all diejenigen, die den Steuern und der Zwangsarbeit usw., die zu den Reichen und Kolonien gehörten, entgehen wollten oder die neue Siedlungsgebiete suchten.

Als Durchgangs- und Rückzugsgebiet der Bewohner der Ebenen, aber auch anderer Gegenden, ergab sich eine kulturelle Vielfalt durch Migration und Verbindungen bzw. Abgrenzungen zwischen den lokalen Bevölkerungen. Als Konsequenz des peripheren Status fehlte der Druck der Integration und damit auch Assimilation in umfassendere politische, wirtschaftliche und kulturelle Systeme, seien es nun die vorkolonialen Reiche, die Kolonien oder auch die Fürstentümer innerhalb der Bergregion selbst. So konnte eine kulturelle Vielfalt ethnischer Gruppen erhalten bleiben bzw. entstehen. Die Bergregion gilt nicht nur als »hotspot« der Biodiversität, sondern ist auch ein »hotspot« ethnischer Vielfalt.

Bis in die 50er-Jahre war die Grundlage für (lokal begrenzte) Macht die Kontrolle der Täler, denn nur dort konnte eine große Bevölkerung leben und die Produktivität der Landwirtschaft erlaubte den Ausbau umfassenderer politischer Herrschaftssysteme. Diese Gegebenheiten veränderten sich in der zweiten Hälfte des 20. Jahrhunderts, in welcher die Bergregion als Peripherie in globale Kontexte einbezogen wurde. Zum einen kam eine neue militärische Macht hinzu, nämlich die achte Armee der Kuomintang, die allen lokalen Herrschern und auch der Armee Burmas überlegen war, und zum zweiten die massive Ausweitung der Opiumproduktion als wichtigste Ressource. Über den Handel mit Opium konnten Waffen beschafft werden, die dann wiederum genutzt wurden, um den Anbau von Opium zu forcieren. »Steuern« an die lokalen Herrscher mussten in Opium gezahlt werden. Es kam zu einer engen Verbindung zwischen Opium und Politik in der Bergregion.

Opium, Politik und Gesellschaft im Goldenen Dreieck
Der Shan-Staat in Ostburma*

Der heutige Shan-State als Teil von Myanmar befindet sich im so genannten Goldenen Dreieck Asiens (zwischen Burma, Thailand und Laos) und erstreckt sich auf einer Fläche von 225.000 km². Außer den Shan, die mit 3,5 Millionen Menschen die größte Gruppe in dieser Region stellten, leben dort noch weitere Minderheiten wie die PaO, Kachin, Burmesen, Chinesen, Lisu, Lahu und Wa.

Historisch waren die Shan-Staaten feudale Fürstentümer. Im 13. Jahrhundert stiegen die Bevölkerungszahlen in den Shan-Gebieten durch Flüchtlingsströme im Gefolge der mongolischen Eroberungen in Yunnan und Burma. Durch die Zerstörung des Pagan-Reiches entstand in Burma ein politisches Vakuum, das die Shan temporär ausfüllen konnten. Langfristig kam es damit in Burma zu einer Verlagerung des Machtzentrums vom Flusstal des Irrawady in die burmesische Hochebene um Ava und später Mandalay. Mit der Rekonsolidierung eines burmesischen Reiches im 14. und 15. Jahrhundert wurden die Shan wieder in die Bergregion zurückgedrängt.

Ab 1885, unter der Herrschaft der Burmesen und später unter britischer Besatzung, war es den Shan-Fürsten (*sawapha*) erlaubt, ihre jeweiligen Territorien selbst zu verwalten. Als Gegenleistung zahlten sie Steuern, verzichteten auf ihre Rechte über die natürlichen Ressourcen zu verfügen und gewährten den Briten das Rechte, die jeweiligen rechtlichen Auseinandersetzungen zwischen den Staaten zu schlichten. Die Briten reorganisierten die öffentliche Verwaltung und sonderten die Grenzgebiete Burmas aus der allgemeinen Verwaltung aus. Hiermit wurden die Grundrisse für separatistische Strukturen gelegt.

Während des Zweiten Weltkrieges geriet Burma unter japanische Besatzung. Im Dezember 1942 wurden zwei Shan-Staaten in das thailändische Königreich integriert. Nach dem Krieg wurden sie von den Alliierten wieder an Burma »transferiert«. Die Spannungen stiegen an, als nach der Unabhängigkeit Burmas die burmesische Regierung den verschiedenen Ethnien, unter anderem den Shan, die Autonomie verweigerte, die in den Unabhängigkeitsverhandlungen gewährt worden war. Die Situation verschärfte sich noch im Jahre 1961, als die Burma Sozialist Programme Party des General Ne Win »den burmesischen Weg zum Sozialismus« einführte. 1961 erklärten die Kachin und 1968 die Shan den Aufstand. Auch die Kommunistische Partei Burmas (KPB), unterstützt durch China, rief zur Rebellion auf. Schon vorher waren 93 Divisionen des Generals Li Mi der Kuomintang (KMT), nachdem sie von Maos Truppen geschlagen worden waren, in Burma einmarschiert, um sich vom CIA unterstützt erneut für einen Angriff auf China (dem so genannten Roll-back) zu formieren. 1954 kontrollierten diese Truppen die gesamte Grenze zwischen China und Burma und zwangen die jeweiligen Ethnien zur Steuerleistung, welche in Rohopium beglichen wurde. Wiederholt wurden Versuche unternommen, in Yunnan Aufstände zu initiieren, die alle scheiterten. Auch wegen dem Druck von Seiten Chinas versuchte die burmesische Armee mehrmals, die Kuomintang zu vertreiben, was allerdings nicht gelang (Lintner 1994).

Erst 1952 war eine Offensive, die massiv durch die chinesische Armee unterstützt wurde, erfolgreich, und die Kuomintang-Armee zog sich in das Grenzgebiet zwischen Thailand und Burma zurück. Die KMT spaltete sich danach in die 5. Armee des Generals Tuan Shee Wen, der sich mit 1800 Männern in die Provinz Chiang Rai (Thailand) zurückgezogen hatte und die 3. Armee des Generals Lee Wen Huan, der in Fang mit 1400 Männern sein Hauptquartier etablierte. Der Einfluss der Truppen umfasste allerdings die gesamte nördliche Grenze zwischen Thailand und Burma, vor allem, um den Opiumhandel kontrollieren zu können. Trotz oder vielleicht auch wegen der militärischen Auseinandersetzung nahm die Zahl der Eselskarawanen, die Opium nach Thailand transportierten, zu. Die Opium-Produktion stieg von 40 auf 400 t an.

Als die Unterstützung durch den CIA zurückging, wurden Opium und Heroin die Haupteinkommensquelle der Kuomintang in Thailand (und in gewisser Weise auch in Taiwan, von wo aus der Handel organisiert wurde). Ab 1960 wurden zunehmend Morphium- und Heroinraffinerien an der burmesisch-thailändischen Grenze aufgebaut. Chemieexperten aus Hongkong und Taiwan wurden eingeflogen, um erst Heroin Nr. 3 (*brown sugar*) und später Heroin Nr. 4, die reinste Heroinform (90 bis 99 Prozent Reinheitsgrad), zu produzieren. Das produzierte Heroin und auch das Rohopium wurden in großen Mengen nach Thailand exportiert. Im anschließenden Vietnamkrieg wurden die GIs zu Hauptkonsumenten. Zur gleichen Zeit organisierte die burmesische Regierung Milizen zur Selbstverteidigung (KKY), rüstete sie mit Waffen aus und räumte ihnen das Recht ein, trotz offiziellem Verbot mit Opium zu handeln, um ihre Liquidität zu sichern. Sehr bald spielte die KKY eine wichtige Rolle auf dem lokalen Drogenmarkt und konkurrierte mit den KMT-Gruppen (McCoy 1991).

Die Unfähigkeit der KKY-Milizen, die Aktivitäten der ethnischen Minderheiten einzudämmen, führte 1973 zur Auflösung dieser Gruppierung durch die burmesische Regierung. Da sich das Opiumgeschäft als äußerst lukrativ erwiesen hatte, weigerte sich diese jedoch, ihre Waffen niederzulegen. Es ging dabei weniger um den Kampf mit der burmesischen Armee als um die Konkurrenz im Opiumhandel, vor allem mit den Kuomintang. Zwei Opium«könige» gingen in dieser Zeit aus den Reihen der KKY hervor: Chan Shee Fu, ein Sino-Shan, auch Prinz des Todes (»Khun Sa«) genannt, und Lo Hsing-Han. Beide führten und kontrollierten die gesamten »Eselskarawanen«, die das Rohopium zu den Raffinerien bzw. anschließend nach Thailand einschleusten, wo es für den Verkauf auf dem Weltmarkt vorgesehen war. Lo Hsing Han wurde 1973 festgenommen und zum Tode verurteilt. Da das Urteil nicht vollstreckt wurde, wurde er 1980 im Rahmen einer Generalamnestie auf freien Fuß gesetzt.

Nachdem die finanzielle Unterstützung der Kommunistischen Partei Burmas durch China ausblieb, schloss diese ein geheimes Abkommen mit den KMT mit dem Ziel, die Drogengeschäfte an der burmesisch-chinesischen Grenze zu regulieren. Ende der 70er-Jahre erreichte die lokale Opiumproduktion im Shan-Staat 700 t.

Nachdem sich die KMT im Jahre 1970 an die burmesisch-thailändische Grenze zurückgezogen hatten, verbündeten sich die Kommunisten zur Kontrolle der burmesisch-chinesischen Grenze mit den Shan und Kachin. Aber auch andere Gruppierungen, wie die Lahu in Mong Ton oder die PaO in Taunggyi, organisierten und beteiligten sich am Opiumhandel. Die thailändische Armee verbot Ausländern bis 1975 den Zugang zur nördlichen Grenze Thailands, da sie inoffiziell die KMT unterstützte, um Zusammenschlüsse der »Kommunistischen Partei Thailands« und der »Kommunistischen Partei Burmas« zu verhindern. Eine derartige Geostrategie ermöglichte zumindest den Überblick, wenn auch nicht die Kontrolle über die Abläufe an der nördlichen Grenze. Khun Sa wurde zu einem der führenden Kriegsherren und seine »Shan United Armee« dominierte zunehmend größere Gebiete. Er etablierte seinen Hauptsitz in Ban Hin Taek, Thailand, und verbündete sich 1985 mit Moh Heng und seiner »Shan United Revolutionary Armee«, die sich von den KMT abgespalten hatte. Die KMT verlor so zunehmend an Bedeutung. Wenig später verlegte Khun Sa den Sitz des

Hauptquartiers nach Ho Mong, Burma, und gab seiner Armee den Namen »Mong Thai Armee« (MTA).

Die Kommunistische Partei Burmas wurde aufgrund ihrer Beteiligung am Opiumhandel mit den KMT von China politisch verworfen. 1987 wurden im Shan-Gebiet 900 t Opium hergestellt und im gleichen Jahr geriet Burma in eine schwere wirtschaftliche Krise. Soziale Spannungen führen 1988 zum Staatsstreich durch das »State Law and Order Restoration Council« (SLORC) und zu politischen Veränderungen. Unter der Führung von Khin Nyunt und Tin Oo konnte die SLORC mit den Shan, der Shan State Armee, den PaO und den Kachin im Oktober 1993 ein Friedensabkommen schließen. Gemäß diesem Abkommen durften die genannten Ethnien ihre Waffen und Bewegungsfreiheit behalten. Zur gleichen Zeit wurde die KPB aufgelöst. Die mit der Auflösung beauftragten Wa hatten innerhalb der KPB gekämpft; nun organisierten sie sich unter der Führung von Kyawk Ni Lai neu und bildeten die United Wa State Army (UWSA). Die von ihnen verfolgte Politik zielte auf die militärische Repression der Karen/Kareni und Hmong ab. In der Zwischenzeit verfügte Khun Sa mit seiner MTA über eine gewisse Handlungsfreiheit, die es ihm erlaubte, seine Armee auf 20.000 Mann aufzustocken. 1993 deklarierte er mit Unterstützung der Shan-Fürsten die Unabhängigkeit des Shan-Staates. 1994 wurde die Opiumproduktion in diesem Gebiet auf 2500 t geschätzt.

Die Versöhnungspolitik und die neu erworbene Kontrolle über das Opiumgeschäft gereichten der SLORC offenbar zum Vorteil. Sie erhob Steuern auf die Opiumproduktion, setzte wirtschaftliche Anreize für die Bauern und taxierte den Transport auf 150 Euro pro Kilo Opium und 2.000 Euro pro Kilo Heroin. 1996 handelte sie mit Khun Sa ein Abkommen zur Auflösung der MTA aus. Als Gegenleistung wurde dieser in freizügigen »Gewahrsam« in Rangoon genommen, wo er in legalen Geschäftsbranchen investieren konnte. Mit dem Austritt von Khun Sa aus dem Opiumgeschäft wurden die Shan-Netzwerke schwächer und zersplitterten. Gegenwärtig dominieren die Wa die Opium- und Heroinproduktion. Sie steigen aber zunehmend auf die Produktion von Amphetaminen um. Seit 1999 verfolgt die SLORC eine Politik der Umsiedlung. Ganze Wa-Dörfer wurden an die thailändische Grenze verlegt, was wiederum den Druck auf die Shan-Dörfer erhöht und zu verstärkter Einwanderung nach Thailand führt. Ein weiteres Ergebnis sind die andauernden gewalttätigen Auseinandersetzungen zwischen Wa und Shan bzw. zwischen der burmesischen Armee und der thailändischen Armee. In gewisser Hinsicht gerieten die Shan unter den Schutz der thailändischen Armee und fungieren für die amerikanischen Behörden als Verbündete zur Sicherung der Grenze zwischen der »kommunistischen« und der »kapitalistischen« Welt (Lintner 1994).

Mathew McDaniels, der seit zehn Jahren in Mae Sai lebt, berichtete, dass die thailändische Armee seit Juni 2000 massiv Logistik und Personal zur Grenze bewegt. Innerhalb einiger Monate wurden neue Armee-Camps eingerichtet sowie Soldaten-Patrouillen und Straßenblockaden eingeführt. Mehr als 135 Lastwagen mit diversen militärischen Rüstungsgütern seien gesichtet worden. Die Anzahl der Humvee-Fahrzeuge, Unimogs und Scorpion Tanks sei im Vergleich zu den vor ein paar Jahren gesichteten Fahrzeugen exponentiell gestiegen. Zu Verteidigungszwecken im Falle einer generellen Offensive seitens der Burmesen wurden in der Nähe von Akha-Dörfern um Mae Sai Artilleriegeflechte in Reisterrassen eingebaut. »Back some 7 or 8 month before, an American military Officer had told me that it wasn't his business but he knew for a fact that the US Military went into this area in the worst kind of way[...] immediately after his election Thaksin called for a tough stance on the border drug problems. And then immediately following that we had the mortar incident here in Mae Sai. It is not clear how the incident began and the Burmese feel the Shan tricked the entire incident and the Thai fell for it or were in on it. At any rate, real or pretend, the visual justification was there for a conflict, numerous people were dead and Mae Sai became fully militarised« (Interview mit M. McDaniels, März 2001).

Rudolph P., der in Mae Hong Son seit 15 Jahren mit seiner Lisu-Frau Ökotourismus (Trekkingtouren) und ein wenig Subsistenzwirtschaft (Tomaten, Kohl und Makadamia-Nüsse) betreibt, berichtete, dass im Oktober 2001 ein ganzes Guesthouse für vier amerikanische Offiziere und einen DEA-Beamten (amerikanische Drug Enforcement Agency) für eine militärische Übung gemietet worden sei. In Gesprächen mit diversen Ladenbesitzern in den Ortschaften Soppong und Nam Rin (Grenzgebiet zwischen Thailand und Burma in der Provinz Mae Hong Son) sowie mit Peerapong M. (zu der Zeit Oberst der North West Thai Armee) wurde angedeutet, dass China versuche, einen geopolitischen Korridor nach Rangoon und weiter zum Indischen Ozean voranzutreiben. Dies solle mit der Unterstützung der United Wa Armee (UWA) und der SLORC geschehen. Gemäß Berichten in der Zeitung »Bangkok Post« sind die Wa in den letzten Monaten massiv in diesen Korridor umgesiedelt worden. Viele Brücken und Straßen seien in der Nähe der Ortschaften Monglar und Taschilek (Burma) restauriert bzw. neu gebaut worden. Nach den geschilderten Vorgängen stellt sich hier nun die berechtigte Frage: Haben die Shan mit Hilfe der thailändischen Armee eine Rolle »im Kampf gegen die Drogen« übernommen, oder assistieren sie nicht eher den Amerikanern bei ihrer Eindämmungspolitik und -strategie, die darauf abzielt, die chinesische »Expansion und Einflussnahme« in der Region zu verhindern?

Ethnizität in der Bergregion

In der Bergregion wird zwischen einer Vielzahl ethnischer Gruppen unterschieden, wobei sich die Selbstbezeichnungen nicht mit den Begriffen decken, die andere Gruppen oder die jeweiligen Staaten verwenden. Letztlich existieren unterschiedliche Terminologien (auch Selbstbezeichnungen) für dieselbe Gruppe in unterschiedlichen Regionen. Eine der größten und wichtigsten Gruppen im Westen des Berglandes sind die Shan, die auch als Thai Yai bezeichnet werden. Eine andere bekannte Gruppe sind die Hmong, die in China und teilweise in Laos und Thailand als Meo bekannt sind. Die Akha nennen sich teilweise Akha, teilweise Haini und werden in China auch als Man bezeichnet. Die Kachin und Lisu, teilweise auch die Lahu werden in einigen Gebieten als Jingphow oder Lolo zusammengefasst. Wahrscheinlich gehören auch die Lawa, La, Lua, Wa und PaO zur selben Gruppe. Dann werden Gruppen nach den Farben ihrer Trachten unterschieden wie die schwarzen Tai, die roten und schwarzen Lahu, die blauen und weißen Hmong usw. (Walker 1992).

Die Siedlungsgebiete fast aller dieser Gruppen erstrecken sich über weite Gebiete des Berglandes und in derselben Gruppe finden sich Ähnlichkeiten, aber auch weitreichende Unterschiede. Die Akha z.B. sind in Yunnan als Konstrukteure elaborierter Reisterrassen entlang der Berghänge berühmt. In Thailand und Laos liegen ihre Dörfer auf den

Berghöhen und sie bauen vor allem Bergreis an. Sie fürchten sich vor Wasser (Wassergeistern) und Büffeln. In China gelten die Lahu als primitive Jäger und Sammler, in Thailand und Burma sind es Bauern. Diese Multiethnizität auf oftmals sehr kleinem Raum, die vielen Namen der ethnischen Gruppen und die Ähnlichkeiten und Unterschiede innerhalb und zwischen ihnen machten die Situation etwas unübersichtlich. (Für detaillierte Beschreibungen der unterschiedlichen Ethnien siehe McKinnon/Bhruksasri 1983; Walker 1992; Lewis/Lewis 1984; Van 2001)

In der Anthropologie werden die ethnischen Gruppen üblicherweise über die Zugehörigkeit zu Sprachfamilien zusammengefasst, was natürlich weitreichende Verallgemeinerungen impliziert, die nicht unbedingt mit kulturellen, politischen und sozialen Unterschieden oder Gemeinsamkeiten kongruent sind. Deutlich wird dies, wenn man die indo-germanische Sprachfamilie als Beispiel nimmt. Während die Sprecher der germanischen und romanischen Sprachen tatsächlich zu ähnlichen Kulturen gehören, sind die Gemeinsamkeiten mit Sprechern des Persischen, des Hindi usw., die ja auch zur indogermanischen Sprachfamilie zählen, nicht ohne weiteres offensichtlich. Die Völker der Bergregion werden nach folgenden Sprachgruppen aufgeteilt, wobei nicht in allen Fällen ein Konsens besteht (Matisoff 1983; Van/Son/Hung 2000):

Sprachfamilie	Ethnische Gruppe (Auswahl)	Hauptsiedlungsgebiete:
Tai	Thai, Tai, Thaii, Shan, Thai Yai, Khun Muang, Lao (Lu, Nung, BoY)	Thailand, Laos, Ost-Burma, Süd-Yunnan, Nordvietnam
Mon-Khmer	Khamu, Mlabri (Geister der gelben Blätter), Lawa	Vietnam, Laos
Sino-tibetisch (Hmong-Dao)	Hmong (Meo), Mien, Yao, Dao, Pa Then	Südchina, Nordvietnam, Laos, Nordthailand
Tibeto-Birmanisch (Lolo)	Kachin, Lisu, Lahu, Akka (Haini), Lolo, Cong	Yunnan, Burma, Nordthailand, Vietnam, Laos
unklar	Karen, La, Wa	Burma, Thailand

Ein großer Unterschied besteht zwischen den Tai-Gruppen und all den anderen, die auch mit dem problematischen Begriff »Bergstämme« bezeichnet werden. Diese Unterscheidung basiert darauf, dass die Tai die Täler bewohnen, politische Herrschaftssysteme, also Formen feudaler Staaten entwickelten und über eine Schriftsprache, die nicht mit dem thailändischen Thai identisch ist, verfügen. Sie sind damit allen anderen Gruppen deutlich überlegen und können deshalb auch die fruchtbaren und damit attraktiven Täler besetzen, die auch wegen der hohen Produktivität der Landwirtschaft eine größere Bevölkerungszahl und soziale Differenzierung erlauben. Bei den Tai (womit nicht die Thais in Thailand gemeint sind) handelt es sich um dominante Gruppen in der gesamten Bergregion. In allen Tai-Gruppen werden die Familien unterschieden nach ihrer Zugehörigkeit zur Aristokratie (Chao), zu den »freien« (Tai) oder den Sklaven (Kha), wobei der Begriff Kha auch als Bezeichnung für mit den Tai verbundenen Stämmen verwandt wurde. Diese Stratifizierung, ebenso wie staatliche Herrschaftsformen und eine Schriftsprache, gibt es bei den anderen Gruppen nicht.

Die Bewohner der Berge werden oftmals unter dem Sammelbegriff »Bergstamm« zusammengefasst. Dieser Begriff ist aus zwei Gründen problematisch. Zum einen handelt es sich nicht um Stämme im anthropologischen Sinn. So fehlt das für Stämme typische politische System. Bei allen Gruppen, mit Ausnahme der schon angesprochenen Tai-Gruppen, gibt es keine übergeordnete Autorität der Ethnie, der Subethnie oder auch des Dorfes. Dorfvorsteher wurden erst durch die Integration in die jeweiligen Verwaltungs-systeme eingeführt. Ein Dorf ist ein eher lockerer Verbund einzelner Kernfamilien, und jedem steht es frei, das Dorf zu verlassen bzw. sich dort anzusiedeln, wenn die anderen Bewohner damit einverstanden sind. Bei den Hmong, Lisu und Akha bildet der jeweilige Klan eine übergeordnete Einheit und verbindet Familien in unterschiedlichen Dörfern. Autorität ergibt sich vor allem durch Charisma und hat nur temporäre Bedeutung. Teilweise wird ein zeremonieller Repräsentant von den alten Männern des Dorfes gewählt. Konflikte und Probleme innerhalb des Dorfes werden entweder dadurch gelöst, dass eine Partei wegzieht, oder durch öffentliche Diskussionen, in denen dann die anderen Partei ergreifen und derjenige gewinnt, der die meiste Unterstützung bekommt. In der öffentlich gegebenen Unterstützung drückt sich der aktuelle Status und das »soziale Kapital« einer Person oder Familie aus.

Zum zweiten ist »Bergstamm« insofern derogativ bzw. wird als solches wahrgenom-men, da dieser Begriff mit primitiv, unzivilisiert und wild assoziiert wird. Die zivilisierten Talbewohner stehen damit den »wilden« Stämmen gegenüber. Ein Aspekt dieser dero-gativen Konnotation ist die Sichtweise der »Bergstämme« als Einwanderer. Hier kommt es auf die Perspektive an. Wird das gesamte Bergland betrachtet, kann sicher davon ausgegangen werden, dass die meisten der jetzt dort lebenden Gruppen schon vor Hunderten von Jahren dort lebten. Anders ist es allerdings, wenn die Teile herangezogen werden, die zu spezifischen Staaten gehören. Normalerweise wird davon ausgegangen, dass die tibeto-birmanischen und sino-tibetischen Gruppen vom Norden und Nordosten durch den Druck der chinesischen Bevölkerung und die Unterdrückung durch den Staat in den Süden wanderten und deshalb für Vietnam, Laos und Thailand relativ rezente Migranten sind. Anders verhält es sich mit den Mon-Khmer Gruppen und denjenigen Gruppen wie die Karen und Lawa, die wahrscheinlich die frühen Bewohner des südlichen Berglandes waren und erst durch die Einwanderung der Tai von den Tälern verdrängt wurden bzw. sich in die Tai-Kultur integrierten.

Im Rahmen eines aktuellen Forschungsprojektes in Nordthailand wurde u.a. auch der Status der ethnischen Gruppen untersucht. Danach lassen sich drei Hauptkategorien unterscheiden:

1. Der höchste Status wird den Tai-Gruppen (Thai, Khun Muang, also Nordthailänder, und Shan) zugewiesen. Die Begründung ist, dass sie in den Tälern wohnen, reicher sind, eine höhere Bildung haben und enger mit dem thailändischen Staat und der Wirtschaft verbunden sind.
2. Die Bergstämme mit höherem Status sind die Hmong, Yao, Mien, Lisu und Akha. Der höhere Status wird damit begründet, dass sie relativ reich und im Handel involviert sind. Sie gelten als »clever« und dazu in der Lage, Möglichkeiten geschickt für sich nutzen zu können. Den Hmong wird von allen vorgeworfen, die Ressourcen massiv auszubeuten, mit den vielen Chemikalien das Wasser zu vergiften und in illegale Aktivitäten (vor allem Drogenhandel) involviert zu sein. Mich erstaunte der relativ hohe Status der Akha. Die Begründung dafür war, dass sie zwar »ungebildet und dreckig« sind, doch auch geschickt am Handel teilnehmen.

3. Die Bergstämme mit dem niedrigsten Status sind die Lahu, Karen und Mlabri, in gewisser Hinsicht auch die Lawa. Diese Gruppen nehmen nur in geringem Ausmaß am Handel teil und arbeiten häufiger für die Hmong (vor allem die Karen) oder Lisu (vor allem die Lahu). Sie gelten nicht nur als ungebildet und dreckig, sondern auch als arm.

Interessanterweise stimmte die Fremdeinschätzung mit der Selbsteinschätzung weitgehend überein (siehe dazu in Bezug auf Nordvietnam auch Friederichsen/Neef 2002). Ein Karen antwortete auf die Frage, warum andere auf sie herabsehen würden: »…weil wir dumm und arm sind«. Auf die Frage, warum die Lisu reicher sind, antworten ein Shan sowie ein Lahu: »…früher haben sie Opium verkauft, und heute handeln sie genauso wie die Hmong mit Amphethaminen (Ya Ba). Deshalb können sie neue Pick up-Autos kaufen«. Der unterschiedliche Status wird auch in Entstehungsmythen beschrieben. So stammen, nach einem Mythos der Lisu, alle Gruppen in den Bergen von einem Lisu-Geschwisterpaar ab, die als Einzige eine große Flut überlebt hatten. Die Kinder der Geschwister heirateten untereinander und wurden die Stammeltern der jeweiligen Gruppen. Nur für einen Sohn fand sich keine Frau, der deshalb eine Äffin geheiratet hat. Aus dieser Linie gingen die Akha hervor. Ethnische Stereotypen sind also durchaus ausgeprägt.

Anthropologische Untersuchungen

Die anthropologischen Untersuchungen der Bergbevölkerung lassen sich nach zwei Generationen unterscheiden. Die Arbeiten der ersten Generation wurden von Kolonial-beamten bzw. Personen, die mit der Kolonialverwaltung verbunden waren, durchgeführt. Da die Bergregion formal zu den Kolonien gehörte, wollte man mehr über die »Berg-stämme« erfahren und auch untersuchen, wie diese in das Kolonialsystem in Form indirekter Herrschaft integriert werden könnten. Neben ersten Klassifizierungen der unterschiedlichen »Bergstämme« und ihrer Zuordnung zu Sprachgruppen waren die Beziehungen zwischen den Ethnien und deren Abgrenzungen ein zentrales Thema.

In seiner klassischen Arbeit »Political Systems of Highland Burma« untersuchte Leach (1964) die politische und kulturelle Struktur der Kachin und kam zu dem Ergebnis, dass diese eng mit den Beziehungen zu den Shan, der dominanten Ethnie der Region, verbunden ist. Die geringer mit den Shan verbundenen Kachin definieren ihre Gesellschaft als egalitär (*gumlao*), während die enger mit den Shan verbundenen sich an das Shan-System angelehnt als hierarchisch (*gumsa*) bezeichnen. Diese Selbstbeschreibung ist nicht fixiert, sondern oszilliert je nachdem, wie sich die Beziehungen zur Umgebung und damit automatisch auch zu den Shan ändern. Tatsächlich gehörten, Leach folgend, die Shan früher wohl selbst zur Großgruppe der Singpho (Jingphow), zu denen auch die Kachin und Lisu zählen (Leach 1964: 40). Aus dieser Perspektive wäre ein Shan, der in Bergen lebt, ein Kachin, und umgekehrt ein Kachin, der im Tal lebt. (und damit in einer Gegend, die als Shan-Gebiet gilt) ein Shan. Ethnizität hat also nichts mit einer primordialen Festlegung zu tun.

Sehr ähnlich sind die Ergebnisse der Arbeit von Condominas (1976) in Laos und Nordvietnam. Die Relation, die Leach in Bezug auf die Kachin und Shan untersuchte, entspricht weitgehend dem Verhältnis zwischen Tai und Khammu (Kadai), die im Zentrum der Arbeiten von Condominas standen. Tatsächlich wurde lange davon ausge-gangen, dass es sich auch bei den Khammu um eine Tai-Gruppe handelte, bis man feststellte, dass die Khammu in ihren Hütten eine ganz andere Sprache (Mon-Khmer) verwendeten. Auch in diesem Falle gibt es einerseits »nomadische« Khammu und Khammu, die in die Tai-Systeme integriert sind, meistens als Nutzer der weniger fruchtbaren Hanglagen. Renand interpretiert diese Arbeiten in dem Sinne, dass die Begriffe an sich nicht primär dazu dienten Ethnien zu bezeichnen, sondern soziale Distanzen und Stratifizierung (Renand 2000:67).

Folgt man diesen Perspektiven, so bezeichnen die Namen der ethnischen Gruppen unterschiedliche kulturelle und politische Entwicklungen, die aus der Gesamtfiguration der Beziehungen innerhalb der Bergregion und den Staaten resultieren. Das erklärt auch, warum es so große Unterschiede innerhalb derselben ethnischen Gruppe geben kann, wie bei den Haini (Akha) in Yunnan im Vergleich zu den Akha (Haini) in Thailand und Laos. Damit ist die Frage, wer wann von wo einwanderte, relativ irrelevant. Die aktuelle ethnische Identität ergibt sich nicht daraus, dass die Eltern, Großeltern und Urgroßeltern zu dieser Gruppe gehörten, sondern resultiert aus der Figuration, d.h. dem gegebenen Beziehungsgeflecht. In diesem Sinne stellt Keyes (1979) dar, dass Personen ihre Ethnizität durchaus situationsspezifisch definieren können, soweit sie über die notwendigen Kompetenzen verfügen. Ein Shan kann sich z.B. ohne weiteres als Thai bezeichnen und, wie Leach darstellt, es besteht für einen Kachin die Möglichkeit, sich als Shan zu definieren usw. Dieses gilt allerdings nicht für alle gleichermaßen, denn die Übernahme einer Ethnizität kann Exklusion von anderen Gruppen implizieren. Außerdem müssen grundlegende kulturelle Praktiken erworben sein, vor allem Sprachkompetenz und Verständnis des rituellen Symbolismus.

Die zweite Generation anthropologischer Untersuchungen setzte Ende der 60er-Jahre ein und war auf Nordthailand konzentriert, da die anderen Regionen für Wissenschaftler nur sehr schwer zugänglich waren. Die Arbeiten wurden u.a. dadurch initiiert (d.h. es standen Forschungsmittel zur Verfügung), dass das Bergland entwickelt werden sollte, um einerseits die Opiumproduktion zu reduzieren und andererseits das Vordringen der Kommunisten zu verhindern. Die meisten der Arbeiten sind mit dem »Tribal Research Centre«, das Ende der 60er-Jahre an der neu gegründeten Chiang Mai Universität etabliert wurde, verbunden.

Viele der Untersuchungen sind Dissertationen und befassen sich mehr oder weniger intensiv und umfassend mit einer Ethnie bzw. einem Dorf. Diese Studien sind vor allem deshalb wichtig, da vorher nur sehr wenig über die jeweiligen Gruppen, ihre Kosmologien, Wirtschaftsformen, soziale Organisation usw. bekannt war. Andere Arbeiten waren stärker anwendungsorientiert und identifizierten z.B. Hauptprobleme der Bergstämme, die über Entwicklungsprojekte gelöst werden sollten, wie Legalisierung des Landbesitzes, Regelung der Staatsangehörigkeit, Verbesserung der Gesundheitsversorgung, Bildung usw. Im Unterschied zu den früheren Arbeiten wurden in der zweiten Generation Beziehungen zwischen unterschiedlichen Ethnien nur am Rande erwähnt. Ausnahmen sind u.a. die Arbeiten von Keyes (1979), Turton (2000) und Wijeyewardene (1990), die die soziale Figuration, aus der heraus Ethnizität sich bildet, stärker thematisieren.

Ein besonderes Problem der Anthropologen der zweiten Generation war, dass die Studien in einem politisch brisanten Feld stattfanden, nämlich der Auseinandersetzung zwischen Kapitalismus und Kommunismus, oder »freiem Westen« und »kommunistischem Osten«, die auch in Thailand bewaffnet geführt wurde. Besonders die Hmong spielten dabei eine besondere Rolle. In Laos kooperierten sie mit dem CIA vor allem im Kampf um das Tal der Tonkrüge. Einige Hmong gehörten aber auch zu den Pathet Lao und in Thailand galten sie als Alliierte der Kommunisten. Dann war Nordthailand diejenige für die USA offene Gegend, die am engsten an China angrenzte und deshalb eine besondere Bedeutung im Kalten Krieg hatte. Dienten nun die anthropologischen Arbeiten dazu, die Vorhaben des CIA zu unterstützen? Es wurde der Vorwurf erhoben, dass unter dem Deckmantel der Wissenschaft Dörfer untersucht würden, um später deren Koordinaten der Luftwaffe zur Verfügung zu stellen, um genau diese Dörfer zu bombardieren. Tatsächlich wurden einige Forschungen indirekt auch vom CIA finanziert, doch ist unklar, inwieweit die Themenstellung vom CIA mitbestimmt wurde und ob die Daten tatsächlich für politische Entscheidungen Bedeutung hatten. Von der American Anthropological Association wurde deshalb eine Delegation, zu der u.a. auch Chomsky gehörte, nach Chiang Mai gesandt, um diese Vorwürfe zu untersuchen. Es wurde festgestellt, dass die Vorwürfe unbegründet waren, es aber grundsätzlich in derartigen brisanten Situation immer ein Problem gibt, denn die Ergebnisse der Arbeiten werden veröffentlicht und können so auch von Agenturen genutzt werden, die man an sich nicht unterstützen möchte (Geddes 1983).

In den neueren Arbeiten zur Bergregion, die seit den 80er-Jahren entstanden, wird wieder sehr viel stärker die Integration der ethnischen Gruppe und des Dorfes in umfassendere Kontexte berücksichtigt. Darin werden vor allem die Probleme thematisiert, die sich aus der verstärkten Integration der Bergregion in den nationalen thailändischen, aber auch globalen Kontext ergeben (Tapp 1989). Immer noch gilt in Thailand die unklare Regelung der Landrechte und der Staatsangehörigkeit als Hauptproblem. Das hängt wiederum damit zusammen, dass die Bergregion als Waldreservat definiert wurde. Alle Reservate gehören dem Staat und das Fällen von Bäumen ist dort verboten. Dadurch sind, formal gesehen, alle Bergbewohner »illegale Landbesetzer«, wiederum die landwirtschaftliche Produktion in Form des Wanderfeldbaues limitiert, und somit die Lebensgrundlage der Bergbewohner gefährdet. Da nicht alle die Staatsangehörigkeit besitzen, sind die Möglichkeiten, Interessen zu artikulieren, eng begrenzt bzw. nicht gegeben.

Gegenwärtig werden die Beziehungen zwischen den ethnischen Gruppen wieder sehr viel stärker thematisiert. Die Gründe dafür sind erstens, dass durch die verbesserte Infrastruktur die Gruppen sehr viel enger miteinander verbunden sind und Kontakte miteinander haben. So ist die Bergregion insgesamt enger integriert. Zum Zweiten ist die Region inzwischen sehr viel stärker mit den Städten und vor allem den urbanen Märkten verbunden. Zum Dritten hat die Migration aus den Ebenen in die Berge zugenommen. Da in den Ebenen kein freies Land mehr existiert, weichen die Bewohner auf die Berghänge aus und stehen damit in einem direkten Kontakt und nicht zuletzt in Konkurrenz mit der Bergbevölkerung. Das wiederum führt zu einer Übernutzung der natürlichen Ressourcen, die sich in Entwaldung, Erosion, nachlassender Fruchtbarkeit des Landes, Verschmutzung des Wassers mit Chemikalien usw. ausdrückt. Das führt zu Konflikten, und Konflikte lassen sich nur vor dem Hintergrund der bestehenden Beziehungen untersuchen.

Betrachtet man die aktuelle Situation, so zeigt sich, dass die Beziehungen zwischen den ethnischen Gruppen im Bergland (vor allem in Nordthailand) enger geworden sind:
1.   Neben den von Leach und Condominas beschriebenen engen Verbindungen zwischen Tai-Gruppen und den Khammu bzw. Kachin, die mit gegenseitiger Assimila-

tion verbunden sind, bestehen in Thailand enge Beziehungen zwischen den Karen und Hmong einerseits und den Lisu und Lahu andererseits. Karen sind häufig bei den Hmong verschuldet. Ein Grund dafür war und ist wahrscheinlich auch noch die Opiumabhängigkeit. Sie arbeiteten ihre Schulden auf den Feldern ab bzw. wurden früher direkt in Opium entlohnt. Ähnlich arbeiten Lahu oftmals für die Lisu. In diesem Fall spielt die Opiumabhängigkeit eine untergeordnete Rolle, da die Lahu selbst Opium anbauten. Interessanterweise lernen sowohl Hmong als auch Lisu die Sprache der anderen Gruppe, doch weder können Karen die Hmong- noch Lahu die Lisu-Sprache. Es scheint, dass dieses Sprachverhalten auch der Abgrenzung dienen soll. In den Beziehungen zwischen den Tai-Gruppen und den Bergstämmen findet sich eine derartige Exklusion allerdings nicht. Shan gehen davon aus, dass die anderen ihre Sprache sprechen.

2. Durch den Ausbau der Schulen bis zur Oberstufe, auch in den Bergtälern, haben auch die Bergstämme Zugang zu Bildung. Fast in jedem Dorf gibt es eine Grundschule und in Kombination mit einem Internat wurden mittel- und höhere Schulen aufgebaut. In den Schulen wird in Thai unterrichtet. Die Schüler haben zwar unterschiedliche ethnische Hintergründe, leben aber eng zusammen und kommunizieren miteinander vor allem in Thai. Dadurch werden die Bildungsdifferenzen und Sprachkompetenzen in Thai angeglichen.

3. Vor allem in abgelegeneren Tälern entstehen gemischte Dörfer. Normalerweise leben in einem Dorf nur Mitglieder einer bestimmten Ethnie, allerdings findet man in einer Gegend immer Dörfer unterschiedlicher Ethnien. Gegenwärtig bilden sich aber, teilweise sicherlich durch den Bevölkerungsdruck und Entwicklungsprojekte bedingt, Dörfer, in denen Personen unterschiedlicher Ethnien zusammen wohnen, die auch nicht über Heiraten miteinander verbunden sind. In einem Tal, wo in einem größeren Dorf vor allem Tai-Gruppen (in Nordthailand vor allem Shan und Khun Muang) wohnen, haben sich einige Hmong- und Lisu-Familien niedergelassen. In einem anderen Tal leben Shan und Lahu in denselben Dörfern. Teilweise sind Shan an den Rand des schon bestehenden Lahu-Dorfes gezogen, teilweise haben Lahu ihre Häuser am Rand von Shan-Siedlungen aufgebaut.

4. Der verbesserte Zugang zu den Märkten, und damit auch zu den Touristenmärkten, wird vor allem von den Hmong, Lisu und Akha genutzt. Die Männer verkaufen landwirtschaftliche Produkte wie Kohl, Salate und Lyshees in der Stadt auf den Märkten, die u.a. durch Entwicklungsprojekte eingeführt wurden. Ebenso bieten die Frauen auf den Touristenmärkten handwerkliche »Hilltribe«-Produkte (Textilien, Silberschmuck, Holzfiguren, etc.) an. Entlang der Straßen durch das Bergland verkaufen Lisu- und Lahu-Frauen Dschungelprodukte wie Schwämme, Bambussprossen, Blumen etc. Sicherlich sind einige weiterhin im illegalen Handel mit Drogen, Waffen und Edelsteinen involviert, wodurch sie ihre wirtschaftliche Situation deutlich verbessern und Autos, aber auch Land kaufen konnten. Inzwischen bearbeiten einige Hmong die Reisterassen, die vormals den Karen gehörten, und Lisu kauften Land in größeren Tälern. Damit verwischen sich die wirtschaftlichen Differenzen. Die »Bergstämme« sind nicht mehr grundsätzlich ärmer als die Tai-Gruppen.

5. Von besonderer Bedeutung ist die Entwicklung lokaler Netzwerke, die helfen sollen, Interessen durchzusetzen. Ethnisch basierte Netzwerke, wodurch die Isolation der

Dörfer reduziert werden soll, wurden von den Karen und Hmong aufgebaut. Daneben gibt es aber auch inter-ethnische, lokal basierte Netzwerke.

Durch diese Entwicklungen werden nicht unbedingt ethnische Abgrenzungen aufgehoben, doch entstehen zunehmend inter-ethnische Relationen und damit auch »Gesellschaft« im Bergland (Le Trong Cuc/Rambo 2001). Ein Indikator dafür ist Sprachkompetenz. In Nordthailand und Ostburma ist Shan die *lingua franca* – fast alle sprechen neben ihrer eigenen Sprache mehr oder weniger gut Shan. Es ist vor allem im Grenzgebiet wichtig, die jeweiligen nationalen Sprachen (Thai, Burmesisch, Chinesisch) nutzen zu können. Weiterhin ist Kompetenz in der Sprache der Nachbarn, mit denen man häufiger Kontakte hat, nützlich. Angesichts dessen, dass sich die »lokalen« Sprachen sehr stark unterscheiden, da sie zu ganz unterschiedlichen Sprachfamilien gehören (die sich in etwa so unterscheiden wie Deutsch, Arabisch oder Chinesisch), fühlt man sich selbst recht inkompetent, wenn ein einfacher Bauer problemlos zwischen vier oder fünf Sprachen, z.B. Lisu, Lahu, Shan, Thai, Burmesisch, wechseln kann. Der Lisu-Verkäufer in einem Hilltribe-Geschäft bzw. Internet Cafe in Pai (Nordthailand) sprach neben Lisu noch Lahu, Shan, Burmesisch, Englisch und etwas Mandarin. Es fiel daher nicht weiter ins Gewicht, dass er, der erst vor kurzem aus Burma gekommen war, um seiner Cousine im Geschäft zu helfen, kaum Thai sprach.

Die meisten Hochländer identifizieren sich stark mit ihren kulturellen Besonderheiten, möglicherweise auch als Reaktion auf die Modernisierung. Betrachtet man jedoch die ablaufenden Prozesse und Handlungen des Alltags, so unterscheiden sich diese kaum noch von denen anderer. Viele sind geschickte Geschäftsleute und haben über Satelliten, Fernsehen und Internet Zugang zum Weltgeschehen. Das zeigte sich auch bei den Diskussionen der Bewohner in Pang Ma Pha über die Konsequenzen des 11. September und das Vorgehen von Bin Laden.

Georg Simmel entwickelte das Argument, dass im Zuge der Durchsetzung der Moderne konzentrische Beziehungskreise, also askribierte Beziehungen wie Familienzugehörigkeit, Zugehörigkeit zu einer Dorf- und ethnischen Gemeinschaft durch sich überlagernde Beziehungsgeflechte, d.h. Beziehungen, die auf freiwilliger Assoziation basieren, abgelöst werden. Die zunehmende Integration der Bergregion hat zweifellos zu einer Zunahme derartig sich überlagernder Beziehungsgeflechte geführt, ohne allerdings die auf Ethnizität, Verwandtschaft und Zugehörigkeit zu einem Dorf basierende Beziehung aufzulösen. Charakteristisch ist die Verbindung derartiger Netzwerke mit sozialen Beziehungen und Interaktionen. Ausgehend von Untersuchungen in Nordthailand zeigt sich, dass dort im Zusammenhang mit Konflikten um Ressourcennutzung ethnische, aber auch inter-ethnische Netzwerke entstanden sind, über die eine stärkere lokale Kontrolle über lokale Ressourcen durchgesetzt werden soll.

Aktuelle Konflikte und lokale Organisationen in der Bergregion Nordthailands

Durch die zunehmende Modernisierung, resultierend aus der Integration sowohl der Bergregion insgesamt als auch der Region und ihrer Bewohner in die jeweiligen Staaten, nicht zuletzt auch durch die Globalisierung der Bergregion, wurden die Konflikte zwischen lokalen Warlords reduziert. Die privaten Armeen, also die Kuomintang, die

Shan-Armee usw., haben deutlich an Bedeutung verloren, und somit auch die massiven militärischen Konflikte in der Region, auch wenn diese Konflikte bislang keineswegs gelöst sind. Dies gilt insbesondere für Burma. Konflikte, die mit der Kontrolle lokaler Ressourcen, vor allem Land, Wasser, Wälder usw. zusammenhängen, haben demgegenüber deutlich zugenommen.

Ein Effekt der Modernisierung und Globalisierung der Bergregion ist der zunehmende Tourismus. In Südchina (Yunnan) und Nordthailand ist das Bergland ein Zentrum des nationalen und internationalen Tourismus. Geworben wird mit der Landschaft, d.h. den Bergen, »sauberen« Flüssen und der Exotik der Bergstämme. Entlang dem Mekong stehen auf der thailändischen Seite große Hotels, die Reisen im klimatisierten Bus zum »goldenen Dreieck« anbieten. In Vietnam ist der Tourismus noch auf eher abenteuerlustige Rucksacktouristen beschränkt, da die Infrastruktur (Straßen, Hotels) weitgehend fehlt. Auch in Laos ist keine Infrastruktur vorhanden und in Burma ist die Region immer noch für Besucher geschlossen bzw. sind Besuche wegen der militärischen Auseinandersetzungen durchaus gefährlich.

Obwohl der Tourismus für die lokale Bevölkerung Einkommensmöglichkeiten wie den Handel mit traditionellen Gütern der Bergstämme, oder durch die üblichen Tanzvorführungen usw. schafft, kommt es zur Verdrängung der einheimischen Bevölkerung aus angestammten Gebieten. An attraktiven Hängen und in schönen Tälern entstehen große Ressorts, obwohl es den Bergstämme strikt verboten ist, Wald abzuholzen und neue Häuser zu bauen. In kleinen Tälern, die natürlich schon bewohnt sind, wird das Land aufgekauft und ganze Dörfer werden umgesiedelt, um dort Hotels, Parks oder Golfplätze anzulegen. Derartige Vorhaben konfligieren natürlich mit den Regelungen eines Waldreservats, doch gelingt es offensichtlich einigen Personen, Sonderregelungen zu etablieren.

In der Konkurrenz zwischen Investoren und der lokalen Bevölkerung haben besonders die Bergstämme kaum eine Möglichkeit, ihre Interessen oder auch ihre Sichtweisen zu artikulieren, solange sie keine über das Dorf oder die ethnische Gruppe hinausgehende Organisation gebildet haben. Eine Möglichkeit stärkerer Partizipation ist der Zusammenschluss in Netzwerken, was in den letzten Jahren in Nordthailand stattfand. Ein Beispiel dafür ist das inter-ethnische Pang Ma Pha-Netzwerk.

Der Distrikt Pang Ma Pha ist etwa 80 km von der Provinzhauptstadt Mae Hong Son und 180 km von Chiang Mai entfernt. Er kann nur über eine sehr kurvenreiche, steile, doch seit Mitte der 80er-Jahre geteerte Straße erreicht werden. Pang Ma Pha liegt direkt an der Grenze zu Burma und war bis vor kurzem unter dem Einfluss von Khun Sa. Eines der Hauptquartiere von Khun Sa lag gegenüber Pang Ma Pha auf der burmesischen Seite.

Im Distrikt leben in den Tälern vor allem Shan, Karen, Lahu, Lawa und Lisu. Die allen gemeinsame Sprache, die auch auf dem Markt des Distriktzentrums, der »Stadt« Soppong (etwa 3.000 Einwohner), gesprochen wird, ist Shan. Einige der Dörfer, vor allem die Shan-Dörfer, sind schon mehr als hundert Jahre alt. In den Bergen wohnten immer schon Lawa, Lisu und Lahu, doch wechselte die Lage der Dörfer mit den Wanderungen im Zusammenhang mit dem Brandrodungsanbau. Seit den 70er-Jahren hat die Einwanderung in den Distrikt durch die militärischen Auseinandersetzungen in Burma massiv zugenommen.

Im Rahmen der in den 80er-Jahren begonnenen Entwicklungsprojekte, deren Ziel es vor allem war, die Opiumproduktion zu kontrollieren und zu ersetzen, wurden die bestehenden Dörfer des Distriktes offiziell registriert und viele der Bewohner erhielten die thailändische Staatsbürgerschaft. Damit verbunden war das Verbot des Anbaus von Mohn, des Brandrodungsbaues und des Abholzens der Wälder. Die meisten der Bauern in den Bergen praktizieren eine Subsistenzwirtschaft, mit durch die Projekte eingeführten *cash-crops* wie Bohnen, Sesam, Gemüse und etwas Kaffee. Durch die relativ isolierte Lage, weit entfernt vom eigentlichen Markt Chiang Mai, spielen diese Produkte jedoch eine untergeordnete Rolle. Für viele ist inzwischen die Rinderviehzucht die hauptsächliche Einkommensquelle. Durch den rapiden Anstieg der Preise für Opium 2002 durch die Verknappung auf dem Weltmarkt (Verbot der Opiumproduktion in Afghanistan durch Shah Omar 2001, Invasion in Afghanistan etc.) haben einige wieder auf abgelegenen Feldern, vor allem in Burma, Mohn angebaut.

Als in den 90er-Jahren Mae Hong Son für den Tourismus attraktiv wurde und damit auch die nördliche Straße zwischen Mae Hong Son und Chiang Mai, die durch Pang Ma Pha führt, stärker von Touristen genutzt wurde, begannen einige Bewohner der Dörfer an besonders schönen Aussichtspunkten Stände aufzubauen, um lokale Textilien und Dschungelproduke (Bambussprossen, Pilze, Schwämme usw.) zu verkaufen. Das Sammeln dieser Produkte in den Wäldern führte zu Konflikten, da nicht klar war, welcher Teil des Waldes von welchem Dorf genutzt werden konnte. Um diese Konflikte zu lösen, entstanden erste Netzwerke zwischen drei Dörfern. Dass es gelang, eine Lösung zu finden, sprach sich in anderen Dörfern, die ähnliche Probleme hatten, herum und in recht kurzer Zeit weitete sich das Netzwerk aus. Hinzu kam die massive Unterstützung durch das Thai-German Highland Development Project der GTZ seit 1996. Gegenwärtig gehören 28 Dörfer unterschiedlicher ethnischer Gruppen zu dem Netzwerk. Jeden Monat gibt es ein Treffen in einem der Mitgliedsdörfer. In der Regenzeit, in der viele der Dörfer kaum zu erreichen sind, finden diese Treffen in der Distriktstadt Soppong statt. Innerhalb des Netzwerkes geht es darum, Konflikte unter den Dörfern zu lösen und gemeinsame Entwicklungsstrategien zu verfolgen. Ein besonderer Schwerpunkt ist die Kontrolle des Drogenkonsums in den Dörfern.

Gegenwärtig steht das Netzwerk vor recht großen internen Problemen. Einerseits hat die Ausweitung zu Bürokratisierung und Anonymität geführt. Mit der Unterstützung durch Entwicklungsorganisationen ging Formalisierung einher und das Netzwerk entwickelte sich zu einer eigenen Organisation, die teilweise nur sehr indirekt mit einigen Dörfern verbunden war. Zum Zweiten reflektieren die Ziele des Netzwerks, die im Zusammenhang mit den Zielen der Entwicklungsorganisationen definiert wurden, die lokalen Interessen nicht umfassend. Drittens zeigte sich, dass die ethnischen Gruppen die Möglichkeiten unterschiedlich nutzen können. Die Shan waren wegen ihrer Sprachkompetenz und besseren Bildung gegenüber anderen im Vorteil. Letztlich fehlte die »buchhalterische« Kompetenz, um die Gelder ordentlich abrechnen zu können, so dass begründete und unbegründete Vorwürfe gegenüber den Führern des Netzwerkes bestehen.

Am Beispiel des Pang Ma Pha-Netzwerkes wird deutlich, dass auf der lokalen Ebene durchaus die Kompetenz besteht, lokale Angelegenheiten lokal zu regeln und dabei auch ethnische Grenzen aufzuheben. Es zeigt sich aber auch, dass derartige Netzwerke vor massiven Problemen stehen. Die Förderung von außen, etwa durch staatliche und internationale Entwicklungsorganisationen oder NGOs, hat ambivalente Effekte. Einerseits wird die Entwicklung zur Organisation forciert, durch die ein besserer Zugang zu Ressourcen geschaffen werden kann. Parallel dazu vermindert sich aber die Integration in den lokalen

Kontext und die Repräsentanz lokaler Interessen. Die externen Einflüsse und damit auch Interessen externalisieren die Organisation aus dem lokalen Zusammenhang.

Ein anderes Beispiel sind ethnisch basierte Netzwerke der Karen und Hmong, die vor allem im Zusammenhang mit einem Wasserkonflikt zwischen den Berg- und Talbewohnern entstanden sind. In den 90er-Jahren kam es zu einem massiven Konflikt zwischen Hmong und Karen, die in den Bergen des Doi Inthanon Parks leben, auf der einen Seite und Bauern im südlichen Ausläufer des Chiang Mai-Tales (Chom Thong Distrikt) auf der anderen. Der Hintergrund des Konfliktes war der Streit um Wassernutzung. Der Wasserstand der aus den Bergen kommenden Flüsse reichte nicht aus, die Bedürfnisse im Tal zu befriedigen. Die Bewohner des Tales argumentieren, dass die durch Opiumersatz-Entwicklungsprojekte (die Gegend war bis in die frühen 80- Jahre ein Zentrum des Mohnanbaues) eingeführte intensive landwirtschaftliche Nutzung (Anbau von Blumen und Gemüse) einen sehr stark erhöhten Wasserverbrauch nach sich zieht und dass durch die starke Nutzung chemischer Düngemittel, vor allem von Pestiziden und Insektiziden, das Wasser vergiftet würde.

Umgekehrt wurde darauf hingewiesen, dass im Tal statt Reis inzwischen vor allem Früchte in großen Plantagen angebaut werden. Die Bäume senken den Grundwasserspiegel ab und verbrauchen sehr viel mehr Wasser, vor allem auch außerhalb der Regenzeit, als Reisfelder. Weiterhin führte die Zunahme der Bevölkerung, der Bau von Hotels, Krankenhäusern und Industrien zu einem stark erhöhten Wasserverbrauch. Die Wasserknappheit resultiert also nicht, oder nicht nur, aus dem Verbrauch in den Dörfern der Bergbewohner.

Dieser Konflikt weitete sich, nicht zuletzt durch das Engagement von Gruppen, außerhalb der Gegend zu einem Talbewohner-Bergbewohner-Konflikt aus. Es wurde brisant, als 1998 im Rahmen von »El Nino« die Regenfälle sehr gering ausfielen und die Flüsse kaum mehr Wasser führten. Im Tal verdorrten daraufhin viele der Fruchtbäume. Dafür wurden die Bergbewohner verantwortlich gemacht und Tausende von Talbewohnern blockierten für einige Tage die Hauptstraße zu den Hmong- und Karen-Dörfern, so dass die landwirtschaftlichen Produkte nicht mehr verkauft werden konnten. Zusätzlich wurde ein Marktplatz der Hmong niedergebrannt und aus einem Hmong-Dorf eine Buddhastatue gestohlen. Die Begründung dafür war, dass sie gar keine wirklichen Buddhisten seien.

Durch das zunehmende Engagement anderer Gruppen und der Provinzverwaltung, die vor allem den Hmong vorwarfen, die Umwelt zu zerstören und als Nicht-Thai sowieso kein Interesse daran zu haben, das Land zu erhalten, verschärfte sich der Konflikt. Als zusätzliches Argument wurde darauf hingewiesen, dass der Doi Inthanon ein Nationalpark sei und sie deshalb kein Recht hätten, dort zu wohnen. Dieses Argument stimmt insofern, da die Nutzung eines Nationalparks tatsächlich verboten ist, muss jedoch relativiert werden, da die Bewohner nicht gefragt wurden, als der Berg zum Naturschutzgebiet erklärt wurde.

Eine Reaktion der Hmong und Karen war die Bildung von Netzwerken. Die Hmong in Doi Inthanon verbanden sich mit anderen Hmong. Auch die Karen, die allerdings deutlich weniger kritisiert wurden, da ihre Wirtschaftsweise im Unterschied zu der Hmong als »umweltverträglich« gilt, verbanden sich zu einem Netzwerk. Mit dem Netzwerk wollten die Hmong ihr negatives Image als Opiumbauern und Drogenhändler, Ausbeuter natürlicher Ressourcen und Umweltzerstörer aufbessern. Eine nationale Dimension des Konfliktes war auch, dass einige Gruppen die Einführung eines Community-

Forestry-Gesetzes zu verhindern suchten. Gemäß diesem Gesetz sollten den Dörfern Gemeinschaftswälder zugewiesen werden, die diese für sich schützen und nutzen dürfen. Das gefiel nicht zuletzt den Investoren in Touristenzentren und Golfplätzen nicht. Bis jetzt ist das Gesetz noch nicht verabschiedet worden.

Es kam zu einem Eklat, als die Bergbauern (Hmong und Karen) nach Chiang Mai zogen, um dort gegenüber dem Gouverneur ihre Interessen zu vertreten. Als sie nicht vorgelassen wurden und von einem Platz vor der Provinzverwaltung vertrieben wurden, luden Professoren der Chiang Mai-Universität sie auf den Campus ein, um dort über ihre Situation zu informieren und die Verhandlungen zu führen. Von Gegendemonstranten wurden diese Professoren dann als Verräter diffamiert. Strohpuppen mit den Namen der »Verräter« wurden verbrannt und Morddrohungen verbreitet. Es endete damit, dass formal den Hmong und Karen zugestanden wurde, erstmals in Doi Inthanon wohnen zu bleiben dürfen.

Der Konflikt ist noch keineswegs gelöst, allerdings hat die Militanz und direkte Konfrontation abgenommen. Ein Grund dafür ist, dass die Hmong und Karen in Doi Inthanon indirekt königliche Protektion erhalten. Bei den Entwicklungsprojekten, durch die Blumen und Gemüse als Ersatz für Mohn eingeführt worden waren, handelt es sich um so genannte »Royal Projects«, d.h. die Projekte standen in einem Zusammenhang mit dem thailändischen König.

Schluss

Die politischen und wirtschaftlichen Veränderungen in den Ländern, zu denen das Bergland Südostasiens gehört, haben auch zu einer Modernisierung der Region geführt bzw., wie in Burma, zu einer Perpetuierung der Probleme. Die Infrastruktur wurde stark verbessert und damit die Integration in die jeweiligen nationalen, wirtschaftlichen und politischen Kontexte erhöht. Daraus ergibt sich allerdings auch ein vielfacher Druck auf die ethnischen Gruppen. Die Konkurrenz um die Ressourcen des Berglandes nimmt mit der Vereinfachung des Zuganges zu, was Konflikte nach sich zieht. Die Integration in die sozialen und kulturellen nationalen Kontexte verlangt die Ausbildung neuer Institutionen und Verhaltensweisen, die durchaus eine Entfremdung gegenüber den traditionellen Kulturen nach sich ziehen können (Hirsch 1996). Eine Reaktion darauf ist die Bildung von ethnischen und/oder lokalen inter-ethnischen Netzwerken, die allerdings auch, wie die Beispiele zeigen, vor vielen Problemen stehen.

Mit der Modernisierung geht die Exotik zurück. Die bunte Kleidung findet man eher in den Läden und Märkten für Touristen als im Alltag der Dörfer. Man mag diese Entwicklung als Verlust betrachten, doch liegt in dem Erwerb der notwendigen kulturellen Fähigkeiten (Sprachkompetenz, Bildung usw.) die Grundlage dafür, dass die Bergbewohner in den Staaten politisch anerkannt werden.

Hinweis: Der Artikel basiert auf Diskussionen im Rahmen der Arbeitsgruppe »Social Networks and Development« des Projektes F3 »Ländliche Institutionen und Politikmaßnahmen in der Bergregion Nordthailands« des von der DFG finanzierten SFB 1803 »Uplands Programme« der Universität Hohenheim.

* Dieser Teil wurde von Ruth Sharifa Djedje angefertigt.

Literatur

Condominas, George (1976): L'Espace social à propos de l'Asie du Sud-est, Paris: Flammarion.

Friederichsen, Ruppert/Neef, Andreas (2002): Revisiting the Battlefields of Knowledge. On Methods and Local Knowledges in Montane Northern Vietnam, http://www.filderfunkost.org/lk_bayreuth/

Geddes, Robert W. (1983): Research and the Tribal Research Centre. In: Highlanders of Thailand, Hg. John McKinnon/Wanat Bhrakasri. Syndney/Singapore: Oxford University Press

Hirsch, Paul, Hg. (1996): Seeing Forests for Trees. Environment and Environmentalism in Thailand. Chiang Mai: Silkworm Books

Keyes, Charles, Hg. (1979): Ethnic Adaptation and Identity. The Karen on the Thai Frontier with Burma. Philadelphia: ISHI

Le Trong Cuc/Rambo, Terry, A. (2001): Bright Peaks, Dark Valleys. A Comparative Analysis of Environmental and Social Conditions. Washington: National Publishing House

Leach, Edmund (1964): Political Systems of Highland Burma. Boston: Beacon

Lewis, Paul/Lewis, Elaine (1984): Völker im Goldenen Dreieck. Sechs Bergstämme in Thailand. Stuttgart/London: Hansjörg Mayer

Lintner, Bertil (1994): Burma in Revolt. Opium and Insurgency since 1948. Boulder/Bangkok: Westview White Lotus

Matisoff, James, A. (1983): Linguistic Diversity and Close Contact. In: Highlanders of Thailand, Hg. John McKinnon/Wanat Bhruksasri. Sydney/Singapore: Oxford University Press

McCoy, Alfred (1991): The Politics of Heroin: CIA Complicity in the Global Drug Trade. Chicago: Lawrence Hill

McKinnon, John/Bhruksasri Wanat, Hg. (1983): Highlanders of Thailand. Sydney/Singapore: Oxford University Press

Renand, Ronald, D. (2000): The Differential Integration of Hill People into the Thai State. In: Civility and Savagery, Hg. Andrew Turton. Richmond: Curzon: 63-83

Tapp, Nicholas (1989): Sovereignty and Rebellion: The White Hmong of Northern Thailand. Singapore: Oxford University Press

Turton, Andrew, Hg. (2000): Civility and Savagery. Social Identity in Thai Studies. Richmond: Curzon

Van, Dang Nghiem (2001): Ethnological and Religious Problems in Vietnam. Hanoi: Social Science Publishing House

Van, Dang Nghiem/Son, Chu Thai/Hung, Luu (2000): Ethnic Minorities in Vietnam. Hanoi: The Gioi Publishers

Vatikiotis, Michael (2001): Debatable Land. Stories from Southeast Asia. Singapoe: Talisman

Walker, Andrew, Hg. (1992): The Highland Heritage. Collected Essays on Upland North Thailand. Singapore: Suvarnbhumi Books

Walker, Andrew (1992): Northern Thailand as Geo-Ethnic Mosaic. In: The Highland Heritage. Collected Essays on Upland North Thailand, Hg. Andrew Walker. Singapore: Suvarnabhumi Books: 1-94

Wijeyewardene, Gehan, Hg. (1990): Ethnic Groups across National Boundaries in Southeast Asia. Singapore: ISEAS

Karl Husa/Helmut Wohlschlägl

Südostasiens »demographischer Übergang«: Bevölkerungsdynamik, Bevölkerungsverteilung und demographische Prozesse im 20. Jahrhundert

Südostasien erlebte in den letzten Jahrzehnten nicht nur tiefgreifende wirtschaftliche und soziale Veränderungen, sondern auch einen dynamischen demographischen Wandel, der sich – trotz teilweise beträchtlicher Unterschiede zwischen den einzelnen Staaten dieser Region – insgesamt doch in einem Ausmaß und Tempo vollzog, wie es nur in wenigen Großregionen der Welt beobachtet werden kann.

Noch bis zur Mitte des 20. Jahrhunderts wurde die Bevölkerungsentwicklung in Südostasien von vielen Bevölkerungswissenschaftlern als »demographische Anomalie« eingestuft. So kommentierte zum Beispiel W. Zelinsky 1950 die demographische Situation Südostasiens im Vergleich zu jener Indiens und Chinas folgendermaßen: »... it is more than a little startling that side by side with these fearfully overcrowded regions [gemeint sind Indien und China] there should be found others, apparently comparable in natural resources, where the actual density is conspicuously low, so much so that underpopulation is often a serious issue.« (Zelinsky 1950:115).

Wenig später – nach dem Ende des Zweiten Weltkriegs und dem Rückzug der Kolonialmächte – waren es dann das rasche Bevölkerungswachstum und die hohen Geburtenraten, die sowohl von den südostasiatischen Regierungen als auch von internationalen Organisationen als Hauptprobleme der Bevölkerungsentwicklung erachtet wurden und im Zentrum des wissenschaftlichen Interesses und bevölkerungspolitischer Maßnahmen standen.

Die 90er-Jahre brachten wiederum eine gänzlich andere Einschätzung der demographischen Situation in Südostasien mit sich: Durch den ausgeprägten Rückgang der Geburtenhäufigkeit in den meisten Staaten der Region, die nicht minder beeindruckende Reduktion der Mortalitätsraten (vor allem der Säuglingssterblichkeit) und – damit verbunden – durch den markanten Anstieg der Lebenserwartung in den letzten beiden Jahrzehnten rückten die demographischen Veränderungen in Südostasien neuerlich in den Blickpunkt der Öffentlichkeit, diesmal allerdings mit einer neuen Schwerpunktsetzung: Vor allem die sich rapide verändernde Altersstruktur und deren mögliche langfristige Auswirkungen auf Gesellschaft und Wirtschaft sind heute bereits in einigen Staaten der Region – nicht überall vollzog sich die »demographische Revolution« der letzten Jahrzehnte mit derselben Geschwindigkeit – zum Anlass einer »demographischen Krisenrhetorik« geworden, der sowohl auf politischer Ebene als auch in den Massenmedien zunehmend Beachtung geschenkt wird. So lautete zum Beispiel der Titel des Leitartikels der englischsprachigen thailändischen Tageszeitung »The Nation« anlässlich des Weltbevölkerungstages am 11. Juli 2001 »Grey boom on its way«. Eine Reihe südost- und ostasiatischer Gesellschaften bzw. Regierungen stünden durch die absehbaren dramatischen Veränderungen in der Altersstruktur ihrer Bevölkerungen in den nächsten Jahrzehnten unter enormem Zugzwang, rechtzeitig geeignete Maßnahmen zu treffen, um Problemen auf dem Arbeitsmarkt, vor allem aber im Gesundheitswesen und in der Altenbetreuung effektiv begegnen zu können, lautete die Kernbotschaft des Artikels.

Im Folgenden sollen nun die Ursachen, das Ausmaß und der Verlauf der großen demographischen Veränderungen in Südostasien im 20. Jahrhundert skizziert, aber auch die nach wie vor zwischen den Staaten der Region bestehenden erheblichen Unterschiede im Fortschreiten des demographischen Transformationsprozesses näher analysiert werden.

»Unterbevölkerung« – »Bevölkerungsexplosion« – gebremstes Bevölkerungswachstum: Tendenzen der Bevölkerungsentwicklung und Bevölkerungsverteilung im 20. Jahrhundert

Zur Jahresmitte 2000 betrug die Gesamtbevölkerung der heute insgesamt elf Staaten Südostasiens (Osttimor wurde im Mai 2002 aus der seit 1999 bestehenden Übergangsverwaltung der Vereinten Nationen entlassen und ist ein selbstständiger Staat) rund 522 Millionen Einwohner. Die Einwohnerzahl der einzelnen Staaten ist jedoch höchst unterschiedlich (vgl. Tab. 1): Allein auf Indonesien, nach der Bevölkerungszahl der viertgrößte Staat der Welt, entfallen rund 41 Prozent der Gesamtbevölkerung der Region, während vier Staaten (Brunei, Osttimor, Singapur und Laos) jeweils weniger als sechs Millionen Einwohner aufweisen.

Verglichen mit dem im Westen benachbarten, rund 1,3 Milliarden Einwohner zählenden indischen Subkontinent und dem östlichen Nachbarn China (1,264 Milliar-

Tabelle 1: Bevölkerungsentwicklung in Südostasien von 1950 bis 2000 und Prognose für 2050

	Kambodscha	Laos	Myanmar	Vietnam	Malaysia	Thailand	Brunei	Indonesien	Philippinen	Singapur	SO-Asien gesamt
Bevölkerungszahl											
1950	4,3	1,8	17,8	27,4	6,1	19,6	0,05	79,6	20,0	1,0	178,1
2000	13,1	5,4	47,8	78,7	22,7	62,4	0,30	212,1	77,2	4,1	522,1
2050	29,9	11,4	68,6	123,8	37,9	82,5	0,60	311,3	128,4	4,6	800,3
Index 1950=100											
1950	100	100	100	100	100	100	100	100	100	100	100
2000	305	300	269	287	372	318	600	266	386	410	293
2050	695	633	385	452	621	421	1200	391	642	460	449

Quelle: World Population Prospects 2000, United Nations 2001.

den) erscheint das »demographische Gewicht« Südostasiens zunächst eher gering, trotzdem zählt es global gesehen heute zu den überdurchschnittlich dicht besiedelten Regionen der Welt: so entfielen auf Südostasien im Jahr 2000 rund 8,5 Prozent der Weltbevölkerungszahl von 6,137 Milliarden Menschen, aber bei einer Fläche dieser Weltregion von knapp 4,5 Millionen km² nur 3,4 Prozent der gesamten Festlandsfläche der Welt. Zum Vergleich: Die Großregion »Lateinamerika und Karibische Inseln« weist zwar mit 518 Millionen im Jahr 2000 eine vergleichbare Einwohnerzahl auf, auf diese entfallen aber knapp mehr als 15 Prozent der gesamten Festlandsfläche der Erde.

Von der »vorkolonialen Unterbevölkerung« zum ersten (kolonialen)
Wachstumsboom: die Bevölkerungsentwicklung bis zur Mitte des 20. Jahrhunderts
Stärkere Bevölkerungszunahmen, dynamische Neulanderschließung und die Ausdehnung der besiedelten Gebiete sind in Südostasien eher junge Phänomene. Noch um 1800 dürfte die gesamte Region nicht mehr als rund 33 Millionen Einwohner gehabt haben (Reid 1988), weshalb das vorkoloniale Südostasien von manchen Historikern und historischen Demographen als »krass unterbevölkert« eingestuft wurde (vgl. z. B. Grabovsky 1999; Reid 1988; Zelinsky 1950).

Was die Ursachen der bis ins 19. Jahrhundert geringen Bevölkerungszahl betrifft, existieren zwei gleichermaßen populäre, aber inhaltlich konträre Denkrichtungen. Eine – vorwiegend von Historikern vertretene – Ansicht geht davon aus, dass »…in precolonial times the region was underpopulated out of any proportion to its food-producing potential, an ›open frontier‹« (Henley 2002:168). Ähnliche Argumentationsmuster finden sich übrigens auch schon in den klassischen Werken der damals gerade im Entstehen begriffenen europäischen Südostasienwissenschaften des frühen 19. Jahrhunderts. Crawfurd beschrieb zum Beispiel in seiner »History of the Indian Archipelago« das landwirtschaftliche Potenzial des insularen Südostasien folgendermaßen: »The agriculture of the Indian islands is unquestionably more rich and various than that of any portion of the globe …« (Crawfurd 1820:341), und in einem ähnlichen Sinn hielt T. S. Raffles die Insel Borneo für »…one of the most fertile countries in the world« (Raffles 1991:479). Nach diesen Auffassungen ist die spärliche Besiedlung weiter Teile Südostasiens nicht so sehr auf ökologische Defizite bzw. mangelnde agrarische Tragfähigkeit zurückzuführen, sondern primär auf ungünstige ökonomische Bedingungen, auf wenig effiziente Landnutzungsformen und auf die an militärischen Konflikten reiche soziopolitische Geschichte der Region.

Eine diametral entgegengesetzte Argumentationslinie verfolgen die Vertreter des so genannten »Green Desert-Paradigmas« (Henley 2002): Dieser vorwiegend unter Geographen populäre Ansatz (vgl. z.B. Zelinsky 1950; Uhlig 1988; Kummer 2000 sowie Spreitzhofer in diesem Band) sieht Südostasien als Region, die zwar seit jeher von ihrer strategisch günstigen Position entlang global wichtiger Handelsrouten und ihrem Reichtum an – schon in früheren Jahrhunderten stark nachgefragten – natürlichen Ressourcen bzw. agrarischen Exportgütern (Gewürze, Tropenhölzer, Palmöl, Gummi etc.) profitiert hat, die aber bis vor nicht allzu langer Zeit ein zu geringes landwirtschaftlich nutzbares Naturraumpotenzial aufwies (in vielen Regionen nur wenig produktive und erosionsanfällige Böden, ungünstige Niederschlagsverteilung, ungünstige geologische Verhältnisse und dementsprechend hoher Anteil an siedlungsfeindlichen Gebieten mit hoher

Reliefenergie etc.), um ohne moderne bewässerungs- und landbautechnische Maßnahmen größere Bevölkerungszahlen ernähren zu können.

Jüngere Erklärungsansätze sehen in einer Kombination der beiden kurz skizzierten Perspektiven die Begründung für das mäßige Bevölkerungswachstum und die geringen Siedlungsdichten in weiten Teilen des vorkolonialen Südostasien, nämlich sowohl in großteils ungünstigen naturräumlichen Bedingungen für eine intensivere landwirtschaftliche Nutzung mit traditionellen Anbaumethoden als auch in politischen, sozialen und ökonomischen Bedingungen, die für eine Ausweitung von Handel und Exportwirtschaft hinderlich waren (van Landingham/Hirschman 2001; Henley 2002).

Erst im Zuge des 19. Jahrhunderts gewann die Bevölkerungsentwicklung in Südostasien dann an Dynamik und die Einwohnerzahl stieg bis 1900 auf etwa 80 Millionen an. Nach wie vor waren aber große Teile sowohl des festländischen als auch des insularen Südostasien nur sehr dünn bevölkert (Grabovsky 1999:54). Manche der heutigen Hauptsiedlungs- und Anbaugebiete wurden erst unter dem Einfluss der britischen, französischen oder niederländischen Kolonialmächte im späten 19. oder frühen 20. Jahrhundert mit modernen Mitteln melioriert und besiedelt.

Mit den neuen Wirtschaftsformen der Kolonialzeit wuchs auch der Bedarf an Arbeitskräften, der aus der heimischen Bevölkerung nur begrenzt gedeckt werden konnte, und die daraus resultierende Zuwanderungswelle von Arbeitsmigranten aus Indien oder China trug ebenfalls zur Beschleunigung des Bevölkerungswachstums bei. Dadurch veränderte sich auch die Bevölkerungsverteilung und aus ehemals kaum besiedelten Gebieten wurden neue Siedlungsräume mit erheblichen Bevölkerungsdichten, wie etwa das so genannte »Cultuurgebied« im Tiefland von Nordost-Sumatra oder der »Kautschuk- und Zinngürtel« im Westen der malayischen Halbinsel (Uhlig 1988:93ff). Auch in den schon früher dichter besiedelten intensiven Reisbaugebieten mit Erweiterungspotenzial (»pockets of intensive rice cultivation with an open frontier available for exploitation« nach van Landingham/Hirschman 2001:234) stieg das Bevölkerungswachstum durch die Ausweitung der landwirtschaftlichen Nutzfläche sprunghaft an, wie zum Beispiel in den Flussebenen und Deltagebieten des Irrawady im heutigen Myanmar, des Chao Phraya in Thailand, des Roten Flusses im Norden Vietnams und in den intensiv genutzten Reisanbaugebieten auf Java (Indonesien), Cebu und Luzon (Philippinen).

Neben der Neulanderschließung und der Intensivierung der agrarischen Nutzung führte schließlich auch die generelle Verbesserung der Infrastruktur in weiten Teilen Südostasiens ab Ende des 19. Jahrhunderts dazu, dass immer breitere Bevölkerungsgruppen von den Fortschritten der Hygiene und von medizinischen Verbesserungen profitieren konnten. Als Konsequenz dieser Entwicklungen begannen die Sterberaten zu sinken und die Geburtenraten und die Lebenserwartung stiegen an, sodass die Bevölkerungszahl Südostasiens bis zur Mitte der 30er-Jahre des 20. Jahrhunderts bereits auf rund 140 Millionen Menschen angewachsen war (vgl. Böhn 1986).

Detaillierte Analysen der Bevölkerungsveränderung in Südostasien und ihrer Komponenten vor 1950 sind jedoch aufgrund der spärlichen und unzuverlässigen Datenlage – vor allem, was Angaben zur natürlichen Bevölkerungsentwicklung (also die Registrierung von Geburten und Sterbefällen) betrifft – schwierig: So weist etwa Zelinsky (1950: 124) zu Recht darauf hin, dass es sich beim demographischen Wachstumsschub des späten 19. und frühen 20. Jahrhunderts möglicherweise auch um ein statistisches Artefakt

handeln könnte, das zu einem erheblichen Teil durch eine Verbesserung der Erhebungs-
methoden zustande gekommen ist (vgl. dazu auch Grabovsky 1999:55).

Von der »Bevölkerungsexplosion« zum gebremsten Wachstum:
regionale Unterschiede in der Bevölkerungsdynamik nach dem Zweiten Weltkrieg
Um 1950 hatte Südostasien bereits rund 178 Millionen Einwohner, und bis zum Jahr 2000
verdreifachte sich die Einwohnerzahl dann nahezu auf knapp mehr als 522 Millionen.
Damit hatte die Region im letzten halben Jahrhundert eine deutlich stärkere Bevölkerungszunahme aufzuweisen als die Weltbevölkerung insgesamt. Im Zeitablauf gesehen
verlief das Bevölkerungswachstum seit 1950 aber keineswegs einheitlich: Von 1950 bis
ca. um 1970 stieg die durchschnittliche jährliche Zuwachsrate der Bevölkerung Südostasiens von knapp zwei Prozent auf 2,5 Prozent an, sank aber seit den 70-Jahren
kontinuierlich ab und liegt heute mit 1,6 Prozent jährlichem Wachstum für die Periode
von 1995 bis 2000 – was etwa dem durchschnittlichen jährlichen Wachstum der gesamten Entwicklungsländer entspricht – bereits deutlich unter den Werten für Westasien (2,3
Prozent) oder auch für Südasien (1,8 Prozent in der gleichen Zeitperiode).

Regional gesehen ergeben sich zwei Staatengruppen mit unterschiedlicher Wachstumsdynamik (vgl. Abb. 1), nämlich die Gruppe der marktwirtschaftlich orientierten
Länder mit – sieht man vom Sonderfall Singapur ab – seit Beginn der 70er-Jahre
kontinuierlich rückläufigen Zuwachsraten und eine zweite Gruppe, die die ehemaligen
Indochina-Staaten Laos, Kambodscha und Vietnam sowie Myanmar umfasst, in denen
die Dynamik des Bevölkerungswachstums im Vergleich zu den 50er-Jahren nur unwesentlich zurückgegangen ist oder sogar zugenommen hat.

In der erstgenannten Staatengruppe weisen heute Indonesien mit 1,4 Prozent und
Thailand mit 1,3 Prozent bereits ein sehr gemäßigtes Bevölkerungswachstum auf, wobei
der Rückgang der Wachstumsrate in Thailand besonders spektakulär verlief: Seit den
50er-Jahren hat sich die durchschnittliche jährliche Zuwachsrate der Bevölkerung mehr
als halbiert! Deutlich höher als in den beiden genannten Staaten – aber ebenfalls
spätestens seit Beginn der 70er-Jahre rückläufig – ist das Bevölkerungswachstum in
Malaysia und auf den Philippinen. Malaysia stellt einen Sonderfall dar, da die immer noch
relativ hohe jährliche Wachstumsrate der Bevölkerung dem üblicherweise postulierten
hypothetischen Zusammenhang zwischen (geringem) Bevölkerungswachstum und (hohem) sozioökonomischen Entwicklungsstand widerspricht, weshalb das Land auch
schon als »Population Growth Anomaly« bezeichnet wurde (Airriess 1999). Die Gründe
für diese Sonderstellung Malaysias sind bevölkerungspolitischer Natur und werden an
späterer Stelle noch diskutiert.

Eine weitere interessante Ausnahme stellt die Bevölkerungsentwicklung Singapurs
dar. In der bis Ende der 70er-Jahre stark rückläufigen Zuwachsrate manifestiert sich
zunächst die Tatsache, dass Singapur das erste südostasiatische Land war, das den so
genannten »demographischen Übergang« weitgehend abschließen konnte. Der hohe
Bevölkerungszuwachs des Stadtstaates in den letzten beiden Dekaden ist vor allem auf
den sprunghaften Anstieg der so genannten »Non-Resident-Population« zurückzuführen, die seit dem Zensus 1980 gesondert ausgeschieden wird: So lebten 1980 rund
132.000 »Non-Residents« im Stadtstaat, 1990 waren es bereits 311.000 und in der letzten
Dekade hat sich diese Bevölkerungsgruppe zahlenmäßig nochmals mehr als verdoppelt

Abbildung 1: Durchschnittliche jährliche Rate der Bevölkerungsveränderung in Südostasien 1950/55 bis 1995/2000 (in Prozent)

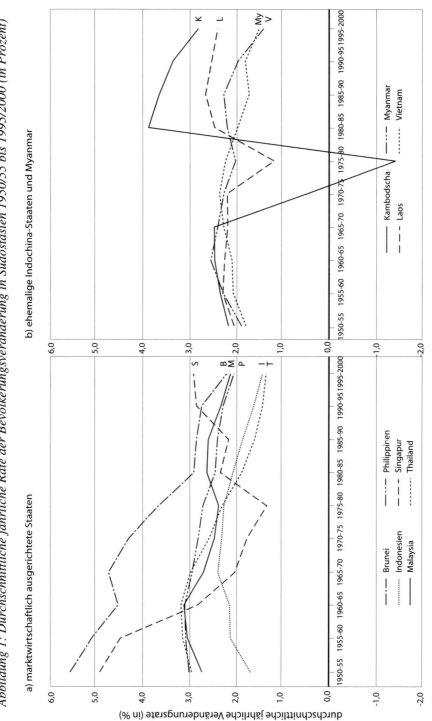

a) marktwirtschaftlich ausgerichtete Staaten

b) ehemalige Indochina-Staaten und Myanmar

Quelle: World Population Prospects, 2000 Revision, United Nations 2001.

und umfasste bei der Volkszählung 2000 bereits rund 755.000 Personen, was einer durchschnittlichen jährlichen Zuwachsrate der »Non-Resident-Population« von rund neun Prozent entspricht! Zurückzuführen ist diese spektakuläre Entwicklung vor allem auf die steigende Nachfrage nach Arbeitskräften im Zuge der dynamischen Wirtschafts-entwicklung der Stadt und der damit verbundenen Bestrebungen der singapurianischen Regierung, in möglichst großem Ausmaß hoch qualifizierte Arbeitskräfte (so genannte *foreign talents*) zu rekrutieren, um auf diese Weise die wirtschaftliche Konkurrenzfähig-keit des Stadtstaates im globalen Wettbewerb halten bzw. ausbauen zu können (vgl. dazu Husa/Wohlschlägl 2000b:288ff). Ähnlich wie in Malaysia spielten aber auch in Singapur bevölkerungspolitische Maßnahmen, auf die später noch näher eingegangen wird, eine wichtige Rolle in der Trendwende des Bevölkerungswachstums der letzten zwei Jahr-zehnte.

Weit weniger einheitlich verlief die Bevölkerungsentwicklung in den drei ehemali-gen Indochina-Staaten und in Myanmar. Während die jährlichen Wachstumsraten in den 50er- und 60er-Jahren in den vier genannten Staaten durchwegs über zwei Prozent betrugen und nahe beieinander lagen, führten die kriegerischen Konflikte der 70er-Jahre in Vietnam und Laos zu einem deutlichen Knick in der Wachstumskurve bzw. im Falle von Kambodscha sogar zu einer »demographischen Katastrophe«, deren genaues Aus-maß bis heute umstritten ist. Schon der Bürgerkrieg in Kambodscha in der ersten Hälfte der 70er-Jahre dürfte rund 300.000 Menschen das Leben gekostet haben und die Schätzungen der Opferzahlen während des Regimes der Roten Khmer zwischen 1975 und 1979 reichen von mindestens 800.000 bis zu 1,7 Millionen Personen.

Nach Beendigung der Konflikte gewann das Bevölkerungswachstum in den 80er-Jahren in Vietnam, Laos und vor allem in Kambodscha wieder an Dynamik. Dementspre-chend wiesen Kambodscha und Laos in den 90er-Jahren die höchsten jährlichen Zu-wachsraten aller südostasiatischen Staaten auf, während sich Vietnam (1,4 Prozent) und auch Myanmar (1,5 Prozent) in der zweiten Hälfte der 90er-Jahre bereits in der Gruppe der Staaten mit nur mehr gemäßigtem Bevölkerungszuwachs befanden. In Vietnam ist die Abschwächung des Bevölkerungszuwachses primär auf bevölkerungspolitische Bestrebungen des Regimes zur Reduktion des Fertilitätsniveaus zurückzuführen, in Myanmar sind jedoch das nach wie vor deutlich höhere Mortalitätsniveau, aber auch Fluchtbewegungen aufständischer nationaler Minderheiten, wie etwa der Shan oder Karen nach Thailand oder der moslemischen Rohingya nach Bangladesh für das vergleichsweise gedämpfte Bevölkerungswachstum verantwortlich (Grabovsky 1999).

Ähnlich ausgeprägt wie die Unterschiede in der Bevölkerungszahl und Bevölkerungs-dynamik sind auch die Ungleichheiten in der Bevölkerungsverteilung innerhalb der Region. Die in Abbildung 2 dargestellten Bevölkerungsdichten auf Provinzbasis gegen Ende des 20. Jahrhunderts lassen die enormen Disparitäten in der Bevölkerungsvertei-lung innerhalb Südostasiens deutlich erkennen.

Im Großen und Ganzen zeichnet das räumliche Muster der Bevölkerungsdichte die Unterschiede im Naturraumpotenzial der einzelnen Regionen nach (vgl. dazu auch Spreitzhofer in diesem Band), es ist aber auch Spiegelbild der jeweils praktizierten Landnutzungsformen, wobei vor allem die großen Kontraste in den ländlichen Gebieten hervorstechen. So finden sich innerhalb Südostasiens ländliche Räume, die zu den dichtest besiedelten Agrargebieten der Welt zählen. Vor allem auf Java, aber auch in

Abbildung 2: Bevölkerungsdichte in Südostasien auf Provinzbasis Ende der 1990er-Jahre (Einwohner pro km²)

Teilen Balis sind in den intensiv genutzten Reisbaugebieten Spitzenwerte von 800 Einwohnern pro km^2 und mehr keine Seltenheit – das sind Bevölkerungsdichten, die in vielen anderen Staaten der Welt nach dem Dichtekriterium bereits die Zuordnung solcher Gebiete zum urbanen Raum mit sich bringen würden (Hugo 2000). Ebenfalls hohe Bevölkerungsdichten finden sich auch in den größeren Flussebenen und Deltabereichen des Chao Phraya in Thailand, des Mekong und des Roten Flusses in Vietnam und des Irrawady in Myanmar, wo fruchtbare Sedimente bzw. vulkanische Böden gepaart mit günstigen klimatischen Bedingungen äußerst produktive Nassreis-Anbauregime mit zwei bis drei Ernten pro Jahr ermöglichen.

Zu den weiteren Gebieten mit noch überdurchschnittlichen, aber bereits mäßig hohen Bevölkerungsdichten und überwiegend günstiger naturräumlicher Ausstattung zählen schließlich noch das Khorat-Plateau in Nordost-Thailand, der »Dry Belt« am Mittellauf des Irrawady im Bereich Mandalay in Myanmar sowie eine Reihe kleinerer »ökologischer Nischen« in Küstenebenen, intramontanen Beckenlagen oder entlang von größeren Flussläufen sowohl auf dem Festland als auch im insularen Südostasien (vor allem auf den Philippinen).

Dem gegenüber stehen ausgedehnte, äußerst spärlich besiedelte Gebiete mit Bevölkerungsdichten von durchwegs weniger als 50 Einwohner pro km^2. Dazu zählen zum Beispiel das überwiegend gebirgige Laos, große Teile der Berg- und Hügelländer von Myanmar und Nordthailand, aber auch die Insel Borneo, ganz Irian Jaya sowie eine Reihe flächenmäßig kleinerer dünn besiedelter Gebiete auf den indonesischen Inseln Sumatra und Sulawesi.

Vor dem Hintergrund der hier kurz dargestellten räumlichen Unterschiede in der Bevölkerungsverteilung und zeitlichen Schwankungen im Bevölkerungswachstum sollen nun im Folgenden die großen Veränderungen im Bereich der Mortalität und Fertilität, die in Südostasien in den letzten Jahrzehnten stattgefunden haben, analysiert werden. In diesem Zusammenhang ist es notwendig, die ökonomischen Rahmenbedingungen und die Dynamik des sozioökonomischen Wandels in den Staaten dieser Region – also quasi das »Setting«, innerhalb dessen sich der ausgeprägte demographische Transformationsprozess vollzogen hat – näher zu beleuchten.

Südostasiens »demographische Revolution« – Struktur und Dynamik des demographischen Transformationsprozesses

Ökonomische und soziale Disparitäten in Südostasien – das »Setting« des demographischen Wandels

Als wichtigste Triebkraft der sozialen und demographischen Transformation in Südostasien während der letzten beiden Dekaden wird zumeist das – zumindest bis zum Ausbruch der »Asienkrise« 1997 – überaus dynamische Wirtschaftswachstum in den meisten Staaten der Region genannt. So erzielten Teile Südostasiens in nur rund drei Jahrzehnten seit der ersten Hälfte der 70er-Jahre wirtschaftliche Umstrukturierungen und Fortschritte, für die das westliche Europa oder die Vereinigten Staaten nahezu ein Jahrhundert benötigten. Besonders die marktwirtschaftlich ausgerichteten und als »Wachstumsökonomien« bezeichneten Staaten Singapur, Malaysia, Thailand und bis vor kurzem auch Indonesien verzeichneten in diesem Zeitraum ein deutlich höheres Wirtschaftswachstum als die meisten anderen Entwicklungsländer der Welt.

Die Volkswirtschaften Südostasiens bilden allerdings keine homogene Gruppe, ihr Wachstum verlief höchst unterschiedlich. Bis vor wenigen Jahren bezogen sich wirtschaftliche Erfolgsmeldungen aus Südostasien fast ausschließlich auf die marktwirtschaftlich ausgerichteten Staaten, seit den 90er-Jahren ist aber auch in den ehemaligen Planwirtschaften der Indochina-Staaten (besonders in Vietnam, teilweise auch bereits in Laos und Kambodscha) sowie bis zu einem gewissen Grad auch in Myanmar ein langsamer wirtschaftlicher Aufschwung festzustellen.

Auch wenn somit insbesondere in der letzten Dekade eine generell positive Entwicklung – die allerdings in allen Ländern (wenn auch in unterschiedlichem Ausmaß) von den durch die »Asienkrise« 1997/98 verursachten wirtschaftlichen Rückschlägen beeinträchtigt wurde – zu konstatieren ist, sind jedoch die Disparitäten im wirtschaftlichen Entwicklungsstand zwischen den einzelnen Staaten nach wie vor sehr hoch. Dies wird auch in der Länderklassifikation der Weltbank nach dem Bruttonationalprodukt pro Kopf deutlich, in der die Staaten Südostasiens über alle vier Gruppen verstreut aufscheinen (World Bank 2001): Brunei und Singapur zählen zu den »High-Income Economies« (Bruttonationalprodukt pro Kopf für das Jahr 2000 von US-$ 9.266 und mehr), Malaysia zu den »Upper-Middle-Income Economies« (BNP p.c. zwischen US-$ 2.996 und 9.265), die Philippinen und Thailand finden sich in der Gruppe der »Lower-Middle-Income Economies« (BNP p.c. zwischen US-$ 756 und 2.995) und Indonesien (vor Ausbruch der Asienkrise von der Weltbank noch zur Gruppe »Lower-Middle-Income« gezählt), Kambodscha, Laos, Myanmar und Vietnam werden den »Low Income Countries« (BNP p.c. unter US-$ 755) zugeordnet.

Trotz der heterogenen inter- und intraregionalen Wachstumsmuster führte der Wirtschaftsaufschwung der letzten Jahrzehnte in allen Staaten Südostasiens zu Verbesserungen in der sozialen Situation und im Lebensstandard breiter Bevölkerungsgruppen (vgl. Rigg 1997). Diese fanden u.a. in einem verbesserten Zugang zu grundlegenden sozialen Diensten, einer besseren Ernährungssituation, einem generellen Ansteigen des Bildungsniveaus und, damit eng verbunden, in geänderten Familienstrukturen ihren Ausdruck.

Besonders beeindruckend sind die Fortschritte während der letzten beiden Jahrzehnte im Bildungsbereich (vgl. Tab. 2). Noch gegen Ende der Kolonialzeit war Schulbildung nur den Kindern einer schmalen Elite vorbehalten und der bei weitem größte Teil der Bevölkerung waren Analphabeten. Heute besteht in allen Staaten der Region allgemeine Schulpflicht und auch das Ausmaß des Analphabetismus konnte deutlich abgesenkt werden, wobei nur mehr Laos und Kambodscha durch überdurchschnittlich hohe Analphabetenquoten – vor allem bei den Frauen – hervorstechen. Beim Zugang zu weiterführenden Bildungseinrichtungen konnten zwar ebenfalls in den letzten zwei Jahrzehnten in allen Staaten der Region große Fortschritte erzielt werden, dabei darf jedoch nicht übersehen werden, dass nach wie vor erhebliche Qualitätsunterschiede in der Ausbildung, in der Qualifikation des Lehrpersonals und in der Ausstattung der Einrichtungen zwischen den einzelnen Staaten der Region bestehen.

Die »Bildungsexplosion« der letzten beiden Dekaden ist mit Sicherheit einer der wesentlichsten Einflussfaktoren des großen demographischen und sozialen Wandels im heutigen Südostasien. Der Zugang zu Bildung eröffnet vor allem in peripheren ländlichen Räumen der heranwachsenden Generation die Möglichkeit, über den Lebenshorizont des

Tabelle 2: Sozialer Wandel in Südostasien – ausgewählte Basisindikatoren

	Kambodscha	Laos	Myanmar	Vietnam	Malaysia	Thailand	Indonesien	Philippinen	Singapur
	Analphabetenquote in % 1998 [a]								
Männer/Frauen:	43/80	38/70	11/21	11/21	9/18	3/7	9/20	5/5	4/12
	Netto-Einschulungsraten (%) [b]								
	Grundschule								
1980:	100	72	71	96	92	92	89	95	100
1997:	100	73	99	100	100	88	99	100	91
	Weiterführende Schulen								
1980:	15	53	38	47	48	25	42	72	66
1997:	39	63	54	55	64	48	56	78	76
	Bildungsausgaben in Prozent der gesamten Staatsausgaben 1997/98								
	11,3	0,6	9,4	13,8	21,4	23,1	6,9	20,4	18,2
	TV-Geräte auf 1.000 Einwohner 1997								
	9	10	6	47	109	251	69	50	348

[a] in Prozent der 15- und Mehrjährigen.
[b] in Prozent der jeweils relevanten Altersgruppen.
Quellen: World Bank Development Indicators 2000/2001, Asia Development Bank Key Indicators of Developing Asian and Pacific Countries 2001.

Dorfes hinauszublicken; die Fähigkeit, lesen und schreiben zu können, ermöglicht einen leichteren Zugang zu nicht-landwirtschaftlichen Berufen bzw. zu Beschäftigungsmöglichkeiten außerhalb des Heimatdorfes und bewirkt auch Veränderungen im Lebensstil (vgl. dazu z.B. Rigg 1997, 2001; Hugo 2000). Solche Veränderungen bleiben auch auf die demographische Situation nicht ohne Auswirkung: So entsteht einerseits durch besseren Zugang zu Informationen aller Art ein höheres Gesundheitsbewusstsein und als Folge davon ein verändertes Mortalitätsmuster, andererseits bringt die Aufnahme neuer Ideen und Denkweisen einen Bedeutungsverlust von Traditionen und traditionellen Autoritäten, häufig aber auch eine höhere Akzeptanz von Familienplanungsprogrammen mit sich. Generell ist in allen Staaten Südostasiens festzustellen, dass von Seiten der Regierungen der Förderung der so genannten »Humanressourcen« heute hohe Priorität zugemessen wird, wie aus den in den meisten Ländern beträchtlichen staatlichen Ausgaben für Bildungszwecke deutlich hervorgeht (vgl. Tab. 2).

Eine ähnlich wichtige Triebkraft des sozialen Wandels und somit auch eines veränderten demographischen Verhaltens in Südostasien stellt die rasche Ausbreitung der Massenmedien – insbesondere von Rundfunk und Fernsehen – in den 80er- und 90er-Jahren dar. So hat zum Beispiel die Zahl der TV-Geräte in fast allen Staaten der Region sprunghaft zugenommen, wenngleich auch hier erhebliche Unterschiede zwischen den einzelnen Ländern festzustellen sind (vgl. Tab. 2): Gegen Ende der 90er-Jahre entfiel in Singapur bereits auf jeden dritten und in Brunei und Thailand auf jeden vierten Einwohner ein Fernsehgerät, in Laos hingegen besaßen nur zehn und in Myanmar sechs von 1000 Einwohnern einen TV-Apparat (vgl. World Bank 2002). Allerdings darf auch in den diesbezüglich »schlecht versorgten« Staaten der Einfluss des Fernsehens nicht unterschätzt werden, da die Bereitschaft der Besitzer von solchen Geräten, diese mit weniger wohlhabenden Nachbarn und Freunden zu teilen, üblicherweise groß ist (Hugo 2000).

Die hier nur kurz ausgeführten großen ökonomischen und sozialen Veränderungen der letzten Jahrzehnte hatten auch massive Auswirkungen auf Form und Funktion der Familie in Südostasien. Zu den wichtigsten Indikatoren, die auf den bereits weit fortgeschrittenen Wandel der südostasiatischen Familienstrukturen hindeuten (wobei allerdings in der Literatur zu Recht darauf hingewiesen wird, dass es keinen singulären »traditionellen« bzw. »modernen« Typ der südostasiatischen Familie gibt; vgl. Mason 1992), zählen u. a. nach Hugo (2000:80f):

- Veränderte Heiratsmuster durch den Anstieg des Erstheiratsalters der Frauen und den Rückgang der von den Eltern arrangierten Ehen;
- ein Absinken der (innerehelichen) Fertilität und ein Rückgang der durchschnittlichen Familiengrößen (vgl. z.B. Wohlschlägl 1986);
- ein Ansteigen aller Formen der räumlichen Mobilität und – damit verbunden – eine zunehmende »räumliche Auflösung« traditioneller großfamiliärer Strukturen durch Platzierung der einzelnen Familienmitglieder auf unterschiedlichen Arbeitsmärkten, zum Beispiel durch Land-Stadt-Migrationen oder auch internationale Migrationen (vgl. Husa 1986; Husa/Wohlschlägl 2000a und 2000b);
- ein Bedeutungsverlust der Familie als grundlegende »Produktionseinheit« durch wachsendes Engagement von jüngeren Familienmitgliedern im formellen Sektor der Wirtschaft bzw. in Lohnarbeitsverhältnissen (vgl. Stark 1991);
- und schließlich eine veränderte Rolle der Frau in der Gesellschaft durch ansteigendes Bildungsniveau und wachsende Beteiligung in Erwerbstätigkeiten außerhalb des Haushalts.

Die Frage, inwieweit nun die angesprochenen sozioökonomischen Veränderungen Ursachen oder Konsequenzen der »demographischen Revolution« der letzten zwei bis drei Jahrzehnte in Südostasien sind, wird in der entwicklungs- bzw. bevölkerungspolitischen Diskussion durchaus unterschiedlich beantwortet, wie auch der Leitspruch »development ist the best pill« bzw. die Gegenposition dazu »no development without the pill« deutlich machen (vgl. Hauser 1982). Vermutlich handelt es sich bei den rapide ablaufenden demographischen Transformationsprozessen in Südostasien um Vorgänge, die sowohl durch soziale und ökonomische Veränderungen ausgelöst werden als auch selbst solche herbeiführen.

Worin nun die so genannte »demographische Revolution« in Südostasien besteht, soll im Folgenden anhand der Veränderungen im Mortalitäts- und Fertilitätsmuster aufgezeigt werden.

Veränderungen im Mortalitätsmuster: Südostasien im epidemiologischen Übergang

Wie in den meisten anderen Teilen der Welt ist während des letzten halben Jahrhunderts auch in Südostasien ein markantes Ansteigen der Lebenserwartung zu verzeichnen, das vor allem auf die massive Reduktion der Säuglings- und Kindersterblichkeit zurückzuführen ist (vgl. zum Beispiel Leete/Alam 1999; Gubhaju u.a. 2001). Ende der 90er-Jahre lag die Lebenserwartung bei der Geburt für Gesamt-Südostasien bei rund 65 Jahren (63 Jahre für Männer und über 67 Jahre für Frauen), was einer Verlängerung der durchschnittlichen Lebensspanne von rund einem Vierteljahrhundert gegenüber der Periode 1950/55 gleichkommt: Die Generation der 90er-Jahre in Südostasien kann somit erwarten, im Durchschnitt um rund 63 Prozent länger zu leben, als dies bei ihren in den 50er-Jahren geborenen Vorgängern der Fall war.

Dabei darf aber nicht übersehen werden, dass die Lebenserwartung von durchschnittlich 65 Jahren in Südostasien, trotz der unbestreitbar großen Erfolge, die bei der Absenkung der Säuglings- und Kindersterblichkeit in den letzten Jahrzehnten in einem Großteil der Staaten der Region erzielt wurden, noch immer um rund zehn Jahre niedriger ist als in den Industriestaaten, in denen der Vergleichswert für die Periode 1995/2000 bereits bei rund 75 Jahren lag. So konnte zum Beispiel die Säuglingssterblichkeitsrate für Gesamt-Südostasien von 168 Promille Anfang der 50er-Jahre auf nur mehr rund 48 Promille im letzten Jahrfünft des 20. Jahrhunderts reduziert werden, was einer Absenkung auf weniger als ein Drittel des Ausgangswertes entspricht!

Eine erste massive Absenkung der Sterblichkeit vollzog sich bereits in den 50er- und 60er-Jahren, als es gelang, damals in Südostasien noch weit verbreitete Infektionskrankheiten wie etwa Malaria, Cholera oder Tuberkulose durch den Import westlicher medizinisch-pharmazeutischer Errungenschaften (vor allem von Antibiotika) und großflächige Impfkampagnen zunehmend unter Kontrolle zu bringen. Eine weitere Absenkung des Mortalitätsniveaus gelang sodann ab den 70er-Jahren vor allem in den wirtschaftlich erfolgreicheren Staaten der Region durch deutliche Fortschritte bei der hygienischen Situation, durch eine verbesserte Ernährung und medizinische Betreuung von Müttern und Kindern und auch durch die Zunahme des Gesundheitsbewusstseins breiter Bevölkerungsgruppen als Folge des angestiegenen Bildungsniveaus. Hand in Hand mit der Reduktion der Mortalität ging auch eine charakteristische Veränderung in den führenden Todesursachen, die in der einschlägigen bevölkerungswissenschaftlichen Literatur unter dem Begriff »epidemiologic transition« Eingang gefunden hat (vgl. dazu z.B. Rockett 1999): Wie es schon seit geraumer Zeit in den westlichen Industriegesellschaften der Fall ist, werden nun auch in einigen Staaten Südostasiens Infektionskrankheiten als Haupttodesursachen zunehmend von chronischen Krankheiten wie etwa Herz-Kreislauf-Erkrankungen oder Krebs abgelöst.

Eine Ausnahme stellt diesbezüglich die seit den späten 80er-Jahren festzustellende dynamische Ausbreitung von HIV/AIDS dar, die vor allem in drei Staaten ein bereits Besorgnis erregendes Ausmaß angenommen hat: So wird der Anteil der mit HIV/AIDS-Viren infizierten Bevölkerung im Alter zwischen 15 und 49 Jahren für 1999 in Kambodscha auf vier Prozent, in Thailand auf 2,2 Prozent und in Myanmar auf zwei Prozent geschätzt. Zu Recht weisen Leete und Alam (1999) darauf hin, dass weitere Absenkungen in der Mortalität bzw. ein Ansteigen der durchschnittlichen Lebenserwartung in den nächsten Jahrzehnten wohl nur schwer zu erreichen sein werden, sollte es nicht gelingen, die Ausbreitung dieser Seuche einzudämmen.

Auch in der Höhe der Lebenserwartung und im Niveau der Säuglingssterblichkeit sind die Unterschiede zwischen den einzelnen südostasiatischen Staaten groß (vgl. Abb. 3). Während zum Beispiel die Lebenserwartung in Singapur mit durchschnittlich 77 Jahren oder in Brunei mit rund 76 Jahren bereits das Niveau hoch entwickelter europäischer Staaten oder jenes der USA erreicht hat, beträgt diese in Laos erst 53, in Myanmar 56 und in Kambodscha 57 Jahre. Ähnlich massiv sind auch die Differenzen im Niveau der Säuglingssterblichkeit. Während Staaten wie Singapur oder Brunei bereits Raten unter zehn Promille erreicht haben, lag die Säuglingssterblichkeit in Kambodscha, Laos und Myanmar auch gegen Ende der 90er-Jahre noch zwischen 83 und 97 Promille und damit deutlich über dem Durchschnittswert der Entwicklungsländer (rund 65 Promille).

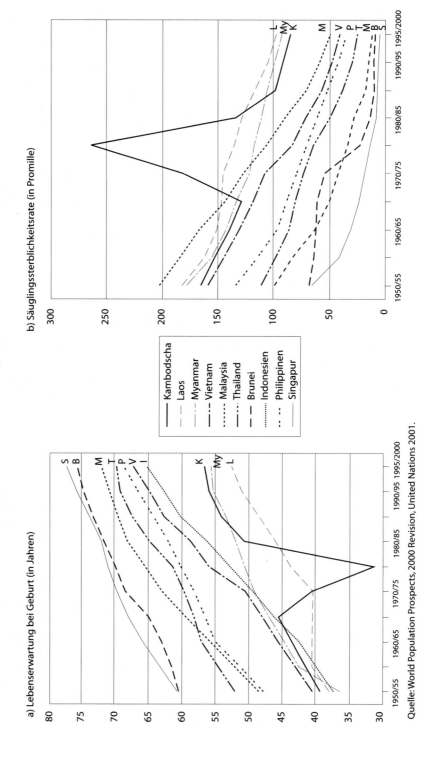

Abbildung 3: Südostasien im epidemiologischen Übergang:
Lebenserwartung bei der Geburt und Säuglingssterblichkeit 1950/55 bis 1995/2000

Quelle: World Population Prospects, 2000 Revision, United Nations 2001.

Trotz der beeindruckenden Erfolge, die die Staaten Südostasiens in der Verbesserung der Lebenserwartung und in der Absenkung der Mortalität erzielt haben, zeigt die Tatsache, dass der Durchschnittswert der Lebenserwartung in Südostasien immer noch deutlich niedriger ist als in den Industriestaaten, während die Säuglingssterblichkeit noch nahezu das sechsfache Niveau erreicht, dass gerade für eine Verbesserung des Gesundheitswesens in den meisten Staaten der Region noch eine erhebliche Notwendigkeit besteht.

Raum-zeitliche Unterschiede im Fertilitätsniveau und im Fertilitätsrückgang
Global rückläufige Fertilitätsraten sind ein Phänomen, das bereits seit mehreren Jahrzehnten bekannt ist. Vor allem in den letzten eineinhalb Dekaden hat der weltweite Fertilitätsrückgang an Dynamik gewonnen, und zwar nicht nur in den westlichen Industriestaaten, sondern nun auch in den am wenigsten entwickelten Ländern der Welt: So ist zum Beispiel der Anteil der Staaten mit einer Gesamtfertilitätsrate (zur Definition dieser Maßzahl vgl. die Anmerkung in Abb. 4) von weniger als 2,5 Kindern pro Frau von rund einem Sechstel gegen Ende der 70er-Jahre auf mehr als ein Drittel aller Staaten der Welt Mitte der 90er-Jahre angestiegen (Bulatao 2001)! Obwohl nun also auch in den Entwicklungsländern die Phase dynamisch zunehmender Geburtenüberschüsse und eines akzelerierten Bevölkerungswachstums endgültig vorbei zu sein scheint, ist das Ausmaß des Fertilitätsrückgangs innerhalb der Dritten Welt nach wie vor von einer erheblichen Heterogenität gekennzeichnet. Dieser Sachverhalt trifft ganz besonders auf Asien zu, jenen Kontinent, in dem der Rückgang der Fertilität innerhalb der Gruppe der Entwicklungsländer zuerst einsetzte (vgl. Wohlschlägl 1986, 1991).

Großräumig gesehen ist vor allem die Differenzierung zwischen Ostasien, wo bereits in den meisten Staaten ein massiver Fertilitätsrückgang stattgefunden hat, und Süd- bzw. Westasien hervorzuheben, wo vor allem die islamischen Länder bzw. die arabischen Staaten des Mittleren Ostens nach wie vor durch traditionell höhere Geburtenraten geprägt sind. Nach Schätzungen der UNO lag die Gesamtfertilitätsrate in Ostasien Ende der 90er-Jahre nur mehr bei 1,8 Kindern pro Frau, in Süd- und Westasien hingegen noch bei mehr als 3,4 Kindern (United Nations 2001).

Südostasien nimmt in diesem Kontext eine Zwischenstellung ein, obwohl klar erkennbar ist, dass die Entwicklung in den letzten Jahren eine zunehmende Konvergenz zur Situation in Ostasien aufzeigt. Die Gesamtfertilitätsrate lag 2001 mit 2,8 zwar unter den Werten für Süd- und Westasien, ist aber im Vergleich zu Ostasien (1,8) noch relativ hoch und nur Singapur und Thailand (vgl. Abb. 4) haben mit Gesamtfertilitätsraten von 1,5 bzw. 1,8 ein Niveau erreicht, das bereits unter dem »Bestandserhaltungsniveau« (*replacement level)* von 2,1 Kindern liegt und dem der meisten ostasiatischen Staaten vergleichbar ist. Aber auch in Malaysia, Indonesien und Vietnam sowie auf den Philippinen und in Myanmar vollzieht sich zurzeit ein ausgeprägter Prozess des Geburtenrückgangs (vgl. Abb. 4), sodass auch diese Staaten zu Beginn des 21. Jahrhunderts bereits zur Gruppe der Länder mit intermediären Fertilitätsraten (Gesamtfertilitätsraten zwischen 2,2 und 4,9) gezählt werden können (siehe auch Caldwell 2002).

Nur mehr Kambodscha und Laos zählen im heutigen Südostasien mit Gesamtfertilitätsraten von jeweils fünf Kindern pro Frau noch knapp zur Staatengruppe mit hoher Fertilität, allerdings mit ebenfalls deutlich fallender Tendenz seit Beginn der 90er-Jahre.

Abbildung 4: Zur Dynamik des Fertilitätsrückgangs in Südostasien: Gesamtfertilitätsraten* 1950/55 bis 2001

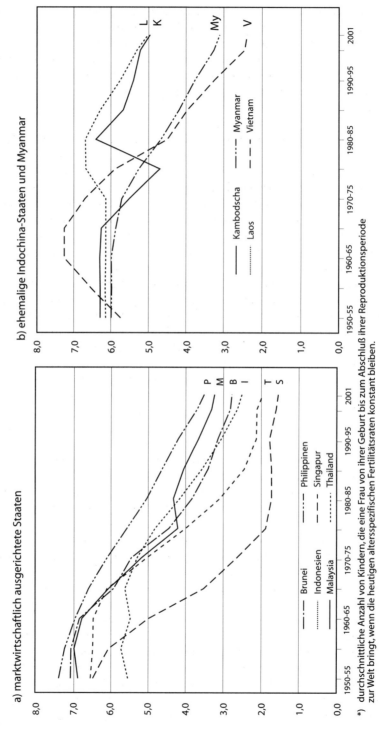

a) marktwirtschaftlich ausgerichtete Staaten

b) ehemalige Indochina-Staaten und Myanmar

*) durchschnittliche Anzahl von Kindern, die eine Frau von ihrer Geburt bis zum Abschluß ihrer Reproduktionsperiode
    zur Welt bringt, wenn die heutigen altersspezifischen Fertilitätsraten konstant bleiben.

Quelle: World Population Prospects, 2000 Revision, United Nations 2001; UN-ESCAP Population Data Sheet 2001.

Das dramatische Absinken der Fertilität in Kambodscha von Ende der 60er- bis Anfang der 80er-Jahre ist die Folge der tragischen kriegerischen Konflikte, in die das Land während dieser Periode verwickelt war, und der dadurch ausgelösten Flüchtlingsbewegungen und hohen Verluste an Menschenleben. Auch das sprunghafte kurzfristige Ansteigen der Fertilität nach Beendigung der kriegerischen Auseinandersetzungen (*Rebound-Effekt*) ist ein typisches Phänomen, das auch schon aus anderen Staaten mit ähnlichen Problemen bekannt ist (vgl. Hugo 2000).

Aus einem Vergleich der Zeitreihendaten der Mortalitäts- und Fertilitätsentwicklung in den Staaten Südostasiens während der letzten Jahrzehnte ist klar erkennbar, dass – analog zum bekannten demographischen Transformationsmodell – zunächst die Mortalitätsraten markant abgesunken sind und erst dann, mit einer Verzögerung von rund eineinhalb bis zwei Jahrzehnten, die Fertilitätsraten nachgezogen haben (Abb. 5). Weiters wird deutlich, dass – während das »Timing« des Mortalitätsrückgangs in den Staaten der Region ziemlich ähnlich war – das Einsetzen des Fertilitätsrückgangs in den einzelnen Ländern zeitlich stärker variierte.

Es würde an dieser Stelle zu weit führen, die vielfältigen Ursachen des Fertilitätsrückgangs in Südostasien näher zu diskutieren. An dieser Stelle sei nur darauf hingewiesen, dass es wohl nicht möglich ist, ihn in allen Staaten der Region nur allein vor dem Hintergrund eines – pointiert ausgedrückt – »sozioökonomischen Determinismus«, wie er auch in der orthodoxen demographischen Transformationstheorie einen zentralen Stellenwert einnimmt und in der von den Vereinten Nationen in den 60er-Jahren entwickelten, so genannten »Schwellenwerthypothese« (*threshold hypothesis of fertility decline*) noch besonders akzentuiert wurde, zu erklären (Wohlschlägl 1991). In diesem Sinne differenzierte beispielsweise Jones (1984:8) für Asien zwischen jenen Staaten bzw. Regionen, »where the decline … was predictable from demographic transition theory« und jenen »where levels of real income remained low, and explanation of rapid fertility decline must range well beyond the confines of demographic transition theory«.

Zur erstgenannten Gruppe zählen in Südostasien vor allem Singapur und Thailand, aber auch – mit einem etwas weniger ausgeprägten Rückgang – Malaysia, die Philippinen und Indonesien. Sie sind ein Beispiel dafür, dass in Staaten, in denen die Fertilität markant zurückgegangen ist, rasches Wirtschaftswachstum und eine deutliche Verbesserung der sozialen Lebensbedingungen stattgefunden haben und – mit einer mittlerweile weitgehend überwundenen Unterbrechung durch die so genannte »Asienkrise« 1997/98 – noch immer stattfinden. Dynamische Industrialisierung, umfassender Ausbau des Bildungssystems, vor allem eine Verbesserung der Bildung der Frau, zunehmende Frauenberufstätigkeit im sekundären und tertiären Sektor, wachsende Familiennettoeinkommen und eine gestiegene Überlebenschance für Neugeborene durch rasche Senkung der Säuglingssterblichkeit und Verbesserung der hygienischen Verhältnisse sind wichtige Bausteine dieser Entwicklung. Es ist weiters nachgewiesen, dass in allen diesen Staaten ein Anstieg des durchschnittlichen Heiratsalters der Frauen und ein Rückgang der Heiratshäufigkeit, insbesondere bei den unter 20-Jährigen, ein wesentlicher Bestimmungsfaktor im Prozess des Fertilitätsrückgangs gewesen sind. Eine solche »nuptiality transition« (Wandel des Heiratsverhaltens) wird von vielen Autoren als wichtige Grundbedingung für einen anhaltenden Fertilitätsrückgang gewertet (z.B. Freedman 1995).

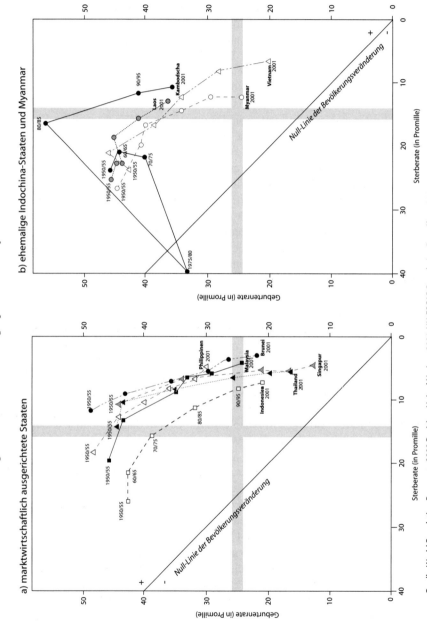

Abbildung 5: Südostasiens demographische Transformation 1950 bis 2001

Allerdings zeigen verschiedene Untersuchungen ebenso, dass auch in überwiegend agrarisch orientierten Staaten oder in wirtschaftlich wenig entwickelten ländlichen Räumen Asiens seit längerem ein bedeutsames Absinken der Geburtenhäufigkeit nachweisbar ist: so zum Beispiel im ländlichen Norden Vietnams oder in Nordthailand (vgl. z.B. van Landingham/Hirschman 2001).

Erklärungsansätze für das Absinken der Geburtenhäufigkeit in dieser zweiten, wirtschaftlich weniger erfolgreichen Ländergruppe gehen davon aus, dass es neben der sozioökonomischen Entwicklung und der Hebung des Lebensstandards (»Modernisierung«, »development«) oder unabhängig von diesen Faktoren eine Reihe anderer Determinanten gibt, die eine wichtige Rolle in der Initialisierung und Steuerung eines Fertilitätsrückgangs spielen können. Dazu zählt u.a. auch – neben der nicht zu unterschätzenden Bedeutung kultureller und religiöser Unterschiede als Erklärungsfaktoren räumlich differenzierter Fertilitätsniveaus – die in verschiedenen Staaten unterschiedliche Akzeptanz und Effizienz von Familienplanungsprogrammen. So zeigen zum Beispiel die Ergebnisse einer Reihe ökonomischer Fertilitätsstudien, dass Verbesserungen der wirtschaftlichen Lage in den Entwicklungsländern, so wichtig sie als Rahmenbedingung auch sind, »per se keinen Rückgang der Fertilität induzieren, wenn nicht zugleich Veränderungen im sozialen Status und im Präferenzsystem mit höherer Wertschätzung von Bildung, beruflicher Leistung und materiellem Konsum eintreten« (Wander 1979:74f).

Wichtig sind vor allem die veränderte Wahrnehmung und Beurteilung des Verhältnisses von Wert (etwa als Arbeitskraft oder zur Sicherung der Altersversorgung) und Kosten von Kindern innerhalb des Familienverbandes. Sinkt ihr »Wert« (etwa dadurch, dass durch den Ausbau staatlicher Maßnahmen zur sozialen Sicherung eine soziale Basisversorgung in Form einer Kranken- oder Altersversicherung durch den Staat gewährleistet wird) und kann das angestrebte Fortpflanzungsziel wegen des geringeren Sterblichkeitsrisikos mit großer Wahrscheinlichkeit auch mit weniger Lebendgeborenen erreicht werden, steigen aber gleichzeitig ihre »Kosten« – etwa durch verbesserte und verlängerte Schulausbildung der Knaben und Mädchen – so wird die Fertilität absinken. Solange aber die direkten und indirekten »Kosten« der Kinderaufzucht sehr viel geringer sind als in den entwickelten Ländern und der »Nutzen« sowohl in sozialer als auch in wirtschaftlicher Hinsicht beträchtlich ist, wird in vielen Ländern der Dritten Welt eine Entscheidung für eine große Kinderzahl vor allem bei der Masse der Armen und wirtschaftlich Schwachen auch heute noch als »vernünftig« angesehen werden.

Zur Rolle der Familienplanungsprogramme im Fertilitätsrückgang Südostasiens

Welche Bedeutung Familienplanungsprogrammen bei der Senkung der Fertilität zukommt, ist teilweise umstritten. Gerade in jüngerer Zeit hat jedoch eine zunehmende Zahl von Studien sehr klar nachgewiesen, dass ihnen in vielen Ländern eine wichtige – und von anderen Einflussfaktoren grundsätzlich unabhängige – Rolle bei der Absenkung von Fertilitätsraten zuzuschreiben ist. Ihre Wirkung scheint jedoch dort besonders groß zu sein, wo auch die sozioökonomische Entwicklung einem Geburtenrückgang förderlich ist (Wohlschlägl 1991).

In Südostasien (und auch in Ostasien) setzte die Etablierung von Familienplanungsprogrammen zwar wesentlich später ein als in Südasien, wo solche Projekte bereits Anfang der 50er-Jahre eingerichtet wurden, dafür begannen diese Maßnahmen in Südost-

und Ostasien aber deutlich früher zu greifen und Erfolge zu zeigen. Heute ist weitgehend unbestritten, dass in Südostasien so genannten »Angebotsfaktoren« von staatlicher Seite in Form von Familienplanungsprogrammen eine wichtige Rolle im Fertilitätsrückgang zukam (Leete/Alam 1999). Diese Programme spielten nicht nur eine unterstützende bzw. begleitende Rolle, indem sie einen bereits in Gang gekommenen Fertilitätsrückgang beschleunigen halfen, sondern in manchen Staaten der Region wurde ein solcher durch sie überhaupt erst ausgelöst. Die Bedeutung, die den Familienplanungsprogrammen in den einzelnen Staaten Südostasiens zukommt, ist allerdings durchaus unterschiedlich, und ähnlich verschieden sind auch die von den Regierungen eingesetzten bevölkerungspolitischen Strategien.

In Indonesien förderte die Regierung seit der Einrichtung des »National Family Planning Coordinating Board« (BKKBN) im Jahr 1969 die Beteiligung an Familienplanungsprogrammen massiv und sicherte auch die konsequente Durchsetzung der entsprechenden Maßnahmen auf allen administrativen Ebenen, was mit ein wesentlicher Grund dafür sein dürfte, dass das Land – global gesehen – zur ersten vorwiegend muslimischen Gesellschaft wurde, die einen substanziellen Fertilitätsrückgang zu verzeichnen hatte. Thailändische Regierungen hingegen zeigten weit weniger direktes Engagement bei der aktiven Durchführung von Familienplanungsprogrammen, sondern es wurde in erster Linie versucht, die dafür notwendigen Mittel zur Verfügung zu stellen (Informations-Infrastruktur, Kontrazeptiva etc.) und auf diese Weise einer bereits latent vorhandenen Nachfrage nach Familienplanung und Empfängnisverhütung zu begegnen (Knodel et al. 1980; Wohlschlägl 1986). Seit dem Ende des Vietnamkrieges und dem vergleichsweise raschen Bevölkerungswachstum ab Beginn der 80er-Jahre betreibt auch die vietnamesische Regierung eine aktive Familienplanungspolitik, während in den Dekaden davor das Bevölkerungswachstum durch die Kriegsereignisse und die dadurch bedingten Verluste vor allem in der Altersgruppe der 20- bis 40-jährigen Männer, die heute noch in der Altersstruktur sichtbar werden (Abb. 6), ohnehin eher gedämpft verlief (Hicbcrt 1994).

Im multiethnischen Malaysia hingegen steht der eher langsame Rückgang der Fertilität bei der malayischen Bevölkerungsgruppe in deutlichem Kontrast zur raschen Reduktion der Geburtenhäufigkeit bei der indischen und der chinesischen Bevölkerung. Dieser Trend vollzog sich vor dem Hintergrund einer staatlichen Familienplanungspolitik, die zunächst nur wenige Initiativen setzte und seit Beginn der 80er-Jahre sogar auf eine stärker pronatalistische Linie umgeschwenkt ist: Mit starker Unterstützung von Seiten religiös-moslemischer Gruppierungen wurde von der Regierung ab 1984 im Rahmen der »New Population Policy« (NPP) die »Fünf-Kind«-Familie (!) propagiert und schließlich sogar als neues bevölkerungspolitisches Ziel eine Erhöhung der Einwohnerzahl auf 70 Millionen bis zum Jahr 2100 angestrebt. Der ebenfalls eher zögernd verlaufende Fertilitätsrückgang auf den Philippinen ist auf ein weitgehend ineffektives Familienplanungsprogramm zurückzuführen, dem noch dazu von religiöser Seite starke Opposition entgegengebracht wird, nur handelt es sich in diesem Fall im Gegensatz zu Malaysia um die hier dominante katholische Kirche und nicht um moslemische Gruppierungen.

Eine bevölkerungspolitische Wende vollzog auch die Regierung in Singapur, das – wie schon erwähnt – mittlerweile zu den Staaten mit den niedrigsten Fertilitätsraten außerhalb Europas zählt. Seit im Jahr 1983 der charismatische damalige Premierminister

Lee Kwan Yew öffentlich seine Besorgnis darüber ausdrückte, dass Frauen mit gehobener und vor allem universitärer Ausbildung zunehmend kinderlos blieben und dass das langfristig negative Auswirkungen auf die Zukunft der singapurianischen Gesellschaft haben könnte, verfolgt der Stadtstaat eine pronatalistische Bevölkerungspolitik, deren primäre Zielgruppe junge, allein stehende und gut ausgebildete Frauen sind: Diese sollen, wenn sie noch ledig sind, durch umfassende Maßnahmenbündel dazu angeregt werden zu heiraten, und wenn sie bereits verheiratet sind, dazu bewegt werden, mehr als ein Kind zur Welt zu bringen. Bislang sind allerdings die Anstrengungen von staatlicher Seite zur Hebung der Fertilität der singapurianischen Bevölkerung wenig erfolgreich geblieben: So erreichte die Gesamtfertilitätsrate noch in keinem Jahr seit Beginn der pronatalistischen Kampagne 1984 das »Bestandserhaltungsniveau« von 2,1 Kindern pro Frau.

Inwieweit der ausgeprägte Fertilitätsrückgang in Südostasien – ebenso wie jener auf globaler Ebene – noch weiter andauern wird und ob sich dann die Fertilität auf niedrigem Niveau stabilisieren wird, kann allerdings aus heutiger Sicht nicht unbedingt als gesichert angenommen werden und wird in jüngster Zeit von manchen Bevölkerungswissenschaftlern auch zunehmend wieder in Frage gestellt. Dieser wachsende Unsicherheitsfaktor, was die Entwicklung der Fertilität auf globaler Ebene und somit auch in Südostasien in den nächsten Jahrzehnten betrifft, kommt auch in den jüngsten Bevölkerungsprognosen der UNO zum Ausdruck, deren niedrige und hohe Prognosevariante für 2050 für die Welt um 40 Prozent und für Südostasien um 50 Prozent auseinander liegen.

Caldwell (2002) sieht die Hauptgründe für Unsicherheiten in der Einschätzung der zukünftigen Fertilitätsentwicklung u. a. in immer stärker aufkeimenden nationalistischen Tendenzen in vielen Teilen der Welt, die zu pronatalistischen Kehrtwenden in den nationalen Bevölkerungspolitiken führen könnten, in sinkenden Investitionen in Sozial- und Familienplanungsprogramme (was in den von der so genannten »Asienkrise« am meisten betroffenen Staaten Südostasiens – Indonesien, Thailand und Malaysia – ja auch bereits eingetreten ist) und in durch »demographische Krisenrhetorik« in den Massenmedien ausgelösten Ängsten vor den Folgen eines zu starken bzw. zu rasch verlaufenden Absinkens der Fertilität. Dass mittlerweile auch eine Reihe südost- und ostasiatischer Staaten bereits von solchen Ängsten ergriffen worden ist, lassen die Diskussionen über die möglichen Konsequenzen des raschen Alterungsprozesses der Gesellschaft in Staaten wie Thailand oder Singapur bereits erkennen.

Der Prozess der »demographischen Alterung«: ein neues Phänomen für Südostasien

Die aktuelle Altersstruktur einer Bevölkerung ist im Wesentlichen das Ergebnis jener demographischen Prozesse, die in den letzten Jahrzehnten abgelaufen sind. Eine Konsequenz des globalen Fertilitätsrückgangs, absinkender Mortalitätsraten und ansteigender Lebenserwartung in vielen Teilen der Welt ist der kontinuierlich fortschreitende demographische Alterungsprozess der Gesellschaften, der besonders in den Industriestaaten bereits weit fortgeschritten ist und sowohl in der Bevölkerungswissenschaft als auch in der Politik und der breiten Öffentlichkeit heftige Diskussionen über die möglichen Konsequenzen dieser Entwicklung ausgelöst hat. Ob die rapide Alterung der Bevölkerung in vielen

Ländern tatsächlich ein kommendes ökonomisches und soziales Desaster anzeigt, wenn nicht raschest flankierende Maßnahmen von staatlicher Seite ergriffen werden, ist allerdings umstritten. So weist Caldwell (2002) darauf hin, dass auch in den Industriestaaten der Anteil der Erwerbsbevölkerung an der Gesamtbevölkerung in den nächsten Jahrzehnten weitgehend konstant bleiben wird und dass die wesentliche Konsequenz der veränderten Altersstruktur primär darin bestehen wird, dass sich die »demographische Belastung« von der Erhaltung der noch nicht erwerbstätigen »jungen« Bevölkerungsgruppen (Kinder und Jugendliche) stärker auf die Versorgung der nicht mehr erwerbstätigen »alten« Bevölkerung verlagern wird; auch sieht er eine Tendenz, die Effizienz moderner Wirtschaftsformen zu unterschätzen und ihr Beschäftigungspotenzial zu überschätzen.

Auch die Staaten Südostasiens verzeichnen als Folge des rasch ablaufenden demographischen Transformationsprozesses eine beginnende deutliche Zunahme des Anteils der Bevölkerung im Alter von 65 und mehr Jahren, was in jüngster Zeit auch darin seinen Ausdruck findet, dass das Thema »Alterung der Gesellschaft« auch in Asien zunehmend problematisiert wird (vgl. z. B. Hermalin 1995). Obwohl nun »westliche demographische Krisenrhetorik« auch auf manche Staaten Südostasiens überzuschwappen scheint, ist die Bevölkerung der Region immer noch eine äußerst junge: Im Jahr 2001 lag das Medianalter der Gesamtbevölkerung Südostasiens erst bei rund 24 Jahren (jenes der Industrieländer hingegen bereits bei über 37 Jahren) und nahezu ein Drittel (32 Prozent) war jünger als 15 Jahre. Damit war diese Altersgruppe relativ gesehen fast doppelt so stark besetzt wie in Westeuropa (17 Prozent), hingegen erreichte der Anteil der über 65-jährigen Bevölkerung in Südostasien mit rund fünf Prozent erst weniger als ein Drittel des entsprechenden westeuropäischen Wertes (16 Prozent).

Die bevorstehenden fundamentalen Veränderungen in der Altersstruktur der Bevölkerungen Südostasiens lassen sich bereits deutlich aus den in Abbildung 6 dargestellten Beispielen ablesen. Während gegenwärtig der Altersaufbau für die gesamte Region noch die klassische »Pyramidenform« aufweist, die für sehr junge Bevölkerungen typisch ist, zeigt der für 2050 von den Vereinten Nationen prognostizierte Altersaufbau bereits die für eine weitgehend stationäre Bevölkerung charakteristische »Bienenkorbform«. Geht man von der mittleren Variante der Bevölkerungsprognose für 2050 aus, so zeigt sich, dass im kommenden halben Jahrhundert mit einer deutlichen Abnahme des Anteils der unter 15-Jährigen von gegenwärtig 32 Prozent auf knapp unter 20 Prozent zu rechnen sein dürfte, während sich der Anteil der 65- und Mehrjährigen knapp mehr als verdreifachen wird (von fünf Prozent 2000 auf rund 16 Prozent 2050).

Das bedeutet aber auch, dass – wie schon zuvor für die industrialisierte Welt angedeutet – der Anteil der Erwerbsbevölkerung an der Gesamtbevölkerung zumindest konstant bleiben, wenn nicht sogar leicht zunehmen dürfte. Allerdings wird sich auch in Südostasien in den kommenden Jahrzehnten die Relation der erwerbstätigen zur abhängigen Bevölkerung zunehmend von den »noch nicht« zu den »nicht mehr« Erwerbstätigen verlagern. Dieses Faktum wird auch aus Tabelle 4 deutlich ersichtlich: So wird die »potenzielle Unterstützungsrate« (*potential support rate*), die die Anzahl der Personen im erwerbsfähigen Alter von 15 bis 64 Jahren angibt, die auf eine Person im nicht mehr erwerbsfähigen Alter (65- und Mehrjährige) entfallen, in Südostasien von 12 im Jahr 2002 auf nur mehr vier Erwerbstätige pro nicht mehr Erwerbstätigem im Jahr 2050 abfallen (United Nations 2002).

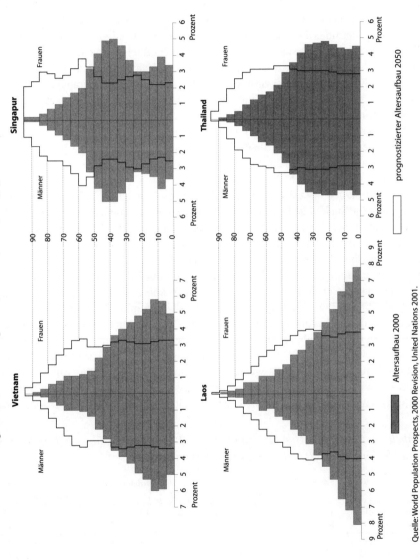

Abbildung 6: Altersstrukturen im Umbruch – regionale Unterschiede im Altersaufbau 2000 und Prognose für 2050, dargestellt an den Beispielen Vietnam, Laos, Singapur und Thailand

Quelle: World Population Prospects, 2000 Revision, United Nations 2001.

Obwohl also längerfristig auch in Südostasien zweifellos der Bedarf gegeben sein wird, in der Infrastrukturplanung, in der Gesundheitsvorsorge und auch im Sozialsystem – vor allem vor dem Hintergrund der Auflösung von traditionellen Familienstrukturen – stärkeres Augenmerk als bisher auf die wachsende Zahl älterer Menschen und ihre Bedürfnisse zu legen, erscheinen alterungsbedingte demographische Krisenszenarien gegenwärtig noch wenig angemessen (vgl. dazu auch Hugo 2000:92f).

Die hier genannten Überblicksdaten für die südostasiatische Bevölkerung insgesamt verdecken allerdings die erheblichen Altersstrukturunterschiede zwischen den einzelnen Staaten der Region, die sich als Folge der unterschiedlichen Dynamik des demographischen Transformationsprozesses ergeben haben. Während zum Beispiel Staaten wie Laos oder Kambodscha Altersstrukturen aufweisen, die für demographische Regime mit nach wie vor hoher Fertilität und höherer Mortalität charakteristisch sind, zeigen Singapur und Thailand bereits die charakteristische Altersstruktur von Ländern, in denen der demographische Übergang schon weit fortgeschritten ist (vgl. Abb. 5): Dies drückt sich bei den letztgenannten Staaten auch darin aus, dass sich die potenzielle Unterstützungsrate bis 2050 den entsprechenden Werten für Westeuropa weitgehend angenähert haben wird (vgl. Tab. 3).

Grundsätzlich lässt sich festhalten, dass die großen demographischen Herausforderungen für die Staaten Südostasiens weniger in den Konsequenzen des rasch ablaufenden demographischen Transformationsprozesses zu suchen sein dürften, sondern vielmehr im Bereich der zunehmenden Ungleichgewichte in der Bevölkerungsverteilung auf nationaler Ebene, im rapide voranschreitenden Urbanisierungsprozess und im sprunghaften Wachstum der Großstadtregionen und Metropolen sowie in der rasch zunehmenden internationalen Migration (vgl. Husa/Wohlschlägl 2000a, 2000b). Allerdings ist nicht so ohne weiteres gesichert, dass sich die demographische Transformation in allen Staaten Südostasiens auch in den kommenden Dekaden mit derselben Geschwindigkeit wie in den letzten beiden Jahrzehnten vollziehen wird. Schon die so genannte »Asienkrise« der Jahre 1997 und 1998 hat gezeigt, dass durch Wirtschaftseinbrüche vor allem soziale Errungenschaften, die während der »Boomzeit« eingeführt wurden, zumindest zum Teil wieder zurückgenommen werden mussten und dass sich knappere Regierungsbudgets vor allem in den weniger entwickelten Ländern überproportional stark in

Tabelle 3: Potenzielle Unterstützungsrate (PSR =»Potential Support Rate«) 2002 und Medianalter 2000 und 2050 in Südostasien

	Kambodscha	Laos	Myanmar	Vietnam	Malaysia	Thailand	Brunei	Indonesien	Philippinen	Singapur	SO-Asien gesamt
PSR 2002*	19	15	14	12	14	12	19	13	16	9	13
PSR 2050*	9	8	4	4	4	3	4	4	5	2	4
MA 2000**	17	18	23	23	23	28	26	25	21	35	24
MA 2050**	32	33	38	35	38	42	39	38	36	50	38

*) PSR = Anzahl der Personen im Alter von 15 bis 64 Jahren pro Person im Alter von 65 und mehr Jahren.
**) MA = Medianalter (50 Prozent der Bevölkerung sind jeweils älter und 50 Prozent jünger als der angegebene Alterswert).

Quellen: United Nations 2001: World Population Prospects 2000; United Nations 2002: Population Ageing 2002.

Kürzungen im Bereich der Gesundheitsversorgung, einschließlich der Fortführung von Familienplanungsprogrammen und der Bekämpfung von HIV/AIDS, ausgewirkt haben.

Literatur

Airriess, C. A. (2000): Malaysia and Brunei. In: Southeast Asia – Diversity and Development, Hg. T. R. Leinbach/R. Ulack. Upper Saddle River: Prentice Hall: 341-378

Böhn, D. (1986): Südostasien. Zur didaktischen Erschließung und Literatur. In: Praxis Geographie 16/1: 9-10

Bulatao, R. A. (2001): Introduction. In: Global Fertility Transition, Hg. R. A. Bulatao/J. B. Casterline. New York: Population Council: 1-16 (= Supplement zu Population and Development Review 27)

Caldwell, J. C. (2002): The Contemporary Population Challenge. Arbeitspapier für das »Expert Group Meeting on Completing the Fertility Transition«. Population Division, Department of Economic and Social Affairs. New York: United Nations

Crawfurd, J. (1820): History of the Indian Archipelago: Containing an Account of the Manners, Arts, Languages, Religions, Institutions, and Commerce of its Inhabitants, Bd. I. Edinburgh: A. Constable

Freedman, R. (1995): Asia's Recent Fertility Decline and Prospects for Future Demographic Change. Honolulu: East-West Center (= Asia-Pacific Population Research Reports 1/95)

Grabovsky, V. (1999): Die Bevölkerungsentwicklung. In: Südostasien-Handbuch, Hg. B. Dahm/R. Ptak. München: Beck: 54-65

Gubhaju, B. u.a. (2001): Demographic Dynamics in the ESCAP Region: Implications for Social Development and Poverty. In: Asia-Pacific Population Journal 16/1: 45-66

Hauser, J. (1982): Bevölkerungslehre für Politik, Wirtschaft und Verwaltung. Berlin-Stuttgart: Haupt (= Uni-Taschenbücher 1164)

Henley, D. (2002): Population, Economy and Environment in Island Southeast Asia: A Historical View with Special Reference to Northern Sulawesi. In: Singapore Journal of Tropical Geography 23/2: 167-206

Hermalin, A. I. (1995): Ageing in Asia: Setting the Research Foundation. Honolulu: East-West Center (= Asia-Pacific Population Research Reports 4/95)

Hiebert, M. (1994): Single Mothers: Women in Men-short Vietnam are Having Children out of Wedlock. In: Far Eastern Economic Review, 24. Februar: 60

Hugo, G. (2000): Demographic and Social Patterns. In: Southeast Asia – Diversity and Development, Hg. T. R. Leinbach/R. Ulack. Upper Saddle River: Prentice Hall: 74-109

Husa, K. (1986): Räumliche Mobilitätsprozesse in Metropolen von Entwicklungsländern: Das Beispiel Bangkok. In: Beiträge zur Bevölkerungsforschung, Festschrift zum 60. Geburtstag von Ernest Troger, Bd. 1, Hg. K. Husa/C. Vielhaber/H. Wohlschägl. Wien: F. Hirt: 321-354 (= Abhandlungen zur Geographie und Regionalforschung 1)

Husa, K./Wohlschlägl, H. (2000a): Aktuelle Entwicklungstendenzen der internationalen Arbeits-migration in Südost- und Ostasien vor dem Hintergrund von Wirtschaftsboom und Asienkrise. In: Internationale Migration – Die globale Herausforderung des 21. Jahrhunderts? Hg. K. Husa/ C. Parnreiter/I. Stacher. Frankfurt am Main/Wien: Brandes & Apsel/Südwind: 247-279 (= Historische Sozialkunde 17/Internationale Entwicklung)

Husa, K./Wohlschlägl, H. (2000b): Internationale Arbeitsmigration im Zeitalter der Globalisierung: Das Beispiel Südostasien. In: Mitteilungen der Österreichischen Geographischen Gesellschaft 142: 269-314

Jones, G.W. (1984): Asia's Demographic Transition: Successfull or Stalled? In: Demographic Transition in Asia, Hg. G. W.Jones. Singapore: Maruzen Asia: 1-30

Knodel, J. u.a. (1980): Thailand's Continuing Reproductive Revolution. In: International Family Planning Perspectives 6/2: 84-96

Kummer, D. M. (2000): The Physical Environment. In: Southeast Asia – Diversity and Development, Hg. T. R. Leinbach/R. Ulack. Upper Saddle River: Prentice Hall: 6-34

Leete, R./Alam, I. (1999): Asia's Demographic Miracle: 50 Years of Unprecedented Change. In: Asia-Pacific Population Journal 14/4: 9-20

Mason, K. (1992): Family Change and Support of the Elderly in Asia: What Do We Know? In: Asia-Pacific Population Journal 7/3: 13-32

Raffles, T. S. (1991): Memoir of the Life and Public Services of Sir Thomas Stamford Raffles. Singapore: Oxford University Press

Reid, A. (1988): Southeast Asia in the Age of Commerce. Bd. I: The Lands below the Winds. New Haven: Yale University Press

Rigg, J. (1997): Southeast Asia: The Human Landscape of Modernization and Development. London/New York: Routledge

Rigg, J. (2001): More than the Soil: Rural Change in Southeast Asia. Harlow: Prentice Hall

Rockett, I. R. H. (1999): Population and Health: An Introduction to Epidemiology. Washington D. C.: Population Reference Bureau (= Population Bulletin 54/4)

Stark, O. (1991): The Migration of Labor. Cambridge: Blackwell

Uhlig, H. (1988): Südostasien. Frankfurt am Main: Fischer Taschenbuch Verlag (= Fischer Länderkunde, Bd. 3)

United Nations, Economic and Social Commission for Asia and the Pacific Region (ESCAP) (2001): Reducing Disparities: Balanced Development of Urban and Rural Areas and Regions within the Countries of Asia and the Pacific. Bangkok: UN-ESCAP

United Nations, Population Division, Department of Economic and Social Affairs (2001): World Population Prospects – The 2000 Revision. New York: United Nations

United Nations, Population Division, Department of Economic and Social Affairs (2002): Population Ageing 2002. New York: United Nations, Wallchart

van Landingham, M./Hirschman, C. (2001): Population Pressure and Fertility in Pre-transition Thailand. In: Population Studies 55: 233-248

Wander, H. (1979): Ökonomische Theorien des generativen Verhaltens. In: Schriftenreihe des Bundesministeriums für Jugend, Familie und Gesundheit 63: 61-76

Wohlschlägl, H. (1986): Bevölkerungswachstum und Fruchtbarkeitsrückgang in Thailand. In: Beiträge zur Bevölkerungsforschung, Festschrift zum 60. Geburtstag von Ernest Troger, Bd. 1, Hg. K. Husa/C. Vielhaber/H. Wohlschlägl. Wien: F. Hirt: 355–384 (= Abhandlungen zur Geographie und Regionalforschung 1)

Wohlschlägl, H. (1991): Familienplanungsprogramme und Geburtenkontrolle in der Dritten Welt. In: Demographische Informationen 1990/91: 17–34

World Bank. 2001. World Development Report 2001. Washington: World Bank

World Bank. 2002. World Bank Development Indicators 2000/2001. Washington: World Bank

Zelinsky, W. (1950): The Indochinese Peninsula: A Demographic Anomaly. In: The Far Eastern Quarterly 9/2: 115-145

Anne Booth

Linking, *De-Linking* und *Re-Linking*:
Südostasien und die Weltwirtschaft im 20. Jahrhundert

Einleitung

Im folgenden Aufsatz sollen die Auswirkungen der Globalisierung auf den südostasiatischen Wirtschaftsraum im Verlauf des 20. Jahrhunderts untersucht werden. Der Schwerpunkt liegt dabei auf dem Wachstum der Exporte, der Kapitalflüsse und der internationalen Migration. Diesen drei Aspekten der Globalisierung widmen sich bereits die Studien von Williamson, O'Rourke und anderen, allerdings im Kontext der nordatlantischen Wirtschaft des 19. und 20. Jahrhunderts (vgl. O'Rourke 2002; Hatton/ Williamson 1992; Williamson 2002). Daneben haben sich Historiker und Sozialwissenschaftler in den letzten Jahren jedoch auch mit anderen Aspekten der Globalisierung befasst, unter denen die Verbreitung von Ideen in Politik, Verwaltung und im Rechtswesen für den Verlauf der letzten zwei Jahrhunderte sicherlich von ebenso großer Bedeutung sind wie die Exportzuwächse, die Kapitalflüsse und die zunehmende Migration. Ich beschränke mich jedoch hier auf die drei letztgenannten Bereiche, die für den südostasiatischen Wirtschaftsraum statistisch besser dokumentiert sind.

Bekanntlich klafften das Bruttonationalprodukt (BNP) pro Kopf sowie andere Indikatoren, die üblicherweise zur Bewertung des Entwicklungsstandes eines Landes herangezogen werden (zum Beispiel Alphabetisierungsrate und durchschnittliche Lebenserwartung), zwischen den zehn ASEAN-Staaten am Ende des 20. Jahrhunderts weit auseinander (vgl. Tabelle 1). So hat Singapur die entwickelten Länder einkommensmäßig bereits eingeholt und weist ein höheres BNP pro Kopf auf als die meisten europäischen Länder. Auch im Hinblick auf Lebenserwartung und Alphabetisierungsrate schließt es rasch auf. Malaysia, Thailand und Indonesien wiesen in den drei Jahrzehnten zwischen 1965 und 1995 eine höhere Wachstumsrate auf als der Durchschnitt der entwickelten Ökonomien, und in Vietnam beschleunigte sich das Wirschaftswachstum im Verlauf der 1990er-Jahre drastisch. Auch in Bezug auf verschiedene Sozialindikatoren machten diese vier Länder beträchtliche Fortschritte. Allerdings verringerten sich die Wachstumsraten, besonders in Thailand und Malaysia, seit der Krise in den Jahren 1996/ 97, und die zukünftige wirtschaftliche Entwicklung dieser vier Ökonomien ist noch ungewiss. Burma, Laos und Kambodscha dagegen gehörten auch am Ende des 20. Jahrhunderts noch zu den armen und unterentwickelten Ländern. Zwar ist auch in diesen

Volkswirtschaften die Lebenserwartung zwischen den 1970er-Jahren und dem Ende des Jahrhunderts gestiegen, trotzdem sind sie auf dem Human Development Index weiterhin im untersten Drittel zu finden.

Um die Disparitäten zwischen diesen Ländern zu erklären, sollen im Folgenden ihre Beziehungen zur Weltwirtschaft seit dem Ende des 19. Jahrhunderts analysiert werden. Als Hypothese, die es dabei zu überprüfen gilt, dient die Feststellung von O'Rourke und Williamson: »where there has been openness, there has been convergence; where there has been autarky, there has been either divergence or cessation of convergence.« (O'Rourke/Williamson 1999:284) O'Rourke und Williamson belegen diese These mit einer Studie zu den wirtschaftlichen Entwicklungen im nordatlantischen Raum im 19. Jahrhundert. Die folgende Untersuchung wird jedoch zeigen, dass sich die langfristigen Auswirkungen einer wachsenden Integration in die Weltwirtschaft (*linking*) bzw. einer zunehmenden Abkoppelung (*de-linking*) auch anhand der südostasiatischen Region ausnehmend gut nachweisen lassen.

Tabelle 1: BNP und weitere Sozialindikatoren – ASEAN-Staaten, ca. 1999

Land	HDI Rang[a]	Lebenserwartung		Alphabe-tisierungsrate 1999[b]	BNP Pro Kopf RKK[c] in $ 1999
		1970–75	1995–2000		
Singapur	26	69.5	77.1	92.1	20,767
Brunei	32	68.3	75.5	91.0	17,868
Malaysia	56	63.0	71.9	87.0	7,473
Thailand	66	59.5	69.6	95.3	6,132
Philippinen	70	58.1	68.6	95.1	3,805
Vietnam	101	50.3	67.2	93.1	1,860
Indonesien	102	49.2	65.1	86.3	2,857
Myanmar	118	49.3	55.8	84.4	1,027
Kambodscha	121	40.3	56.5	68.2	1,361
Laos	131	40.4	52.5	47.3	1,471
Durchschnitt: Ostasien und Pazifik					
		60.4	68.8	85.3	3,950

a) Beim Human Development Index (HDI) handelt es sich um eine Liste von 162 Ländern, die aufgrund einer Kombination von Indikatoren eingestuft werden; die Länder von Rang 49 bis 125 fallen in die Kategorie »medium human development«, alle folgenden in die Kategorie »low human development«. In Letztere fällt von den ASEAN-Staaten nur Laos.
b) Prozentanteil an der Gesamtbevölkerung (über 15 Jahre)
c) Reale Kaufkraft pro Kopf.
Quelle: United Nations 2001:145-147, 166-169

Der Exportzuwachs in Südostasien

Nach Bairoch und Etemad war die Dritte Welt im Jahr 1830 mit 27,5 Prozent an der Summe der weltweiten Exporte beteiligt. 44 Prozent dieser Exporte aus der Dritten Welt stammten aus dem asiatischen Raum (einschließlich der Ökonomien des Nahen und Mittleren Ostens; siehe Tabelle 2). Doch während der Beitrag der Dritten Welt zu den globalen Exporten im Verlauf des 19. Jahrhunderts fiel und im Jahr 1900 bei unter 20 Prozent lag, weist der prozentuelle Anteil Asiens an den Exporten der Dritten Welt im gleichen Zeitraum einen deutlichen Zuwachs auf. Noch rascher stieg der südostasiatische Anteil am asiatischen Gesamtexport, und schon im Jahr 1900 war Südostasien (also Französisch-Indochina, die Philippinen, Niederländisch-Indien, Britisch-Malaya und Singapur; Burmas Exporte wurden mit dem übrigen Britisch-Indien verrechnet) für 22 Prozent aller Warenexporte aus dem asiatischen Raum verantwortlich. Im Jahr 1937 übertraf der weiterhin steigende Anteil der südostasiatischen Exporte am asiatischen Gesamtexport dann sowohl den Anteil Chinas als auch jenen Britisch-Indiens. Während der prozentuelle Anteil Asiens an der Gesamtausfuhr der Dritten Welt zu diesem Zeitpunkt mit 44 Prozent wieder auf dem Stand von 1830 lag, war der südostasiatische Anteil an den Exporten der Dritten Welt seit Beginn des 19. Jahrhunderts stark gestiegen.

Tabelle 2: Prozentueller Anteil der südostasiatischen an den asiatischen Exporten, der asiatischen an den Exporten der Dritten Welt sowie der Dritten Welt an den weltweiten Exporten: 1830–1937

Jahr[a]	Dritte Welt in % an weltweiten Exporten	Asien in % an Exporten der Dritten Welt	% am asiat. Gesamtexport[b]		
			China	Indien	Südostasien
1830	27.5	44.0	20.6	43.8	9.8
1860	22.0	47.4	19.1	47.9	16.9
1900	19.4	47.8	15.1	46.8	21.8
1912	24.2	47.9	15.0	44.0	30.2
1928	25.3	49.9	16.5	32.3	35.4
1937	26.8	44.5	7.3	29.3	37.0

a) Dreijähriger Durchschnitt rund um das angegebene Jahr
b) Asien umfasst den Nahen und Mittleren Osten, China, Korea und Hong Kong sowie Südost- und Südasien. Zu Indien gehören Ceylon, Burma und andere Teile Britisch-Indiens. Zu Südostasien zählen Indochina, Britisch-Malaya, Indonesien und die Philippinen.
Quelle: Bairoch/Etemad 1985:Tabelle 1.2 und 6.1

Anhand der statistischen Daten von Bairoch und Etemad lässt sich also nachweisen, dass die bedeutendsten Ökonomien Südostasiens ihre Exporte im Verlauf der mehr als hundert Jahre zwischen 1830 und 1937 im Vergleich zum Rest Asiens sowie zu den anderen Ländern der Dritten Welt erfolgreich ausweiten konnten. Diesen Trend bestätigen auch die Daten, die Lewis für die Jahre 1883 bis 1937 zur Expansion des tropischen Handels zusammengetragen hat. Dabei darf nicht unberücksichtigt bleiben, dass Lewis einen anderen Wirtschaftsraum zu Grunde legt als Bairoch und Etemad. Letztere subsummieren unter dem Oberbegriff Dritte Welt alle Länder Afrikas, Mittel- und Südamerikas sowie Asiens (mit Ausnahme Japans, aber unter Einschluss von Britisch-Indien, Südostasien und China) und des Nahen und Mittleren Ostens (mit Afghanistan, Iran, Irak, der Türkei, Zypern, Kreta, Syrien, Palästina, Libanon, Oman und Aden) (Bairoch/Etemad 1985:92). Lewis dagegen versteht unter den tropischen Ökonomien die Länder Afrikas südlich der Sahara (mit Ausnahme von Südafrika, Namibia, Botswana und Lesotho), Ägypten, Mexiko, Mittelamerika und die Karibik sowie Südamerika (ohne Chile, Uruguay und Argentinien), Asien (mit Ausnahme von China, Japan, Korea und Hongkong) und die pazifischen Inseln. Anders als Bairoch und Etemad lässt Lewis die Volkswirtschaften des

Nahen und Mittleren Ostens, abgesehen von Ägypten, außer Betracht (Lewis 1969:Tabelle 9). Nach seiner Auswertung trugen die südostasiatischen Ökonomien (wieder ohne Burma) im Jahr 1883 weniger als 20 Prozent zum gesamten tropischen Handel bei. Im Jahr 1937 war ihr Anteil (in diesem Fall unter Einschluss von Burma, vgl. Andrus 1948:Tabelle 23) jedoch schon auf 33 Prozent gestiegen. In inflationsbereinigten Dollars gerechnet, haben sich damit die Exporte aus Südostasien in den Jahren von 1883 bis 1937 fast verfünffacht (siehe Tabelle 3). Dabei waren Indonesien und Britisch-Malaya (mit Brunei und Singapur) im Jahr 1937 für 34 Prozent der gesamten Exporte aus Südostasien

Tabelle 3: Warenwert und prozentueller Anteil der südostasiatischen Exporte an den tropischen Exporten

Jahr	In % der tropischen Exporte	Wert (in Millionen $)[a]
1883	19.8	762.26
1899	20.8	1,142.24
1913	22.0	2,026.58
1929	27.3	2,948.62
1937	32.5	3,660.67
1955	21.7	4,035.20
1965	20.2	4,316.50
1980	34.5	27,123.68
1995	54.6	83,221.43
1998	50.1	83,971.35

a) In konstanten US-Dollar, deflationiert um den impliziten Preisindex (1955=100) gemäß US Census Bureau 1999:Series F 6-9, auf den neuesten Stand gebracht anhand der Daten in Tabelle Nr. 767.

Quellen: Lewis 1969:Tabelle 9; für die Daten zu den Jahren 1980, 1995 und 1998 siehe International Monetary Fund 2002:128-9; zu Brunei vgl. Brunei Darussalam 1990 und 1998; die Daten für das Jahr 1980 in Vietnam entstammen McCarty/Paunlagui/Huy:81.

Tabelle 4: Prozentueller Anteil der einzelnen Länder am Wert der ASEAN-Gesamtexporte (1937–1998)

Land	1937	1955	1965	1980	1995	1998
Burma	11.5	6.2	4.7	0.7	0.3	0.3
Indochina	6.5	2.9	3.0	0.5	2.1	3.2
Kambodscha				0.0	0.3	0.2
Laos				..	0.1	0.1
Vietnam				0.5	1.7	2.8
Indonesien	33.6	25.6	15.1	30.5	14.2	14.8
Britisch-Malaya	34.3	44.9	48.1	51.3	60.6	56.3
Malaysia				18.0	23.0	22.2
Brunei				6.4	0.7	0.8
Singapur				26.9	36.9	33.3
Philippinen	9.4	11.3	16.0	8.0	5.4	8.9
Thailand	4.7	9.1	13.1	9.0	17.6	16.5
Gesamt	100.0	100.0	100.0	100.0	100.0	100.0

Quellen: Lewis 1969:Tabelle 9; zu den Daten für die Jahre 1980, 1995 und 1998 vgl. International Monetary Fund 2002:128-129; zu Brunei siehe Brunei Darussalam 1990 und 1998; die Daten zu Vietnam für das Jahr 1980 entstammen McCarty/Paunlagui/Huy:81; zu den Angaben für Burma im Jahr 1937 vgl. Andrus 1948:Tabelle 23, für die Jahre 1955 und 1965 vgl. International Monetary Fund 1971.

verantwortlich, Burma und die Philippinen für weitere 21 Prozent. Die Anteile Französisch-Indochinas und Thailands fielen dagegen weit geringer aus (siehe Tabelle 4).

Sowohl das statistische Material von Bairoch und Etemad als auch die Daten von Lewis implizieren, dass die südostasiatische Region ihre Verbindungen mit dem Rest der Welt, zumindest in Bezug auf den Warenhandel, im späten 19. und frühen 20. Jahrhundert ausweitete. Es würde zu weit führen, die geographische Ausrichtung der Handelsbeziehungen während dieser Jahrzehnte, die im größten Teil Südostasiens mit den letzten Jahrzehnten der Kolonialherrschaft zusammenfielen, genauer zu analysieren. Ein besonders bemerkenswerter Aspekt soll jedoch nicht unerwähnt bleiben. Obwohl die Kolonialmächte als Handelspartner in allen Kolonien von großer Bedeutung waren (dies gilt besonders für Indochina und die Philippinen), unterhielten Teile Südostasiens auch mit anderen Ländern Asiens sowie mit den Vereinigten Staaten umfangreiche Handelsbeziehungen. Besonders für die beiden größten Kautschukexporteure, Britisch-Malaya und Niederländisch-Indien, hatten sich die USA spätestens mit Ende der 1930er-Jahre zu einem wichtigen Handelspartner entwickelt. Zudem bestanden zwischen Niederländisch-Indien und Teilen des Britischen Empire umfangreiche Handelsbeziehungen, die jedoch nach 1932 stark beschränkt wurden, mit gravierenden Auswirkungen auf den Zuckerexport. Auch die Ausfuhren nach Japan nahmen nach 1913 zu – hier hatten sich allerdings in den meisten südostasiatischen Ökonomien bereits in den frühen 1930er-Jahren große Handelsbilanzdefizite aufgebaut.

Die 1940er-Jahre waren für den größten Teil Südostasiens ein traumatisches Jahrzehnt. Im Jahr 1942 überzog die kaiserlich-japanische Armee die gesamte Region mit Krieg und fügte den Kolonialmächten auf ihrem Siegeszug vernichtende Niederlagen zu. Die japanische Besatzung war zwar nur von kurzer Dauer, doch sie kappte zwischen 1942 und 1945 viele der bisherigen Handels- und Investitionsflüsse. Zudem wurde bei der japanischen Besetzung wie auch bei der Rückeroberung der Gebiete durch die alliierten Truppen die exportfördernde Infrastruktur in Burma, Malaya, Indonesien und auf den Philippinen zu einem großen Teil zerstört. Der japanischen Niederlage folgten kriegerische Auseinandersetzungen mit den ehemaligen Kolonialherren, sodass sich die Ökonomien auch dann nicht erholen konnten. Dies betraf besonders Niederländisch-Indien, wo nationalistische Kräfte im August 1945 die Unabhängigkeit erklärt hatten, und Französisch-Indochina.

Die Niederlande und Frankreich gewährten ihren Kolonien erst nach langwierigen Kämpfen mit den nationalistischen Kräften die Unabhängigkeit. Dabei setzte sich die Zerstörung von Infrastruktur und Produktionsanlagen fort. Gleichzeitig sahen sich viele Länder mit inneren Unruhen konfrontiert, die von ethnischen Minderheiten und von verschiedensten kommunistisch oder islamisch orientierten Rebellen ausgingen. Aus all diesen Gründen hatte sich der Anteil Südostasiens an den tropischen Exporten bis 1955 erheblich reduziert. Zwar gab es zwischen 1937 und 1955 immer noch einen realen Exportzuwachs, doch selbst im Vergleich zu den von der Depression geprägten 1930er-Jahren fiel dieser sehr gering aus. Im Jahr 1965 war der Anteil Südostasiens an den gesamten tropischen Exporten mit wenig mehr als 20 Prozent fast auf den Stand von 1883 zurückgefallen (siehe Tabelle 3).

Allerdings betraf der Rückgang, der sich für den südostasiatischen Anteil an tropischen Exporten zwischen 1937 und 1965 beobachten lässt, nicht alle Länder im gleichen Ausmaß. So stieg der Beitrag Britisch-Malayas (einschließlich Singapurs), das schon 1937 ein Drittel aller südostasiatischen Exporte gestellt hatte, bis 1965 auf 45 Prozent an, obwohl sein Anteil an den gesamten tropischen Exporten mit unter zehn Prozent eine leicht abfallende Tendenz aufwies. Thailand und die Philippinen erhöhten ihren Anteil sowohl an den regionalen Exporten als auch an der Gesamtheit der tropischen Exporte. In Burma, Indonesien und den Ländern des ehemaligen Indochina verhielt es sich genau umgekehrt – sie erlitten in beiderlei Hinsicht starke Einbußen. Im Fall Vietnams lässt sich die geringe Exportleistung zwischen 1950 und 1965 unter anderem mit der politischen Teilung und dem Beginn eines erbitterten und ruinösen Bürgerkriegs erklären.

Das starke Absinken der Ausfuhren aus Burma, Indonesien und den Ländern des ehemaligen Indochina, in gewissem Maß auch von den Philippinen und aus Thailand, lag jedoch hauptsächlich darin begründet, dass die wirtschaftspolitischen Maßnahmen dieser Staaten die Exportproduktion blockierten. Sowohl einheimische als auch ausländische Unternehmer wurden durch überbewertete Währungen, Zölle, Einfuhrbeschränkungen, Ausfuhrsteuern und die sich fortwährend verschlechternde Infrastruktur von möglichen Investitionen in die Exportproduktion abgeschreckt – ob nun in der Landwirtschaft, im Bergbau oder im verarbeitenden Sektor. Eine weitere Folge dieser politischen Entscheidungen bestand darin, dass ansässige Exporteure den legalen Handelskanälen immer häufiger den Schmuggel vorzogen. So nahm der Warenschmuggel aus Indonesien zwischen 1955 und 1965 stark zu (vgl. Bhagwati 1974). Myint bezeichnete die genannten Ökonomien in einem viel zitierten Artikel auch als nach innen gerichtet. Seiner Meinung nach waren in diesen Ländern die ersten Regierungen nach der Unabhängigkeit nicht willens, den Ausbau der Exportproduktion mit ökonomischen Anreizen für Investoren zu fördern, weder für ausländische noch für inländische (vgl. Myint 1967:8).

Auch wenn es sich nicht leugnen lässt, dass die Handelspolitik den Zuwachs der Ausfuhren aus Indonesien und Burma zwischen 1950 und 1960 hemmte, so wäre es doch falsch zu behaupten, dass sich diese beiden Ökonomien im Verlauf dieser Jahre völlig von der Weltwirtschaft abkoppelten. So hatte das indonesische Exportvolumen im Jahr 1950 den Stand von 1940 überschritten und nahm bis 1955 weiter zu, wenn auch ungleichmäßig (vgl. Rosendale 1975: Anhang, Tabelle 1). Meiner Meinung nach hat sich das Verhältnis der Exporte zum BNP über diesen Zeitraum nicht, wie andere Autoren behaupteten, bedeutend verschlechtert, sondern blieb wahrscheinlich weitgehend stabil (vgl. Booth 1998:205-6). In Burma lag das Exportvolumen in den frühen 1950er-Jahren noch unter dem Vorkriegsstand, aber genau wie in Indonesien machte die zunehmende Überbewertung der Währung die Berechnung der Exporte gemessen am BNP mit jedem weiteren Jahr problematischer. Auch wenn sich dieses Verhältnis in Burma zweifellos verschlechterte, so sicherlich nicht so drastisch, wie es die Daten zum Volkseinkommen vermuten lassen.

Zwischen 1965 und 1980 stieg der Anteil Südostasiens an den tropischen Exporten wieder so weit an, dass er 1980 sogar höher lag als 1937 (siehe Tabelle 3). Doch auch an dieser erneuten Ausweitung der Exporte waren nicht alle Länder der Region gleichmäßig beteiligt. Singapur, Malaysia und Brunei konnten zusammen ihren Anteil an den regionalen Exporten and damit ihren Anteil an der Gesamtheit der tropischen Exporte erhöhen. Indonesien konnte seinen Beitrag zu den regionalen Exporten im Verlauf dieser

15 Jahre mehr als verdoppeln. Dieser rasche Anstieg lässt sich zum Teil auf die starke Abwertung der Rupie in den frühen Jahren der Suharto-Ära zurückführen – eine Maßnahme, die Produktionskapazitäten wieder der Exportwirtschaft zuführte. Die Hauptursache der Exportzuwächse war jedoch die günstige Entwicklung der *terms of trade* in den späten 1960er- und den 1970er-Jahren, die vor allem auf den steigenden Weltmarktpreis für Öl zurückzuführen war (vgl. Sundrum 1986:42-53). Die Veränderungen in den Terms of Trade erklären zu einem großen Teil auch die wertmäßige Steigerung der Exporte aus Malaysia und Brunei.

Die Anteile Burmas, Vietnams, Laos' und Kambodschas an den südostasiatischen Gesamtausfuhren nahmen hingegen im gleichen Zeitraum weiter ab. Diese vier Länder hatten sich, zumindest was den legalen Handel betraf, bis zum Jahr 1980 weitgehend von der internationalen Wirtschaft abgekoppelt (zu Vietnam vgl. McCarty/Paunlagui/ Huy:Tabelle 7.4). Auch die Anteile der Philippinen und Thailands an den regionalen Gesamtexporten sanken in den Jahren zwischen 1965 und 1980. Auf den Philippinen lag dieser Rückgang hauptsächlich darin begründet, dass die wirtschaftspolitischen Maßnahmen des Marcos-Regimes, das sich in dieser Zeit vor allem durch steigende Korruption und sinkende Kompetenz auszeichnete, zunehmend weniger Anreize für Exportproduzenten boten. In Thailand dagegen, wo das Exportvolumen anstieg, lässt sich der sinkende Anteil an den regionalen Exporten damit erklären, dass die Preise für traditionelle agrarische Exportprodukte dieses Landes in den späten 1970er-Jahren zurückgingen.

In Anlehnung an den Erfolg Singapurs, das schon seit den 1960er-Jahren den Export von Industrieprodukten förderte, erweiterten auch Thailand und Malaysia in den 1980er- und 1990er-Jahren die Palette ihrer Exportprodukte um industriell hergestellte Waren. Diese Exportdiversifikation vollzog sich sowohl in Thailand als auch in Malaysia in erstaunlichem Tempo. Während die Exporteinnahmen dieser beiden Volkswirtschaften im Jahr 1980 noch zu über 80 Prozent auf Produkten des primären Sektors beruhten, sorgte der verarbeitende Sektor schon im Jahr 1999 in Malaysia für 80 Prozent und in Thailand für 74 Prozent der Exportprodukte (vgl. World Bank 1997:243 und World Bank 2001a:238-239). Alle drei Ökonomien konnten zwischen 1980 und 1995 ihren Anteil an den südostasiatischen Ausfuhren so stark erhöhen, dass sie im Jahr 1995 gemeinsam für beinahe 78 Prozent aller Exporte aus der Region sorgten (vgl. Tabelle 4).

Der Anteil Indonesiens schrumpfte hingegen nach 1980 wieder. Dieser Rückgang hatte jedoch andere Ursachen als jener zwischen 1937 und 1965. Nach dem Fallen des Ölpreises in den frühen 1980er-Jahren ergriff die indonesische Regierung eine Reihe von Maßnahmen zur Diversifikation der Exportprodukte, die von beträchtlichem Erfolg gekrönt waren (vgl. Hill 1996:81-84). Während die Handelspolitik in der Frühphase der Ära Suharto, die mit dem Ölboom zusammenfiel, noch von Protektionismus geprägt war und ausländische Investitionen strikten Kontrollen unterwarf, wurden nach 1985 im Zuge einer Reihe von Reformen die durchschnittlichen Zolltarife deutlich reduziert, viele quantitative Importrestriktionen abgeschafft und ein Zollrückvergütungssystem eingeführt, das für Exportproduzenten einen Zollnachlass für den Import von Vorprodukten und Maschinen vorsah. Außerdem wurden die Bestimmungen bezüglich ausländischer Investitionen, speziell innerhalb des Exportsektors, liberalisiert. Zwischen 1980 und 1995 stieg der Gesamtwert der indonesischen Exporte (in US-Dollar) auf mehr als das Doppelte, wobei die Zuwächse außerhalb des ölexportierenden Sektors noch viel rascher erfolgten.

Die Exporte aus der gesamten Region konnten sich im selben Zeitraum mehr als vervierfachen, sodass Südostasien im Jahr 1995 für fast 55 Prozent des gesamten tropischen Handels (im Sinne von Lewis) und für ungefähr 23 Prozent aller Exporte aus der Dritten Welt sorgte (siehe Tabelle 5). Da auch China seit 1980 starke Exportzuwächse verzeichnete, nahm der Anteil Südostasiens an den gesamten Exporten Asiens zwischen 1980 und 1995 leicht ab, obwohl sein Beitrag zu den Exporten der Dritten Welt sowie zu den globalen Exporten im gleichen Zeitraum weiterhin stieg. Die schwere Krise, die die Region in der zweiten Hälfte der 1990er-Jahre erschütterte, ließ die Exportzuwächse schrumpfen und den Anteil Südostasiens an der Summe der tropischen Exporte auf ungefähr 50 Prozent zurückfallen. Damit lag sein Prozentanteil jedoch immer noch bedeutend höher als in den Jahren 1965 oder 1980. Auch der Anteil der zehn ASEAN-Staaten an den Ausfuhren der Dritten Welt und am Welthandel sank nur geringfügig ab (siehe Tabelle 3 und 5). Im Jahr 2000 waren die Exporte aus den ASEAN-Staaten nach Schätzungen des Internationalen Währungsfonds bei weitem größer als die chinesischen. Demnach beliefen sich die Exporte aus der Volksrepublik China (ohne Hongkong) im Jahr 2000 auf insgesamt 249,3 Milliarden US-Dollar, gegenüber 423 Milliarden US-Dollar aus acht ASEAN-Staaten (ohne Brunei und Myanmar; vgl. International Monetary Fund 2002:129).

Tabelle 5: Anteil der zehn ASEAN-Staaten am regionalen und globalen Export: 1980, 1988, 1995, 1998

ASEAN 10 in % von:	1980	1988	1995	1998
Asien[a]	45.2	29.2	34.6	33.8
China	397.3	222.1	215.4	182.9
Dritte Welt[a]	12.7	16.7	22.8	22.1
Welt	3.7	3.8	6.3	6.1
Asien in % der Dritten Welt	28.1	57.2	66.0	65.0
Dritte Welt in % der globalen Exporte	29.1	22.7	27.4	27.5

a) Asien ohne Japan. Zur Dritten Welt zählen Asien, Afrika, der Nahe und der Mittlere Osten, Lateinamerika und die Karibik.

Quelle: International Monetary Fund 2002:126-31; für die Daten zu Brunei vgl. Brunei Darussalam 1990 und 1998. Für die Daten zu Vietnam im Jahr 1980 und 1988 siehe McCarty/Paunlagui/ Huy:81.

Der beachtliche Wiederanstieg der Exportproduktion in Südostasien nach 1965 war vor allem auf jenen politischen Maßnahmen zurückzuführen, die sowohl die weitere Expansion im Bereich der traditonellen Exportprodukte förderten als auch zur Diversifizierung, besonders in Richtung industrieller Produktion, anregten. Dabei lässt sich feststellen, dass diese Politik in einigen Teilen der Region weitaus erfolgreicher praktiziert wurde als in anderen. Die Maßnahmen zur Exportförderung und Diversifizierung waren besonders in Thailand, Malaysia und Singapur von Erfolg gekrönt. Diese drei Staaten waren es auch, die vor allem ab 1980 für einen großen Teil des gesamten Exportwachstums verantwortlich waren. Im Gegensatz dazu verfolgte Burma selbst nach den Lockerungen für ausländische Investitionen in den frühen 1990er-Jahren weiterhin eine Politik, die einem Wachstum der Exporte abträglich war. Dementsprechend war der Anteil dieses Landes an den Ausfuhren der Gesamtregion bis zur Mitte der 1990er-Jahre fast auf null gesunken. So gesehen scheint das *de-linking* auf breitester Basis wirksam geworden zu sein, auch wenn der illegale Handel weiterhin florierte. In Vietnam, Laos und Kambodscha dagegen wurden die Handels- und Währungspolitik im Verlauf der 1990er-Jahre reformiert. Diese drei Länder wiesen daraufhin kräftige Exportzuwächse auf, allerdings ausgehend von einem sehr niedrigen Niveau. Selbst im Jahr 1998 konnten sie lediglich drei Prozent des Gesamtexportes der ASEAN-Staaten auf sich vereinigen – ein Anteil, der sich im Vergleich zu 1965 kaum verändert hatte.

Das Wachstum der ausländischen Direktinvestitionen

Im Jahr 1914 machten ausländische Direktinvestitionen (ADI) mindestens 35 Prozent des Gesamtvolumens aller internationalen langfristigen Schulden aus (O'Rourke 2002:46). Der Anteil der gesamten ausländischen Direktinvestitionen am weltweiten BNP wurde für das Jahr 1913 auf mehr als neun Prozent geschätzt – ein Wert, der auch in den frühen 1990er-Jahren unübertroffen war (Bairoch/Kozul-Wright 1998:46). Doch die internationalen Investitionsflüsse vor 1940 und nach 1950 unterschieden sich voneinander sowohl in Bezug auf das Ursprungs- und das Zielland als auch in Bezug auf den Wirtschaftssektor. Im Jahr 1914 stammten 85 Prozent der gesamten ausländischen Investitionen in der Weltwirtschaft aus nur vier Ländern: dem Vereinigten Königreich, den USA, Deutschland und Frankreich. Der größte Teil der verbleibenden 15 Prozent kam aus einigen kleineren europäischen Ökonomien. Während der Anteil, der in die reichen Ökonomien Westeuropas, Nordamerikas und Australasiens floss, nur bei ca 30 Prozent lag, gingen weitere 33 Prozent nach Lateinamerika und dort wiederum besonders in jene Länder mit einem hohen Anteil an europäischen Immigranten. Nach Asien flossen dagegen im Jahr 1914 nur ca. 21 Prozent aller Auslandsinvestitionen. Bis 1938 war dieser Anteil auf 25 Prozent gestiegen, davon gingen fast 14 Prozent nach Südostasien (Dunning 1993:Tabelle 5.1 und 5.2).

Allerdings wird der Zufluss ausländischer Direktinvestitionen sowohl nach Asien als auch in andere Teile der Dritten Welt für die Zeit vor 1940 normalerweise stark unterschätzt. So könnte das Volumen der ADI außerhalb der kapitalistischen Kernländer und deren europäischer Abkömmlinge in Südamerika und Australasien durchaus höher gewesen sein, als von Dunning veranschlagt. Besonders häufig werden für die Region Südostasien die Investitionen der Auslandschinesen unterbewertet. Diese könnten jedoch nach Ansicht einiger Wissenschaftler die Beträge, die in den üblicherweise im Westen verwendeten Quellen genannt werden, noch um mindestens 30 Prozent steigern (Lindblad 1998:17; Mackie 1993:xxxiv). Damit stellt sich wiederum die Frage, ob der Hauptteil der Investitionen in den südostasiatischen Kolonien in der letzten Phase der Kolonialzeit wirklich von der jeweiligen Kolonialmacht (also den Niederlanden, Frankreich, Großbritannien und den USA) getätigt wurde. Für Indochina und Burma muss dies jedoch auf jeden Fall mit Ja beantwortet werden. Trotz der Bedeutung der chinesischen Investitionen in verschiedenen Teilen Südostasiens dominierte hier eindeutig das französische bzw. das britische Kapital (Svedberg 1981:Tabelle 1; Lindblad 1998:18-19). Allerdings könnte man argumentieren, dass zumindest ein Teil der Investitionen in Südostasien nicht wirklich als »ausländisch« gelten kann, dann nämlich, wenn sie von Staatsangehörigen der Kolonialmacht stammten, die lange Zeit in der Kolonie lebten. Dieses Argument trifft auch auf die Investitionen von Migranten chinesischer, arabischer oder indischer Abstammung zu, die sich für längere Zeit in Südostasien niedergelassen hatten (vgl. Lindblad 1988:5-7).

Gemäß den Statistiken wurden ausländische Direktinvestitionen nach 1950 deutlich stärker innerhalb der entwickelten Welt getätigt – bis 1960 hatte der Anteil der ausländischen Direktinvestitionen, die in die entwickelten Ökonomien flossen, mehr als zwei Drittel ihres weltweiten Gesamtvolumens erreicht. Am Ende der 1990er-Jahre lag dieser Anteil schließlich bei 70 Prozent (O'Rourke 2002:Tabelle 2). Im Bereich der Exporte sah die Entwicklung jedoch gänzlich anders aus: Während des größten Teils der letzten 170 Jahre scheint der Anteil der Dritten Welt an den Gesamtexporten mit ca. 25-27 Prozent überraschend stabil geblieben zu sein (siehe Tabelle 3 und 5). Warum genau der Anteil der Dritten Welt an der Gesamtheit der ausländischen Investitionen in der zweiten Hälfte des 20. Jahrhunderts so radikal gefallen ist, bleibt jedoch insofern unklar, als grundlegende ökonomische Theorien gerade bei Investitionen in kapitalarmen Ländern besonders hohe Erträge versprechen (Lucas 1980). Für ganz Asien dagegen erklärt sich der prozentuelle Rückgang der Investitionen im Vergleich zum Rest der Welt nach 1950 mit der Politik in den beiden größten Ökonomien (China und Indien), die ausländischen Direktinvestitionen zwischen 1950 und 1980 ausgesprochen ablehnend gegenüberstanden. In den letzten beiden Jahrzehnten des 20. Jahrhunderts haben sich diese beiden Länder jedoch für ausländische Investitionen geöffnet. Trotzdem lag ihr Anteil an den

Tabelle 6: Anteil der ASEAN-Staaten an der Gesamtheit der regionalen und weltweiten ausländischen Direktinvestitionen

Jahr	ASEAN in % von:			% an ASEAN gesamt in Malaysia/ Singapur
	Asien[a]	Entwicklungs- länder[b]	Welt	
1914	49.5	15.8 (18.0)	9.9	14.0[c]
1938	54.4	20.7 (22.7)	13.6	14.0[c]
1960	73.3	17.0 (17.0)	5.5	n.a
1980	13.8	10.0 (10.3)	3.9	47.1
1985	23.6	14.5 (14.9)	6.7	43.2
1990	30.2	18.4 (19.4)	4.8	43.3
1995	31.9	20.1 (24.0)	5.8	51.8
1998	23.8	14.3 (17.4)	4.8	52.8

a) Zu Asien zählen Ost-, Süd- und Südostasien, aber nicht Japan.

b) Die Zahlen in Klammern zeigen den Prozentanteil der zehn ASEAN-Staaten an den Entwicklungsländern unter Ausschluss von China.

c) Die Daten entstammen Lindblad 1998:Tabelle 2.1; diese beinhalten nur westliche, nicht aber die Investitionen der Auslandschinesen. Wenn diese berücksichtigt würden, wäre der Anteil Singapurs/Malaysias wahrscheinlich weitaus höher.

Quellen: Dunning 1993:Tabelle 5.2; UNCTAD 2001:301-5.

gesamten ausländischen Direktinvestitionen auch im Jahr 1999 immer noch unter dem Stand von 1914.

Genau wie in den meisten anderen Ländern der Dritten Welt verringerte sich auch in den ASEAN-Staaten seit 1938 der Gesamtanteil an den globalen Auslandsinvestitionen (Tabelle 6). Gleichzeitig stieg jedoch ihr Anteil an den gesamten ausländischen Direkt-investitionen in den Entwicklungsländern. Doch auch innerhalb der ASEAN-Staaten waren diese ausländischen Direktinvestionen wiederum sehr ungleich verteilt. Seit 1980 flossen um die 40 bis 50 Prozent der gesamten ausländischen Direktinvestitionen in Südostasien nach Singapur und Malaysia. Dieser Anteil stieg zwischen 1980 und 1995 sogar noch leicht an, obwohl Burma, Laos, Kambodscha und Vietnam sich im Verlauf dieser Jahre für ausländische Direktinvestitionen öffneten. Auch in diesem Fall stellt sich die Frage, warum ein derart hoher Anteil an ausländischen Direktinvestitionen gerade in die beiden reichsten Ökonomien der ASEAN-Region floss. Dass in beiden Ländern die ausländischen Direktinvestitionen zwischen 1970 und 1993 für einen weit größeren Teil der Bruttoinlandskapitalbildung sorgten als im asiatischen Durchschnitt, erklärt sich wohl unter anderem aus der investitionsfreundlichen Politik, die in diesen beiden Ländern über mehrere Jahrzehnte hinweg verfolgt wurde (Chang 1998:Tabelle 7.2).

Die internationale Migration

Schon seit Jahrhunderten lassen sich Bevölkerungsbewegungen zwischen Südostasien und dem indischen Subkontinent, dem Mittleren Osten und China beobachten, doch im ausgehenden 19. Jahrhundert stiegen diese Migrationsflüsse sprunghaft an. Dies lag zum einen an den günstigeren und schnelleren Schiffsverbindungen, zum anderen sahen sich Inder und Chinesen durch Missernten und Hungersnöte sowie durch wachsende Unruhen in einigen Teilen Chinas zur Auswanderung gezwungen (vgl. Latham 1986). Außerdem standen in den südostasiatischen Ökonomien aufgrund der raschen Exportzuwächse nach 1870 ausreichend Arbeitsplätze zur Verfügung, besonders für junge Männer aus ärmli-chen Verhältnissen, die in ihrer Heimat oft keine Aussicht auf Arbeit hatten. Gebildetere Inder und Chinesen dagegen fanden lukrative Beschäftigungen als Regierungsbedienstete, Kaufleute und Geschäftsinhaber sowie in freien Berufen.

Zur indischen Migration nach Burma meint Bernadelli: »[the] migrants moved slowly, tentatively, soberly guided by the signals of prosperity« (Bernadelli 1952:39-40). Er beschreibt den Arbeitsmarkt für indische Tagelöhner in Burma als bemerkenswert liberal, mit einem vollkommen elastischen Arbeitskräfteangebot. Zunahme und Rück-gang bei der Nachfrage nach Arbeitskräften schlugen sich in steigender bzw. sinkender Beschäftigung nieder. Dementsprechend erreichte die Zahl der in Rangoon eintreffenden Deck-Passagiere in den späten 1920er-Jahren ihren Höhepunkt und fiel anschließend, als die Arbeitsmöglichkeiten sich mit der einsetzenden Depression verschlechterten, rapide ab. Viele der Arbeitskräfte, die nach Burma zogen, blieben nur für einen begrenzten Zeitraum. Sobald sie genügend Geld angespart hatten, kehrten sie wieder in ihre Heimat zurück. Trotzdem erhöhte sich die Zahl der in Burma ansässigen Inder, die im Jahr 1901 bei 600.000 lag, im Verlauf der ersten drei Jahrzehnte des 20. Jahrhunderts auf eine Million. Zu einem Großteil konzentrierten sich die in Burma lebenden Inder auf

Rangoon, wo der »Ausländeranteil« an der Bevölkerung im Jahr 1931 insgesamt 44 Prozent betrug (Sundrum 1957:40 sowie Tabelle 4 in den Anmerkungen).

Ein weiteres Ziel indischer Migration war Britisch-Malaya, dessen Bevölkerung für 1931 auf 610.000 geschätzt wurde (Smith 1952:Tabelle IV). Doch wie in den meisten anderen Ländern Südostasiens wurden auch hier die Einwanderer aus Indien sowie aus anderen Teilen Asiens bei weitem von den chinesischen Migranten übertroffen. Gemäß den Volkszählungen der Kolonialbehörden lebten im Jahr 1930 in Britisch-Malaya 1,71 und in Niederländisch-Indien 1,23 Millionen Chinesen (Purcell 1965:3). Für andere Teile Südostasiens ist die Zahl der dort lebenden Chinesen etwas umstrittener: Nach Skinner lag die Zahl der Chinesen in Thailand im Jahr 1932 bei 1,6 Millionen, laut Purcell lebten in den frühen 1930er-Jahren mehr als 400.000 Chinesen in Französisch-Indochina, weitere 194.000 in Burma und schließlich 72.000 auf den Philippinen (Skinner 1957:Tabelle 8; Purcell 1965:3). Damit lag die geschätzte Summe chinesischer Immigranten in Südostasien also bei ungefähr 5,2 Millionen. Doch da die genannten Schätzungen auf höchst ungenauen Quellen basieren und die kolonialen Volkszählungen vermutlich nicht alle chinesischen Migranten erfassten, war die Gesamtsumme wahrscheinlich bedeutend höher.

Genau wie die indischen Migranten in Burma und Britisch-Malaya kamen wohl viele der chinesischen Zuwanderer zunächst mit dem Ziel nach Südostasien, ein wenig Geld anzusparen, um dann wieder nach Hause zurückzukehren. Doch viele blieben, und so war die chinesische Bevölkerung in Südostasien 1947 schätzungsweise auf mehr als acht Millionen angewachsen. Dies waren fünf Prozent aller Bewohner dieser Region. Nur in Britisch-Malaya (einschließlich Singapur) übertraf die Zahl der Chinesen die der indigenen Bevölkerung (Smith 1952:Tabelle IV). Ihre distanzierte Haltung gegenüber den Kommunisten in China war einer der Gründe, die die Auslandschinesen selbst dann noch von der Rückkehr abhielten, als viele der südostasiatischen Regierungen nach Erlangung der Unabhängigkeit unverhohlen antichinesische Einstellungen äußerten. Vor allem in Malaysia und Indonesien beklagten die nationalistischen Führer, dass den Chinesen in der Kolonialzeit mehr Bildungsmöglichkeiten offen gestanden hätten. Dieser Hintergrund gereiche ihnen nun nach der Unabhängigkeit zu ungerechten Vorteilen in den freien Berufen sowie in Industrie und Handel. In beiden Ländern wurden daraufhin Maßnahmen ergriffen, die der jeweiligen indigenen Bevölkerung den bevorzugten Zugang zum sekundären und tertiären Bildungsbereich und damit auch zu neuen Berufen in modernen Wirtschaftszweigen sichern sollten. Nach 1950 unterlag die Einwanderung sowohl aus Indien als auch aus China in fast ganz Südostasien strengen Beschränkungen.

Über mehrere Jahrzehnte hinweg spielte die Migration für die demographischen und ökonomischen Entwicklungen im südostasiatischen Raum nur noch eine untergeordnete Rolle. Doch in den 1980er-Jahren begann eine neue Phase internationaler Migration, die sich von den vor 1940 bestehenden Mustern stark abhob. Statt der Zuwanderung aus den armen und überbevölkerten Regionen Indiens und Chinas kam es nun zur Abwanderung der Bevölkerung aus Südostasien in den Mittleren Osten und nach Nordostasien sowie zu einem geringeren Maß nach Westeuropa, Nordamerika und Australien. Daneben überquerten Millionen von Menschen aus den ärmeren Gegenden Südostasiens oft illegal internationale Grenzen, um in Malaysia, Singapur und Thailand – dort besonders im Großraum Bangkok – nach Arbeit zu suchen. In diesen drei Volkswirtschaften wurde die

Zahl der Gastarbeiter (die größtenteils aus Indonesien, von den Philippinen und aus Burma stammten) in den späten 1990er-Jahren auf mehr als drei Millionen geschätzt. Außerdem arbeiteten mehrere hunderttausend Thailänder, Filipinos und Indonesier in Taiwan und Japan (Manning 2002:Tabelle 1).

Die Gründe für diese neuen Migrationsmuster unterschieden sich jedoch kaum von jenen, die im frühen 20. Jahrhundert mehrere Millionen Chinesen und Inder den südostasiatischen Arbeitsmärkten zuführten. Die schlechten ökonomischen Perspektiven in der Heimat und die Aussicht auf höhere Löhne in den Gastökonomien sowie niedrige Reisekosten bewogen viele, hauptsächlich junge, Arbeiter dazu, ihr Glück in einem fremden Land zu versuchen. Schnell etablierten sich staatliche und private Vermittlungsagenturen, die den Ausreisewilligen bei den Reisevorbereitungen und der Arbeitssuche im fremden Land zur Seite standen. Einige kritische Stimmen behaupten, dass dieser Migrationsschub eine moderne Variante der Zwangsverpflichtung zur Arbeit in den Kolonien darstelle. Doch es lässt sich wohl kaum leugnen, dass mehrere Millionen Arbeiter in Südostasien aus freien Stücken von diesen Möglichkeiten Gebrauch machten. Nach Meinung einiger Forscher ist der für die 1990er-Jahre beobachtete Zuwachs an ungelernten Arbeitskräften in Malaysia und Thailand zu mindestens einem Drittel, wenn nicht sogar zu mehr als der Hälfte, auf Migranten zurückzuführen (Manning 2002:369). Der starke Einbruch, den beide Ökonomien im Jahr 1998 zu verzeichnen hatten, ließ die Nachfrage nach Arbeitskräften sinken. Dies führte dazu, dass mehrere hunderttausend Indonesier aus Malaysia abgeschoben wurden – doch viele werden wohl wieder zurückkehren, denn in Indonesien sind die Aussichten auf Arbeit noch bedeutend schlechter.

Zu den Auswirkungen dieser neuen Migrationsmuster sowohl auf die Herkunfts- als auch auf die Zielländer gibt es bisher nur sehr wenige Studien. Der Migrationsfluss nach Malaysia, wo die Gastarbeiter vor der Krise zehn bis 15 Prozent der gesamten Erwerbsbevölkerung ausmachten, sowie nach Singapur, wo der Anteil bei über 25 Prozent lag, hatte wahrscheinlich zur Folge, dass die Löhne für ungelernte und angelernte Arbeitskräfte auf dem Arbeitsmarkt sanken und sich damit die Kluft zwischen ungelernten und gelernten Arbeitern noch vergrößerte. So wurde erst kürzlich in einer Untersuchung des Singapore Department of Statistics festgestellt, dass die Spaltung des Arbeitsmarktes in Singapur zum einen darauf zurückzuführen ist, dass qualifizierte Arbeitskräfte international übliche Gehälter erhalten, während der fortwährende Zustrom der ungelernten und angelernten Arbeitskräfte deren Löhne drückt (Singapore Department of Statistics 2000). Williamson stellt für ähnliche Migrationsbewegungen in den nordatlantischen Ökonomien des 19. und frühen 20. Jahrhunderts die These auf, dass diese in den armen Ausgangsländern (wie Irland) Lohnsteigerungen und in den wohlhabenderen Zielländern (wie den Vereinigten Staaten) Lohnsenkungen nach sich zogen. Diese Tendenzen verschärften in den reichen, über große Bodenreserven verfügenden Volkswirtschaften der Neuen Welt (vor allem USA, Kanada und Australien) in den Jahren zwischen 1870 und 1930 die Ungleichheit. Dies wiederum trug dazu bei, dass in der Zwischenkriegszeit das Pendel in die andere Richtung, gegen die Globalisierung, ausschlug.

In Malaysia scheint sich das Ungleichgewicht der Einkommensverteilung zwischen 1990 und 1997 verstärkt zu haben. In Thailand dagegen stieg der GINI-Koeffizient als Maßzahl der ungleichen Einkommensverteilung zwischen 1981 und 1992 kontinuierlich an, zeigte dann jedoch wieder fallende Tendenz – auch wenn er 1998 immer noch höher lag als 1981 (Tabelle 7). Auch in Singapur wurde die Einkommensverteilung im Verlauf der 1990er-Jahre immer ungleicher. Dabei war besonders für das Jahr 1999 ein starker Anstieg zu verzeichnen. Wie weit diese Tendenzen auf die sich beschleunigende Zuwanderung wenig qualifizierter Arbeitskräfte zurückzuführen sind, bleibt jedoch offen. Das Argument, dass die Migration in dieser Entwicklung eine Rolle spielte, scheint plausibel. Andererseits wird in Singapur und Thailand betont, dass die zunehmende Einkommenskluft durch die ökonomische Krise und das daraus resultierende verlangsamte Wirtschaftswachstum sowie die steigende Arbeitslosigkeit verursacht wurde (World Bank 2001b:26-7; Krongkaew 2001:51-3). Zumindest scheint es wahrscheinlich, dass die Löhne der ungelernten und angelernten Arbeiter sinken werden, wenn die Zuwanderung ungelernter Arbeitskräfte in die wohlhabenderen Teile Südostasiens anhält. Dies wiederum könnte in den Zielländern massive Anti-Immigrations-Tendenzen auslösen.

Tabelle 7: GINI-Koeffizient zur Verteilung des Haushaltseinkommens: Singapur, Malaysia und Thailand

Jahr	Singapur	Malaysia	Thailand
1980		0.493	
1981			0.453
1988			0.479
1990	0.436	0.446	0.513
1992			0.531
1994			0.518
1995	0.443	0.462	
1996			0.511
1997	0.444	0.470	
1998	0.446		0.508
1999	0.467		0.531

Quellen: Singapore Department of Statistics 2000:Tabelle 1; Yusof 2001:Tabelle 6.1; World Bank 2001b:26-7.

Die Vor- und Nachteile internationaler Integration

Das statistische Material, das in diesem Aufsatz untersucht wurde, scheint die eingangs aufgestellte These voll und ganz zu bestätigen. Die höchsten Wachstumsraten verzeichneten eindeutig jene südostasiatischen Länder, die im späten 19. und frühen 20. Jahrhundert erfolgreich Verbindungen zur internationalen Ökonomie aufbauten und diese auch nach 1950 aufrechterhielten. So lag das BNP pro Kopf in Singapur, Malaysia und Thailand Mitte der 1990er-Jahre weit über dem asiatischen Durchschnitt, und auch im Bereich anderer Entwicklungsindikatoren erzielten diese drei Länder gute Werte. Jene Ökonomien dagegen, die in den letzten fünf Jahrzehnten nur halbherzige Ansätze zu einer offenen Handels- und Investitionspolitik zeigten – u.a. Indonesien, die Philippinen und Vietnam –, hatten eine weniger erfreuliche Bilanz vorzuweisen. Erst nach tiefgreifenden politischen Reformen, die die Anreize für Produzenten von marktfähigen Waren erhöhten und ausländische Investitionen förderten, erlebten diese drei Länder Phasen beschleunigten Wirtschaftswachstums.

In Burma, Laos und Kambodscha schließlich hatte die weitgehende Abschottung, die nach 1960 einsetzte, extrem negative Auswirkungen auf das BNP pro Kopf und die allgemeinen Lebensverhältnisse. Von allen ASEAN-Staaten ist in diesen drei Ländern das BNP pro Kopf am niedrigsten, und die weiteren Sozialindikatoren sind ebenfalls ungünstig. Im Verlauf der 1990er-Jahre versuchten die Regierungen dieser Länder zumindest einige politische Reformen durchzuführen, die auf eine Öffnung abzielten, allerdings mit sehr unterschiedlichem Erfolg. Bisher ist jedoch noch unklar, ob die betreffenden Regierungen tatsächlich stärkere Verbindungen mit der globalen und den regionalen Ökonomien anstreben. Andererseits wird sich eine Beschleunigung des Wirtschaftswachstums und eine Verbesserung der Lebensumstände für den Großteil der Bevölkerung kaum ohne die weitere Integration dieser Wirtschaften in die regionale und globale Ökonomie verwirklichen lassen.

Allerdings birgt solch eine Integration auch Gefahren, wie viele der ASEAN-Staaten während der so genannten »Asienkrise« in den Jahren 1997 und 1998 schmerzlich erfahren mussten. Unmittelbarer Auslöser der Krise war die Anfang Juli 1997 getroffene Entscheidung der thailändischen Regierung, die Bindung des Bath an den Dollar aufzugeben. Diese Maßnahme war zwar vorauszusehen gewesen, da schon im vorangegangenen Jahr die Exportzuwächse und das Bruttonationalprodukt Thailands erheblich gefallen waren – dennoch waren viele Beobachter vom Ausmaß der Abwertung und von den Schwierigkeiten, die diese bei vielen thailändischen Firmen und Finanzinstitutionen auslöste, überrascht. Unterschätzt wurden auch die Auswirkungen auf die Nachbarökonomien, also Malaysia, Indonesien, die Philippinen und Singapur, deren Währungen in der zweiten Hälfte des Jahres 1997 und Anfang 1998 stark an Wert verloren. Zudem verzeichneten alle vier Wirtschaften eine starke Verlangsamung des Wachstums. Thailand, Indonesien und Malysia erlebten im Jahr 1998 sogar einen drastischen Rückgang des BNP. Erst danach setzte wieder ein – deutlich verlangsamtes – Wirtschaftswachstum ein.

Die Gründe für die Krise im Jahr 1997/98 sind in Südostasien immer noch heftig umstritten. Auch die Frage, welche Lehren sich aus der Krise für die Politik ziehen lassen, wird sehr unterschiedlich beantwortet. Nach der Krise warnten etliche Wirtschaftswissenschaftler vor den Gefahren der »verfrühten Liberalisierung« der Kapitalbewegungen in den kleinen, offenen Ökonomien der modernen Welt. Sie argumentierten, dass Indonesien, Thailand und Malaysia, die die ein- und ausfließenden Kapitalströme in der Mitte der 1990er-Jahre nur zu einem sehr geringen Maße kontrollierten, stärker von der Krise betroffen waren als Vietnam, das trotz der Liberalisierung seiner Bestimmungen zu ausländischen Investitionen weiterhin die Kontrolle über seine Kapitalbilanz behielt. Einige bekannte Wirtschaftswissenschaftler haben die Ereignisse in den ASEAN-Staaten zum Anlass genommen, um zu hinterfragen, ob der unbeschränkte Zugang zum globalen Kapitalmarkt für die Entwicklungsländer wirklich von Vorteil ist. Zu Beginn des Jahres 1998 sprach sich der damalige Chefökonom der Weltbank, Joseph Stiglitz, für eine Kontrolle der Kapitalflüsse durch Regierungsinterventionen aus. So stelle zum Beispiel die chilenische Bestimmung, die für kurzfristige Kapitalzuflüsse Mindestreserven verlangt, ein nachahmenswertes Modell für andere Teile der Welt dar (Stiglitz 1998). Am Erscheinungstag des Beitrags von Professor Stiglitz stand im Leitartikel der *Financial Times*: »Die These, dass internationale Kapitalflüsse möglichst früh und umfassend liberalisiert werden sollten, wurde in ihren Grundfesten erschüttert. Nun müssen sich die

Verantwortungsträger dieser Welt der Frage stellen, wie man den Nutzen der Kapitalflüsse für die Entwicklungsländer maximieren und gleichzeitig die Risiken und Schäden
minimieren kann.« (*Financial Times*, 25. März 1998). Auch andere bedeutende Wirtschaftswissenschaftler, etwa Jagdish Bhagwati, der über lange Jahre die Vorteile des
Freihandels für die Entwicklungsländer propagiert hatte, stimmten in den Chor ein
(Bhagwati 1998). Im September 1998 ergriff die malaysische Regierung zwei radikale
Maßnahmen: Sie band den Kurs des Ringgit an den Dollar und unterwarf die Kapitalbewegungen einer Reihe von Beschränkungen. Nach Meinung mehrerer Forscher erholte
sich die Wirtschaft in Malaysia aufgrund dieser Maßnahmen schneller als in Thailand und
Indonesien (Athukorala 2000).

Die Asienkrise und ihre Folgen haben viele Bewohner der ASEAN-Staaten auf die
Gefahren der raschen Globalisierung – nicht nur der Kapitalmärkte, sondern auch der
Waren- und Arbeitsmärkte – aufmerksam gemacht. Viele befürchten seitdem, dass der
freie Waren-, Arbeitskräfte- und Kapitalverkehr nicht nur eine größere makroökonomi-
sche Instabilität zur Folge hat, sondern auch das Ungleichgewicht der Einkommensverteilung verstärkt. Bereits lange vor dem Ausbruch der Krise standen viele Ökonomen den
liberalen Wirtschaftsstrategien, die in den meisten ASEAN-Staaten verfolgt wurden, und
insbesondere ihren Verteilungseffekten sehr kritisch gegenüber. Doch unter den Politikern war die Bereitschaft, daran etwas zu ändern, äußerst gering. Das könnte sich jedoch
seit 1997/98 verändert haben. In der gesamten ASEAN-Region sind Gegenreaktionen auf
die Globalisierung nicht unwahrscheinlich. Diese könnten in weiterer Folge zu einer
weniger offenen Handels- und Investitionspolitik sowie zu wesentlich strikteren Beschränkungen für den grenzüberschreitenden Arbeitskräftezufluss führen. Solche politischen Veränderungen fänden sicherlich auch in der immer selbstbewusster werdenden
Wählerschaft Zustimmung und ließen zumindest kurzfristig positive Ergebnisse erwarten. Ihr langfristiger Einfluss auf das Wachstum und den Lebensstandard lässt sich
dagegen weitaus schwerer vorhersagen. Doch die wirtschaftliche Entwicklung der
ASEAN-Staaten im 20. Jahrhundert spricht dafür, dass lange Phasen der Abkoppelung
destruktive Auswirkungen haben können.

Übersetzung: Wiebke Sievers

Literatur

Andrus, J. Russell (1948): Burmese Economic Life. Stanford: Stanford University Press
Athukorala, Prema-chandra (2000): Capital Account Regimes, Crisis, and Adjustment in Malaysia.
    In: Asian Development Review 18/1: 17-48
Bairoch, Paul/Etemad, Bouda (1985): Structure par Produits des Exportations du Tiers-Monde.
    Geneva: Librairie Droz
Bairoch, Paul/Kozul-Wright, Richard (1998): Globalization Myths: Some Historical Reflections
    on Integration, Industrialization and Growth in the World Economy. In: Transnational
    Corporations and the Global Economy, Hg. Richard Kozul-Wright/Robert Rowthorn. Lon-
    don: Macmillan Press
Bernadelli, H. (1952): New Zealand and Asiatic Migration. In: Population Studies 6: 39-54
Bhagwati, Jagdish (1974): Illegal Transactions in International Trade. Amsterdam: North Holland

Bhagwati, Jagdish (1998): The Capital Myth. In: Foreign Affairs 77/3: 7-12

Booth, Anne (1998): The Indonesian Economy in the Nineteenth and Twentieth Centuries. A History of Missed Opportunities. London: Macmillan Press

Booth, Anne (2000): Crisis and Response. A Study of Foreign Trade and Exchange Rate Policies in three Southeast Asian Colonies in the 1930s. In: Weathering the Storm. The Economies of Southeast Asia in the 1930s Depression, Hg. Peter Boomgaard/Ian Brown. Singapore: Institute of Southeast Asian Studies

Booth, Anne (2001): The Causes of South East Asia's Economic Crisis. A Sceptical Review of the Debate. In: Asia Pacific Business Review 8/2: 19-48

Brunei Darussalam (1990): Statistical Yearbook. Bandar Seri Begawan: Statistics Division, Ministry of Finance

Brunei Darussalam (1998): Statistical Yearbook. Bandar Seri Begawan: Statistics Division, Ministry of Finance

Chang, Ha-Joon (1998): Transnational Corporations and Strategic Industrial Policy. In: Transnational Corporations and the Global Economy, Hg. Richard Kozul-Wright/Robert Rowthorn, London: Macmillan Press

Dunning, John H. (1993): Multinational Enterprises and the Global Economy. Wokingham: Addison-Wesley Publishing

Hatton, Timothy J./Williamson, J.G. (1992): International Migration and World Development: a Historical Perspective, HIID Discussion Paper No 1606. Cambridge: Harvard University

Hill, Hal (1996): The Indonesian Economy since 1966. Cambridge: Cambridge University Press

International Monetary Fund (1971): International Financial Statistics, Supplement. Washington: International Monetary Fund

International Monetary Fund (2002): International Financial Statistics Yearbook 2002. Washington: International Monetary Fund

Krongkaew, Medhi (2001): A Tale of an Economic Crisis. How the Economic Crisis started, developed and is ending in Thailand. In: The Social Impact of the Asian Financial Crisis, Hg. Yun-Peng Chu/Hal Hill. Cheltenham: Edward Elgar

Latham, A.J.H. (1986): Southeast Asia. A Preliminary Survey. 1800–1914. In: Migration Across Time and Nations, Hg. Ira A. Glazier/Luigi de Rosa. New York: Holmes and Meier

Lewis, W. Arthur (1969): Aspects of Tropical Trade 1883-1965. Stockholm: Almqvist and Wiksell

Lewis, Arthur (1981): The Rate of Growth of World Trade. 1830–1973. In: The World Economic Order. Past and Prospects, Hg. Sven Grassman/Erik Lundberg. London: Macmillan Press

Lindblad, J. Thomas (1998): Foreign Investment in Southeast Asia in the Twentieth Century. London: Macmillan Press

Lucas, Robert (1980): Why doesn't Capital flow from rich to poor Countries? In: American Economic Review 80: 92-96

Mackie, J.A.C. (1993): Introduction. In: Overseas Chinese Remittances from Southeast Asia 1910–1940, Hg. George L. Hicks, Singapore: Select Books

Manning, Chris (2002): Structural Change, Economic Crisis and International Labour Migration in East Asia. In: World Economy 25: 359-385

McCarty, Adam/Paunlagui, M./Huy, Vu Quoc (ohne Datum): Vietnam Data Bank 1976–91. Canberra: Australian National University

Myint, Hla (1967): The Inward and Outward Looking Countries of Southeast Asia. In: Malayan Economic Review 12: 1-13

Myint, Hla (1984): Inward and Outward-Looking Countries Revisited. The Case of Indonesia. In: Bulletin of Indonesian Economic Studies 20: 39-52

O'Rourke, Kevin (2002): Globalization and Inequality. Historical Trends. In: Annual World Bank Conference on Development Economics 2001/2002, Hg. Boris Plekovic/N. Stern. Washington: World Bank

O'Rourke, Kevin H. and Jeffrey G. Williamson (1999): Globalization and History. Cambridge: The MIT Press

Purcell, Victor (1965, 2. Aufl.): The Chinese in Southeast Asia. Kuala Lumpur: Oxford Universiy Press

Rosendale, Phyllis (1975): The Indonesian Terms of Trade 1950–1973. In: Bulletin of Indonesian Economic Studies 11: 50-80

Singapore Department of Statistics (2000): Is Income Disparity Increasing in Singapore?, Occasional Paper on Social Statistics. May 2000. Singapore: Department of Statistics

Skinner, G. William (1957): Chinese Society in Thailand. An Analytical History. Ithaca: Cornell University Press

Smith, T.E. (1952): Population Growth in Malaya. An Analysis of Recent Trends. London: Oxford University Press for the Royal Institute of International Affairs

Stiglitz, J. (1998): Boats, Planes and Capital Flows. In: Financial Times, 25. März

Sundrum, R.M. (ohne Datum): Note on Annual Estimates of the Population of Burma, 1901–1941. Rangoon: Economics, Statistics and Commerce Departments, University of Rangoon (Hektographie)

Sundrum, R.M. (1957): Population Statistics of Burma. Economics Research Project. Statistical Paper No 3. Rangoon: Economics, Statistics and Commerce Departments. University of Rangoon

Sundrum, R.M. (1986): Indonesia's rapid growth. 1968–81. In: Bulletin of Indonesia Economic Studies 22: 40-69

Svedberg, Peter (1981): Colonial Enforcement of Foreign Direct Investment. In: Manchester School of Economic and Social Studies 49: 21-38

UNCTAD (2001): World Investment Report 2001. Promoting Linkages. New York/Geneva: United Nations Conference on Trade and Development

United Nations (2001): Human Development Report 2001. New York: Oxford University Press for the UNDP

US Census Bureau (1999): Statistical Abstract of the United States 1999. Washington: US Census Bureau and Department of Commerce

Williamson, Jeffrey G. (1996): Globalization, Convergence, and History. In: Journal of Economic History 56: 277-306

Williamson, Jeffrey G. (1998): Growth, Distribution and Demography. Some lessons from History. In: Explorations in Economic History 35: 241-271

Williamson, Jeffrey G. (2002): Winners and Losers over Two Centuries of Globalization. Wider Annual Lecture No. 6. Helsinki: UNU/WIDER (www.unu.edu/publications/annual-lectures/annual-lecture-2002.pdf)

World Bank (1997): World Development Report 1997. New York: Oxford University Press for the World Bank

World Bank (2001a): World Development Report 2001. New York: Oxford University Press for the World Bank

World Bank (2001b): Thailand Social Monitor: Poverty and Public Policy. Bangkok: World Bank Office

Yusof, Zainal Aznam (2001): Income distribution in Malaysia. In: Modern Malaysia in the Global Economy. Political and Social Change into the 21st Century, Hg. Colin Barlow, Cheltenham: Edward Elgar

Rüdiger Korff

Politische Systeme südostasiatischer Modernisierung

Bei der Diskussion von Staatsbildungsprozessen in Südostasien wird die Notwendigkeit deutlich, diese Region nicht bloß als ein aus einzelnen Ländern bestehendes, sondern als ein zusammenhängendes Gebilde, vielleicht im Sinne einer Zivilisation (Braudel 1995), zu behandeln. Mit der Ausbildung eines Nationalstaates geht politische, kulturelle und geographische Abgrenzung einher. Durch erfundene Traditionen (Hobsbawm 1983) werden nationale Besonderheiten herausgestellt, durch die sich der spezifische Staat von den anderen in der Region unterscheidet und sich selbst als eine »imaginäre Gemeinschaft« (Anderson 1996) verstehen kann. Statt einer mehr oder weniger integrierten Region haben wir differenzierte Nationen mit je eigenen, politischen und ökonomischen Dynamiken innerhalb politisch definierter geographischer Territorien. Das Allgemeine der Region Südostasien wird spezifiziert und zum Besonderen des jeweiligen Nationalstaates, das dort allerdings Allgemeingültigkeit beansprucht, denn eine Gemeinschaft, auch eine imaginäre, lässt keinen Platz für Außenseiter.

Die daraus resultierende Diversität Südostasiens in Form nationaler politischer Systeme, Kulturen und Gesellschaften entspricht nur wenig der tatsächlichen Vielfalt der Region und ignoriert über Staaten hinausgehende Dynamiken, die direkt auf die politische Ökonomie der Staatsbildung einwirken. Südostasien ist höchst divers, doch diese Diversität ist keine staatliche. Südostasien war immer schon ein Artikulationspunkt größerer politischer Einheiten. Schon vor der Kolonialzeit reichten die Handelswege, die immer auch Linien kultureller Einflüsse und von Migrationsbewegungen waren, im Osten bis China und Japan und im Westen nach Indien, Arabien und über Zwischenstationen bis Europa. So erscheint Südostasien weniger als eine, über das geographische hinausgehende Region, sondern Teile Südostasiens wirken als Fortsetzungen anderer Kulturen: Vietnam als Anhang Chinas und später des französischen Kolonialismus; Burma, Thailand und der Inselbereich als Anhang Indiens, wie die Begriffe »indianisierte Staaten«, »Insel-Indien«, »Hinterindien« oder »Indochina« es ausdrücken. In Namen wie »Indo-nesien« wird diese Tradition fortgesetzt.

Die Perspektive, Südostasien als Anhang zu untersuchen, hat für lange Zeit die Geschichtsschreibung geprägt, die eng mit den Legitimationsideologien verbunden ist. Da viele der alten Inschriften vor allem in Sanskrit, Sanskrit-basierenden Schriften oder Chinesisch geschrieben sind, und Herrschaftskonzepte sowie Religionen auf einen indischen bzw. chinesischen, später auch islamischen Hintergrund hinweisen, waren es vor allem Indologen und Sinologen, die sich mit südostasiatischer Geschichte befassten und diese – natürlich – von einer indischen bzw. chinesischen Perspektive aus untersuchten. Im Vergleich zu diesen Hochkulturen waren die Staatsgebilde und auch die kulturellen Leistungen immer eine Kopie. Die Arbeiten zur vorkolonialen Phase, etwa zu den »indianisierten Staaten Südoststasiens« (Coedes 1968), wirkten sich auch auf die Untersuchungen der post-kolonialen Staatsbildungsprozesse aus.

Trotz der Diversität Südostasiens waren die Probleme, vor denen die unabhängigen Staaten in den 50er-Jahren standen, sehr ähnlich. In allen Ländern gab es separatistische Bewegungen, die teilweise zu Bürgerkriegen führten; in allen Ländern musste das Problem der ethnischen Heterogenität gelöst werden, und kommunistische Untergrundbewegungen waren nicht nur auf Vietnam begrenzt. Die indonesische kommunistische Partei war bis 1965 immerhin die zweitgrößte der Welt. Die Entwicklungen der politischen Systeme und Ökonomien weisen ebenfalls Gemeinsamkeiten auf. So bildeten sich überall stark zentralisierte, mehr oder weniger autoritäre personalisierte Herrschaftssysteme, in denen eine enge Verbindung zwischen Militär, Bürokratie und Wirtschaft bestand. Neben diesen Ähnlichkeiten gibt es allerdings auch weitreichende Differenzen, vor allem zu den sozialistischen Staaten des früheren Indochina (Vietnam, Laos) und zu Burma, das sich sehr spezifisch entwickelte.

Probleme gesellschaftlicher Integration in einer »plural Society«

Die Länder Südostasiens standen nach der Dekolonialisierung vor dem großen Problem, zu einer Nation und Gesellschaft zu werden. Furnivall (1970, 1980) beschreibt sie als »plural«, d.h. unterschiedliche ethnische Gruppen folgen je eigenen Traditionen und Werten und leben weitgehend isoliert voneinander. Die einzige Verbindung zwischen ihnen ist der Markt.

Mit der Unabhängigkeit entstanden souveräne rechtliche und politische Systeme, doch entsprachen die dadurch etablierten Grenzen nicht kulturellen oder symbolischen Gemeinschaften. Die Entwicklung zu einer Nation stand vor dem Problem, die vielfältigen ethnischen Differenzen aufzuheben und die relativ eigenständigen, weder ökonomisch noch sozial oder infrastrukturell integrierten Randgebiete, in denen sich separatistische Bewegungen oder kommunistische Guerillas bildeten, einzubeziehen. Die unterschiedlichen Gemeinschaften waren durch den »iron frame of colonial administration« zusammengehalten worden, der mit der Unabhängigkeit wegfiel.

Ethnische Diversität in Südostasien hat zwei Hauptausprägungen:
1. Ethnische Gruppen bildeten sich durch Arbeitsmigration aus den bevölkerungsstarken Regionen Indien und China während der Kolonialzeit. Diese Migranten waren eng mit dem Kolonialismus verbunden. Die Migranten arbeiteten auf den Plantagen und in den Minen. Einige Erfolgreiche wurden später Geschäfts- und Handelspartner der kolonialen Unternehmen oder zu Angestellten in der Kolonialverwaltung. In allen Fällen bildeten sie die »interfaces« zwischen der einheimischen Bevölkerung und der kolonialen Herrschaft. Da die Migranten vor allem aus Ländern stammten, die über eine lange zivilisatorische Tradition verfügten, fühlten sie sich (durchaus ähnlich zu den Kolonialisten) der einheimischen Bevölkerung überlegen.

Oftmals bestanden eher Affinitäten zur Kolonialmacht als zu den »Einheimischen«. G. Orwell beschreibt dies sehr treffend in dem Roman »Burmesisches Tagebuch« am Beispiel eines indischen Arztes, der eine ähnlich negative Meinung über die Burmesen gefasst hatte wie die kolonialen Herren. Das machte die Ausbildung eines Nationalismus unter diesen Gruppen schwierig, denn auf welche Nation sollte er sich beziehen? Dies gilt insbesondere für die starke chinesische Minderheit in Malaya, von der viele auch nach langem Aufenthalt eine enge Affinität zu China bewahrten und sich nicht mit den »Einheimischen« identifizierten.

2. Während diese ethnischen Minoritäten vor allem in den Städten lebten und nicht mit spezifischen Regionen innerhalb der Länder assoziiert waren, existierten des Weiteren regionale und lokale ethnische Gruppen. Lokale und regionale Eigenständigkeit wurde als Bestandteil einer *divide et impera*-Politik durch die Kolonialmächte gefördert. In Burma und Malaya verweilten weite Gebiete unter der so genannten »indirect rule« und in Indonesien wurde eine spezifische »Desa(Dorf)-Politik« verfolgt, die die traditionellen Gewohnheitsrechte *(adat)* förderte. Vor dem Hintergrund der relativen Isolation, kultureller und rechtlicher Eigenständigkeit stand die Ausbildung eines Nationalismus auch bei diesen Gruppen vor dem Problem, was denn überhaupt die Nation sein sollte, denn der Nationalismus einer ethnischen Majorität implizierte üblicherweise Diskriminierung anderer Gruppen.

Eine Reaktion auf diese Bedingungen waren föderalistische Konzepte, die allerdings nur in der ersten Phase des Aufbaus der Staaten eine Rolle spielten. Recht schnell wurde Föderalismus durch Zentralismus ersetzt. Separatistische Bewegungen wie in Sumatra, bei den Karen, Kachin und später den Shan in Burma waren die Folge.

Neben der ethnischen Vielfalt war die zentrale Frage, welche die tragenden legitimen neuen Herrschaftseliten sein konnten. Die traditionellen Eliten, wie die Sultane und Priyai im malaiisch-indonesischen Raum oder die burmesische Aristokratie, konnten nur begrenzt zu Trägern eines Nationalismus werden, denn sie wurden mit partikularen Gruppen und Regionen und vor allem traditionaler Herrschaft assoziiert. Den Unabhängigkeitsbewegungen ging es jedoch nicht um die Reetablierung traditionaler Herrschaft, sondern um den Aufbau eines modernen Nationalstaates. Eine Ausnahme bildeten religiöse Organisationen und Eliten. In Burma war die Entstehung einer nationalistischen Bewegung eng mit dem Buddhismus verbunden. Auf dem Land kam es zu chileastischen Aufständen, während in Rangoon die »Young Men Buddhist Association« gegründet wurde, die den später entstandenen nationalistischen »Congress of Burmese Associations« und die »Thakin«(Herren)-Bewegung an der University Rangoon beeinflusste. In Indonesien hatte die Sarekat Islam-Gruppe einen starken Einfluss auf die Ausbildung nationalistischer Bewegungen. Allerdings hatten auch die religiösen Bewegungen nur einen Bezug auf partikulare Gemeinschaften. In Burma waren die Karen Christen, die Inder Hindus und in Arakan lebten vor allem Moslems. Buddhismus war deshalb nicht die Religion Burmas, sondern die der Mehrheit der Burmesen. Auch in Indonesien gibt es nicht nur Moslems. Bezeichnenderweise gehört deshalb auch nicht der Islam in die Staatsideologie der *pancha sila* (fünf Säulen), sondern der Glaube an Gott! Vor diesem Hintergrund hatte der sich in Südostasien entwickelnde Nationalismus einen partikulären Hintergrund und wurde nur von spezifischen Gruppen, vor allem städtischen Intellektuellen, die zu einer relativen Mehrheitsethnie gehörten, getragen.

In Thailand entstand Nationalismus zeitlich parallel zum Nationalismus in den südostasiatischen Kolonien. Da Thailand jedoch keine Kolonie war, wendete sich der thailändische Nationalismus nicht gegen eine externe Macht, sondern wurde von der politischen Elite propagiert, um das heterogene Land unter der Dominanz des Bangkoker Staates zusammenzufassen.

Die Länder bestanden also aus einer Vielzahl mehr oder weniger eigenständig lebender und eigenen Gesetzen und Gebräuchen folgender Gruppen, die nur über den Markt und eine Verwaltung verbunden waren. Selbst die nationalistischen Bewegungen, und mehr noch die Unabhängigkeitsbewegungen, waren nicht einheitlich. Auch das Ziel, Unabhängigkeit zu erreichen, wurde nur bedingt von allen geteilt, und die Vorstellungen, wie eine neue Verfassung aussehen sollte, waren kaum zu verbinden (Sarkisyanz 1961).

Während der japanischen Besatzungszeit, die als Prolog der Unabhängigkeit gesehen werden kann, wurden die wirtschaftlich bedeutenden chinesischen und indischen Minderheiten massiv unterdrückt. Im Rahmen der East Asiatic Co-Prosperity-Zone erhielten die Kolonien ihre Unabhängigkeit. Damit wurde die koloniale Verwaltung aufgelöst und durch nationalistische Führer unter der Dominanz der Japaner ersetzt. Die Allianz zwischen japanischer Besatzung und nationalistischen Führern war jedoch nur kurzlebig und bald wurden Widerstandsgruppen gebildet, die vor allem vom ISS, dem Vorläufer des CIA, und den Briten unterstützt wurden. Dazu gehörten in Burma die Anti Fascist Peoples League (AFPL), deren Vertreter schon vorher für die Unabhängigkeit eingetreten waren. In Vietnam wurde der Widerstand vor allem durch die späteren Vietminh unter Ho Chi Minh organisiert. So verfügten diese Gruppen auch über militärische Erfahrung und konnten nach der Rückkehr der Kolonialmächte für die Unabhängigkeit kämpfen, teilweise mit Waffen, die ihnen vorher von den Alliierten geliefert worden waren. Im Verlauf der mit chileastischen Elementen durchwobenen nationalistischen Auseinandersetzungen vor und nach der Unabhängigkeit konnten sich einige als charismatische Führer etablieren: Sukarno in Indonesien, Aung San und später Ne Win in Burma, Ho Chi Minh in Vietnam, Sarit in Thailand oder Ramos Magsaysay auf den Philippinen.

Diese Gruppen hatten einen Vorteil gegenüber den anderen, denn bei der Unabhängigkeit verfügten sie über Verwaltungserfahrungen, was der Aufgabe, eine nationale politische und bürokratische Ordnung aufzubauen, entgegenkam. Die Wirtschaft wurde jedoch auch nach der Unabhängigkeit von »fremden« ethnischen Gruppen dominiert, wie den Indern in Burma und den Chinesen im malaiischen Raum. Um den potenziellen politischen Einfluss dieser Gruppen auszuschließen, wurde eine Politik der Wirtschaftskontrolle und Staatsintervention, oftmals unter dem Begriff Sozialismus oder soziale Gerechtigkeit (Indonesien und Burma), verfolgt. »Alle Parteien, auf die sich die Regierung Indonesiens seit ihrem Bestehen gestützt hat, sind für eine gemischte Wirtschaft, bestehend aus kooperativen, sozialistischen und kapitalistischen Elementen – mit dem Primat der beiden ersten« (Sarkisyanz 1961:70). Von Ne Win wurde 1962 der »Burmese Way to Socialism« propagiert (Steinberg 1981:27ff). Die Marktwirtschaft wurde eingeschränkt und sollte durch Staatsunternehmen, Kooperativen etc. ersetzt werden, was nicht zuletzt ein Grund für wirtschaftliche Probleme war. Selbst Lee Kuan Yew sah für Singapur eine sozial-demokratische oder demokratisch-sozialistische politische Entwicklung vor, in der der Staat eine zentrale Rolle spielen sollte. Nach der Unabhängigkeit fielen also sowohl die Verwaltung als auch der Markt als Klammern der Gemeinschaften weg. Integration basierte primär auf dem Charisma der jeweiligen Führer.

Nachdem die Versprechen der neuen Staaten (vor allem ihrer charismatischen Führer) nicht oder kaum eingelöst worden waren, verloren sie an Legitimität (Singapur bildet hierbei eine wichtige Ausnahme). Die fehlende nationale Integration drückte sich in der Vielzahl von separatistischen und revolutionären Aufständen aus. Alle Länder durchliefen eine Phase des Bürgerkriegs, in dessen Verlauf staatliche Gewalt kaum über die Hauptstädte hinausreichte. In Burma ist diese Phase bis heute nicht abgeschlossen!

Staatsideologien: Nation und Geschichte

Für die neuen Staaten spielte die Interpretation der vorkolonialen Geschichte eine zentrale Rolle in den Legitimationsideologien. Die neuen politischen Systeme bezogen sich auf die vorkolonialen Staaten und in der politischen Entwicklung war damit der Kolonialismus eine Zwischenphase. Damit wurde einerseits Kontinuität geschaffen und andererseits sowohl die aktuelle personalisierte Herrschaft über traditionelle Kosmologien als auch die Diskriminierung ethnischer Gruppen wie der Migranten der Kolonialzeit (vor allem Inder und Chinesen) oder von solchen, die als »primitiv« definiert sind wie die Orang Asli, Orang Laut, »Bergstämme« usw., legitimiert.

Schon während der Unabhängigkeitsbewegungen, vor allem aber nach der Unabhängigkeit, setzte eine intensive Auseinandersetzung mit der eigenen Geschichte ein, denn zur politischen Souveränität gehörte auch die Bestimmung der historischen Kontinuität eigenständiger kultureller und sozialer Integrationsformen und Entwicklungsdynamiken, die durch den Kolonialismus nur zeitweise unterbrochen waren. So beriefen sich die neuen Staaten auf vorkoloniale staatliche Traditionen. Zentrale Bestandteile der nationalen Ideologien sind die Bestimmung einer langfristigen historischen Kontinuität ausgehend von einem großen Reich, die Festlegung eines Staatsvolkes, das die vorkoloniale Kultur prägte, und die Legitimation gegenwärtiger politischer Systeme durch Rekurs auf indigene Herrschaftskonzepte.

Ein Beispiel bietet ein indonesisches Schulbuch: »Kennst du die alten Königreiche? Majapahit und Sriwijaya haben einstmals den gesamten Archipel (Nusantara) beherrscht. Dieses beweist, dass unsere Völker früher fest vereinigt waren. Durch Einheit ist unsere Nation stark und kommt voran«. In Malaysia sind die Malaien Menschen des Landes (*bumiputera*) mit speziellen Rechten und Privilegien gegenüber den Orang Asli oder den Chinesen und Indern, die als Migranten im Rahmen der Kolonialzeit gelten. Der Slogan »Chat, Sasana, Pramahakasat« in Thailand bedeutet, dass Thailand das Land der Thais (oder Freien) ist, die schon immer dort gelebt haben, das Land der Thai-Religion und des thailändischen Königs.

In den heutigen, sehr viel stärker auf Öffentlichkeit und Medien ausgerichteten Gesellschaften reicht es nicht mehr aus, die Chroniken zu verändern, um vorhergehende Reiche und Dynastien zu diskreditieren, wie es in Siam während der frühen Bangkok-Periode der Fall war, oder konkurrierende Reiche zu denunzieren, wie in der Sejarah Melayu (Geschichte Malayas) und Hikayat Aceh (Geschichte Acehs). Die Interpretationen der Geschichte müssen eine Verankerung im Alltag finden. In Schulbüchern,

Nationalmuseen, populären Fernsehprogrammen, Denkmälern, Ansprachen usw. werden deshalb dieselben Aussagen wiederholt, so dass ein Prozess der Bestätigung des eigenen Wissens einsetzt und die Ideologien über ihre Wiedererkennung einen Sinn bekommen. Hinzu kommen Staatsrituale, die mit einem vorkolonialen oder als solchem bezeichneten Symbolismus verbunden sind. Dazu einige Beispiele:

Thailand

In Thailand galt bis in die 80er-Jahre eine Aufteilung der als kontinuierlich unterstellten Geschichte in drei nach den jeweiligen Zentren benannte Perioden als sakrosankt, nämlich die Sukhothai-, Ayudhya- und Bangkok-Periode. Der erste Thai-Staat entwickelte sich danach im 12. Jahrhundert in Sukhothai am Rande des Khmer-Reiches von Angkor. Heroisch gelang es, das Joch der Khmer abzuschütteln und einen, wie die berühmte Ramkhamhaeng-Inschrift zeigt, höchst zivilisierten und liberalen Staat zu schaffen, der an eine moderne Demokratie erinnert, weshalb Thailand als das Land der »Freien« bezeichnet wird.

Daran schließt sich die Ayudhya-Periode an, die etwas ambivalent behandelt wird. Ayudhya wird gleichzeitig als groß und mächtig, aber auch als dekadent beschrieben. Ayudhya war immer dann mächtig, wenn der Herrscher und das Volk vereint waren und sich gemeinsam der Bedrohungen erwehrten. Es kam zu Chaos und dem Verlust der Souveränität, wenn die Herrscher nicht mehr an das Volk dachten, sondern an die eigene Bereicherung und als Resultat die Intrigen überhand nahmen. Folgt man den in Bangkok geschriebenen Chroniken, gilt dies vor allem für die letzte Ayudhya-Dynastie. Nach dem Fall von Ayudhya konnten wieder tapfere Männer einen souveränen Staat schaffen, womit die Bangkok-Periode ihren Anfang nahm. Durch die geschickte Schaukelpolitik, in der vor allem der König in einer machiavellistischen Weise eine Großmacht gegen die andere ausspielte, bewahrte Thailand die Unabhängigkeit, so dass es heute auf eine achthundertjährige Geschichte nationaler Einheit zurückblicken kann.

Malaysia

Während in Thailand die Kontinuität nationaler Einheit beschworen wird, geht es in Malaysia um andere Aspekte. Vor dem Hintergrund dessen, dass in Malaysia die Malaiien erst bei großzügiger Zählung der Bumiputera eine absolute Mehrheit gegenüber den Chinesen und Indern bilden, ist die Bestimmung der Malaiien als Staatsvolk und historisch immer dominanten Kultur notwendig. Gleichzeitig darf die Migration der Minangkabau, der Buginesen usw. aus dem indonesischen Archipel keinen zu großen Stellenwert erhalten und sich deutlich von der Migration der Chinesen und Inder unterscheiden. Letztlich muss das eigentliche Zentrum malaiischer Kultur in Malaysia sein.

Dabei treten vor allem drei Probleme auf. Zum Einen leiten die Malaien ihren Ursprung vom Sungai Melayu mit Jambi als Zentrum in Sumatra ab. Damit liegt das Zentrum der Kultur außerhalb Malaysias. Zum Zweiten gab es kulturelle Zentren in Malaysia, wie Kedah, Kelantan im heutigen Nordmalaysia und vor allem Pattani im heutigen Thailand, mit einem bis zum Anfang des ersten Jahrtausends zurückreichenden kontinuierlichen staatlichen Hintergrund. Die im Museum von Alor Star aufgezeichnete ununterbrochene Genealogie des Sultans von Kedah reicht bis ins 11. Jahrhundert! Pattani gehört aber heute noch zu Thailand und die nördlichen Staaten zählten bis zum

Vertrag von Bangkok 1909 dazu. Zum Dritten reicht die Einwanderung von Chinesen und Indern bis ins 13. Jahrhundert zurück, und faktisch waren diese Gruppen immer integraler Bestandteil der Staaten auf der malaysischen Halbinsel.

In der offiziellen Geschichtsschreibung ist das um 1400 gegründete Melaka der Nachfolger des antiken, auf Sumatra zentrierten Sriwijaya-Reiches, da der erste Sultan Melakas seine Genealogie bis zur Herrscherfamilie in Sriwijaya nachweisen kann. Während Melaka zur dominierenden Macht an der gleichnamigen Straße wurde, setzte sich der Verfall in Sumatra fort. Nachdem die Portugiesen Melaka 1511 erobert hatten, floh der Sultan erst nach Riau und gründete später das Sultanat von Johor, das bis zur Bildung der Federated States of Malaya 1909 unabhängig blieb. Johor war die Obermacht der anderen Sultanate auf der Halbinsel und die Herrschaftsfamilien sind genealogisch mit Johor verbunden. Der Süden Malaysias gilt deshalb als das eigentliche kulturelle Zentrum des Landes. Dort wird das der Nationalsprache (Bahasa Kebangsaan) ähnlichste Malay gesprochen, während man gerade in Kedah, Kelantan und Trengganu mit Malay-Dialekten konfrontiert wird. Durch die Genealogien lässt sich also eine Kontinuität bis zum antiken Sriwijaya nachweisen, so dass Malaysia als legitimer Nachfolger dieses alten Reiches auftreten kann.

Die ethnischen Minderheiten und die eigentliche »Urbevölkerung« wie die Orang Asli und Orang Laut werden, so die offizielle Linie, im Rahmen einer unterstützenden Politik allmählich in die moderne Welt integriert. Dies erinnert an die frühe Islamisierung. Die Chinesen und Inder werden als Einwanderer, die erst der Kolonialismus ins Land brachte, porträtiert. Da Migranten sich, wie überall in der Welt, an die gastgebende Kultur adaptieren müssen, so sollen auch sie sich malaiisieren.

Indonesien
Für Indonesien werden Sriwijaya und Majapahit als Ursprung angegeben. Im 17. Jahrhundert setzte eine Transformation des alten Feudalismus dieser Reiche zu einem islamischen Feudalismus ein. Dadurch wurde das Land so geschwächt, dass die Holländer es erobern konnten. In den autonomen Dörfer erhielten sich jedoch vor-koloniale Kulturen, Formen der Kooperation und vor allem eine auf Konsens abzielende demokratische Dorfpolitik. Das unabhängige Indonesien gründet sich auf die schon in der Zeit von Sriwijaya, vor allem aber Majapahit, geschaffenen Einheit des Landes und das politische System hatte seine Grundlage in den dörflichen Traditionen.

Die Sichtweise des indonesischen Dorfes als kooperative soziale und kulturelle Einheit wurde in den 80er-Jahren von Jan Breman dekonstruiert und als Erfindung des holländischen Kolonialismus während der ethnischen Politik dargestellt. Allerdings passt diese Sichtweise sehr gut in die durch strikte Kontrolle und Überwachung charakterisierte Verwaltungsstruktur Indonesiens.

Charisma und zentralisierte Bürokratie: Theorien südostasiatischer Staatsbildung

Im Rahmen der Unabhängigkeitsbewegungen traten charismatische Führer hervor. Mit den Problemen, eine funktionierende Staatsverwaltung und Wirtschaft zu etablieren, wurde Charisma zur wichtigsten Grundlage der Herrschaftssysteme. Dieses gilt für alle Staaten Südostasiens. Noch heute wird auf das Charisma dieser Führer Bezug genommen. Die Popularität der Premierministerin von Indonesien beruht auch darauf, dass sie die Tochter Sukarnos ist. Ähnlich ist die Oppositionsführerin in Burma, Aung San Su Gyi, die Tochter des ersten Führers Burmas, Aung San. Lee Kuan Yew spielt in Singapur immer noch eine wichtige Rolle als »elder statesman«. Das Charisma von Ho Chi Minh oder Prinz Sihanouk ist offensichtlich. Charisma alleine reicht jedoch nicht aus. Es bedarf der Veralltäglichung des Charismas durch Bürokratisierung. Aufgrund der Bürokratisierung konnten sich in der zweiten Generation Führer etablieren, die weitaus weniger charismatisch waren. Die Theorien südostasiatischer Staatsbildung beziehen sich vor allem auf diese beiden Aspekte: Charisma und Bürokratisierung.

Nach Shils (1965) ist Charisma nicht vor allem Eigenschaft einer Person, sondern ergibt sich aus der Verbindung zwischen symbolischen Werten, die Personen besitzen, und ihrer Beziehung zu Zentren einer sozialen Ordnung. Charisma hat demnach zwei Relationen: Einmal zur Kompetenz, Symbole als Mittelpunkte einer sozialen Ordnung zu definieren und erschaffen zu können, und zweitens zur Kompetenz, existierende Zentren zu besetzen und damit neu zu definieren. Für beides ist eine Gefolgschaft des charismatischen Führers notwendig, denn Symbole haben nur in ihrer Kommunikation eine Relevanz. Indem sich eine Gefolgschaft, also ein größeres Kollektiv auf ein Zentrum kommunikativ bezieht, wird es als Zentrum relevant und kann in seiner Geltung ausgeweitet werden.

Auf Shils aufbauend stellt Geertz (1993) die Affinität zwischen herrschaftlichem Charisma und Sakralität heraus, denn die Riten und Bilder, in denen die Macht des Herrschers und der Wille der Götter ausgedrückt werden, weisen erstaunliche Ähnlichkeiten auf. »It is these (ceremonies, insignia, formalities and appearances, R.K.) that mark the centre as centre and give what goes on there its aura of being not merely important but in some odd fashion connected with the way the world is built.« (Geertz 1993:124)

In den indianisierten Kosmologien Südostasiens wird von einer Hierarchie ausgegangen, in der von den Göttern über die Herrscher und die Aristokratie bis hinunter zu den Bauern jeder einen klar definierten Platz hat. Solange jeder von ihnen seine Obligationen gegenüber den unter und über ihm Stehenden erfüllt, ist die Welt im Einklang mit dem Kosmos, was allgemeinen Wohlstand bringt. Über dem Herrscher stehen nur die Götter. Deshalb verbindet der Herrscher die Welt der Götter mit der der Menschen oder den Kosmos mit dem Weltlichen. Ebenso wie der Palast als Kopie des Kosmos strukturiert ist, so ist das Reich eine Kopie des Palastes. Das Charisma des Herrschers ergibt sich aus dieser Verbindung zu den Göttern, die es ihm erlaubt, über rituelle Handlungen das Reich symbolisch zu integrieren.

Mit »Theaterstaat« wird genau dieses ritualisierte, symbolische Handeln bezeichnet, in dem es nicht um Fakten, sondern um Riten, Mythen und Symbole geht. Genau hierauf gründete sich Sukarnos Charisma. Zwar verband er nicht mehr nur Kosmos und Welt, sondern auch Vergangenheit und Tradition mit Fortschritt und symbolisierte nationale Einheit. Ritualisierung geht aber darüber hinaus. Die Zahl der Ministerien, ihre Namen und Akronyme, die Artikel der Verfassung, Programme und selbst die Pancha Sila oder fünf Prinzipien basieren einerseits auf javanischer Zahlenmystik, andererseits sollen sie aber Modernität ausdrücken. Mit anderen Worten, auch die Verwaltung wird als Kopie des Kosmos konstruiert.

Der Theaterstaat inszeniert sich im Zentrum. Wie Schulte-Nordholt (1991) zeigt, gilt auch, dass in regionalen und lokalen religiösen Ritualen durch die Partizipation des Herrschers oder seiner Repräsentanten nicht nur die lokale Welt mit dem Kosmos verbunden wird, sondern darüber hinaus »Desa« mit »Negara«, d.h. Region/Dorf mit Staat/Nation und die Bauern mit dem Herrscher. »By reinforcing the connection between politics and religion the New order regime not only made visible its role as ›natural ruler‹, but enhanced it by an enormous display of indisputable symbolic power.« (Schulte-Nordholt 1991:35)

Vor diesem Hintergrund wurde die junge Bürokratie durch das Charisma der Führer legitimiert und gleichzeitig bot sich die Bürokratie für seine Veralltäglichung an. Mit der Veralltäglichung des Charismas, verbunden mit dem Erfolg der Niederschlagung separatistischer und revolutionärer Aufstände, konnten sich die Bürokratie und das Militär durchsetzen und als Garant nationaler Einheit und Wohlfahrt etablieren. Das Charisma von z.B. Sukarno, Aung San oder Ne Win usw. wurde von der Bürokratie und dem Militär mit dem Ziel übernommen, das Land zu ordnen, zu entwickeln und in Harmonie mit dem Kosmos zu bringen. »Ihre (der Bürokraten, R.K.) Position basierte auf kulturellen Werten, wie die persönliche Loyalität ihrer Untergebenen, kulturell definierte magische Mächte (abgeleitet aus mystischen Kulten) und … die Tradition einer Führerschaft von ›großen Männern‹ oder ›Männern mit Heldenmut‹. Immer wurden diese Verhaltensmuster und Werte wirkungsvoll auf ihre bürokratischen Nachfolger übertragen.« (Evers 1986:61)

Soziale Integration ist dann gegeben, wenn Harmonie etabliert wurde, was nur durch den Herrscher bzw. seine Bürokratie erfolgen kann. Jegliche Form von Konfrontation gefährdet die Harmonie und führt zu Anarchie und Chaos. Das zitierte Beispiel dafür ist in Indonesien die Periode nach 1965 und in Malaysia, wo der Theaterstaat nicht zuletzt wegen der großen chinesischen Minderheit weniger ausgeprägt ist, sind es die »Race Riots« 1969.

»Bureaucratic Polity«

Wie Evers (1986) zeigt, fanden in Südostasien im Anschluss an die Unabhängigkeit und die Revolten (1965 in Indonesien, 1969 in Malaysia) massive Bürokratisierungsschübe statt. Bürokratisierung resultiert nicht zuletzt aus der politischen Rolle der Bürokratie. Durch die strenge Kontrolle der Wirtschaft war die politische Bedeutung der Händler und Unternehmer sehr begrenzt. Die traditionale Aristokratie wurde entweder politisch marginalisiert und auf repräsentative Funktionen begrenzt wie in Malaysia, Burma und Indonesien oder in die Bürokratie und das Militär integriert wie in Thailand. Da selbst im relativ industrialisierten Malaysia die Zahl der Arbeiter und Angestellten sehr niedrig war, blieben als quantitativ wichtige Gruppen nur die Bauern und Bürokraten, von denen nur die Letzteren politisches Gewicht hatten. Für eine Karriere bot sich deshalb nur die Bürokratie an, was wiederum zu einer Aufwertung des Status der Bürokraten führte.

Ausgehend von der Untersuchung der Bürokratie in Thailand entwickelte Riggs (1967) das Konzept der »bureaucratic polity«. Nach Riggs (1967) bestimmt sich die Modernität eines politischen Systems über die Kontrolle einer funktional spezialisierten Staatsbürokratie durch politische Institutionen außerhalb der Verwaltung. Die »bureaucratic polity« stellt einen Spezialfall der Modernisierung dar. Sie ist funktional spezialisiert, die Bürokraten werden nach Qualifikation ausgewählt und zumindest offiziell wird nach Rationalitätskriterien entschieden. Was sie auszeichnet ist jedoch, dass sie nicht durch extra-bürokratische Institutionen kontrolliert wird, wie ein durch Parteien gebildetes Parlament. Im Gegenteil, alle politischen Institutionen und Positionen sind durch Bürokraten besetzt. »Lacking any major centre of power and policy-making outside the bureaucracy, a governmental elite must become the spokesman and instrument of the bureaucracy.« (Riggs 1967:320)

Da die Bürokratie selbst politisch herrscht, definiert sie ihre Aufgaben selbst. Die politische Elite ist Sprachrohr der Bürokratie. So ist nur das politisch relevant, was die Bürokratie als relevant bestimmt. Sakrale Absegnungen sind in diesem Falle weniger bedeutsam. Allerdings ist auch in diesem Fall Entwicklungsplanung der Versuch, die Gesellschaft nach dem Bild der Bürokratie zu strukturieren.

Charisma durch die Bürokratie

Sowohl in Malaysia als auch in Singapur gibt es eine Mehrheitsethnie (Bumiputera in Malaysia und Chinesen in Singapur), die allerdings keine politische oder wirtschaftliche Dominanz über die großen Minderheiten ausüben kann. Tatsächlich waren die Chinesen, Malaien (die keineswegs ethnisch homogen sind), Inder und Orang Asli in Malaya stärker kulturell, wirtschaftlich, sozial und politisch voneinander getrennt als irgendwo sonst in Südostasien. Die Divergenzen zwischen den Ethnien auf der einen Seite und den Sultanaten auf der anderen führten zu langen Auseinandersetzungen um die Verfassung (u.a. die Bestimmung der Staatsbürgerschaft), die Ausgliederung Singapurs aus der Union of Malaya und die Gründung von Malaysia als eigenem Staat.

Vor der relativ späten Unabhängigkeit Malayas Ende der 50er-Jahre wurde noch von den Briten eine eigenständige Verwaltung nach britischem Muster aufgebaut. Diese konnte nach der Unabhängigkeit als »iron frame«, wie Furnivall es formulierte, auftreten und entlang einem Rechtssystem die ethnischen Gemeinschaften zusammenhalten. Der gesellschaftliche Konsens beschränkte sich auf die allgemeine Akzeptanz des Rechtssystems. Als Garant des politisch-rechtlichen Rahmens hielten sich Bürokratie und Militär, das in fast allen anderen Ländern eine prominente Rolle spielte, aus den politischen Auseinandersetzungen weitgehend heraus. Die Politik wurde von Parteien bestimmt. In Malaysia haben alle Parteien einen ethnischen Hintergrund und die Regierung basiert auf einer Koalition der wichtigsten Parteien (*barisan nasional*), so dass alle Gruppen repräsentiert sind (Korff 2001). In Singapur gibt es an sich keine wirkliche Opposition zur multi-ethnischen Regierungspartei (Peoples Action Party). Im Unterschied zur Bureaucratic Polity hatte die Bürokratie als effizientes Instrument im Rahmen der Modernisierungspolitik von Lee Kuan Yew und der »New Economic Policy« in Malaysia nach den Race Riots 1969 zu funktionieren.

Auf der Grundlage der Entwicklungspolitik, deren Erfolg nicht zuletzt durch die effiziente Bürokratie erreicht wurde, konnten sich sowohl in Singapur als auch in Malaysia der Staat und die politischen Eliten gegenüber allen Gruppen legitimieren. Mehr als alle anderen Staaten Südostasiens erfüllten sie die Versprechungen von Modernisierung, Wohlstand und Sicherheit. Dafür sollen die Bewohner, wie Mahathir es patrimonialistisch formulierte, die politischen Führer walten lassen und sich nicht in die Politik einmischen. In diesen Ländern haben wir den interessanten Fall, dass statt einer

Veralltäglichung des Charismas durch Bürokratisierung eine »Charismatisierung« der politischen Führung durch die Bürokratie stattfindet.

Sowohl im Theaterstaat als auch in der Bureaucratic Polity spielt Patronage eine wichtige Rolle. Der Herrscher und möglichst hochstehende Repräsentanten des Herrschers bzw. hohe Bürokraten können Unterstützung gewähren. Umgekehrt sind die Bürokraten im Rahmen der Auseinandersetzungen zwischen Cliquen und Fraktionen auf Unterstützung von Untergebenen angewiesen. Dafür sind sowohl symbolische Leistungen, wie Beförderungen, Orden usw. nötig als auch sachliche, meistens monetäre Zuwendungen. Da die Mittel dafür nicht innerhalb der Bürokratie erworben werden können, ist mehr oder weniger indirektes wirtschaftliches Engagement notwendig. Das wiederum führt zu Verbindungen zwischen Bürokraten und Unternehmern, was u.a. als bürokratischer Kapitalismus, Ersatzkapitalismus u.Ä. im Unterschied zu Staatskapitalismus bezeichnet wurde. In diesem Kontext entstanden in der letzten Dekade die so genannten »Cronies«, d.h. Unternehmer oder »Tycoons«, deren wirtschaftlicher Erfolg sich aus der Protektion der politischen Elite ergibt.

Dieses gilt für Singapur in modifizierter Weise. Die Bürokratie ist strikt entlang von Effizienz und nach Rechtsstaatlichkeit strukturiert. Formen von Korruption oder Nepotismus werden streng bestraft. So fehlen die Cronies, bürokratische Unternehmer usw. Das bedeutet jedoch nicht, dass die Staatsverwaltung keinen Einfluss auf die Wirtschaft ausübt.

Nationale Integration und Zentralisierung

In diesen Prozessen spielten die Hauptstädte eine bedeutende Rolle. In der Studie »Building States and Nations« von Eisenstadt und Rokkan (1973) wird herausgestellt, dass es eine wichtige Bedingung für nationale Integration ist, ein Zentrum zu schaffen, in dem Ökonomie, Politik und Kultur in einem nationalen Sinne eng verbunden sind. In Thailand und Indonesien war der Ausbau der jeweiligen Hauptstadt zu, wie McGee (1967) es formuliert, einem »Kultzentrum des Nationalismus«, ein wichtiger Aspekt der Durchsetzung nationaler Integration. Mit den nationalen Monumenten, Museen, Tempeln und Moscheen wurden sie zur Bühne, auf der sich der bürokratisierte Nationalstaat mit politischen Riten und Zeremonien inszenierte. In Riten und Zeremonien drücken sich soziale Verhältnisse aus und durch Riten werden diese Verhältnisse stabilisiert. Weitet sich eine Diskrepanz zwischen Riten und sozialen Verhältnissen aus, so verlieren sie und die damit verbundenen Ideologien ihre sinnstiftende Kraft.

Der Ausbau der Hauptstädte zu nationalen Zentren war mit der räumlichen Konzentration der Eliten in den Städten verbunden. Wie Evers (1966) zeigte, wurde Urbanismus zu einer Bedingung für den Zugang zu höheren Positionen in der Bürokratie und Wirtschaft. Die Konzentration der Eliten implizierte wiederum, dass die Modernisierung in diesen Zentren ihren Schwerpunkt hatte. Geertz' (1963) Überlegungen zur Involution legen demgegenüber nahe, dass es in den Hauptstädten gerade wegen der Dominanz durch eine bürokratisierte Elite zu Involution statt Modernisierung kam. Tatsächlich weisen die »Primate Cities« in Südostasien in dieser Zeit sowohl Aspekte von Modernisierung als auch Involution auf (Armstrong/McGee 1980; Evers/Korff 2000).

Auf den durch spanischen und später amerikanischen Kolonialismus geprägten Philippinen spielte die Bürokratie immer eine untergeordnete Rolle. Die Elite wurde durch Landbesitzer geformt, die auf Plantagen Zucker produzierten, der über die regionalen Zentren exportiert wurde. In den 50er- und 60er-Jahren des 20. Jahrhunderts war Manila zwar das Handelszentrum Südostasiens, doch nicht das kulturelle und soziale Zentrum der Philippinen. Das geschah erst im Kontext von Marcos Politik der Zentralisierung (Berner/Korff 1991).

Staat und Wirtschaft

Nach der Konsolidierung der politischen Systeme, der Ausbildung einer starken Bürokratie und einem politisch dominanten Militär in den 60er- und 70er-Jahren standen die Regierungen am Ende der 70er-Jahre vor der Entscheidung, eine Politik der wirtschaftlichen Öffnung und Liberalisierung oder eine Politik der Abgrenzung und Konservierung der Machtverhältnisse zu verfolgen. Trotz fortdauernder massiver Kontrolle und Repression wurde in Indonesien mit der »New Order« eine Politik der wirtschaftlichen Öffnung initiiert und seit den 80er-Jahren auch der vorsichtigen und sehr zurückhaltenden politischen Öffnung. Mit der »Look East Policy« und dem »Asiatismus« gelang es Mahathir in den frühen 80er-Jahren, einen die unterschiedlichen Ethnien in Malaysia verbindenden Diskurs zu konstruieren, durch den politische und wirtschaftliche Freiräume eröffnet wurden. In Thailand wurde seit Sarit in den 60er-Jahren eine Politik der Entwicklung und Weltmarktintegration verfolgt. Die blutige Beendigung des dreijährigen demokratischen Zwischenspiels 1976 führte in Thailand zu einem massiven Anwachsen der kommunistischen Untergrundbewegung. Tatsächlich galt Thailand 1977 als nächster Dominostein. Trotz dieser höchst problematischen Bedingungen entschieden sich die Machthaber in den 80er-Jahren (Kriangsak und später Prem) für eine Politik der politischen Liberalisierung und wirtschaftlichen Öffnung, deren Ausdruck u.a. die Generalamnestie für alle Untergrundkämpfer war.

Im Unterschied zu diesen Ländern wurde in Burma und auf den Philippinen eine andere Politik verfolgt. Die Repression und Ausplünderung des Landes nahm in der Spätphase des Marcos-Regimes noch zu. Erst seit der Vertreibung Marcos, dann allerdings sehr schnell, fand eine politische und wirtschaftliche Liberalisierung auf den Philippinen statt. Mit der Konsolidierung des demokratischen Regimes unter Ramos hatte sich die wirtschaftliche Entwicklung deutlich verbessert.

Die burmesische Verfassung von 1974 bot Möglichkeiten der politischen und wirtschaftlichen Liberalisierung. Nachdem es aber schon 1975 zu Konfrontationen gekommen war (Demonstrationen bei der Beerdigung von U Thant, Streiks und 1976 zwei Putschversuche), wurde ein strikt repressiver Kurs eingeschlagen. Trotz massiver Kritik an Ne Win, der auf dem Kongress der BSPP (Burmese Socialist Programme Party) 1977 erst im dritten Anlauf eine Mehrheit fand, wurde seine Herrschaft gesichert. Auch 1988/89 wäre eine Reformation des politischen Systems möglich gewesen. Durch den Coup und das neue Militärregime des SLORC wurde statt einer Liberalisierung wiederum ein Kurs der Repression verfolgt (Lintner 1989; Aung San Suu Kyi 1991), der inzwischen zu einem Ausverkauf des Landes und weitgehender Unterentwicklung geführt hat.

In der zweiten Hälfte der 80er-Jahre setzten weitreichende Veränderungen ein. Südostasien wurde in globale wirtschaftliche, ökonomische und kulturelle Kontexte integriert. Inzwischen werden nicht nur in Singapur und Malaysia, sondern auch in Thailand in den Industrieparks am Rande der Metropolen mit ostasiatischem Kapital und amerikanischem Know-how Komponenten für die neuesten Computer-Versionen produziert. Die Wachstumsraten des BSP während der letzten Dekade erinnern an das deutsche Wirtschaftswunder, und der immense Umsatz der lokalen Aktienbörsen wird nur von der Bodenspekulation in den Großstädten übertroffen. Inzwischen ist der Anteil Ostasiens auf über 40 Prozent der Weltwirtschaft angestiegen. Bis zur Asienkrise 1997 galten die Wirtschaften Südostasiens als eindeutige Globalisierungsgewinner.

In der Analyse des »südostasiatischen Wirtschaftswunders« weist Yomo (1997) darauf hin, dass eine Bedingung des Erfolges die technokratisch orientierte Wirtschafts- und Industrialisierungspolitik der Staaten war, insbesondere die gezielte Öffnung der Wirtschaft und die Förderung von Auslandsinvestitionen. Er betont aber auch ein großes Problem, das durch die Asien-Krise deutlich wurde: »Unlike the Northeast Asian economies, the second-tier NICs have been far more dependent on foreign investment. Much of the export-oriented, non-resource-based export oriented manufacturing in all three second-tier NICs is foreign owned and controlled. While the Northeast Asian economies have been open to foreign investment, they have also been more selective and have emphasised developing national industrial, technological, marketing and related capacities. In contrast, most rentier entrepreneurs in Southeast Asia have not been obliged to deploy their rents to such ends.« (Yomo 1997:163)

Dieses System kam im Grunde schon in den 90er-Jahren mit den massiven Auslandsinvestitionen an sein Ende. Mit der Verlagerung der internationalen Investitionen in Bereiche der entwickelten Technologien wie Computer, Chips etc. ging es, wie Henderson (1989) zeigt, nicht mehr (nur) um niedrige Löhne und Investitionen in Anlagen, die innerhalb kurzer Zeit abgeschrieben sind, sondern allgemeinere Aspekte gewannen an Relevanz. Dazu gehört auch die Sicherheit der Investitionen, wie sie ein funktionierendes Rechtssystem bietet. Weiterhin werden von den internationalen Investoren Ansprüche an die Verwaltung gestellt, Rahmenbedingungen zu schaffen bzw. zu erhalten. Damit wird die Bürokratie mit externen Forderungen nach Problemlösungen konfrontiert. Die eher technokratischen Regimes in Malaysia und Singapore kommen damit weitaus besser zurecht als die sakralisiert-bürokratisierten Regimes in Thailand und vor allem Indonesien wodurch sich erklärt, dass in Malaysia und Singapore nicht nur stärker in Industrien investiert wurde, sondern vor allem auch langfristige Investitionen getätigt wurden. Diese wirtschaftlichen Entwicklungen stehen in einer engen Verbindung mit Modifikationen der Bürokratie und des Herrschaftssystems.

Diversifizierung der Eliten

Die politischen Implikationen eines durch Auslandsinvestitionen geförderten Wirtschaftswachstums betreffen vor allem die Bürokratien. Auslandsinvestitionen ergeben sich nur, wenn Bedingungen geschaffen werden, seien es nun Industrieparks, Gesetze zur Liberalisierung des Finanzmarktes, Investitionsförderung, Wirtschaftsplanung etc. Hier zeigt sich eine Widersprüchlichkeit innerhalb des bürokratisierten Staates, die sich konkret als Konflikt zwischen modernistischen Technokraten und Traditionalisten ausdrückt. Im Kontext der Bureaucratic Polity konnte sich die Bürokratie eigenständig Aufgaben stellen und gegenüber externen Anforderungen abgrenzen. Globale Integration bedeutet, dass die Bürokratie nicht mehr selbstherrlich oder willkürlich entscheiden kann, sondern Ansprüche der Investoren zu berücksichtigen hat. Damit ändert sich auch der Stellenwert der Ministerien und ihrer Abteilungen. Die früher eher marginalen Ministerien für Entwicklungsplanung und Wirtschaft nehmen an Bedeutung zu, während die auf nationale Kontrolle abzielenden Ministerien, wie das Innen- und Verteidigungsministerium, relativ an Bedeutung abnehmen.

Weiterhin erhält Rechtsstaatlichkeit zur Einschränkung bürokratischer Willkür eine große Bedeutung. In den 70er-Jahren beschrieben Fröbel, Hinrichs und Kreye (1977) die neue internationale Arbeitsteilung, die nicht mehr durch Rohstoffvorkommen strukturiert wird, sondern durch Lohnhöhen. In Südostasien ist es die Phase der Ansiedlung exportorientierter, arbeitsintensiver Leichtindustrien, vor allem einfacher Elektronik und Textilverarbeitung. Die Fabriken der freien Produktionszonen waren mit einfachster Technologie ausgestattet und die Investitionen spätestens nach drei bis fünf Jahren abgeschrieben. Das politische Interesse dieser Unternehmen zielte darauf ab, dass Arbeitskonflikte und Lohnhöhe gering blieben. Ein eher repressiver Polizeistaat konnte diese Bedingungen erfüllen. Seit den 80er-Jahren nehmen vor allem Investitionen in moderne Technologien zu. Es geht nicht mehr nur um niedrige Löhne, sondern zunehmend um qualifizierte Arbeitskraft, Absicherung der längerfristigen Investitionen, den Aufbau eines umfangreiches Zuliefererumfeldes und Producer Services. Ein repressiver Polizeistaat, der immer mit potenzieller Willkür und Korruption verbunden ist, hat dadurch gegenüber einem Staat mit kalkulierbarem Rechtssystem und einer funktionierenden effizienten Bürokratie an Attraktivität verloren. Bezeichnenderweise fließen diese High-Tech-Investitionen vor allem nach Singapur und inzwischen auch nach Malaysia und Thailand, aber kaum nach Indonesien!

Effizienzsteigerung von Bürokratie und Rechtssicherheit verlangen, dass das Durcheinander der sich oftmals widersprechenden Regeln, durch die sich die Bürokratie in kafkaesker Manier von der Welt des Alltäglichen abhebt (was notwendig ist, will sie ihren Status als Bindeglied zwischen Welt und Kosmos erfüllen), durch Transparenz und Kalkulierbarkeit ersetzt wird, ein Prozess der »Säkularisierung der Bürokratie« also. So fordert das technokratische thailändische National Economic and Social Development Board im siebten Entwicklungsplan (1992–1996): »The government's administrative system, legal framework, rules and regulations are out of date and are in need of overhaul, requiring the introduction of new rules and regulation to cope with the changing situation. These constraints are important in hindering effective private business operations and overall government administration.« (NESDB o.J.:8) Für Indonesien und Thailand implizieren diese Forderungen nach Transparenz, dass die Bürokratie an Macht und Charisma verliert. Dieses gilt für Singapur und Malaysia in geringerem Maß, denn dass diese Länder als erste massive Auslandsinvestitionen anziehen konnten, liegt nicht zuletzt an der Rechtssicherheit und Effizienz der Bürokratie.

Die rapide ökonomische Entwicklung implizierte auch die Entstehung neuer sozialer Gruppen mit einem vergleichsweise hohen Einkommen und einer guten Ausbildung wie

Anwälte, Finanz- und Landmakler, leitende Angestellte, Facharbeiter und andere. Auch innerhalb der Bürokratie und des Militärs nehmen die Technokraten gegenüber den traditionellen Bürokraten zu. Das hatte zwei Implikationen: Zum einen stehen diese neuen Gruppen vor dem spezifischen Dilemma, dass ihre politischen Einflussmöglichkeiten begrenzt sind, während sie diejenigen sind, die die wirtschaftliche Entwicklung vorantreiben. Dann stehen sie vor dem Problem, sich der Korruption gegenüber kaum wehren zu können. Im Unterschied zu den unteren Schichten haben sie aber etwas zu verlieren. Rechtsstaatlichkeit, Kontrolle der Bürokratie und der politischen Eliten ist deshalb auch für diese Gruppen von zentraler Relevanz. So kann eine Allianz zwischen den durch Globalisierung entstandenen Gruppen der Mittelschichten und der globalen Akteure gebildet werden.

In Thailand lässt sich diese Allianz gut beobachten: Der Erfolg der Demonstrationen gegen die Militärregierung von Suchinda 1992 basierte u.a. auf den deutlichen Warnungen, dass die Militärregierung ausländische Investitionen abschreckt und auf der über Medien erreichten globalen Öffentlichkeit. Im Zusammenhang mit dem 16-Milliarden-Dollar-Kredit des IWF an Thailand als Reaktion auf die Wirtschaftskrise 1997 kam es zu einer interessanten Verbindung der Forderungen der Weltbank nach »good governance« und Gruppen, die eine neue Verfassung gegenüber dem politischen Establishment durchsetzen wollten.

Zum Zweiten bietet nicht mehr nur die Bürokratie Karrieremöglichkeiten, sondern in der Privatwirtschaft und bei ausländischen Unternehmen finden sich weitaus besser bezahlte und attraktivere Möglichkeiten. In Malaysia und Thailand ist es schwer, qualifiziertes Personal für eine Karriere in der Verwaltung zu gewinnen. In Singapur sind diese Probleme wegen der relativ hohen Gehälter weitaus geringer.

Wirtschaftliche Entwicklung und globale Integration haben die politische Macht der Bürokratie deutlich eingeschränkt und mit der Zunahme attraktiver neuer Berufsmöglichkeiten hat die Bürokratie an Prestige verloren. In der Konsequenz werden zunehmend Forderungen an die Bürokratie gestellt, und sie muss ihre Effizienz gegenüber ausländischen Investoren und den Bürgern beweisen. Durch die Einschränkung der Bürokratie verlieren auch die von ihr geschaffenen Diskurse eines gesellschaftlichen Konsenses an Kraft. Es kommt zu einer Umstrukturierung des politischen Systems, in deren Verlauf Charisma zunehmend durch Effizienz, Kalkulierbarkeit und Transparenz und Herrschaft einer kleinen Elite durch Aushandlungsprozesse zwischen strategischen Gruppen ersetzt werden.

Globalisierung und Mittelschichten in Südostasien: Neue politische Akteure

Globale Integration ist keine rein wirtschaftliche Angelegenheit. Sie löst die Abgeschlossenheit von Kulturen auf. Mit dem Wissen, dass es auch etwas anderes gibt, bedarf es einer expliziten Entscheidung, welcher Kultur und welcher Werteordnung man folgt (Beyer 1990). Zum Zauber alter Batiken gesellen sich so T-Shirts von Lacoste und Nike-Sportschuhe, und Wayang konkurriert mit amerikanischen, japanischen oder brasilianischen Seifenopern oder Hollywood-Produktionen. Im Ergebnis nimmt Ambivalenz zu.

Diese äußert sich u.a. darin, dass die Embleme der Modernität, wie »internationalisierte« Stadtviertel mit postmodernen Bürohochhäusern, Hotels und Einkaufszentren als Schaufenster der erreichten Entwicklung ein Selbstbewusstsein fördern und gleichzeitig als Orte der Entfremdung, Dekadenz und korrumpierter Lebensstile kritisiert werden. Die Ambivalenz betrifft vor allem auch die Position und Rolle der Frauen. Viele fanden Arbeit in den Weltmarktfabriken, wodurch das Familieneinkommen erhöht wurde. Durch das eigene Einkommen konnten sie aber eine Selbstständigkeit und damit auch Unabhängigkeit gegenüber Männern ausbauen, worauf von männlicher Seite mit Ressentiments reagiert wurde. So galten die in den Fabriken arbeitenden Frauen z.B. als sexuell unzuverlässig.

Vor allem die neuen städtischen Mittelschichten, in denen typischerweise sowohl Männer als auch Frauen berufstätig sind, um ein für die Befriedigung von Konsumbedürfnissen ausreichendes Haushaltseinkommen zu schaffen, sind von dieser Ambivalenz betroffen. Für sie hat das Landleben, die dörfliche und traditionelle familiäre Werteordnung, die von den politischen Eliten als beispielhaft vorgestellt werden, an Überzeugungskraft verloren. Sie suchen neue Identifizierungen zwischen Moderne und Tradition, Ost und West. Auf der Suche nach Identifizierung und dem damit verbundenen Versuch, neue Formen sozialen Zusammenhaltes zu finden, entwickeln sich Bewegungen, durch die wiederum eigene Diskurse konstruiert werden.

Zum einen sind religiöse Erneuerungsbewegungen zu nennen. In allen Ländern Südostasiens haben diese Bewegungen zugenommen, seien sie nun islamisch, buddhistisch oder christlich orientiert. Zwar stellen diese Bewegungen nicht den Staat in Frage, doch wird durch religiösen Revivalismus die Verbindung zwischen staatlicher Elite und Heiligkeit, die den Theaterstaat typisiert, hinterfragt.

Vergleichbar dazu sind zweitens »Re-traditionalisierungs«-Diskurse, die eine Rückkehr zu den wirklichen, authentischen Werten der nationalen Kultur propagieren. Für die Elite besteht das Problem, dass dadurch das aus der Synthetisierung von Tradition und Moderne geschaffene Charisma problematisiert wird.

Zum Dritten nimmt die Zahl der NRO zu. NRO geht es um die Lösung sozialer Missstände. Sie definieren selbstständig Probleme als für die Allgemeinheit relevant. Dadurch wird das Monopol der Staatsbürokratie, Probleme zu definieren, und ihre Kapazität, Probleme zu lösen, angezweifelt.

Viertens entstehen neben und in Verbindung zu NRO Bewegungen, denen es um die Lösung politischer und rechtlicher Probleme geht. Sie fordern keine neue staatliche Ordnung, sondern die Implementierung der bestehenden Gesetze. Alle Verfassungen enthalten Bekenntnisse zu Demokratie und Partizipation, die aber nicht erfüllt werden.

Im Unterschied zu separatistischen oder revolutionären Bewegungen stellen diese neuen Diskurse die staatlich propagierten Werte nicht in Frage. Im Gegenteil, es finden sich Bezüge und Parallelen, die über ein anti-westliches Ressentiment hinausgehen. Allerdings wird das Monopol des Staates, einen Konsens als allgemeingültig zu definieren, problematisiert. Den unterschiedlichen Bewegungen geht es um die diskursive Bestimmung eines Konsenses im Rahmen einer politischen Gemeinschaft, was Konfrontationen durch divergierende Interessen einschließt.

Als Resultat der wirtschaftlichen und sozialen Veränderungen verloren die politischen Systeme zunehmend an Legitimität. Kritik der Bürokratie und des Herrschers wird nicht mehr per se als Blasphemie wahrgenommen, sondern Legitimität wird darin gesehen, dass der Herrscher und die Bürokratie »Diener des Gemeinwohls« sind. Aus dieser Perspektive lässt sich die Betonung asiatischer Werte und die Etablierung von »Boards of National Identity« wie in Thailand als Versuch der politischen Elite interpretieren, ihre Machtpositionen zu konservieren. In diesem Sinne schreibt Lee: »The dynamic of industrialisation that brings wealth and prestige to the developing nations is at the same time feared for its sweeping cultural changes which may reduce the policymakers to figments of an anachronistic age.« (Lee 1994:46)

Solange die politischen Eliten dauerhaftes Wachstum, an dem alle partizipierten, garantieren konnten, funktionierte das überkommene System. Tatsächlich stieg der Lebensstandard nicht nur für die Cronies an, sondern für alle, so dass auch alle etwas zu verlieren hatten. Den Mittelschichten ging es auch um Demokratisierung, doch vor allem um ihren Lebensstil, den niemand gerne aufs Spiel setzt. So blieben weitreichende Veränderungen weitgehend aus. Suharto wurde regelmäßig wiedergewählt und niemand wagte es, die Massaker des Militärs in Timor, Aceh Irian Jaya und vielen anderen Orten öffentlich zu kritisieren. In Thailand, das politisch immer etwas flexibler war, wurde zwar der Einfluss des Militärs begrenzt, doch statt dessen übernahmen Gangster wie Banharn die politischen Positionen. Mit der Wirtschaftskrise brachen diese Gebilde wie Kartenhäuser zusammen. Thailand machte den Anfang. Premierminister Chaovalit musste seinen Abschied nehmen und eine neue, wirklich beispielhafte Verfassung (die Sechzehnte) wurde verabschiedet. Während in Thailand der politische Wandel relativ problemlos vonstatten ging, war die Situation in Indonesien leider anders. Erst nach massiven Protesten und dem Tode vieler nahm Suharto, kurz nachdem er wiedergewählt worden war, seinen Abschied. Inzwischen ist Megawatti Sukarnoputri die dritte Nachfolgerin Suhartos und die politische und wirtschaftliche Situation in Indonesien ist noch weit von einer Stabilisierung entfernt.

Schluss

Betrachtet man die Entwicklung der Staaten in Südostasien, zeigen sich gemeinsame Prozesse und damit verbundene Phasen. In der ersten Phase nach der Unabhängigkeit war Charisma als Instrument der politischen Integration der heterogenen Gesellschaften von zentraler Bedeutung. Daraus ergab sich ein stark zentralisiertes und personalisiertes Herrschaftssystem. Zum charismatischen Führer gehörte eine starke Bürokratie. Effizienzdefizite der Bürokratie konnten über persönliches Charisma kompensiert werden, und umgekehrt konnte eine effiziente Bürokratie die Herrscher »charismatisieren«. Diese erste Phase endete in den 60er-Jahren.

Während die erste Generation der politischen Führer (Sukarno, Aung San, Lee Kuan Yew, Phibul Songkhram) versuchten, ihre politischen Ideen zu verwirklichen, die nicht immer den Anforderungen der Wirtschaft gerecht wurden, stand in der zweiten Generation die persönliche Nutzung der inzwischen etablierten Systeme zur eigenen Bereicherung im Vordergrund. Es ist dies die Phase der Ausbildung korrupter Systeme, von Cronyismus, Nepotismus usw. Fast paradigmatische Vertreter dieser zweiten Generation sind Suharto (Indonesien), Ne Win (Burma), Kittikachorn und Prapas (Thailand), Marcos

(Philippinen). In dieser zweiten Phase blieben Veränderungen der politischen Systeme relativ begrenzt, was sich darin zeigt, dass die Premierminister gleich blieben, oder, wie in Thailand, ein Militärputsch auf den anderen folgte, wodurch allerdings nur die politischen Führer ersetzt wurden.

Die dritte Phase seit den 80er-Jahren ist durch politische und wirtschaftliche Liberalisierung und die zunehmende Demokratisierung in Form von verallgemeinerter Repräsentation und Transparenz gekennzeichnet. Ausnahmen sind Singapur, Malaysia auf der einen Seite und Vietnam sowie die anderen Länder des früheren Indochina auf der anderen Seite. Die Notwendigkeit für Singapur und auch für Malaysia, schon sehr früh eine Wirtschaftspolitik der Integration in den Weltmarkt zu forcieren und ausländische Investitionen anzuziehen, verlangte Rechtsstaatlichkeit und relative Effizienz der Bürokratie, was die »Sakralisierung« behinderte. Die Entwicklung von Kambodja entspricht bis in die frühen 70er-Jahre den genannten Phasen. Sikhanouk war zweifellos ein charismatischer Führer, und nach seiner Ablösung durch den vom CIA unterstützten Putsch von Lon Nol (1970) setzte die zweite Phase der extremen Korruption ein, die dann allerdings im Jahre 0 (oder 1975) durch die Roten Khmer abgebrochen wurde. Für Vietnam gelten diese Phasen nicht, da die gesamte Entwicklung sowohl im Süden als auch im Norden durch Kriege geprägt war.

Südostasien gilt als die post-koloniale Region, in der trotz der Asien-Krise eine erfolgreiche wirtschaftliche und soziale Entwicklung stattfand. Es zeichnet sich ab, dass auch für die weitere politische Entwicklung der Staaten der Region tragfähige Grundlagen geschaffen wurden.

Literatur

Anderson, B. R. O'G. (1996): Die Erfindung der Nation: zur Karriere eines folgenreichen Konzepts. Frankfurt am Main/New York: Campus

Armstrong, W.R./McGee, T. (1980): A Theory of Urban Involution. In: Sociology of Southeast Asia, Hg. Evers, H. D., Singapore/Kuala Lumpur/Oxford: Oxford University Press

Aung San Suu Kyi (1991): Freedom from Fear. London/New York/Victoria: Penguin

Berner, E./Korff, R. (1991): Dynamik der Bürokratie und Konservativismus der Unternehmer: Strategische Gruppen in Thailand und den Philippinen. In: Internationales Asienforum 22: 3-4

Beyer, Petwer, F. (1990): Privatization and the Public Influence of Religion in Global Society. In: Global Culture. Nationalism, Globalization and Modernity, Hg. Michael Featherstone. London/Newbury Park/New Delhi

Braudel, F. (1995): A History of Civilizations. New York/London/Victoria/Toronto/Auckland: Penguin

Coedes, G. (1968): The Indianized States of Southeast Asia. Honolulu: East-West Center Press

Eisenstadt, S. N./Rokkan, S., Hg. (1973): Building States and Nations. Models and Data Resources, Bd. I. Beverly Hills/London: Sage

Evers, H. D. (1966): The Formation of a Social Class Structure: Urbanization, Bureaucratization and Social Mobility in Thailand. In: American Sociological Review 31:4

Evers, H. D. (1986): Bürokratisierung in Südostasien. In: Südostasien. Tradition und Gegenwart, Hg. Rolf Hanisch/Hans P. Dürr. Braunschweig: Westermann

Evers, H, D./Korff, R. (2000): Southeast Asian Urbanism. The Power and Meaning of Social Space. Hamburg/London/Singapore/New York: Lit/ISEAS/St. Martins

Fröbel, F./Heinrichs, J./Kreye, O. (1977): Die neue internationale Arbeitsteilung. Strukturelle Arbeitslosigkeit in den Industrieländern und die Industrialisierung der Entwicklungsländer. Hamburg: RoRoRo

Furnivall, J. S. (1970): Tropische Wirtschaft und Pluralistische Gesellschaft. In: Moderne Kolonialgeschichte, Hg. Rudolf von Albertini. Köln/Bonn/Kiepenheuer und Witsch

Furnivall, J. S. (1980): Plural Societies. In: Sociology of Southeast Asia, Hg. H. D. Evers. Singapore, Kuala Lumpur/Oxford: Oxford University Press

Geertz, C. (1963): Peddlers and Princes. Social Change and Economic Modernization in Two Indonesian Towns.

Geertz, C. (1993): Local Knowledge. London

Henderson, J. (1989): The Globalization of High technology Production. Society, Space and Semiconductors in the Restructuring of the Modern World. London: Routledge

Hobsbawm, E. J./Ranger, T., Hg. (1983): The Invention of Tradition. Cambridge: Cambridge University Press

Korff, R. (2001): Identities of a Plural Society: Communal Responses to Globalization in Malaysia. In: Singapore Journal of Tropical Geography, Special Issue: Global Processes, Local Responses: Resistance and Compliance in Southeast Asia, Bd. 22/3: 270-84

Lee, R. L. M. (1994): Modernization, Postmodernism and the Third World. In: Current Sociology 42:2

Lintner, B. (1989): Outrage. Burma's Struggle for Democracy. Hongkong: Review Publishing Company

McGee, T. G. (1967): The Southeast Asian City. A Social Geography of the Primate Cities of Southeast Asia. London: G.Bell

National Economic and Social Development Board (NESDB), Office of the Prime Minister, o.J.: The Seventh National Economic and Social Development Plan, 1992–1996. Bangkok: Government Printing House

Riggs, F.(1967): Thailand. The Modernization of a Bureaucratic Polity. Honolulu: East-West Center Press

Sarkisyanz, E. (1961): Südostasien seit 1945. München: Oldenbourg

Schulte-Nordholt, H.(1991): State, Village and Ritual in Bali. In: Comparative Asian Studies 7, Amsterdam: VU University Press

Shils, E.(1965): Charisma, Order and Status. In: American Sociological Review

Steinberg, D. I. (1981): Burma's Road Toward Development. Growth and Ideology Under Military Rule. Boulder: Westview

Yomo, K.S., Hg. (1997): Southeast Asia's Misunderstood Miracle. Industrial Policy and Economic Development in Thailand, Malaysia and Indonesia. Boulder: Westview

Frauke Kraas

Verstädterungs- und innerurbane Entwicklungsprozesse in Südostasien

Städte und Verstädterungsprozesse sind in Südostasien an sich keine neuen Erscheinungen: Die großen präkolonialen Tempel-, Palast- und Stadtanlagen als Zeugnisse Stein gewordener kosmogonischer Prinzipien in den von gottgleichen Königen beherrschten Hochkulturen des kontinentalen Südostasien – allen voran die Kultursysteme und Reiche von Angkor und Bagan/Pagan – belegen dies ebenso wie die chinesisch beeinflussten Hauptstädte und Herrschersitze – darunter Hué und Müang Sing – oder die wichtigen Hafen- und Handelsstützpunkte des insularen Südostasien. Anders als in Europa waren die präkolonialen Städte in erster Linie religiöse Zentren und Herrschaftssitze. Doch selbst während der europäischen Kolonialzeit, in welcher stadtbasierte Verwaltungs- und Handelsnetze aufgebaut wurden, erfolgte keine tiefgreifende Überformung der vorhandenen nationalen Siedlungssysteme – mit gewisser Ausnahme der kolonialzeitlich etablierten Städtesysteme in Indonesien und den Philippinen. Städte und Verstädterung traten erst während der letzten beiden Jahrzehnte beschleunigten, zuletzt boomenden Wirtschaftswachstums als nicht nur staatsprägende, sondern auch transnational wirkende Einflussfaktoren in den Vordergrund. Trotz gewisser Gemeinsamkeiten mit Prozessen der weltweiten Urbanisierung überwiegen in Südostasien bislang jedoch eigenständige Ausprägungen. Entsprechend ist es das Ziel des vorliegenden Beitrags, einen Überblick über die spezifischen aktuellen Phänomene und Probleme der Verstädterung (als Zustand und Prozess) sowie der dominanten innerurbanen Entwicklungsprozesse in Südostasien zu geben.

Zur aktuellen Verstädterungsdynamik in den Entwicklungsländern

Im Jahr 2007 wird erstmals mehr als die Hälfte der Menschheit in Städten leben. Weltweit wuchs der Anteil der in Städten lebenden Bevölkerung an der Gesamtbevölkerung von 29,8 Prozent (1950) über 37,9 Prozent (1975) auf 47,2 Prozent (2000), und er wird voraussichtlich auf 57,2 Prozent im Jahr 2010 bzw. 60,2 Prozent (2030) ansteigen. In den Industrieländern lebten 1990 bereits 73 Prozent der Gesamtbevölkerung in Städten (ca. 877 Mio. Menschen), während der Prozentsatz in den Entwicklungsländern nur bei 37

Prozent lag – in absoluten Zahlen jedoch bereits 1.357 Mio. Menschen umfasste (UN 2002:1, 4). Hochrechnungen gehen davon aus, dass bis zum Jahr 2025 die Verstädterungsrate in den Industrieländern nur noch leicht auf 78 Prozent, d.h. 1.087 Mio. Personen, hingegen in den Entwicklungsländern enorm, wenn auch in einzelnen Staaten unterschiedlich, steigen wird. Bei geschätzten 57 Prozent an der Gesamtbevölkerung werden 2025 hier voraussichtlich mehr als 3.845 Mio. Menschen in Städten leben. Die Städte der Entwicklungsländer müssen entsprechend im Zeitraum zwischen 2000 und 2030 fast das gesamte Wachstum der Weltbevölkerung aufnehmen, d.h. rund 2 Mrd. Menschen zusätzlich.

War Verstädterung bis zum Zweiten Weltkrieg vor allem ein Phänomen der entwickelten Staaten, so setzte danach durch hohes Bevölkerungswachstum, intensivierte Industrialisierung, Attraktionsgewinn der Städte und Landflucht auch in den Entwicklungsländern ein rasantes Städtewachstum ein. Heute tragen die Entwicklungsländer die Hauptprobleme der progressiven Verstädterung, jedoch mit gravierenden Unterschieden hinsichtlich der jeweiligen Niveaus: Während die Verstädterungsraten in Lateinamerika denen der entwickelten Staaten entsprechen, liegen sie in weiten Teilen Afrikas und Süd-, Ost- und Südostasiens bislang noch sehr niedrig. Für diese Großregionen sind für die nächsten Jahrzehnte die höchsten Bevölkerungszuwächse in den Städten prognostiziert. Eine Sonderrolle spielen die Megastädte, d.h. Metropolen mit – unterschiedlichen Definitionen zufolge – acht oder zehn Mio. Einwohnern. 13 der derzeit 17 Megastädte liegen in Entwicklungsländern, die meisten in Ost- und Südasien; von den knapp 400 Mio. Bewohnern der Megastädte leben 320 Mio. in Entwicklungsländern, über die Hälfte in Asien. In einigen Megastädten – z.B. Mexiko, São Paulo, Seoul, Mumbai, Jakarta und Teheran – verdreifachten sich die Bevölkerungszahlen zwischen 1970 und 2000.

Damit sind Städte, Metropolen und Megastädte bzw. megaurbane Regionen in Zukunft die entscheidenden Lebensräume der Weltbevölkerung; hier werden die Chancen, Probleme und Perspektiven der Menschheit entschieden. Diese Städte sind heute bereits Mosaike unterschiedlichster Menschenwelten; ihre Strukturen, Dynamik und Steuerungsstrategien unterscheiden sich in Abhängigkeit vom gesellschaftspolitischen und soziokulturellen System wie auch vom ökonomischen und technologischen Entwicklungsstand der einzelnen Staaten teils extrem voneinander. Ausdifferenziert und beschleunigt hat sich die Entwicklungsdynamik in den Städten des Südens während des letzten Jahrzehnts zudem durch die Einbindung ihrer urbanen Ökonomien in Globalisierungsprozesse und internationale Arbeitsteilung sowie dadurch steigende Abkopplung von nationalen zugunsten der Integration in internationale Wirtschaftsverflechtungen (Coy/Kraas 2003). Vor diesem Hintergrund sollen nachfolgend die Verstädterungs- und innerurbanen Prozesse in Südostasien auf Unterschiede gegenüber weltweiten Tendenzen und spezifische Eigenentwicklungen hin untersucht werden.

Städte: neue Dominanten in Südostasien

Die mit Ausnahme des Stadtstaats Singapur bis in die 1960er-Jahre hinein überwiegend ländlich geprägten Staaten Südostasiens haben mit zunächst gewissem, seit Mitte der 1980er-Jahre dann boomendem Wirtschaftswachstum einen zuerst kontinuierlichen, dann sprunghaften Anstieg der Verstädterungsraten erfahren. Insbesondere in den marktwirtschaftlich orientierten Staaten Malaysia, Indonesien und den Philippinen sowie – auf geringerem Niveau – Thailand sind deutliche Verstädterungsschübe erkennbar, in den Transformationsstaaten Kambodscha, Laos, Myanmar/Birma und Vietnam zeitversetzt seit Beginn der 1990er-Jahre. Prägend für die Entwicklungsdynamik wirkt sich auch der doppelte wirtschaftliche Umbruch innerhalb kurzer Zeit – d.h. gut ein Jahrzehnt Wirtschaftsboom und seit 1997 schwere Wirtschaftskrise – aus, wenngleich dieser Umbruch je nach Ausgangssituation vor Einsetzen der so genannten Asienkrise in den einzelnen Städten unterschiedlich durchschlug.

Die Verstädterungsrate stieg in Südostasien insgesamt von 14,8 Prozent (1950) über 24,3 Prozent (1980) auf 37,5 Prozent (2000) deutlich an, in Indonesien sprunghaft von 12,4 über 22,2 auf 41,0 Prozent, ebenso in den Philippinen von 27,1 über 37,5 auf 58,6 Prozent und in Malaysia von 20,4 über 42,0 auf 57,4 Prozent (UN 2002: 28/29). Damit einher gingen eine Ausdifferenzierung der nationalen Städtesysteme in entweder zunehmend polarisierte (Thailand, Laos, Kambodscha; Bronger/Strelow 1996, Zimmermann 1997) oder multipolare, wenngleich weiterhin hierarchisch organisierte nationale Städtesysteme (Philippinen, Malaysia, Indonesien, Vietnam).

Es verbinden sich damit sowohl eine rasante Stadtexpansion als auch ein tiefgreifender innerurbaner Strukturumbau; beide vollziehen sich mit großer Geschwindigkeit, enormer Flächeninanspruchnahme sowie unter Beteiligung einer unkoordiniert handelnden Vielzahl von Akteuren mit unterschiedlichsten Motiven und Interessen auf lokaler, regionaler, nationaler und globaler Ebene. Der massive funktionale Stadtumbau zieht gleichzeitig die Veränderung, teils Auflösung bisheriger Struktur- und Ordnungsmuster mit sich – vor allem durch zunehmende Inhomogenität urbaner Teilräume, Entstehung disperser Zentralitäten sowie teilweise sozialer Desorganisation. In den Städten Südostasiens treten jedoch trotz hoher Entwicklungsdynamik nicht zugleich auch zwangsläufig alle weltweit zu beobachtenden Phänomene auf, zu denen mangelnde oder fehlende Flächennutzungsplanung und -kontrolle, Verdrängungsprozesse und Ausdifferenzierung von Informalität und zunehmende Marginalisierung großer Bevölkerungsteile ebenso gehören wie wachsende sozioökonomische Disparitäten sowie steigende Fragmentierung, Armut und Destabilisierung. Auch kann man in Südostasien nicht grundsätzlich beobachten, dass gravierende demographische, ökologische und sozioökonomische sowie massive Steuerungsprobleme die unausweichlich scheinende Folge rapider Urbanisierung sind. Dies ist im Einzelnen zu untersuchen. Unzweifelhaft aber sind Verstädterungsprozesse auf nationaler und regionaler Ebene sowie mit steigender Bedeutung in den gesamtwirtschaftlichen Kontexten seit jüngstem nun auch Städte als zunehmend prägende Elemente die neuen Entwicklungsdominanten in Südostasien, zumal im Zeichen zunehmender Globalisierung (Evers/Korff 2000; Kieserling 2000).

Typen aktueller Verstädterungsprozesse in Südostasien

Angesichts großer Unterschiede der sozioökonomischen Entwicklung in Südostasien – das Spektrum reicht vom Industrieland Singapur über die Schwellenländer Brunei, Malaysia und Thailand bis zu den Entwicklungsländern Indonesien, Osttimor, Philippinen und Vietnam sowie den so genannten Least Developed Countries (LDC) Kambodscha, Laos und Myanmar/Birma – muss ein differenziertes Bild heterogen ablaufender Prozesse gezeichnet werden, das sich zunächst näherungsweise durch die Ausweisung von vier Entwicklungstypen charakterisieren lässt:

1. Der erste Entwicklungstyp fasst Städte mit stark bis rigide reglementierter Stadtplanung zusammen, für die konsequente Flächennutzungs- bzw. Territorialplanung, enge Nutzungsauflagen, kohärente Planungstiefe und weitreichende Durchdringung verschiedener Planungsbereiche, zielgerichtete Umsetzung fest verankerter Planungs- und Realisierungsschritte sowie mittel- und langfristige Planungshorizonte charakteristisch sind. Pläne zur Ausstattung des urbanen Raums mit hochwertiger Stadtmöblierung (z.B. Monumente, Kunstwerke, Wasserspiele, Marinas, aufwendige freizeitorientierte Parks) sowie die Förderung und Ausdifferenzierung quartärer Nutzungen in eigenen High-Tech- oder quartären Dienstleistungszentren werden konsequent umgesetzt, teilweise städtische Räume mit prestigeträchtigen Symbolen nationaler Machtmanifestation ausgestattet. Visionen großflächiger Cityerweiterungen, aufwendig angelegte Sanierungsvorhaben, moderne *flagship development* und futuristische Planungskonzepte für ganze Stadtteile werden angegangen. Die zentrale Steuerung aller Projekte liegt in der Hand des Staates, zumeist koordiniert durch die Innenministerien, bzw. starker Stadtverwaltungen. Musterbeispiel dieses Entwicklungstyps ist der Stadtstaat Singapur, doch auch Kuala Lumpur, Brunei Darussalam und Johore zählen hinzu.

2. Teilgeplante Stadtentwicklung ist unter dominanter administrativer Steuerung durch intensive Verflechtungen zwischen Verwaltung und Wirtschaft gekennzeichnet: Cityerneuerung, Flächen- und Objektsanierung, Gentrification mit überwiegend sozioökonomischen, seltener auch ethnischen Segregations- und Sukzessionsprozessen, ausgeprägte Suburbanisierungsphänomene sowie die Zunahme von Projekten mit public-private-partnership-Konstruktionen bei gleichzeitiger Privatisierung des öffentlichen Raums sind charakteristisch. Dieser Entwicklungstyp kennzeichnet Städte wie Penang, Chiang Mai, Baguio, Cebu, Kuching und Kota Kinabalu.

3. Weit überwiegend sind in Südostasien jedoch Entwicklungen steuerungsarmer Stadtdifferenzierung anzutreffen, bei der bedingt durch schwache bis inexistente politische Steuerung die Kräfte des freien Marktes die Oberhand besitzen. Die Konsequenzen sind massive Stadtexpansion, die Entstehung inhomogener Flächennutzungsmosaike bei gleichzeitiger Auflösung bisheriger Struktur- und Ordnungsmuster (z.B. der CBD oder traditioneller Stadtviertel), rapider funktionaler Stadtumbau mit der Entstehung disperser Zentralität, zunehmende soziale Fragmentierung und innerurbane sozioökonomische Disparitäten mit Verdrängungserscheinungen, der Ausdehnung punktueller informeller Bebauung und von Marginalvierteln sowie der Bildung so genannter *gated communities*. Angesichts erheblichen Überangebots privatwirtschaftlich errichteter Immobilien in der Take-off-Phase wirtschaftlichen Booms kommt es zu zunehmendem Leerstand von Gebäuden bei gleichzeitiger Unterversorgung mit Wohnraum, Marginalisierung und Exklusion weiter Bevölkerungsteile. Infrastrukturelle Überlastung und ökologische Probleme beeinträchtigen die Lebensqualität. Zur Ausdifferenzierung des informellen Sektors treten Reurbanisierungsphänomene und die Ausbreitung urbaner Landwirtschaft. Derarti-

ge Prozesse finden besonders in den drei Megastädten Bangkok, Jakarta und Manila, abgeschwächt aber auch in einer Vielzahl von Sekundär- bzw. Regionalstädten statt, zu denen etwa Jogyakarta, Surabaya, Khon Khaen, Pattaya und Hat Yai zählen.

4. Typisch für den transformationsgetragenen Stadtumbau sind eine Vielzahl innerstädtischer Transformationsprozesse, darunter die Entstehung und Ausdehnung von modernem Einzelhandel und anderen privatwirtschaftlichen Dienstleistungen, raumdifferenzierende Boden- und Mietpreisentwicklungen, die zu Verdrängungsprozessen, Wohnraumverknappung und dem Verfall der Innenstädte führen. Probleme veralteter Infrastruktur, schlagartig zunehmende sozioökonomische Disparitäten bei geschwächten oder kollabierenden sozialen Auffangnetzen – trotz gradualistischer Transformation – bewirken Marginalisierung und Exklusion großer Bevölkerungsteile. Der Zusammenbruch vormals staatlicher Versorgungsnetze erzwingt die Entwicklung neuer Überlebensstrategien; diese richten sich zumeist auf Erwerbsmöglichkeiten im informellen Sektor und auf urbane Landwirtschaft, die sich taschenartig in den zuvor großzügig geplanten Stadtanlagen etabliert. Globalisierungsprozesse überlagern und verstärken die sozioökonomischen Umbrüche. Zu beobachten sind die genannten Tendenzen besonders in den südostasiatischen Hauptstädten Hanoi, Phnom Penh, Vientiane und Yangon/Rangun, ferner Ho Chi Minh-City sowie in gewisser Hinsicht auch in dem im Wiederaufbau befindlichen Dili.

Dominante innerurbane Prozesse

Die markantesten innerurbanen Entwicklungsprozesse der Städte Südostasiens sollen nachfolgend im allgemeinen Überblick sowie anhand ausgewählter Stadtbeispiele dargestellt werden.

Flächenexpansion und Extended Metropolitan Regions (EMR)

Ein spezifisches Charakteristikum der Verstädterungsprozesse in Südostasien ist die Expansion der Städte weit über ihre administrativen Grenzen hinaus, zumeist amöbenartig in Form von *ribbon development* entlang von Infrastrukturlinien und Küstensäumen. Dieser Prozess der Entstehung von »extended metropolitan regions (EMR)« (McGee 1989, 1991) oder »mega-urban regions« (McGee 1995), in denen städtische und ländliche Elemente und Strukturen eng miteinander verzahnt sind, wird auch mit dem indonesischen Wort »desakota« bezeichnet, das die Einheit von »town and village« ausdrückt. Unter den fünf mega-urbanen Regionen Südostasiens werden die Großräume und Korridore entlang der Nordküste von Java (zu Beginn der 1990er-Jahre: etwa 100 Mio. Einwohner), um Bangkok und Manila (jeweils ca. 30 Mio. Einwohner), im Singapore Growth Triangle (ca. zehn Mio. Einwohner) und im Kuala Lumpur-Klang Valley-Bereich (ca. sechs Mio. Einwohner) gefasst; knapp 66 Prozent der urbanen Bevölkerung dieser Staaten leben in diesen Ballungsgebieten (McGee 1995:5). Mit Ausnahme des hoch verdichteten Singapur greifen alle Metropolen gering verdichtet, band- bzw. sektorartig in das Umland aus, wobei dazwischen traditionelle Agrarlandschaften bestehen bleiben. Angesichts der Tatsache, dass im Umfeld der Städte seit vielen Generationen intensiver Reisbau und marktnaher Gemüsefeldbau betrieben wurden und somit seit Jahrhunderten bereits dicht besiedelte Stadtumlandregionen bestanden, finden auch heute eher Prozesse einer »region-based« als solche einer »city-based urbanization« statt (McGee 1995:10).

Wichtig sind die politischen Implikationen dieser Prozesse: Die mega-urbanen Regionen weisen in sich eine erhebliche Dezentralisierung mit mehreren urbanen Subsystemen im engen Radius auf; durch traditionell intensive Stadt-Umland-Verflechtungen in fruchtbarer Agrarlandschaft bereitet die Versorgung großer, selbst stark wachsender Bevölkerungszahlen geringe Schwierigkeite, wodurch sich der parasitäre Charakter der Agglomerationen wie auch die Ausprägungen städtischer Armut wesentlich von vergleichbaren Phänomenen anderer Entwicklungsländer unterscheidet.

Multitemporale Satellitenbildanalysen für den Großraum Bangkok (Robinson 1995:96; Kraas 1996:90) belegen ein zunächst linienhaftes Ausgreifen, dann eine sich bandartig verdichtende Flächenexpansion bebauten Areals. Nur teilweise ging dem ein Landnutzungswandel durch spekulativen Landkauf oder Brachfallen ehemals land- und fischereiwirtschaftlich genutzter Flächen voraus. Oft kaufen private Investoren einzelne langgestreckte Reisbauparzellen auf, die als schmale *housing* oder *industrial estates* erschlossen werden. Eine Vielzahl derartiger kleinflächiger Siedlungs- und Industriestreifen ohne Vernetzung untereinander prägt das sehr zergliederte Landnutzungsmuster im Schwemmlanddelta des Maenam Chao Phraya.

Flächennutzungsmosaike und Fragmentierungsprozesse

Veränderte Akteurskonstellationen (z.B. die Bedeutungszunahme transnationaler Unternehmen), neue politische Rahmenbedingungen (z.B. Neoliberalismus) sowie die Auseinanderentwicklung von Wertmaßstäben und Lebensstilen unter den Vorzeichen der Globalisierung erzeugen neuartige Formen räumlicher Fragmentierung der Städte in den Entwicklungsländern (zu den theoretischen Grundlagen »fragmentierender Entwicklung«: Scholz 2002).

Neue Stadtelemente wie Hochhauskomplexe, moderne Bürostädte, Shopping Center und so genannte Gated Communities als inselartige Fragmente entstehen in der Nähe traditioneller innerstädtischer Geschäfts- und Bürozentren (z.B. Quezon City und Makati in Manila oder Bangsar in Kuala Lumpur) oder in innenstadtferneren Gebieten und Stadtrandlagen (z.B. Muang Thong Thani in Bangkok oder Lippo Karawaci in Jakarta). Die neuen Bürostädte repräsentieren die Vorposten der Globalisierung in den Metropolen der Entwicklungsländer, doch unterscheiden sich die globalisierten Hochhausensembles – mit Ausnahme jener in Singapur und Kuala Lumpur – von ihren Vorbildern aus den Ländern des Nordens durch ihre funktionale Abhängigkeit sowie aufgrund fehlender »Urbanität«. Anders als in den Entwicklungsländern Lateinamerikas und Afrikas gibt es in Südostasien bisher nur geringe Tendenzen dazu, dass Angehörige der Ober- und Mittelschichten in Gated Communities ziehen – von wenigen Ausnahmen in Bangkok, mehr noch in Jakarta und Manila, abgesehen.

Abseits von derartigen wenigen punktuellen Konzentrationen und Subzentren dominieren jedoch weitflächig äußerst heterogene Flächennutzungsmosaike insbesondere die Städte der Schwellenländer: Auf engstem Raum nebeneinander befinden sich die Wohnunterkünfte verschiedenster Einkommens- und Sozialschichten, durchsetzt von kleinen Parzellen mit Industrieunternehmen und Dienstleistungsbetrieben sowie öffentlichen Einrichtungen. »Eingestreute« Hochhausbebauung steht zumeist direkt inmitten vollkommen heterogener anderer Nutzungen. Vormals funktional relativ einheitliche Viertel haben sich seit dem Einsetzen des Wirtschaftsbooms aufzulösen begonnen, die Entwicklung ungesteuerter, heterogener Funktionsmischung und disperser Zentralitäten ist typisch. Hauptursachen für diese mosaikartige Flächennutzung sind (a) nahezu inexistente staatliche bzw. administrative Steuerung, teilweise nicht vorhandene Flächennutzungsplanung oder -kontrolle sowie fehlende rechtliche Regelungen, (b) externe Einflüsse durch ausländische Investoren und (c) dadurch letztlich eine aus der Summe unzähliger Einzelinvestitionen und -entscheidungen resultierende Stadtentwicklung.

Enge finanzielle Budgets der öffentlichen Haushalte und neoliberale Rahmenbedingungen – seit der so genannten Asienkrise teils durch Strukturanpassungsprogramme verordnet – erzwingen förmlich eine zunehmende Beteiligung der Privatwirtschaft an Stadtentwicklungsmaßnahmen, überwiegend in Form von *public-private-partnerships* (PPP). Dabei stellt sich allerdings die Frage nach der sozialen Ausgewogen- und Angemessenheit, denn die vielerorts, vor allem in Bangkok, Jakarta und Manila entstehenden Infrastrukturgroßprojekte, Waterfront-Modernisierungen, Kultur- und Kongresszentren, Geschäfts- und Restaurant-Meilen orientieren sich vorrangig an der Nachfrage der kaufkräftigen Bessergestellten und laufen Gefahr, als inselartige Stadtfragmente Exklusionstendenzen Vorschub zu leisten (Spreitzhofer/Heintel 1997, 2002).

Wenn auch bisher nur in Ansätzen, so beginnen einige urbane Teilräume in Südostasien zu exterritorialen Enklaven zu werden: Hierzu gehören Shopping Center – wie das flächengrößte Projekt Seacon Square in Bangkok oder die großen Einkaufszentren entlang der Orchard Road in Singapur – ebenso wie die Freizeit- und Themenparks (z.B. Sentosa Island in Singapur, Genting Highlands in den Cameron Highlands von Malaysia) und auch Komplexe mit *serviced apartments* und Gated Communities. Dadurch, dass sie von privaten Projektentwicklern und Betreiberfirmen geplant, gebaut, vermarktet und verwaltet werden, entziehen sie sich einer öffentlichen Regulierung und zeigen die Bedeutungszunahme privatkapitalistisch gesteuerter Stadtproduktion nach globalen Mustern auch in den Dritte-Welt-Metropolen an. Die Entwicklung derartiger »Modernisierungs-« und »Sanierungsinseln« liegt nicht zuletzt an der Bedeutungszunahme privatwirtschaftlicher Initiativen, die das durch neoliberale Rahmenbedingungen mitverursachte stadtpolitische Vakuum auszufüllen beginnen.

Polarisierung urbaner Ökonomien

Mit dem enormen Wirtschaftswachstum vieler südostasiatischer Staaten setzte ein Bedeutungsgewinn der urbanen gegenüber den nationalen Ökonomien mit zunehmender Auffächerung des formellen wie informellen Sektors ein. Die urbanen Ökonomien in Südostasien unterliegen – verstärkt durch den Einfluss der genannten Globalisierungstendenzen, Deregulierungsmaßnahmen und Strukturanpassungsprogramme – seither zunehmenden Polarisierungsprozessen, die zur Fragmentierung, Ausdifferenzierung sowie der selektiven Integration städtischer Wirtschaftssysteme in nationale Ökonomien, aber auch zur Verbreiterung des Spektrums der Erwerbsmöglichkeiten beigetragen haben.

Tragende Bedeutung für die raschen Verstädterungsprozesse in Südostasien hatten die während der Boomphase durch Industrialisierung und Ausweitung des Dienstleistungssektors entstandenen Hunderttausende von Arbeitsplätzen im formellen Sektor. Eine sich verbreiternde ökonomische Mittelschicht entstand in Singapur und den Städten der Schwellenländer. Ausgelöst wurde der Wirtschaftsboom Mitte der 1980er-Jahre durch eine Umstrukturierung der internationalen Arbeitsteilung, die zeitgleich mit der Aufwertung des japanischen Yen zu einer umfangreichen Verlagerung arbeitsintensiver Fertigungsindustrien insbesondere in die urbanen Zentren von Malaysia, Thailand, Indonesien und der Philippinen führte. Steigende ausländische Direktinvestitionen aus Japan und den vier Tigerstaaten Hong Kong, Singapur, Südkorea und Taiwan (Revilla Diez 1998; Wessel 1998) sowie zunehmende Einbindung in die globale Wirtschaftsstruktur trieben die Industrialisierung besonders in den urbanen Räumen stark voran. Mediengetragene Präsenz internationaler Konsummuster und (Wert-)Orientierungen förderten eine enorme Ausweitung des intraregionalen Handels wie des international orientierten Konsums.

Gleichzeitig kam es zu einer enormen Ausweitung und Ausdifferenzierung des Tätigkeitsspektrums im informellen Sektor durch neue Arbeitsmöglichkeiten sowie – vor allem für Migranten – die Notwendigkeit, neue ökonomische Nischen erschließen und Überlebensstrategien entwickeln zu müssen. Dringendster Handlungsbedarf besteht in der Sicherung von Handlungs- und Nutzungsrechten (*entitlements*) und der Stärkung der Akkumulations- und Organisationsfähigkeit der Bevölkerungsgruppen sowie der Unterstützung endogener sozialer Strategien der Risikominderung. Besondere Bedeutung besitzt der informelle Sektor in den Metropolen und Megastädten (Pronk 1995; Schneider 1997, 1998; Schneider/Vorlaufer 1997). Fanden Schätzungen zufolge in den 1980er-Jahren 49 Prozent der Bevölkerung von Bangkok sowie mehr als 50 Prozent in Manila und 65 Prozent in Jakarta im informellen Sektor Beschäftigung (UN 1993:3-22; internationale Vergleichszahlen: Bähr/Mertins 2000:19), so dürften diese Zahlen mit Einsetzen des Wirtschaftsbooms erheblich gesunken sein; seit der Asienkrise 1997 jedoch steigen die Anteile wieder, ohne dass konkrete Angaben verfügbar sind. In Manila etwa sank der Prozentsatz der Bevölkerung, die unterhalb der Armutsgrenze lebt, von 44,2 Prozent (1980) auf 35,5 (1994) und 32,1 Prozent (1997), stieg seither jedoch markant an. Ungeachtet dessen öffnet sich die Schere der Einkommensunterschiede, und die Zahl der Familien in Armut stieg um 22.000 auf 4,55 Mio. (1994–1997) (Berner 1997).

Mit Einsetzen der Asienkrise 1997 zeigte sich jedoch, dass gerade die im Zusammenhang mit der Globalisierung entstandenen Arbeitsplätze besonders krisenanfällig sind. Nach dem Konkurs einer Vielzahl von Unternehmen und Dienstleistungsbetriebe stiegen die nationalen Arbeitslosenraten bis Mitte 1998 auf 2,3 Prozent in Singapur, ca. fünf Prozent in Malaysia, 8,8 Prozent in Thailand, 14,8 Prozent in Indonesien und 16 Prozent auf den Philippinen (FEER 10.9.1998); über die Zahlen in den Städten, die im Wesentlichen betroffen waren, liegen keine Angaben vor. In Thailand allein wird die Zahl der Kündigungen auf ca. 800.000 Personen, darunter allein 50.000 im Bankensektor, geschätzt.

Seither gewinnen – mit Ausnahme von Singapur und dem Gros der malaysischen Städte – in nahezu allen Städten Formen urbaner und stadtnaher Landwirtschaft im Zusammenhang mit den Überlebensstrategien einkommensschwacher Bevölkerungsschichten an Bedeutung. Das Spektrum reicht von Selbstversorgung über Überschussvermarktung bis zu ausschließlicher Marktproduktion. Ein Großteil der permanent oder temporär in landwirtschaftliche Aktivitäten einbezogenen Flächen wird informell genutzt, sowohl in randstädtischen Marginalvierteln als auch in innerstädtischen Bereichen (Hausgärten, Pflanzungen auf nicht bebauten und öffentlichen Flächen).

Sozioökonomische Verdrängungsprozesse und Marginalisierung
Angesichts der engen Verzahnung der »formellen« und »informellen« Stadtbereiche im innerstädtischen Flächennutzungsmosaik leben die Angehörigen der unterschiedlichen Einkommens- und Sozialgruppen alltäglich auf engstem Raum nebeneinander und sind teils wechselseitig aufeinander angewiesen (beispielsweise etablierter Einzelhandelssektor und ambulante Händler, moderne Dienstleistungen und traditionelles Gewerbe, bessergestellte Bewohner und Dienstpersonal aus Marginalsiedlungen). Zunehmend aber werden die unteren Einkommensklassen im Zuge großflächiger Modernisierungsprozesse aus innerstädtischen Lagen verdrängt. Ihr Anteil an der städtischen Gesamtbevölkerung ist schwer bezifferbar, was vor allem mit der sehr unterschiedlichen Definition von »Marginalsiedlung« und »Slum« in den Städten Südostasiens sowie den gerade hier weit gefächerten Erscheinungsformen einfacher Behausung zusammenhängt, die keineswegs alle summarisch als Marginalsiedlungen klassifiziert werden dürfen. Hinsichtlich Genese, Lage im Stadtraum und rechtlicher Stellung (legal, semilegal, illegal) existieren sehr unterschiedliche Typen von Marginalvierteln, wobei sich innerstädtische Slums (von der ursprünglichen Wohnbevölkerung verlassene, degradierte Wohngebäude, die es in Südostasien kaum gibt) in ihrer physiognomischen und sozialen Struktur sowohl von innerstädtischen Marginalsiedlungen (z.B. an Bahndämmen, Kanälen oder in Uferbereichen) als auch von den an den Stadträndern (auf Brachflächen oder Bauerwartungsland) liegenden Hüttenvierteln unterscheiden. Typisch für die südostasiatischen Städte ist, dass die Marginalsiedlungen – von wenigen Ausnahmen wie etwa Khlong Toey in Bangkok oder Tondo in Manila abgesehen – als inselhafte Kleinsiedlungen, fragmentartig in die formellen Stadtbereiche eingelagert, existieren und der Anteil der illegalen *squatter* vergleichsweise gering ist.

Eine unkritische Gleichsetzung mit Slums und Squattern in anderen Städten der Welt ist daher problematisch. Über zwei Drittel etwa der Marginalsiedlungen Bangkoks, zu denen alle Gemeinschaften von mehr als 15 Haushalten mit hoher Belegungsdichte und provisorischer Bausubstanz auf nicht oder teilerschlossenen Flächen gerechnet werden, befinden sich auf privatem Land, das von den Besitzern über zumeist mittelfristige Absprachen und Verträge parzellenweise verpachtet wird. Illegale Landnahme – zumeist auf öffentlichen Flächen – erfolgt nur bei etwa einem Zehntel der Siedlungen. In den offiziell 981 Marginalsiedlungen (BMA; ca. 1500 in der BMR) lebten 1990 knapp eine Million Menschen (16 Prozent der Bevölkerung Bangkoks). Die größte zusammenhängende Fläche, Khlong Toey, liegt in Hafennähe; ungezählte kleine und kleinste Unterkünfte befinden sich entlang der Khlongs (Kanäle), unter Brücken sowie auf Bauerwartungs- oder Brachland. Mehr als 755 der Gebiete verfügen über gemeinschaftlich genutzte eigene Wasser- und 83 Prozent über Stromversorgung (Sopon 1992:64). Viele Gemeinschaften bestehen trotz grundsätzlicher Unsicherheit hinsichtlich der Nutzungsdauer über viele Jahre oder gar Jahrzehnte hinweg (Korff 1986). Trotz hoher Belegungsdichte, begrenzter Möglichkeiten für die Wahrung der Privatsphäre und unterhalb üblicher Standards liegenden Wohn- und Lebensbedingungen kann nicht schlechthin von Elendsvierteln gesprochen werden. Starke, oft komplizierte soziale

Netze, Nachbarschaftsvereinigungen, Kredit- und Siedlungsgenossenschaften tragen zur Versorgung der Bevölkerung bei. Die größten Probleme liegen dennoch in der unsicheren Wohn-, Aufenthalts- und Arbeitssituation sowie dem geringen Anspruch auf öffentliche Dienstleistungen (Sopon 1992; Kraas 1995).

Die besondere Problematik der Unsicherheit sei am Beispiel von Manila verdeutlicht, wo sich nur knapp 635 ha der etwa 3.000 ha großen Stadtfläche in staatlichem Besitz befinden: Im rechtlich abgesicherten Zugang zu Land liegt der Schlüssel für mittel- und langfristige Sicherung bezahlbaren Wohnraums, für Investitionen in Infrastruktur- und Wohnraumverbesserungen sowie in produktive Unternehmungen. Die Unsicherheit des Wohnens für die geschätzten 201.000 Squatterfamilien in Manila, weniger der hohe Fehlbestand an Wohnraum, stellt ein wesentliches Entwicklungs- und Investitionshemmnis dar. Nach den Erfahrungen einer Vielzahl von Umsiedlungs-, *slum upgrading-* und *sites and services*-Programmen sowie Projekten des sozialen Wohnungsbaus – die im Endeffekt eher die einkommensstärkeren Mittelschichten (»squatter-Elite«) bzw. die relativ besser stehende Bevölkerung innerhalb des breit gefächerten Spektrums der urbanen Armen förderten – scheint es wenig Alternativen zu einer zumindest teilweisen Legalisierung, Entwicklung und Förderung des *squatting* zu geben. Eine Strategie, mittels derer das Selbsthilfepotenzial der Bewohner von Marginalsiedlungen gestärkt wird, könnte zur Lösung der Probleme beitragen: Das Community Mortgage Program ermöglicht seit 1988 den Erwerb besetzten Landes – wobei implizit der Anspruch, einen Mindeststandard von infrastruktureller Versorgung und Wohnverhältnissen zu garantieren, aufgegeben wird (Berner 1997). Da die Landtitel nicht an Individuen, sondern an (zumeist Nicht-Regierungs-) Organisationen vergeben werden, müssen diese unter aktiver Beteiligung der Bewohner, d.h. regelmäßiger Rückzahlung von Kleinkrediten, die Organisation und Kontrolle der Zahlungen übernehmen; die Landtitel selbst dienen als Sicherheiten. Diese Form der Übereignung ist auch für die Landbesitzer selbst ein gangbarer Weg, da einer profitablen Nutzung durch Neubauten oft erhebliche Schwierigkeiten im Wege stehen: Unter der Bedingung nämlich, dass ein Räumungsurteil und dessen schwierige Umsetzung sowie der Abriss der Hüttensiedlung vorausgegangen sein müssen, kann die Errichtung moderner Büro- und Wohnhochhäuser unter Umständen weit kostspieliger, unkalkulierbarer und weniger profitabel sein als ein Verkauf des Landes.

Immobilienboom und -leerstand

In Singapur und Malaysia seit Anfang der 1980er-Jahre, in den anderen marktwirtschaftlich orientierten Staaten Südostasiens seit Beginn des Wirtschaftsbooms und in den Transformationsstaaten seit der Auflösung der Sowjetunion 1991 setzte ein rasanter Bauboom in den Städten ein, der zu den bereits genannten städtischen Umbauprozessen führte. Am augenfälligsten tritt dies durch die seither wie Pilze aus dem Boden geschossenen Hochhausbauten in Erscheinung, die ausnahmslos in allen Hauptstädten – einschließlich Hanoi, Phnom Penh, Vientiane und Yangon/Rangun –, vielfach zudem in den großen Regionalmetropolen, das Stadtbild zu prägen begonnen haben. Mit Ausnahme von Singapur und den malaysischen Städten unterlag der Immobilienboom infolge seiner enormen und plötzlich einsetzenden Dynamik nahezu keiner administrativen Steuerung.

Wirtschaftsboom und -krise hängen wechselseitig eng mit den Ursachen und Problemen dieser immensen Bautätigkeit zusammen: Die Existenz der Gebäude ist sichtbarer

Ausdruck des Wirtschaftsbooms, erhebliche Leerstandsraten in ausnahmslos allen großen
Städten Südostasiens hingegen sind unübersehbare Folge des Baus massiver Überkapazitäten in Boom- sowie fehlender aktueller Nachfrage in Krisenzeiten. Dem Immobiliensektor kam in der Asienkrise eine zentrale Bedeutung zu, da die Mehrzahl der Bauvorhaben
nicht von soliden Rentabilitätsrechnungen und realistischen Ertragserwartungen getragen
war. Vielmehr wurde durch problemlosen Zugang zu hohen Krediten über unseriöse
Finanzierungsinstitute und überzogene Erwartungen unrealistischer Steuereinsparungen
eine sich immer weiter steigernde Wachstums- und Baueuphorie ermöglicht und gefördert,
die sich teilweise gar in eine »Trophäensammlungs«-Mentalität verstieg. Hauptursache der
Wirtschaftskrise waren entsprechend die zunehmenden ökonomischen Missverhältnisse
zwischen der Kreditversorgung des Privatsektors und dem BIP-Wachstum, die zur Entstehung einer *bubble economy* führten, bei der sich vor allem Buchgeld und Immobilienwert
nicht mehr entsprachen. Diese Missstände entwickelten sich in Form notleidender Kredite
erheblichen Umfangs, hoher Verschuldung, ungeprüfter Kreditvergabe sowie eklatanter
Mängel bei der Kontrolle der Buchhaltung und Rechnungsprüfung sowie weit hinter
internationalen Standards zurückgebliebenen Publizitätsvorschriften. Hinzu kommt, dass
ein gewisser Teil privatwirtschaftlicher Investitionen – als Folgen von hoher Risiko-
bereitschaft als Teil von Unternehmergeist, aber auch teilweise ausgeprägtem Hang zu
Geldgier, Spielleidenschaft und einem gewissen Fatalismus zufolge – weniger auf mittelfristig absichernden Kosten-Nutzen-Rechnungen und soliden Rentabilitätsstudien als auf
kurzfristigen, teils spontanen, unrationalen Entscheidungen beruhte. Zum Verständnis der
teilweise maßlos unrealistischen Überbewertung von Grundstücken und Immobilien ist
auch auf die – vor allem in chinesischen Gemeinschaften – besondere Bedeutung von
Grund- und Bodenbesitz im ländlichen sowie Immobilienbesitz im städtischen Raum und
den großen Sicherheits- und Prestigecharakter von Grundbesitz zu verweisen.

Die Auswirkungen von Wirtschaftsboom und -krise lassen sich am Beispiel der
Immobilienwirtschaft in Bangkok verdeutlichen: Gab es nach Angaben der Stadtverwal-
tung in Bangkok Mitte der 1970er-Jahre weniger als 25 Gebäude mit mehr als sechs
Stockwerken, 1985 dann 120 Hochhäuser, so zählte die Feuerwehr 1995 über 1.000
Hochhäuser mit mehr als zehn Stockwerken (Hopkins/Hoskin 1995:13-14). Zwischen
1987 und 1997 wurden etwa 1,25 Mio. neue Wohneinheiten errichtet, mehr als in der
gesamten 200-jährigen Geschichte der Stadt. Mit einer Wachstumsrate von 34 Prozent
stieg die Zahl der jährlich errichteten Wohneinheiten von 30.000 (Mitte der 1980er-
Jahre) auf 130.000 (1991); 1995 gipfelte der Bauboom in 172.000 neuen Wohneinheiten.
Das Angebot an Büroflächen in Bangkok vervierfachte sich von weniger als 1,5 Mio. m^2
(1991) bis Ende 1997 auf etwa 6 Mio. m^2. Zwischen 1990 und dem Jahresende 1994
verdoppelte sich die Verkaufsfläche der großen Warenhäuser von ca. 0,93 auf 1,86 Mio.
m^2 und betrug Ende 1997 3,51 Mio. m^2. Allein zwischen 1991 und 1997 wuchs die
Einzelhandelsfläche jährlich um durchschnittlich 360.000 m^2. Ende 1997 addierte sich
der Gesamtwert der nach 1988 errichteten Immobilien im Großraum Bangkok (BMR) auf
2.171 Mrd. Baht (nach damaligem Wechselkurs ca. 75 Mrd. Euro). Dieser Wert überstieg
das Bruttoregionalprodukt der Provinz Bangkok und umfasste etwa 45 Prozent des
gesamten Bruttoinlandsprodukts von Thailand (1997).

Der Immobiliensektor spielte eine entscheidende Rolle als Motor der Krise: Bereits
seit 1991 waren beträchtliche Überkapazitäten und zunehmende Leerstände im Groß-

raum Bangkok zu beobachten. 1999 standen mehr als 350.000 Wohneinheiten in der BMR leer, was einer Leerstandsrate von 28 Prozent für nach 1988 errichtete Gebäude entsprach. Theoretisch könnten in diesem Überangebot knapp 1,3 Mio. Menschen Wohnraum finden. Die Leerstandsrate bei den Büroflächen lag bei etwa 20 Prozent; etwa 280.000 neue Beschäftigte im Dienstleistungssektor müssten eingestellt werden, um diese Leerstände aufzufangen. Die Leerstandsrate im Einzelhandel stieg von 12 (1994) auf 16 Prozent (1996/97) und wird voraussichtlich auf knapp 30 Prozent wachsen (Renaud/Zhang/Koeberle 1998; Kraas 2000).

New Towns und Cityerweiterungen: Prestigeobjekte und Zukunftsvisionen

Ein besonderes Phänomen einiger Städte Südostasiens stellen Prozesse großflächigen Neubaus von Innenstadtbereichen dar. Dabei werden entweder Teile historischer Stadtviertel, die für die Identität einer Stadt und die Identifikation ihrer Bürger von Bedeutung sind, abgerissen (z.B. in Manila, Hanoi, Yangon/Rangun. Zin Nwe 1998; Rivet 2000; Marr 2002; Waibel 2003) oder gezielte Modernisierungen ganzer Viertel durchgeführt (z.B. Kuching, Penang, Singapur, Mandalay). Zudem entstehen auf bisher ungenutzten Flächen oder Arealen der Neulandgewinnung komplett neue Stadtteile mit konzeptionell integrierter, kohärenter Funktionalität und futuristischer Architektur (Pretzell 2000; Kraas 2001). Punktuelle (z.B. in Vientiane, Chiang Mai, Baguio, Kota Kinabalu) oder ausgedehnte Suburbanisierungsprozesse und die Entstehung von New Towns (z.B. im Großraum von Kuala Lumpur, im Klang Valley, um Johore, Penang, Ho Chi Minh-City, Yangon/Rangun, Bangkok, Jakarta, Surabaya) belegen, in welch raumgreifender Weise die Ansprüche aufsteigender ökonomischer Mittelschichten sichtbaren Ausdruck im Stadtbild erhalten. Seit der Asienkrise sind diese zumeist innenstadtfernen Gebiete teils stark von Leerständen gezeichnet.

In besonderer Weise prägen seit Mitte der 1990er-Jahre auch einige symbolträchtige Prestigeobjekte (teils in gigantomanischer Übersteigerung, wie z.B. im Großraum Kuala Lumpur mit Cybercity, Putrajaya, dem Fernsehturm und den Petronas Towers; Pretzell 2000) die Erscheinungsbilder der wohlhabenden Städte.

Speerspitzen- und Vorbildcharakter besitzt vor allem das ambitionierte Cityerweiterungsprojekt von Singapur, dessen Prinzipien visionären Charakter besitzt: Seit Beginn der 90er-Jahre wird Singapur zur Weltstadt mit globaler Bedeutung ausgebaut: »Towards a Tropical City of Excellence«. Die Planungen verfolgen vier grundsätzliche, übergeordnete Ziele: (1) Verbesserung der nationalen Wettbewerbsfähigkeit, (2) Revitalisierung des historischen Zentrums zur Touristenattraktion und Festigung nationaler Identität, (3) Steigerung der Attraktivität für internationale Führungskräfte und (4) architektonische Unterstreichung der Weltbedeutung Singapurs (Ooi/Kog 1999). Am augenfälligsten lassen sich diese Entwicklungen im Bereich der Innenstadterweiterung zeigen. Konkret ist eine erhebliche Flächenerweiterung an der Mündung des Singapore River durch Landaufschüttung in unmittelbarer Nähe zum derzeitigen Bankenviertel geplant, mit deren Hilfe bis Ende des Jahrzehnts eine schnelle funktionale Integration der neuen Cityerweiterung durch umfassende und integrierte Gesamtplanung dieses «Filetstück-Areals« erreicht werden soll. Im neuen Citybereich sollen erhebliche Flächen der Nutzung durch Wohnbevölkerung vorbehalten sein und der Gartenstadtcharakter Singapurs weiter ausgebaut werden. Mit der Schaffung eines neuen Hafenbeckens, der Marina

Bay, östlich der heutigen City erhält die »Weltstadt am Meer« ein neues Gestaltungs-element. Fußgängerfreundliche Erschließung mit einer Vielzahl von »Skyways« und Durchgängen für Passanten sowie sehr guter ÖPNV-Anbindung sollen modernen Anfor-derungen an eine intakte Umwelt und ein gehobenes städtisches Ambiente gerecht werden. Der große Marina South City Park verstärkt den Erholungs- und Freizeitwert. Die geplante aufgelockerte, vielgliedrige und futuristisch anmutende Hochhausarchitektur unterstreicht das hohe architektonisch-ästhetische Niveau der zukünftigen Weltstadt. Besonderer Wert wird auf die optische Ausgestaltung der meerwärtigen Häuserfront mit Küstenpromenade gelegt. Auf mehreren Ebenen der Hochhauslandschaft sollen weit-flächig miteinander vernetzte, glasüberdachte Passagen zum »Shoppen«, Flanieren und Erholen in modernem urbanem Ambiente in wohltuender Kühle der »Air Condition« im ansonsten von tropischer Schwüle gekennzeichneten Singapur locken (URA 1995).

Andere Städte Südostasiens verfolgten bzw. verfolgen mit prestigeträchtigen Groß-projekten, allem voran Flughafenneubauten (Kuala Lumpur, Singapur, Bangkok; Feldhoff 2002) sowie ferner dem Ausbau leistungsfähiger Verkehrsinfrastruktur durch U-Bahn- und Eisenbahnausbau (z.B. Singapur, Bangkok, Kuala Lumpur) das Ziel größtmöglicher Teilhabe am steigenden Passagier- und Frachtaufkommen im aufstrebenden Wirtschafts-raum. Derartige Entwicklungen sind einstweilen jedoch dem Stadtstaat Singapur und den Städten der südostasiatischen Schwellenländer vorbehalten.

Identitätstragende Innovationen: Sanierung und Gentrificationprocesses

Nachdem bis zum Beginn der 1990er-Jahre zumeist eine undifferenzierte Modernisie-rung der Innenstädte typisch war, initiierten Politiker und Planer in jüngsten Jahren teilweise Projekte der Sanierung historischer Altstädte und der Revitalisierung von Innenstadtbereichen. Durch diese Innovation sollte – teils buchstäblich in letzter Minute (Singapur, Kuala Lumpur) – das lokale historische Erbe bewahrt, die urbane Attraktivität der Innenstadtbereiche gesteigert und die infrastrukturellen Rahmenbedingungen zur Verbesserung hochpreisiger Innenstadtstandorte (mit Gewerbe- und Wohnfunktion) geschaffen werden.

So ist in einigen, wenngleich bisher wenigen Innenstädten mit Hilfe gezielter Sanierungsvorhaben eine selektive Wiedergewinnung der Zentrumsfunktion erreicht worden: Selektive Aufwertung, Gentrifizierungsprozesse, Identifikations- und Image-gewinn durch Erhalt historischen Erbes, aber auch Verdrängung und Exklusion einkom-mensschwacher Bevölkerung sind die Folgen. Als Beispiele können Singapur, Penang, Kuala Lumpur oder Ho Chi Minh-City genannt werden. In der Regel sind unterschied-liche Akteure mit teils konfligierenden Interessen in die Sanierungsmaßnahmen einge-bunden: lokale Stadtverwaltungen, bundesstaatliche Behörden (z.B. Denkmalschutz-behörden) und internationale Institutionen (z.B. UNESCO Weltkulturerbe-Projekte). Ein gewisses Problem stellt die Tatsache dar, dass die Innenstädte von kolonialzeitlicher Anlage und Stilelementen geprägt sind, deren Aufwertung aus politischen Gründen teils nicht erwünscht ist. Hinzu tritt die Gefahr einer oftmals unsensiblen »Modernisierung« und Verdrängung der sozial schwächeren Bewohnergruppen wie auch erheblicher Teile des informellen Sektors sowie der Umstand, dass anstelle eines organischen und vitalen Innenstadtlebens eine sterile »Musealisierung« von Altstadtbereichen erzielt wird, von der bestenfalls der Tourismus profitiert (z.B. Singapur oder Penang). Eine Innenstadter-

neuerung, bei der es gelingt, das städtebauliche und funktionale Ziel der Funktionsmischung ebenso umzusetzen wie Qualitätssteigerung bei gleichzeitigem Erhalt des
Viertelcharakters, ist schwierig, zumal Maßnahmen der Altstadtsanierung und Innenstadt-
revitalisierung bisher ausschließlich »von oben«, d.h. in Form von Top-down-Planungen
veranlasst und durchgeführt wurden und eine Beteiligung von Bürgerinitiativen in
Planung und Umsetzung (bottom-up-Ansatz) weitestgehend fehlte.

Innerurbane Transformationsprozesse

In den Städten der Transformationsstaaten Kambodscha, Laos, Myanmar/Birma und
Vietnam sind teilweise ähnliche Prozesse wie in den Städten Ost- und Ostmitteleuropas
zu beobachten: durch Gründungsboom im privaten Sektor – allem voran Handel,
Finanzwesen und touristische Dienstleistungen – initiierte nachholende Tertiärisierung
und Citybildung, Entstehung innerstädtischer Markt- und Verteilungssysteme, boom-
ende ungeregelte Bautätigkeit privater Träger, (bisher zögerlich-verhaltene) Entstehung
von Boden- und Immobilienmärkten, soziale Polarisierungs- und Verdrängungsprozesse
innerhalb der sich ausdifferenzierenden verschiedenen sozioökonomischen Bevölkerungsgruppen, Renovierung oder Abriss traditioneller Bausubstanz, nachholende Massen-
motorisierung, beginnende Suburbanisierungsprozesse besonders der »Transformations-
gewinner«, Aufstockung oder Neubau mehr- und vielgeschoßiger Häuser sowie Ausdifferenzierung, Privatisierung und Internationalisierung städtischer Funktionen. Dabei
vollziehen sich die Transformationsprozesse je nach wirtschaftlichen Rahmenbedingungen mit unterschiedlichen Geschwindigkeiten, am dynamischsten in den vietnamesischen Städten sowie in Yangon/Rangun und Mandalay, deutlich langsamer in den
Städten von Kambodscha und Laos.

Am augenfälligsten sind die Transformationsprozesse derzeit in den historischen, oft
von den Kolonialmächten angelegten oder überprägten Altstädten zu beobachten – in
Yangon/Rangun um die Sule-Pagode, in Hanoi im Gebiet der so genannten 36 Gassen,
in Vientiane südlich der Samsen Thai Road (Zin Nwe 1998; Rivet 2000; Waibel 2003).
Angesichts rascher ökonomischer Veränderungen und divergierender Planungsansätze
(von Abriss- über Sanierungs-, Entkernungs- und Fassadenerhaltungs- bis zu Um-
siedlungsvorhaben etc.) kommen den Aktivitäten und Einzelentscheidungen der ansässigen Bewohner derzeit noch die größten Gestaltungsspielräume zu. Kleinteilige und
zersplitterte Parzellenstruktur, mangelnde finanzielle Mittel der städtischen Verwaltungen, Widerstand der ansässigen Bewohner gegen Umsiedlungspläne, fehlende institutio-
nelle Voraussetzungen und rechtliche Grundlagen, Korruption und ausgeprägte Eigen-
interessen, zu geringe Personalkapazitäten bei Planungs-, Umsetzungs- und Kontrollbe-
hörden sowie mangelnde steuerliche Anreize und geringe Partizipationsmöglichkeiten
für die Bevölkerung sind die wichtigsten Gründe dafür, dass gegenwärtig kaum Einfluss
auf die innerstädtischen Entwicklungsprozesse genommen werden kann. Für Hanoi
wurde beispielsweise nachgewiesen, dass bald nach Beginn der Transformationsprozesse
bereits die Hälfte aller traditionellen Gebäude in der Altstadt zerstört oder um- und
neugebaut waren (Waibel 2003). Es liegt in der Natur rasch ablaufender und wenig
steuerbarer Transformationsprozesse, dass lenkende Stadtplanung erst mit erheblicher
Zeitverzögerung bestenfalls korrigierend in innerurbane Entwicklungsprozesse eingreifen kann.

Optionen und Notwendigkeiten zukünftiger Entwicklung

Angesichts von in Boomzeiten hochdynamischer, seit 1997 verlangsamt ablaufender Wirtschaftsdynamik, zugleich zunehmenden Fragmentierungs- und Differenzierungsprozessen, sozioökonomischen Disparitäten sowie unterschiedlichem Ressourcen- und Machtzugang sind – sieht man von Singapur und den meisten Städten von Malaysia und Brunei, die effizienter Planung und Steuerung unterliegen, ab – die Möglichkeiten korrigierender Einflussnahme durch übergeordnete Verwaltungen und Institutionen in den Städten Südostasiens begrenzt. Die genannten Phänomene und Probleme stellen spezifische Anforderungen an die städtische Verwaltung und Politik, welche sich nicht ohne weiteres erprobter Lösungsstrategien »westlicher« Provenienz bedienen können (etwa durch Best practice-Anwendungen), da Lösungskonzepte in die jeweils spezifischen politischen und sozioökonomischen sowie in individuelle gesellschaftlich-kulturelle Rahmenbedingungen eingebunden sein müssen.

In Zukunft kann es weder allein um die Stärkung reglementierenden Eingreifens von Verwaltungen und Regierungen »von oben« noch allein um Strategien der Befähigung und Machtverstärkung (»enabling« und »empowerment«) bereits bestehender Formen der Selbstorganisation und Selbststeuerung »von unten« gehen, wie sie z.B. als Private-Public-Partnerships, Nachbarschaftsverbindungen und *community-based networks* (*squatters movements, women's refuges* etc.) existieren. Vielmehr sind komplexe holistische Ansätze zu entwickeln, die inhaltlich auf die Abwendung sozial differenzierter Verwundbarkeit, die Entwicklung und Stärkung sozial angepasster Steuerungsformen, die Einbeziehung zivilgesellschaftlicher Organisationen sowie eine Unterstützung proaktiver statt reaktiver Handlungsoptionen zielen. Organisatorisch und strukturell müssen diese dazu beitragen, dass Städte, Metropolen und Megastädte regierbar und steuerbar bleiben (Rüland 1996). Das aus europäischer Sicht nahe liegende Ziel, dass neben offiziellen Verwaltungen eine breite und ausreichende Partizipation demokratisch legitimierter Akteure sowie zivilgesellschaftlicher Organisationen gesichert sein sollte, wird angesichts stark hierarchisch strukturierter und handelnder Administration und Steuerung indes auf absehbare Zeit ein theoretischer, wenig realistischer Wunsch bleiben.

Literatur

Bähr, Jürgen/Mertins, Günther (2000): Marginalviertel in Großstädten der Dritten Welt. Geographische Rundschau 52/7-8: 19-26

Berner, Erhard (1997): Armutsbekämpfung und die Bekämpfung der Ärmsten: Landtransfer-Programme in philippinischen Städten. In: Internationales Asienforum 28/2-3: 211-228

Bronger, Dirk/Marcus Strelow (1996): Manila – Bangkok – Seoul. Regionalentwicklung und Raumwirtschaftspolitik in den Philippinen, Thailand und Südkorea. = Mitteilungen des Instituts für Asienkunde Hamburg 272. Hamburg

Coy, Martin/Kraas, Frauke (2003): Probleme der Urbanisierung in Entwicklungsländern. Petermanns Geographische Mitteilungen 147/1: 32-41

Evers, Hans-Dieter/Korff, Rüdiger (2000): Southeast Asian Urbanism. Hamburg

FEER = Far Eastern Economic Review

Feldbauer, Peter u.a. (Hg.): Mega-Cities. Die Metropolen des Südens zwischen Globalisierung und Fragmentierung. Historische Sozialkunde 12. Frankfurt am Main/Wien

Feldhoff, Thomas (2002): Flughäfen in Ost- und Südostasien. Infrastrukturpolitische Strategien und Perspektiven Japans im transnationalen Standortwettbewerb. Zeitschrift für Wirtschaftsgeographie 46/3-4: 146-162

Hatz, Gerhard/Husa, Karl/Wohlschlägl, Helmut (1993): Bangkok Metropolis – eine Megastadt in Südostasien zwischen Boom und Krise. In: Megastädte. Zur Rolle von Metropolen in der Weltgesellschaft. Beiträge zur Historischen Sozialkunde 2, Hg. Peter Feldbauer. Wien: 149-189

Heineberg, Heinz (1986): Singapur – vom britischen kolonialen Stützpunkt zum aufstrebenden »chinesischen« Stadtstaat. Eine Zwischenbilanz zum 20. Jahrestag der Republik Singapur. Die Erde 117: 47-67

Heintel, Martin/Spreitzhofer, Günther (1998): Jakarta: Megastadt im Spannungsfeld nationaler Verhaftung und globaler Integration. In: Asien 66: 23-41

Hopkins, Allan W./Hoskin, John (1995): Bangkok by Design. Architectural Diversity in the City of Angels. Bangkok

Husa, Karl/Wohlschlägl, Helmut (1997):»Booming Bangkok«: Eine Megastadt in Südostasien im Spannungsfeld von Metropolisierung und Globalisierung. In: Mega-Cities, Hg. Peter Feldbauer: 113-150

Kieserling, Manfred, Hg. (2000): Singapur. Metropole im Wandel. Frankfurt am Main

Korff, Rüdiger (1986): Bangkok: Urban System and Everyday Life. Bielefelder Studien zur Entwicklungssoziologie 31. Saarbrücken

Kraas, Frauke (1995): Bangkok. Probleme einer Megastadt in den Tropen Südostasiens. Problemräume der Welt 16. Köln

Kraas, Frauke (1996): Bangkok. Ungeplante Megastadtentwicklung durch Wirtschaftsboom und soziokulturelle Persistenzen. Geographische Rundschau 48/2: 89-96

Kraas, Frauke (2000): Verlust der Regierbarkeit: Globalisierungsprozesse und die Zunahme sozioökonomischer Disparitäten in Bangkok. In: Lokal verankert – weltweit vernetzt. Tagungsbericht und Wissenschaftliche Abhandlungen des 52. Deutschen Geographentags Hamburg 1999, Hg. Hans Heinrich Blotevogel/Jürgen Ossenbrügge/Gerald Wood: 285-291

Kraas, Frauke (2001): Die City von Singapur: Visionen für den Weg zur Weltstadt. Praxis Geographie 31/10: 28-31

Marr, Rudolf L. (2002): Hanoi und Ho Chi Minh Stadt: Der Leidensweg zweier Städte. In: Städte im Umbruch. Die Neustrukturierung von Berlin, Brüssel, Hanoi, Ho Chi Minh Stadt, Hongkong, Jerusalem, Johannesburg, Moskau, St. Petersburg, Sarajewo und Wien, Hg. Rita Schneider-Sliwa. Berlin: 287-335

McGee, Terry G. (1989): Urbanisasi or Kotadesasi: The Emergence of New Regions of Economic Integration in Asia. In: Urbanization in Asia: Spatial Dimensions and Policy Issues, Hg. L. Ma/A. Noble/A. Dutt. Honolulu: 93-110

McGee, Terry G. (1991): The Emergence of Desakota Regions in Asia: Expanding a Hypothesis. In: The Extended Metropolis: Settlement Transition in Asia, Hg. N. Ginsburg/B. Koppel/T.G. McGee. Honolulu: 3-25

McGee, Terry G. (1995): Metrofitting the Emerging Mega-Urban Regions of ASEAN: An Overview. In: The Mega-Urban Regions of Southeast Asia, Hg. Terry G. McGee/Ira M. Robinson. Vancouver: 3-26

Ooi Giok Ling/Y.C. Kog (1999): Further Urbanization: Impact and Implications for Singapore. In: Singapore. Towards A Developed Status, Hg. L. Low. Oxford: 170-193

Pretzell, Klaus-Albrecht (2000): Cybercity, Putrajaya und die Zukunft der malaysischen Gigantomanie. Geographische Rundschau 52/4: 56-58

Pronk, Marco (1995): Überlebensstrategien oder Lebensformen? Soziale und wirtschaftliche Verflechtungen im Alltag von Slumbewohnern in Klong Toey, Bangkok. Geographica Helvetica 50/2: 43-52

Renaud, Bertrand/M. Zhang/Koeberle, Stefan (1998): How the Thai Real Estate Boom undid Financial Institutions: What can be done now? In: Competitiveness and Sustainable Economic Recovery in Thailand, Hg. Johanna Witte/Stefan Koeberle. Bd. 2: Background papers for the Conference »Thailand's Dynamic Economic Recovery and Competitiveness«, Bangkok, May 1998. Joint Publication of the Office of the National Economic and Social Development Board and the World Bank Thailand Office. Bangkok: 103-151

Revilla Diez, Javier (1998): Ausländische Direktinvestitionen in Vietnam. Zeitschrift für Wirtschaftsgeographie 42/3-4: 201-213

Rivet, Manuela (2000): Stadtentwicklung von Yangon. Bedeutung der Persistenz kolonialer Strukturen für die aktuelle Entwicklung der Hauptstadt Myanmars/Birmas. Dissertation Bonn

Robinson, Ira M. (1995): Emerging Spatial Patterns in ASEAN Mega-Urban Regions: Alternative Strategies. In:The Mega-Urban Regions of Southeast Asia, Hg. Terry G. McGee/Ira M. Robinson. Vancouver: 78-108

Rüland, Jürgen, Hg. (1996): The Dynamics of Metropolitan Management in Southeast Asia. Singapore

Schneider, Helmut (1997): Soziale Strategien der Risikominimierung im informellen Sektor. Das Beispiel des philippinischen Suki-Systems. Geographische Rundschau 51/12: 662-667

Schneider, Helmut (1998): Migration und Existenzsicherung: Haushaltsstrategien in ausgewählten Sekundärzentren Thailands und der Philippinen. – Zeitschrift für Wirtschaftsgeographie 42/3-4: 246-262

Schneider, Helmut/Vorlaufer, Karl, Hg. (1997): Employment and Housing. Central Aspects of Urbanization in Secondary Cities in Cross-cultural Perspective. Aldershot

Scholz, Fred (2002): Die Theorie der »fragmentierenden Entwicklung«. Geographische Rundschau 54/10: 6-11

Sopon Pornchokchai (1992): Bangkok Slums. Review and Recommendations. School of Urban Community Research and Actions Agency for Real Estate Affairs. Bangkok

Spreitzhofer, Günther/Heintel, Martin (1997): Jakarta: Der »Big Apple« Südostasiens? In: Mega-Cities, Hg. Peter Feldbauer: 151-175

Spreitzhofer, Günther/Heintel, Martin (2002): Metro Manila im Brennpunkt sozialer Disparitäten und globaler Perspektiven. In: Internationales Asienforum 33/1-2: 67-90

UN (United Nations) (1993): State of Urbanization in Asia and the Pacific 1993. New York

UN (United Nations) (2002): World Urbanization Prospects. The 2001 Revision. New York

URA (Urban Redevelopment Authority) (1995): Downtown Core (Part) Planning Area. Singapore

Waibel, Martin (2003): Die Altstadt von Hanoi: Ein Abbild urbaner Transformationsprozesse. Geographische Rundschau 55/1: 32-38

Wessel, Karin (1998): Wirtschaftsdynamik und Integration in Ost/Südostasien. Zeitschrift für Wirtschaftsgeographie 42/3-4: 155-172

Zimmermann, Gerd R. (1997): Phnom Penh as the »primate city« of Cambodia and its revival since 1979. In: Asien 63: 56-70

Zin Nwe Myint (1998): Geographical Study of the Urban Growth of Yangon City. Master of Arts Study. Department of Geography, Yangon University

Bernhard Dahm

Die Religionen Südostasiens im 20. Jahrhundert

Südostasien hat, bedingt durch seine geographische Lage und den durch die Region laufenden Fernhandel, schon frühzeitig von den großen Religionen der Welt Kenntnis erhalten und deren Repräsentanten Gelegenheit gegeben, ihren Glauben unter den zwischen Indien, China und Australien lebenden Völkern und Stammesgemeinschaften zu verbreiten. Diese hatten in den ersten Jahrhunderten nach Christus auf diese Weise zunächst hinduistische, buddhistische und konfuzianische Lehren kennen gelernt, zu denen im Laufe der Zeit dann auch islamische und christliche Glaubensinhalte kamen. Die Stammesreligionen, zumeist ein Gemisch aus Ahnenkult, Geisterglauben und Schamanismus, betrachteten die neuen Religionen zunächst mit Vorsicht, bevor in einer Art selektiver Adaptation die Elemente angegliedert wurden, die mit den eigenen Traditionen in Einklang gebracht werden konnten. Gemieden wurden vor allem Vorstellungen, die das Potenzial hatten, zuvor gültige Prinzipien und die sie erhaltenden Kulte zu zerstören. Ein wesentliches Merkmal der südostasiatischen Religionen ist also die Beibehaltung bewährter Elemente der eigenen Traditionen auch nach Akzeptanz der Hochreligionen, wodurch es oft zu einem Kultursynkretismus gekommen ist, der in vielen Regionen noch heute beobachtet werden kann. Folge dieser »Indigenisierungen« waren zwangsläufig immer wieder Reformversuche der Vertreter der neuen Religionen, die ebenfalls bis in die Gegenwart hinein zu beobachten sind.

Hinduismus

Von der dominierenden Rolle des Hinduismus in vorkolonialer Zeit war in Südostasien zu Beginn des 20. Jahrhunderts nur wenig übrig geblieben. Abgesehen von Restritualen und indigenisierten Zeremonien an den Herrschersitzen ehemaliger oder noch existierender Königreiche, sowie einem gewissen Interesse in einigen Stammeskulturen, die sich weder zum Islam noch zum Christentum bekehren ließen, findet der Hinduismus in Südostasien heute nur noch auf Bali größere Beachtung. Hierher hatte er sich nach Ankunft des Islams in Indonesien und dessen allmählicher Eroberung Javas im 15. und 16. Jahrhundert zurückgezogen und ein isoliertes Dasein geführt. Dabei war der einheimische Geisterglaube schon bald in den Götterglauben, in Rituale und sonstige religiöse Praktiken des Hinduismus eingedrungen, sodass die Niederländer, als sie zu Beginn des

20. Jahrhunderts die Insel endgültig unterworfen hatten (1908), die Religion der Balinesen als animistisch oder sogar als barbarisch bezeichneten. Auch vom Kastenwesen in seiner ursprünglichen Bedeutung war nur noch wenig zu erkennen. Statt einer Gliederung der Bevölkerung in getrennte Gruppen mit unterschiedlichen Berufen, Essgewohnheiten, endogamen Eheschließungen, eigenen Opferriten und Reinigungszeremonien wie bei den Brahmanen, den Ksatrijas, Vaishyas und Sudras in Indien gab es eher eine Zweiteilung der Gesellschaft: Priester (*pedandas*), der höhere Adel (*punggawa*) und der niedere Adel (*gusti*), als Einheit auch *triwangsa* genannt, standen als bevorrechtigte Stände den nicht-adligen Gruppen (etwa 90 Prozent der Bevölkerung) gegenüber. Waren also zur Zeit der Ankunft der Holländer die »echten« hinduistischen Traditionen weitgehend in Vergessenheit geraten, so gab es, wie auch in anderen Teilen Südostasiens, als Reaktion auf die Einrichtung der Fremdherrschaft schon bald Reformversuche, um in einer Zeit neuer Herausforderungen den sogleich einsetzenden christlichen und islamischen Missionierungsversuchen zu begegnen und den Kern der eigenen Identität zu erhalten (Ramstedt 1999:406ff).Diese Reformbemühungen gab es sowohl in Kreisen der Triwangsa als auch in der einfachen Bevölkerung und sie erfassten alle Bereiche des kultischen Lebens, um die balinesische Religion gegenüber dem Christentum und auch dem Islam zu stärken. In der Reformbewegung gab es gemäßigtere und radikalere Flügel. Über alle wesentlichen Aspekte der kulturellen Traditionen wurde neu nachgedacht. So gab es Befürworter und Gegner einer völligen Abschaffung des Kastenwesens, oder auch Auseinandersetzungen darüber, ob alle Teile der Bevölkerung Zugang zu den esoterischen Texten der Priester zum besseren Verständnis der Bedeutung der Opfer und sonstiger Rituale haben sollten. Alle aber waren prinzipiell für eine Beibehaltung der eigenen Traditionen, in welcher Form auch immer diese schließlich überlebten. Seit einem Besuch von Rabindranath Tagore (1927), der die Balinesen bei ihren Bemühungen, den Hinduismus zu neuem Leben zu erwecken, unterstützte, wurden diese auch international bekannt. Offiziell werden die Ergebnisse der Reformversuche, da in ihr sowohl hinduistische als auch autochthone Elemente ihren festen Platz haben, »hindu-balinesische Religion« genannt. Dieser Synkretismus spiegelt sich zum Beispiel in der Kosmologie, aber auch in der Götterverehrung und in den meisten anderen durch lokale Besonderheiten, etwa durch den Götterberg *Gunung Agung,* geprägten Kulten (dazu u.a. Zoetmulder 1965:310ff).

Nach der internationalen Anerkennung der Unabhängigkeit Indonesiens (1949) dauerte es allerdings noch weitere acht Jahre, bis die Reformbestrebungen der balinesischen Intellektuellen auch in dem neu geschaffenen Staat ihre Anerkennung fanden. Nach der Verfassung war einer der Grundpfeiler der neuen Republik der Glaube an einen allmächtigen Gott, wodurch allen nicht-monotheistischen Religionen die staatliche Anerkennung verweigert wurde. Diese Lesart der Verfassung führte zunächst erneut zur Diskriminierung der hindu-balinesischen Religion als verkapptem Animismus und zu neuen Missionierungsversuchen seitens des Islams und von Vertretern christlicher Religionen. Erst 1958 erreichten die Balinesen, dass ihr Glaube vom Religionsministerium als gleichberechtigte Religion anerkannt wurde. Auch der Hinduismus beruhe, so hatten sie argumentiert, auf dem Glauben an einen allmächtigen Gott, der allerdings in verschiedenen Manifestationen verehrt werde. Man hatte ferner ins Feld geführt, dass die menschliche Seele (*atman*) nach Lehre des Hinduismus eins mit der Seele Gottes sei und sich nach ihrem Tod wieder mit ihr vereine. Diese Interpretation des Glaubens an einen allmächtigen Gott wiederum eröffnete einigen bis dahin in Indonesien als heidnisch angesehenen Stämmen die Möglichkeit, sich aufgrund ähnlicher Überzeugungen ebenfalls dem Hinduismus zuzuwenden, um ihre eigene Identität erhalten zu können. Dazu gehörten z.B. die noch nicht zum Christentum oder Islam bekehrten Dayaks in Kalimantan, Teile der Karo-Bataks in Nordsumatra und der Sa'adan- und Mamasa-Torajas in Südsulawesi und andere mehr (Ramstedt 1999:409ff).

Ähnliche Vorstellungen und Kulte wie bei den erwähnten altindonesischen Völkern finden sich auch bei den Bergvölkern in Malaysia (Semang und Sakai) sowie bei jenen im Grenzland von Birma, Thailand und Laos, wo früher vom Hinduismus übernommene Vorstellungen auch heute noch zur Identifikation mit hinduistischen Vorstellungen führen können. Andere Völker wie Teile der Karen haben sich inzwischen dem Christentum oder dem Buddhismus zugewandt.

Buddhismus

Der Buddhismus war in Südostasien zunächst in der Form des Mahayana-Buddhismus verbreitet worden, der für die Herrschaftslegitimation der Könige und für das einfache Volk wegen der »Heilsfigur« des Bodhisattva verheißungsvollere Aspekte hatte als die »Lehre der Älteren« oder der Theravada-Buddhismus. Diese strengere frühere Form des Heilsstrebens kannte die im Mahayana-Buddhismus mögliche Übertragung von Verdiensten eines zukünftigen Buddha auf Laien zur Milderung ihrer selbst verschuldeten Leiden nicht. Dennoch konnten zwischen dem 11. und 15. Jahrhundert Reformbewegungen des Theravada-Buddhismus den Mahayana-Buddhismus wieder aus den meisten Ländern Südostasiens verdrängen.

Nur in *Vietnam* hat sich wegen der Nähe zu China der Mahayana-Buddhismus bis zum heutigen Tage erhalten. In China war der Mahayana-Buddhismus eng mit dem Konfuzianismus und dem Taoismus verflochten. Dieser Synkretismus ist unter dem Begriff *tam giao* (drei Religionen) dann auch von den tief von der chinesischen Kultur geprägten Vietnamesen im Norden des Landes übernommen worden. Im Süden Vietnams, das lange vom »indisierten« Reich Champa beherrscht und später von Nordvietnam erobert wurde, sind die chinesischen kulturellen Einflüsse bis in die heutige Zeit weniger deutlich wahrzunehmen. Dafür gibt es in Südvietnam jedoch sonst nur im restlichen oder »indisierten« Südostasien anzutreffende Heilsreligionen. So waren in Südvietnam schon vor Beginn der französischen Kolonialherrschaft im späten 19. Jahrhundert weit verzweigte christliche Vorstellungen vorhanden, bevor als Reaktion auf die fremde Herrschaft in den ersten Jahrzehnten des 20. Jahrhunderts die religiösen Volksbewegungen der *Cao Dai* und der *Hoa Hao* entstanden. (Zur Entstehung und Entwicklung dieser Bewegungen, auf die hier nicht eingegangen werden kann, s. Werner 1980 und Hue Tam 1983).

Der in den theravada-buddhistischen Ländern zur Mehrung des Karmas als so verdienstvoll angesehene Aufenthalt in buddhistischen Klöstern wurde in Vietnam schon früh als Parasitentum und Leben auf Kosten anderer verurteilt: »A Vietnamese with selfrespect does not become a Bonze« (Bonze=Mönch, BD), notierte ein französischer

Beobachter in den 20er-Jahren, und mit dem im Mahayana-Buddhismus als so wichtig angesehenen Bodhisattva-Kult betrieb man in Vietnam gelegentlich sogar seine Späße (Dahm 1973:59f.u.76f). Das bedeutet nicht, dass der Buddhismus in Vietnam keine Bedeutung mehr hat. Gerade weil er noch bedeutungsvoll war, wurde er zu Beginn der 60er-Jahre ein entscheidender Faktor beim Sturz des Diem-Regimes in Südvietnam (Bechert 1967:331ff. Aber vieles deutet darauf hin, dass durch die Verbindung mit konfuzianischen und taoistischen Traditionen wesentliche Aspekte des Buddhismus als Heilsreligion in den Hintergrund getreten sind. Die Säkularisierung wurde durch die frühzeitige Übernahme kommunistischer Vorstellungen noch verstärkt, im Vergleich mit den wirklich buddhistischen Ländern der Region sollte Vietnam daher eher als ein Land mit vielen Religionen gesehen werden.

Theravada-buddhistische Länder

In allen anderen Ländern Festland-Südostasiens hatte sich schon lange vor Ankunft der Europäer der Theravada-Buddhismus durchgesetzt, wobei es von Land zu Land zu Kompromissen mit vorbuddhistischen Traditionen, vor allem mit dem Geisterglauben gekommen war, was auf die Annahme des Buddhismus als Volksreligion durch die breiten Massen zurückzuführen ist. Deswegen gibt es von Birma (seit 1989 offiziell Myanmar genannt) über Thailand (bis 1939: Siam) und Kambodscha bis Laos bei aller scheinbaren äußerlichen Einheitlichkeit wegen des gemeinsamen Bekenntnisses zur Lehre des Buddha und zu den von ihm erlassenen Gesetzen in den Mönchs- und Nonnenorden (*sangha*) de facto von Land zu Land recht unterschiedliche Ausprägungen des Buddhismus. In den Worten des besten Kenners des Buddhismus in den Ländern des Theravada-Buddhismus in Südostasien, Heinz Bechert: »Während das Streben nach dem Nirvana und dem tieferen Verständnis der buddhistischen Lehre naturgemäß das Anliegen nur weniger Menschen bleiben mußte, konnten für die Masse der buddhistischen Bevölkerung nur die sittlichen Gebote ihrer Religion, die Kenntnis der Lebensgeschichte des Buddha und der Heiligen und schließlich das Sammeln religiöser Verdienste Inhalt ihrer Religiosität sein, wobei das der ursprünglichen Buddha-Lehre fremde magische Denken erheblichen Einfluss gewann.« (1966:20) Neben diesen verschiedenen, oft durch lokale Besonderheiten geprägten magischen Elementen gab es aber auch größere Unterschiede bei der politischen Entwicklung der sich zur Lehre Buddhas bekennenden Völker, die sich auf die Praxis der Religion auswirkte. Daher ist es angebracht, Entwicklungen in den sich zum Buddhismus bekennenden Ländern Südostasiens im 20. Jahrhundert getrennt zu betrachten.

Birma (Myanmar)

Gab schon der Geisterglaube an die *nats* dem Buddhismus in Birma sein besonderes Gepräge (Spiro 1996), so war es vor allem die frühzeitige Politisierung von Teilen des Sangha, die ihn von den Entwicklungen in den südostasiatischen Nachbarstaaten unterschied, und die eine Parallele nur in Sri Lanka (Ceylon) hat. Schon bei den Kriegen gegen die britische Kolonialmacht zur Unterwerfung der Birmanen im 19. Jahrhundert hatten viele buddhistische Mönche unter Missachtung der Vinaya-Regeln, die das Verhalten der Mönche bestimmten, aktiv an den Kämpfen teilgenommen. Dies hatte, neben anderen Anzeichen des Verfalls der von Buddha gerade von den Mönchen geforderten Disziplin, zur Einberufung des Fünften Buddhistischen Konzils (1868–71) durch König Mindon Ming in Mandalay geführt, bei der die buddhistische Lehre, die *tripitaka*, auf 729 Marmorplatten neu niedergeschrieben wurde. Aber die striktere Befolgung der Reformen wurde später dann durch die Kolonialmacht selbst vereitelt. Dies begann mit der Absetzung und Verbannung des letzten birmanischen Königs (Thibaw) nach Ende des Dritten Birma-Krieges (1885/86), was in Birma als Affront gegen den birmanischen Buddhismus angesehen wurde, und wurde fortgesetzt durch weitere Eingriffe in die Struktur des Sangha (Absetzung des für die Durchsetzung der Mönchs-Disziplin verantwortlichen *mahadanwun* und Verzögerungen bei der Neubesetzung des Oberhauptes der Sangha, des *thathanabaing*).

Die Briten glaubten, auf diese Weise den durch die Mönche getragenen Widerstand brechen und deren »Politisierung« endgültig beenden zu können. Sie erreichten jedoch das genaue Gegenteil: Da die Disziplinierung der Mönche und ihre Ausstoßung aus dem Sangha wegen Missachtung der *Vinaya*-Regeln hinfort ausblieb, dauerte es nicht lange, bis die Mönche aus verschiedenen Klöstern wieder aktiv bei der seit Beginn des 20. Jahrhunderts schnell anwachsenden Unabhängigkeitsbewegung mitwirkten. Sie haben sogar in einer Anti-Steuer-Bewegung gewaltsame Auseinandersetzungen hervorgerufen und in den 20er-Jahren zu einer allgemeinen Radikalisierung der politischen Entwicklung in Birma beigetragen (Smith 1965). Gelegentlich waren sie dabei Partner einer sich seit der Eröffnung der Universität Rangun (1920) formierenden Studentenbewegung, was dem birmanischen Widerstand eine zusätzliche Dynamik verlieh. Wann immer Studenten und Mönche sich in Birma zu gemeinsamen Aktionen trafen, wurden sie den bestehenden Regimen gefährlich, da diese gemeinsamen Aktionen breite Unterstützung unter den Massen fanden, die stolz auf ihre Söhne waren und die Mönche als Autoritäten und Wegweiser in kritischen Situationen empfanden. Dies galt sowohl beim Widerstand gegen das Kolonialregime, später gegen die japanische Besatzungsmacht und nach der Unabhängigkeit (1948) auch gegen eigene Regierungen, wie z.B. 1988 bei der landesweiten Auflehnung gegen das Militärregime von General Ne Win (s.u.).

Allerdings gab es auch schon frühzeitig Stimmen, die die politische Rolle der Mönche scharf kritisierten, besonders unter der neuen Elite. So sagte General Aung San, Wegbereiter der birmanischen Unabhängigkeit, in einer kritischen Phase nach dem Ende des Zweiten Weltkrieges: »If we mix religion with politics then we offend the spirit of religion itself. Politics is pure secular science«; und U Nu, der erste birmanische Premierminister und überzeugte Buddhist, schrieb in seinen Erinnerungen an die japanische Besatzungszeit zu den politischen Aktionen von Mönchen: »In my opinion a *pongyi* (ordinierter Mönch, BD) should be solely concerned with his religious discipline and duties. I could not stand their interfering in politics and other worldly affairs. I may be wrong, but I firmly believe that men who lean on pongyis in politics are mere opportunists.« (zit. nach Bechert 1966:69f)

U Nu war dann auch in seiner Regierungszeit von der Erreichung der Unabhängigkeit (1948) bis zu seinem Sturz durch das Militärregime von General Ne Win (1962) beständig um eine religiöse Erneuerung Birmas bemüht. Hatte er in seiner Studentenzeit noch von der Möglichkeit eines Synkretismus zwischen buddhistischen und marxistischen Vorstellungen gesprochen, um einen Wohlfahrtsstaat einzurichten, so haben ihn Erfahrungen mit den beiden kommunistischen Parteien und ihren Aufständen in den ersten Jahren seiner Regierungszeit bald zu der Überzeugung geführt, dass nur durch die Erneuerung der Religion ein besseres Zeitalter heraufgeführt werden könne, und dass die materialistischen Lehren des Marxismus-Leninismus mit der buddhistischen Lehre völlig unvereinbar seien (Bechert 1966:178). Demzufolge errichtete er eine Pali-Universität zur Neubelebung der Pali-Studien; er betraute einen Buddha-Sasana-Council (=buddhistischer Religionsrat) mit den Aufgaben der Herausgabe einer neuen Ausgabe der Pali-Texte und der Ausbreitung der buddhistischen Religion unter den nationalen Minderheiten Birmas. Sodann berief er das Sechste Buddhistische Konzil nach Rangun ein (1954–56), das wie das Fünfte Konzil unter König Mindon Ming in der buddhistischen Welt zu einem weithin beachteten Ereignis wurde. Der Konvent buddhistischer Autoritäten fiel dieses Mal dazu in das Jahr der 2500. Wiederkehr des Jahres des Eintritts Gautama Buddhas ins Nirwana (1956), der halben Wegstrecke also bis zum Auftreten eines neuen Buddha (Bechert 1967:60ff). Einen Wendepunkt in der politischen Bedeutung des Buddhismus in Birma brachten dann die Ereignisse rund um die Erklärung des Buddhismus zur Staatsreligion und deren anschließende Relativierung im birmanischen Parlament im August und September 1961 (Bechert 1967:147f). Die seit Jahren vor allem wegen der Probleme der Integration ethnischer Minderheiten in den Staat bestehende Krise wurde jetzt durch die Frage der Stellung religiöser Minoritäten im birmanischen Staat verschärft. Diese Entwicklungen führten zur Intervention der birmanischen Streitkräfte. 1958 waren sie von U Nu schon einmal mit der Wiederherstellung der Ordnung gemeinsam mit der Regierung betraut worden, im März 1962 haben sie erneut, und dieses Mal ungebeten, die Macht übernommen.

Eine der Folgen des Putsches war eine stärkere Kontrolle des Sangha. General Ne Win versuchte wie früher die buddhistischen Könige als Schutzherr der Religion aufzutreten, er berief drei Reform-Konzilien ein (1965, 1980 und 1985), aber es gelang ihm nicht, den Sangha für die von ihm propagierte Politik eines birmanischen Weges zum Sozialismus zu begeistern. Das führte in der Verfassung von 1974 sogar zur formalen Trennung von »Kirche« und Staat und zur Aufhebung weiterer Privilegien, die der Buddhismus bis dahin in Birma noch genoss. Auf dem Zweiten Reformkonzil (1980) versuchte die Regierung, ihr Verhältnis zum Sangha durch Einsetzung eines »Obersten Sangha-Rates (*Sangha Maha Nayaka*) erneut zu verbessern, immerhin umfasste der Sangha nach einem 1984 durchgeführten Zensus bei einer Gesamtbevölkerung von 35 Millionen 313.000 Mönche und Novizen, die über das ganze Land verstreut in 47.980 Klöstern lebten. Und diese offizielle Zahl wird bei Hinzurechnung der sich nur eine begrenzte Zeit in den Klöstern aufhaltenden Jugendlichen oder anderen Heilssuchenden noch erheblich größer. 1985 wurde sie auf etwa 1.250.000 oder 3 Prozent der Gesamtbevölkerung geschätzt (Matthews 1993:410).

Was immer der neu geschaffene Oberste Sangha-Rat an neuen Verfügungen erließ und auf dem Konzil von 1985 verabschiedete: Die beabsichtigte stärkere Kontrolle der Aktivitäten der Mönche ließ sich aufgrund der fehlenden allgemein anerkannten Autorität der Regierung nicht durchsetzen. Dies wurde zuletzt beim Volksaufstand gegen das Militärregime im August 1988 offensichtlich. Tausende von Mönchen beteiligten sich in vorderster Front an den Protestdemonstrationen und stärkten so die demokratische Bewegung. Die genaue Zahl der Opfer des Aufstandes ist nicht bekannt, einige Mönche wurden bei den Auseinandersetzungen getötet, andere erhielten lange Gefängnisstrafen oder flohen zu Widerstandsgruppen in den Bergen. Nahe der thailändischen Grenze formierte sich eine All Burma Young Monks Union, die es als ihre historische Aufgabe betrachtet, auch weiterhin Widerstand gegen die Militärregierung zu leisten. Als sich im August 1990 etwa 7000 Mönche zum Gedenken an den Beginn des Aufstandes vor zwei Jahren in Mandalay versammelten, wurden sie von Regierungstruppen brutal vertrieben (Matthews 1993:408ff). Die birmanische Bevölkerung hat sich jedoch mit ihnen solidarisiert. In ihren Augen haben die Mönche, wie schon so oft in Krisenzeiten der vergangenen Jahrzehnte, durch ihre Teilnahme am Protest gegen das Militärregime erneut die enge Verbundenheit zwischen Volk und Religion zum Ausdruck gebracht, gegen die auch der Einsatz von Gewalt im Laufe des 20. Jahrhunderts zwecklos geblieben ist.

Thailand
Als Volksreligion ist der Buddhismus in Thailand nicht weniger lebendig als im benachbarten Birma. Um die Mitte des 20. Jahrhunderts gab es in Thailand bei einer Gesamtbevölkerung von 27 Millionen (1960) 249.555 ordinierte Mönche und Novizen in 21.380 Klöstern, in denen daneben noch etwa 120.000 Klosterschüler unterrichtet wurden (Bechert 1967:188). Im Unterschied zu Birma sind jedoch die Mönche in Thailand nicht politisiert. Wenn sie gegen die Vinaya verstoßen, dann geschieht dies nicht, weil sie sich in die Politik einmischen, sondern eher, weil sie sich an Geschäften beteiligen oder sich in anderen Fragen (Wettleidenschaft, Geisterkult) nicht der Ordenszucht unterwerfen. Aus diesem Grunde hatte schon Mitte des 19. Jahrhunderts der spätere König Mongkut (1851–1868) eine Reform des Sangha vorgenommen, in dem er in Konkurrenz zum alten *Maha Nikaya* (Orden) den *Dhammayutika Nikaya* gründete, der wie die Mönche der Mon eine strengere Ordenszucht befolgen sollte. Es zeugt von der Toleranz Mongkuts, dass er den Maha Nikaya nicht auflöste, sondern weiterbestehen ließ.

Auch die heutige Ordnung des Mönchswesens in Thailand ist noch im Wesentlichen von dem Reformwerk König Mongkuts bestimmt. Die Gesamtverwaltung des Sangha wurde verschiedentlich durch Gesetze neu geregelt, ohne dass die Grundregeln seiner Struktur dabei verändert wurden: Die oberste Autorität des Sangha war und ist der thailändische König, allerdings nicht in religiösen Angelegenheiten. Dafür ist der vom König nach Beratung mit den höchsten geistlichen Würdenträgern ernannte *sangharaja*, der »König« des Sangha, zuständig, der oft ein naher Verwandter des Herrschers war. Ihm zur Seite wurde 1902 ein oberster Ordensrat gestellt, dem die nach traditioneller Verwaltung drei Bezirke des Maha Nikaya (Norden, Süden und Zentrum) angehörten und dazu als »vierter Bezirk« alle Mönche des Dhammayutika Nikaya. Im Zuge von Verwaltungsreformen wurde 1941 ein geistlicher Ministerrat eingeführt, der für die Hauptzweige der Verwaltung zuständig war. Die auf diese Weise entstandene Teilung der Gewalten wurde 1962 wieder aufgehoben und eine einheitliche Verwaltungsform geschaffen, wie sie vor 1941 bestanden hatte. Die Untergliederung in zwei Sanghas wurde beibehalten.

Der Dhammayutika Nikaya hat eher elitären Charakter. Ihm gehörten Mitte des 20. Jahrhunderts nur 15.391 der oben erwähnten 249.555 Mönche an und nur 819 der 21.380 Klöster. Die Dhammayutika-Mönche lehnen jeglichen Umgang mit Geld ab, dürfen ihr Essen nicht selbst zubereiten und nicht an Kulthandlungen für Volksgötter teilnehmen, die aus vorbuddhistischer Zeit stammen. All diese Bestimmungen werden beim Maha Nikaya sehr viel großzügiger gehandhabt. Dort gab es Ende der 1950er-Jahre im

Zusammenhang mit einer auf die Aktivitäten des früheren Kurzzeit-Premiers Pridi zurückgehenden Demokratiebewegung in Thailand sogar den Versuch, an einer klösterlichen Hochschule in Bangkok das Studium politischer Schriften zuzulassen. Darin sah der oberste Ordensrat jedoch eine Gefahr und erreichte, dass das Oberhaupt der Hochschule, das früher lange dem Sangha-Rat Thailands angehört hatte, aus dem Orden ausgestoßen und verhaftet wurde (Bechert 1966:205f). Insbesondere befürchtete man im Sangha-Rat, dass die kommunistischen Aktivitäten aus dem benachbarten Indochina nach Thailand übergreifen würden. Die Integration des Sangha in die staatliche Ordnung, das Festhalten an der Monarchie mit König Bhumibol, der ihr in diesen Jahren zu einer neuen Machtstellung in Thailand verhalf, und die in Mönchskreisen besonders in dem Dhammyutika-Orden bestehende Furcht vor kommunistischer Unterwanderung haben dies jedoch verhindert und später wohl auch die Zurückhaltung des Sangha bei der Demokratie-Bewegung der Studenten in den 70er-Jahren mitbewirkt. Im Vergleich zur Rolle der Mönche beim Aufstand in Birma (1988) wird das politische Desinteresse der Mönche in Thailand besonders deutlich.

Weniger Zurückhaltung zeigten Vertreter des thailändischen Buddhismus jedoch gegenüber Folgeerscheinungen der Modernisierungsmaßnahmen, die sich seit Mitte des 20. Jahrhunderts in Thailand verstärkt bemerkbar machten: Das Aufkommen einer bürgerlichen, vor allem einer städtischen Mittelschicht veränderte die traditionelle Sozialstruktur, die vorwiegend auf der Agrarwirtschaft beruht hatte; das rasche Umsichgreifen eines neuen Strebens nach Gewinn und die wachsende Kluft zwischen Reichtum und Armut ließen buddhistische Grundprinzipien wie jenes von der Irrelevanz von materiellem Besitz allmählich fragwürdig erscheinen. Unter buddhistischen Intellektuellen begann man daher zunehmend, nach der Bedeutung des Buddhismus in einer sich rasch verändernden Welt zu fragen. Aus diesen Gründen bildeten sich in der zweiten Hälfte des 20. Jahrhunderts von buddhistischen Autoritäten beeinflusste Bewegungen, die versuchten, auf derlei Fragen eine Antwort zu finden. So gab es schon seit den 30er-Jahren die Bewegung Suan Moke (Garten der Befreiung) des gelehrten Mönches Buddhadasa aus dem Süden Thailands, der mit seinen Schriften zu Themen wie ›Dhamma-Sozialismus‹, oder ›Buddhismus als radikaler Universalismus‹ oder mit seinen Beiträgen zu einem Dialog zwischen den Weltreligionen großen Einfluss auf junge buddhistische Intellektuelle in Thailand ausübte. Für die Mittelklasse zeigte die *Dhammakaya*-Bewegung von Chaiboon Suthibol seit den 70er-Jahren einen Weg, nach dem durch eine Kombination von Meditation und Investitionen in einen Tempel der kapitalistische Weg durchaus mit dem Buddhismus vereinbar war. Die Santi Asoke (Reiner Frieden)-Bewegung des Phra Bodhiraksa schließlich attackierte in der gleichen Zeit eben diesen Kapitalismus, weil er eine Fülle von Problemen geschaffen habe und für das wachsende Verlangen nach materiellen Gütern verantwortlich sei. Deshalb sei die Rückkehr zum einfachen Leben und die strikte Einhaltung der moralischen Forderungen der buddhistischen Lehre notwendig, um den Frieden der Seele zu gewinnen. Diese Bewegung fand ihre Anhänger besonders unter der einfachen Bevölkerung (Satha-Anand 1990:395ff).

Kambodscha und Laos
Obwohl Kambodscha und Laos wie Birma in der zweiten Hälfte des 19. Jahrhunderts von einer Kolonialmacht unterworfen worden waren und man ihnen Protektoratsverträge

aufzwang, die sie de facto zu Kolonien Frankreichs machten, haben sich die buddhistischen Mönche nicht wie im Falle Birmas an dem auch hier einsetzenden Widerstand durch Gruppen der Bevölkerung beteiligt, sondern sich, wie der Sangha Thailands, eher unpolitisch verhalten (Bechert 1967:221ff u. 261ff). Das lag einmal an der Organisation des Sangha. In beiden Ländern war man dem Muster Thailands gefolgt und hatte neben dem traditionellen *maha nikaya* für die Mönche, die bereit waren, sich strikter an die Lehren des Buddha zu halten, auch einen Dhammayutika Nikaya eingerichtet, so dass mehr Disziplin bei der Befolgung der *vinaya*, der 227 Regeln für Mönche, erwartet werden konnte. Ein anderer Grund war, dass sich die Franzosen als Quasi-Kolonialherren im Gegensatz zu den Briten in Birma darum bemühten, die überlieferten Traditionen zu respektieren und mit den Königen eine vertrauensvolle Zusammenarbeit zu suchen. Das war entscheidend. Denn auch die Mönche Kambodschas hatten gekämpft, als 1840 vietnamesische Truppen von Kaiser Minh Mang nach Kambodscha geschickt worden waren, um es unter vietnamesische Herrschaft zu zwingen. Als sie damit begannen, gegen buddhistische Institutionen vorzugehen und die vietnamesische Sprache und Kultur zu verbreiten, gaben die Mönche ihre Zurückhaltung auf und die Vietnamesen waren schon bald wieder aus dem Land vertrieben.

Da sich die Franzosen anders verhielten, gab es keinen Grund, dass die Mönche wie 1840 auf die Straße gingen, um die Bevölkerung gegen die fremden Eindringlinge zu mobilisieren. Und die Franzosen respektierten nicht nur die Könige. Sie zeigten auch Hochachtung für die kulturellen Traditionen, indem sie nicht nur die alten Tempelanlagen aus der großen Zeit Kambodschas in Angkor freilegten und restaurierten, sondern sie versuchten auch die Wiederbelebung des Buddhismus zu fördern, indem sie bei der Beschaffung von Pali-Texten für neu entstehende Bibliotheken in den Klöstern halfen und 1930 sogar in Phnom Penh ein buddhistisches Institut gründeten. Erst im Jahre 1942 gab es eine größere Demonstration buddhistischer Mönche gegen die Kolonialmacht, als die Mönche einem entsprechenden Aufruf ihres Lehrers Hem Chieu an diesem buddhistischen Institut folgten, der von einem Nationalisten vietnamesischer (!) Abstammung, Son Ngoc Thanh, für den Antikolonialismus gewonnen worden war.

Das war, soweit bekannt, der einzige Fall einer Auflehnung buddhistischer Mönche in Kambodscha oder Laos gegen die französische Kolonialmacht. Deren Verhältnis zu traditionellen Würdenträgern in beiden Ländern, sei es in den Königshäusern, sei es in den Klöstern, war bis zum Ende des Zweiten Weltkrieges nie so problembeladen wie das zu Vietnam. Die kriegerischen Auseinandersetzungen Frankreichs mit den Vietminh, die im so genannten Ersten Indochina-Krieg (1946–1954) auch weite Gebiete von Laos und Kambodscha in die Kämpfe einbezogen, und dann vor allem das aktive Eingreifen der USA im Zweiten Indochinakrieg (1966–1975), um den Sieg des Kommunismus zu verhindern, machten dann auch vor den Toren der Klöster nicht Halt. Versuche, ähnlich wie in Thailand die bislang unpolitischen Mönche gegen die Verbreitung kommunistischer Lehren in Laos und Kambodscha einzusetzen, scheiterten. Sie genügten aber, um die Führer der revolutionären Bewegungen auf das anti-revolutionäre Potenzial der Mönche als Schlüsselfiguren der traditionellen Kultur aufmerksam zu machen. Deshalb wurden die Mönche nach der Machtübernahme der Kommunisten in Laos und Kambodscha (April 1975) als Hindernisse beim Aufbau des Sozialismus angesehen und, wie in Laos, als »reaktionäre« Kräfte diskriminiert, oder, wie in Kambodscha, physisch vernichtet.

Das Regime der Roten Khmer (1975–1979) wird immer eines der dunkelsten Kapitel der Geschichte Kambodschas bleiben. Die Auslöschung aller »möglichen« Klassenfeinde des Regimes von Pol Pot beruhte auf dessen Frustrationen bei seinen bisherigen Versuchen, eine revolutionäre Bewegung in Kambodscha aufzubauen und auf grotesk-naiven Vorstellungen von der »perfekten Revolution«. Sie führte zur Ermordung von mehr als einer Million unschuldiger Landsleute und hat in der neueren Geschichte Südostasiens keine Parallele. Von 65.000 ordinierten Mönchen, die bei Beginn des »Demokratischen Kampuchea« (1975) noch registriert waren, haben nur etwa 6000 die Herrschaft der Roten Khmer überlebt, nahezu die Hälfte wurde grundlos hingerichtet, die anderen sind den harten Bedingungen wie Vertreibung, Arbeitseinsatz, Hunger und Krankheit erlegen (Weltmission 1991:31f).

Aber auch die von den Vietnamesen nach dem Sturz Pol Pots (1979) eingesetzte Revolutionäre Volkspartei bemühte sich zunächst nicht sonderlich darum, den Kambodschanern ihre Religionsfreiheit zurückzugeben. Da alle arbeitsfähigen Männer Kambodschas dringend für den wirtschaftlichen Aufbau des Landes gebraucht wurden, wurde das Ordinationsalter für Mönche, das in den theravada-buddhistischen Ländern gewöhnlich bei etwa 20 Jahren lag, auf mindestens 50 Jahre hinaufgesetzt. Dieses auf der bekannten vietnamesischen Vorstellung, dass der Aufenthalt im Kloster einer Drückebergerei gleichkomme, beruhende Gesetz wurde erst 1988 wieder aufgehoben. Von da an begann die Zahl der Zulassungen zur Ordination sogleich wieder drastisch zu steigen (1986: 6000, 1990: 14.000). 1989 wurde auch der 1975 gestrichene Paragraph wieder in die Verfassung aufgenommen, dass der Buddhismus die Staatsreligion Kambodschas sei. In den folgenden Jahren folgten weitere Gunstbeweise von Seiten der KP Kambodschas (z.B. die Einrichtung von Pali-Schulen), aber es gab auch weiterhin Versuche, den Buddhismus für den Aufbau des Sozialismus und die Mönche für die Propagierung der Ziele der Partei zu instrumentalisieren (Löschmann 1991:18ff). Deshalb blieb im Lande ein Misstrauen gegen alle Versuche, den Buddhismus für politische Ziele einzusetzen. Die von dem früheren Nationalisten Son Sann 1991 gegründete Buddhistische Liberal-Demokratische Partei (BLDP) erreichte so bei den Wahlen von 1993 nur 3 Prozent der Stimmen (Curtis 1998:10).

Dem Sangha in Laos blieb die traumatische Erfahrung der Glaubensbrüder in Kambodscha erspart. Die siegreiche Partei der Pathet Lao ging bei ihrem Versuch der Verwirklichung der »drei Revolutionen« in Laos (Revolution der Produktionsverhältnisse, eine wissenschaftlich-technologische Revolution und eine ideologische und kulturelle Revolution) behutsamer vor als die Handlanger Pol Pots. Man versuchte, Mönche als Propagandisten der »Ähnlichkeiten« zwischen Buddhismus und Sozialismus zu gewinnen, und bat sie, ihren Lebensunterhalt nicht länger durch die morgendliche Bettel-Runde zu suchen, sondern dafür zu arbeiten, z.B. auf dem Gebiet der Erziehung oder der Gesundheitsfürsorge. Die Führer der Partei erkannten dafür ihrerseits die wichtige Rolle des Buddhismus in der Kultur Laos an. Mitglieder des Politbüros nahmen an buddhistischen Zeremonien teil, und Mitglieder der Partei durften sogar für eine bestimmte Zeit in den Sangha eintreten. Seit Ende der 70er-Jahre lässt sich ein Wiederaufleben des Buddhismus in Laos beobachten, allerdings in »vereinfachter Form«. Der neue Buddhismus soll nach dem Willen der Partei nur drei einfache Regeln der Lebensführung lehren: sich von sündigem Tun fernzuhalten, die eigenen Verdienste zu mehren und das Herz von

Begierden zu reinigen. Daneben sollen sich die Mönche intensiv mit dem Marxismus-Leninismus befassen, um die Regierungspolitik besser zu verstehen (Stuart-Fox 1997:104).

Islam

Obwohl schon länger in der Region bekannt, wurde der Islam in Südostasien erst seit dem 15. Jahrhundert christlicher Zeitrechnung durch Händler entlang der Handelsrouten von Nordsumatra bis nach Südvietnam (das ehemalige Champa) systematisch verbreitet. Vertieft wurde er durch Mystiker *(sufis)*, die mit ihren Interpretationen die Annahme der Lehre des Propheten sowohl in den früher indisierten Gebieten Südostasiens als auch in den Stammesgemeinschaften ermöglichten. Dort galten bislang die in der Auseinandersetzung mit der Umwelt gewonnenen religiösen, rechtlichen und gesellschaftlichen Prinzipien. Da diese Überlieferungen, in der malaiischen Inselwelt *adat* genannt, den recht unterschiedlichen örtlichen Verhältnissen angepasst worden waren, wurden auch die neuen islamischen Elemente keineswegs einheitlich übernommen. So entstand in der Inselwelt von Sumatra bis nach Mindanao und entlang der Handelsstraße nach China eine Vielzahl sich zum Islam bekennender Völker. Dem Namen nach sind alle Muslime, sind alle bereit, den Islam gegen Angriffe von außen zu verteidigen, und Einheitlichkeit herrscht auch bei der Einhaltung von Vorschriften wie der Gebetsriten, der islamischen Feiertage, der Abgabepflichten usw. Aber es gibt auch große Unterschiede, bedingt durch die vor-islamischen Traditionen: Hier die Eheschließung, dort das Erbrecht, sodann die im Islam untersagte Verehrung der Ahnen und ihrer Gräber oder der Glaube an Geister, der überall sein eigenes Gepräge hat.

Deshalb hat es schon frühzeitig, oft durch zurückkehrende Mekka-Pilger, Reformversuche gegeben, die gelegentlich in Kriegen mit den Autoritäten der lokalen Traditionen mündeten. Bis Mitte des 19. Jahrhunderts waren diese Auseinandersetzungen zwischen »Rechtgläubigen« und »Traditionalisten« noch keineswegs entschieden. Erst das Aufbegehren gegen die westliche Vorherrschaft in der islamischen Welt gegen Ende des Jahrhunderts unter der Führung islamischer Aktivisten wie Jamal el-Afghani (1838–1897) oder Reformisten wie Muhammad Abduh (1849–1905) brachte einen Durchbruch zugunsten der Reformer auch für Südostasien. Wichtig war dabei die Öffnung des Suez-Kanals (1869) und die weitere Entwicklung der Dampfschifffahrt, weil sich durch sie die Zahl der Pilgerreisenden aus den verschiedenen islamisierten Regionen nach Mekka (und damit auch die Zahl der reformwilligen Kräfte) deutlich erhöhte. Die ersten südostasiatischen Reaktionen gab es in der malaiischen Inselwelt, deren Entwicklungen daher zuerst dargestellt werden sollen.

Indonesien

Das heutige Indonesien gab es zu Beginn des 20. Jahrhunderts noch nicht. Die Voraussetzungen für seine Entstehung wurden aber just in dieser Zeit geschaffen. Das war die Zentralisierung der Verwaltung durch die damalige niederländische Kolonialmacht, nachdem sie ihrem bis dahin weitgehend auf Java beschränkten Herrschaftsbereich die so genannten Außeninseln angegliedert hatte. Den vorläufigen Abschluss dieser »Abrundung« bildete die Eroberung von Aceh, des Sultanats im Norden Sumatras, das den

Niederländern in dieser Region über Jahrhunderte getrotzt hatte und erst 1903 nach 30-jährigem heftigem Widerstand »befriedet« worden war.

Aber es waren nicht diese Kämpfe der Aceher, die dem Reform-Islam in Indonesien zum Durchbruch verhalfen. Dies war vielmehr die *kaum muda*, die »junge Generation«, so genannt im Gegensatz zu den *kaum tua*, oder Repräsentanten der alten Traditionen. Diese hatten im Minangkabau (Westsumatra) mit der Kolonialmacht zusammengearbeitet, weil ihre Machtstellung im Padri-Krieg (1803–1838) von aus Mekka zurückgekehrten, damals noch wahabbitisch beeinflussten Reformern unterminiert worden war. Aber gegen die Kaum Muda, die gegen Ende des 19. Jahrhunderts in Mekka und in Kairo mit den Forderungen der neuen Reformbewegung vertraut gemacht wurden, konnten sie sich auch mit Unterstützung durch die Holländer nicht mehr behaupten. Junge Intellektuelle wie Abdulkarim Amrullah oder Abdullah Ahmad gaben Zeitungen heraus und gründeten Schulen, in denen sie die traditionellen *ulamas* attackierten (die sich nur auf das *taqlid*, auf die »gültigen« Interpretationen von Koran, Sunna oder Hadith durch alte religiöse Autoritäten stützten, statt selber *ijtihad* zu betreiben, d.h. durch eigene Interpretation der heiligen Schriften zu einem selbstständigen Urteil zu kommen. Durch das alleinige Rekurrieren auf die alten *mazhabs* (Rechtsschulen) könne man keine Antworten auf die Fragen der heutigen Zeit finden, der Verzicht auf den Gebrauch des eigenen Verstandes sei ein Missbrauch der von Gott verliehenen Gaben (Abdullah 1975:218ff). Von West-Sumatra sprang der Reformfunke über nach Java, wo der Händler und Religionslehrer Kiyai Haji Ahmad Dahlan (1869–1923) eine auf den Lehren Mohammed Abduhs basierende und deshalb nach ihm benannte Bewegung, die *Muhammadiyah*, gründete (1912). Diese Bewegung sollte im ganzen 20. Jahrhundert das Zentrum der reformorientierten islamischen Kräfte in Indonesien bleiben und ist dies auch heute noch. Zu ihrem großen Gegenpol, der Sammlung der konservativen islamischen Kräfte Javas und später ganz Indonesiens wurde die 1926 von Kiyai Haji Hasjim Asjari (1871–1947) in Jombang (Ostjava) gegründete *Nadlatul Ulama,* die Vereinigung der Ulamas.

Die Nahdlatul Ulama war in zweierlei Hinsicht konservativ: Einerseits folgte sie der Lehre der für Indonesien schon frühzeitig verbindlichen sjafeitischen Rechtsschule der Sunniten bedingungslos. Sie war auch konservativ, weil sie versuchte, auf Java angeblich durch die legendären *wali songgo* oder »neun Heiligen« erreichten Synkretismen zwischen vor-islamischen und islamischen Glaubenssätzen zu bewahren. Sie war damit Trägerin der javanischen kulturellen Tradition, die zur Lösung von Konflikten gerne nach einer ursprünglich im Hinduismus wurzelnden »Einheit von Gegensätzen« suchte. Die javanische Kultur kennt daher viele Zeugnisse der Toleranz gegenüber Andersdenkenden, sie ist eine sublimere Version einer auch von den Stammesgruppen geübten partiellen Adaptation fremder Einflüsse. Das bedeutet, dass von den Konservativen auch manche nicht-islamischen Elemente erhalten wurden. In der Literatur wird bei den javanischen Muslimen daher zwischen den *abangan,* die dem Islam eher formal angehören, und den *santri*, den Rechtgläubigen, unterschieden, die den javanischen Synkretismus aus ihrem Glauben entfernt haben (ausführlich dazu Geertz 1960:I u.II).

Neben den reformorientierten und den konservativen Richtungen gab es noch eine große Zahl weiterer, oft lokal begrenzter Bewegungen, die von der Mobilisierung des Islams in Indonesien im frühen 20. Jahrhundert zeugen, auf die hier nicht näher eingegangen werden kann. Erwähnt sei nur noch der politische Islam, der von den mit der

Kolonialherrschaft unzufriedenen gesellschaftlichen Gruppen getragen wurde. 1912 entstand so die *Sarekat Islam* oder »islamische Vereinigung«. Ihr erster Führer Umar Said Tjokraminoto (1883–1934) mobilisierte die Bevölkerung nicht nur durch die Propagierung der Lehren des Propheten, sondern auch durch vor-islamische Mythen und hatte damit außergewöhnlichen Erfolg. Aber das Hauptanliegen der politischen Richtung war die Unabhängigkeit und nicht eine Reform des Islam. Dies blieb den beiden großen Organisationen Muhammadiyah und Nahdlatul Ulama vorbehalten. Diese haben sowohl in der Kolonialzeit als auch nach der Unabhängigkeit in der Republik Indonesien unter der Präsidentschaft Sukarnos (1945–1966) und der Suhartos (1967–1998) stets die Interessen des Islams verteidigt. Das galt allerdings nicht für den islamischen Extremismus. Der 1949 von Kartosuwirjo in Westjava ausgerufene »Islam-Staat Indonesien« fand ebenso wenig ihre Billigung wie die anschließend von ihm angeführte *Darul Islam*-Bewegung, um seine Vorstellungen von einem islamischen Staat in Indonesien gewaltsam durchzusetzen. Diese Bewegung, die auch in Sumatra und Sulawesi Anhänger fand, forderte bis 1962 viele Opfer unter der Bevölkerung (Dijk 1981) und führte zur stärkeren politischen Kontrolle des Islams.

Daher wurde die Muhammadiyah schon 1960 wegen ihrer Unterstützung einer Rebellion gegen das Regime in Jakarta verboten und auch nach dem Sturz Sukarnos nicht mehr als »politische Kraft« zugelassen. Die Nahdlatul Ulama zog sich 1984 selbst aus der Politik zurück und widmete sich hinfort wie die Muhammadiyah nur noch sozialen Fragen, weil Suharto verlangte, dass alle Organisationen die *pancasila,* die indonesische Staatsphilosophie, als alleiniges Grundprinzip (*azas tunggal*) in ihre Satzung aufzunehmen hätten. Das bedeutete einen Verzicht auf das Bekenntnis zum Islam als oberstem Leitprinzip (Dahm 1999:234ff). Zwar war in den fünf Prinzipien der Staatsphilosophie auch der Glaube an einen allmächtigen Gott verankert, aber eben nicht der Glaube an Allah. Und trotz der eklatanten Mehrheitsverhältnisse (zum Islam bekannten und bekennen sich in Indonesien 87 Prozent der Bevölkerung), gab es in der Verfassung kein Bekenntnis zum Islam als Staatsreligion.

Deshalb war es vielen islamischen Politikern seit der Diskussion der ersten Verfassungsentwürfe (1945) ein wichtiges Anliegen gewesen, die Befolgung der Vorschriften der *syaria* (= Scharia) wenigstens für die indonesischen Muslime zur Pflicht zu machen. Aber auch dies wurde wegen des Konfliktpotenzials stets zurückgewiesen. Als neue radikale islamische Gruppen nach dem Sturz Suhartos (1998) diese Forderung übernahmen und vom indonesischen Volkskongress eine entsprechende Verfassungsänderung verlangten, haben sich die Vertreter von Muhammadiyah und Nahdlatul Ulama wie im Falle der Darul Islam-Bewegung abermals als Exponenten des moderaten Islams von dieser Forderung distanziert. Diese alten Organisationen können sich noch heute auf eine Gefolgschaft von 40 Millionen (Nahdlatul Ulama) und etwa 30 Millionen (Muhammadiyah) Anhängern stützen. Daher wurde bei der letzten Tagung des Volkskongresses (August 2002) der Antrag auf diese Verfassungsänderung auch gar nicht erst zur Abstimmung gestellt. Das war ein Zeichen, dass sich der radikale Islam in Indonesien trotz aller in letzter Zeit zur Schau gestellten Militanz nur auf eine Minderheit stützen kann. Dies war auch bei den allgemeinen Wahlen Indonesiens im Juni 1999 noch einmal bestätigt worden, als von insgesamt 116 Millionen Wahlberechtigten 27,5 Millionen ihre Stimmen für islamische Parteien abgaben, von denen jedoch der Großteil (mehr als 20

Millionen) an gemäßigte Parteien fiel (eigene Untersuchungen, BD). Dennoch kann eine zunehmende Radikalisierung des Islams in Indonesien in den letzten Jahren nicht übersehen werden. Gründe dafür sind einmal, dass General Suharto den seit dem Kampf um die Unabhängigkeit mobilisierten und politisierten Muslimen bis zur Gründung des islamischen Intellektuellenbundes ICMI (1990) keine echte Möglichkeit zur politischen Mitgestaltung geboten hatte, so dass viele Muslime in den Untergrund gegangen waren.. Eine zweite Ursache liegt in den Aktivitäten der in letzter Zeit zunehmend an Einfluss gewinnenden Araber oder islamischer Aktivisten arabischer Herkunft, die nur wenig Verständnis für die traditionelle Suche nach Ausgleich und Harmonie im indonesischen Islam aufbringen und versuchen, in der Inselwelt ihr eigenes radikales Islamverständnis durchzusetzen.

Malaysia

Eine mit Indonesien vergleichbare Mobilisierung des Islams fand auf der malaiischen Halbinsel schon alleine deshalb nicht statt, weil die Briten als Kolonialmacht (im Unterschied zu ihrem Vorgehen in Birma (s.o.) seit Beginn ihrer Vorherrschaft in Malaya im späten 19. Jahrhundert die traditionellen Autoritäten und Religionen respektierten. Die verschiedenen unterworfenen Gebiete behielten ihre Sultane und diese ihre Stellung als Oberhaupt des Islams und Wächter über die Adat-Traditionen. Deshalb fanden die Reformversuche im benachbarten Indonesien auf der Halbinsel bis zum Ausbruch des Zweiten Weltkrieges nur schwache Resonanz. Eine »Unabhängigkeitsbewegung« entstand erst nach dem Krieg als Reaktion auf den Versuch der Briten, ihre Herrschaft in Malaya neu zu ordnen. Erst jetzt begannen sich die an einer politischen Mitgestaltung interessierten Kräfte zu formieren. Dazu gehörten neben den Malaien auch eine größere Zahl von Indern und vor allem Chinesen, wovon die Letzteren die Wirtschaft und den Handel und die Inder die Verwaltung auf der Halbinsel weitgehend dominierten. Zur Konzentration ihrer Interessen bildeten daher die Bumiputera (Söhne des Landes) 1946 die United Malay National Organization (UMNO).

Die anderen ethnischen Gruppen folgten dem Vorbild der Malaien und schlossen sich in eigenen Organisationen zusammen. Damit eine offene Auseinandersetzung der verschiedenen ethnischen Interessen vermieden wurde, gab es schon frühzeitig Koalitionen der Gruppen in der so genannten Barisan Nasional (Nationale Front). Da in der UMNO die in Europa erzogenen Nationalisten dominierten, arbeiteten in ihr schon seit der Gründungsphase die Gruppen enger zusammen, die sich stärker mit dem Islam identifizierten. Dies waren sowohl reformwillige als auch orthodoxe Muslime, die sich bald zu einer »Islamischen Partei Malayas« (PAS) zusammenschlossen. Seit der Unabhängigkeit Malayas (1957) und nach der Gründung Malaysias (1962) propagierte sie die »islamische Alternative« zum säkularen Staat. In einigen Staaten der malaysischen Föderation hat sie bei Wahlen auch schon entsprechende Erfolge erzielt. In dem an Südthailand grenzenden Kelantan ist die PAS schon mehrmals zur bestimmenden politischen Kraft gewählt worden. Beim Versuch der Einführung des islamischen Strafrechtes (*hudud*) wurde sie jedoch von der Zentralregierung gebremst: Staatsrecht geht vor Landesrecht. Der malaysische Staat, der sich in der Verfassung zum Islam als Staatsreligion bekennt, erkennt auch anderen Staatsbürgern wie Indern oder Chinesen das Recht auf freie Wahl und Ausübung ihrer jeweiligen Religion zu. Die Barisan Nasional sorgt so dafür, dass Malaysia seinen multikulturellen Charakter beibehält.

Ein weiterer Versuch, dem Islam in der malaysischen Gesellschaft größere Geltung zu verschaffen, wurde von der Angkatan Belia Islam Malaysia (ABIM) unternommen, der »Gruppe der Verteidiger des malaysischen Islams«. Sie will in Form einer »inneren Mission« (*dakwah*) unter den Malaien die islamischen Werte bewusster machen und die Reste des Aberglaubens vertreiben. Aber sie ist nicht so intolerant wie die Araber in Indonesien. Ihr langjähriger Führer Anwar Ibrahim, der von Ministerpräsident Mahathir 1982 in sein Kabinett geholt und 1998 wegen bis heute nicht erwiesener Verdächtigungen als Minister wieder entlassen und ins Gefängnis geschickt wurde, hat wiederholt betont, dass der echte Islam einen multiethnischen und multireligiösen Staat sehr wohl tolerieren würde und sich von radikalen Auswüchsen, die in einigen islamischen Ländern des Mittleren Ostens zu beobachten waren, distanziert. Der Islam, so hat Ibrahim wiederholt erklärt, sei nicht radikal, sondern zutiefst demokratisch (Mehden 1987).

Hilfreich zum besseren Verständnis des Islams in Malaysia ist auch die *Al Arqam*-Bewegung von Haji Ashaari Muhammad, die in Malaysia viele Anhänger gewann, bis sie 1994 verboten wurde. Die Bewegung versuchte, auf dem Lande ein Gemeinschaftsleben wie zur Zeit Mohammeds zu führen (Arqam war der Name eines Freundes des Propheten, der sein Haus der islamischen Bewegung zur Verfügung stellte). Aus einer anfänglich (1967) kleinen Gefolgschaft Ashaaris wurden schließlich mehr als 10.000 Anhänger, die in 28 Dörfern zusammenlebten. Verboten wurde die Bewegung, als die bevorstehende Rückkehr des Mahdi, einer Endzeit-Figur des Islams, verkündet wurde und landesweite Unruhen zu erwarten waren (Zaleha 1995).

Andere Regionen

Andere Regionen in Südostasien, in der sich die Bevölkerung mehrheitlich zum Islam bekennt, sollen hier zumindest noch genannt werden, auch wenn die spezifischen mit dem Islam verbundenen Probleme der einzelnen Völker nicht ausführlicher diskutiert werden können. Unproblematisch ist die Stellung des Islams im Sultanat Brunei, das 1984 von den Engländern seine Unabhängigkeit erhielt. Wegen der Erdöl- und Erdgasvorkommen gilt Brunei als reichstes Land der Region. Gelegentlich gibt der Sultan verschuldeten benachbarten islamischen Staaten eine Finanzhilfe. Verantwortung schuldet er niemandem, da politische Parteien in dem Sultanat, das freilich nur 350.000 Einwohner zählt, verboten sind.

Ähnlich wie Brunei war der Süden der Philippinen schon vor Ankunft der Europäer islamisiert. Im Sulu-Archipel und in Mindanao hat man sich danach entschieden gegen die Einbeziehung in die christianisierten Philippinen gewehrt. Eine Befriedung der Region ist weder den Spaniern (1565–1898) noch den Amerikanern (1898–1946) gelungen. Als die Regierung in Manila unter Marcos später versuchte, die Integration des Südens durch eine gezielte Umsiedlungspolitik zu erzwingen, gab es den Aufstand der Mindanao National Liberation Front, um die islamische Identität zu erhalten (Nadale 1986:282ff). Dieser Aufstand hat inzwischen zu einem Autonomie-Abkommen geführt, aber radikalere islamische Gruppen wollen davon nichts wissen und kämpfen weiter um ihren islamischen Staat. Dazu hat sich in letzter Zeit die Organisation der Abu Sayyaf-Rebellen gesellt, deren Seriosität durch ihre brutalen Geiselnahmen und ihre Verbindung zur Organisation der *al Qaida* jedoch ernsthaft in Frage gestellt ist.

Ähnliche Schwierigkeiten hat Thailand mit seiner Bekämpfung der islamischen Dissidenten in den Provinzen Pattani, Yala Narathiwat und Setul im Süden Thailands.

Auch hier gibt es seit langem Versuche einer alle Seiten zufrieden stellenden Integration dieser muslimischen Gebiete in den buddhistischen thailändischen Staat. Aber wegen der Nähe zu Malaysia haben die islamischen Rebellen immer wieder Möglichkeiten gefunden, eine endgültige Lösung des Problems zu verhindern (Farouk 1986:250ff). Weitere islamische Minderheiten in Südostasien sind die Rohingas in Arakan (Birma), und Teile der früheren Cham in Südvietnam und Kambodscha, die sich nicht dem Buddhismus angeschlossen haben.

Christentum

Als zuletzt in die Region gekommene Hochreligion hat das Christentum in Südostasien nur dort größere Erfolge erzielen können, wo sich Hinduismus, Buddhismus und Islam noch nicht als Erlösungsreligionen etabliert hatten. Das war einmal die philippinische Inselwelt (s.u.); sodann in anderen Teilen Südostasiens in oft nur schwer zugänglichen Gebieten wie dem der Karen in Birma, oder, in Indonesien, den Wohngebieten der Bataks in Sumatra, der Dayaks in Kalimantan, oder der Torajas in Sulawesi; und dazu gehören schließlich auch Randgebiete wie Nias, Mentawei, Menado, Flores, Timor, die Molukken oder Neuguinea. Hier haben sich jedenfalls die Stammesgemeinschaften gegen das Vordringen fremder Vorstellungen in ihre Adat-Traditionen lange Zeit erfolgreich wehren können, sodass die christlichen Missionare nicht wie in den alten Königreichen oder Sultanaten bei der Verkündigung ihrer Botschaft sogleich auf den massiven Widerstand der »Konkurrenz« stießen. Es ist den Missionaren, gleich welcher Kirche sie angehörten, dann auch in den meisten Fällen gelungen, das Christentum bei den noch »heidnischen« Völkern so zu verbreiten, dass es nicht als Anhängsel der Kolonialherrschaft empfunden wurde. Die Missionare mochten in bestimmten Regionen der dort vollzogenen Indigenisierung des Christentums skeptisch gegenüberstehen, aber sie haben in den meisten Fällen dafür gesorgt, dass die jungen Christen bei der Entstehung der neuen Staaten aufgrund ihrer guten Ausbildung konstruktive Hilfe leisten konnten. Die Stammesgemeinschaften und die Randvölker sind jedoch nicht die einzigen Nuklei, aus denen in Indonesien das Christentum zu seiner heutigen Stärke von etwa 20 Millionen Christen (12,5 Millionen Protestanten, sechs Millionen Katholiken und 1,5 Millionen »andere« Christen) heranwuchs. Viele Christen kommen auch aus dem großen Kreis der »Auslandschinesen«, deren große Mehrheit (3,5 Millionen) sich aber nach wie vor als Buddhisten oder Konfuzianer oder beides sieht.

Eine Sonderrolle spielt das Christentum in Vietnam. Dass es hier trotz anhaltender Verfolgungen durch staatliche Stellen von vorkolonialer Zeit bis in die Gegenwart überlebte und sich an manchen Orten sogar festigen konnte, liegt in dem Umstand begründet, dass die erwähnte Synthese von Konfuzianismus, Buddhismus und Taoismus keine wirklichen Erlösungsperspektiven bot, sondern, wie in China selbst, vor allem Anleitungen zur Bewährung in diesem Leben enthielt. Auf Fragen nach einem Leben nach dem Tod gab die Synthese (*tam giao*) keine Antwort, es gab weder den Glauben an eine Wiedergeburt noch den an die Aufnahme in ein Paradies. Deshalb konnte das Christentum in Nord- und Südvietnam »Brückenköpfe« bilden, auch wenn die bekehrten Gebiete wegen der alles beherrschenden kommunistischen Ideologie im 20. Jahrhundert in ihrem weiteren Wachstum behindert wurden. Dass nach der Genfer Indochina-Konferenz (1954) 543.500 Katholiken und 809 Priester aus Nord- nach Südvietnam flohen, weil, wie es damals hieß, »die Jungfrau Maria und ihr Sohn Jesus Christus in den Süden gegangen sind, um unter einem katholischen Präsidenten leben zu können«, mochte zum Teil auf der Propaganda-Arbeit von Ngo Dinh Diem und seinen amerikanischen Beratern beruhen (Nguyen Quang Hung, 2003:116ff). Dieser Exodus brachte aber auch die Zwangslage zum Ausdruck, in der sich die Christen in Vietnam befanden, sowie die Hoffnung, endlich in Frieden ihren Glauben praktizieren zu können. Diese hat sich in der Folgezeit durch die Aktivitäten der Vietcong in Südvietnam und die immer stärkere Isolation der Regierung Ngo Dinh Diems nicht erfüllt. Nach der Wiedervereinigung Vietnams sind diese Hoffnungen durch eine liberalere Politik jetzt jedoch neu entstanden.

Die Philippinen sind das einzige Land in Südostasien, in dem sich die Bevölkerung mehrheitlich zum Christentum bekennt. Lange Zeit sah es aus, als wären die Inseln, die mit Ausnahme des islamischen Südens schon bis zum Ende des 16. Jahrhunderts weitgehend christianisiert waren, durch die Aktivitäten des spanischen Katholizismus zu einem Teil Europas im Pazifik geworden. Die spanische Sprache als Kommunikationsmittel der Elite, die spanischen Priester als Lehrer, Seelsorger und Beichtväter und die spanischen Fiestas zur Erbauung der ländlichen und städtischen Bevölkerung legten diesen Eindruck bis zum Ende der spanischen Herrschaft (1898) nahe, und wenig schien sich daran etwa durch den Aufbau einer eigenen philippinischen Kirche (*aglipay*) seit 1899 geändert zu haben. Bis heute gehören dieser »philippinischen Kirche« nur 6 Prozent der Gesamtbevölkerung von 75 Millionen an, 84 Prozent sind der alten katholischen Kirche treu geblieben.

Neuere Untersuchungen haben jedoch gezeigt, dass auch auf den Philippinen ein Indigenisierungsprozess und eine Verschmelzung des Christentums mit Vorstellungen aus vorspanischer Zeit stattgefunden hat (Wendt 1997). Aus dieser Mischung sind entscheidende Impulse zum Aufstand gegen die Spanier (1896) hervorgegangen, die das Ende der spanischen Herrschaft einleiteten (Ileto 1979). Und diese indigenen Traditionen wirkten und wirken auch unter der amerikanischen Herrschaft und in den seit 1946 unabhängigen Philippinen weiter nach. Mit einer Bevölkerung mit 90 Prozent Katholiken sind die Philippinen natürlich ein christliches Land. Aber sie sind kein »europäischer Ableger« im Pazifik und sie bilden keine Ausnahme von der eingangs aufgestellten These, die besagte, dass die Beibehaltung wichtiger Elemente der eigenen Traditionen auch nach der Akzeptanz der Hochreligionen ein charakteristisches Element der südostasiatischen Religionen ist. Das hat zwar zu vielen Reformversuchen geführt, gilt aber auch im 20. Jahrhundert noch unvermindert weiter.

Literatur

Abdullah, Taufik (1975): Modernization in the Minangkabau World. In: Culture and Politics in Indonesia, Hg. Claire Holt. Ithaca, N.Y.: Cornell University Press

Bechert, Heinz (1966, 1967 u.1973): Buddhismus, Staat und Gesellschaft in den Ländern des Theravada Buddhismus, 3 Bände. Wiesbaden: Harrassowitz Verlag

Chandler, David P. (1993): A History of Cambodia. Boulder, Colorado: Westview Press

Curtis, Grant (1998): Cambodia Reborn? Washington D.C.: Brookings Institution Press

Dahm, Bernhard (1973): Leadership and Mass-Response in Java, Burma and Vietnam. In: Traditional Attitudes and Modern Styles in Political Leadership, Hg. John D. Legge. London: Angus and Robertson

Dahm, Bernhard (1999): Indonesien. In: Südostasien Handbuch, Hg. Bernhard Dahm/Roderich Ptak. München: Verlag C.H.Beck

Dijk, Kees van (1981): Rebellion under the Banner of Islam. The Darul Islam in Indionesia. Den Haag: Martinus Nijhoff

Farouk, Omar (1986): The Origins and Evolution of Malay-Muslim Ethnic Nationalism in Southern Thailand. In: Islam and State in Southeast Asia, Hg. Taufik Abdullah and Sharon Siddique. Singapore: Institute of Southeast Asian Studies: 250-281

Geertz, Clifford (1960): The Religion of Java. New York: The Free Press of Glencoe

Hue Tam Ho Thai (1983): Millenarianism and Peasant Politics in Vietnam. Cambridge: University Press

Ileto, Reynaldo (1979): Pasyon and Revolution. Quezon City: Ateneo de Manila Press

Löschmann, Heike (1991): Buddhismus und gesellschaftliche Entwicklung in Kambodscha seit Niederschlagung des Pol Pot Regimes. In: Asien 40: 13-27

Matthews, Bruce (1993): Buddhism under a Military Regime. The Iron Heel in Burma. In: Asian Survey 33/4: 408-423

Mehden, Fred v.d. (1987): Malaysia – Islam and Multiethnic Policies. In: Islam in Asia, Hg. John L.Esposito. New York u.a.: Oxford University Press: Kapitel 8

Mendelson, Michael E.(1975): Sangha and State in Burma. Ithaca, N.Y.: Cornell University Press

Nadale, Nagasura (1986): The Resurgence of Islam and Nationalism in the Philippines. In: Islam and State in Southeast Asia, Hg.: T.Abdullah/S. Siddique. Singapore: 282-314

Nguyen Quang Hung (2003): Der Katholizismus in Vietnam während des Vietnamkrieges (1954–1975). Dissertation an der Philosophischen Fakultät III der Humboldt Universität zu Berlin, eingereicht im Februar 2003

Ramstedt, Martin (1999):Hinduismus und Naturkulte. In: Südostasien Handbuch: 3-414

Sarkisyanz, Emanuel (1965): Buddhist Backgrounds of the Burmese Revolution. Den Haag: M. Nijhoff

Satha-Anand, Suwanna (1990): Religious Movements in Contemporary Thailand. In: Asian Survey 4/30: 395-408

Smith, Donald E. (1965): Religion and Politics in Burma. Princeton: Princeton University Press

Spiro, Milford E. (1996, 2. Auflage): Burmese Supernaturalism. New Brunswick, N.J.

Stuart-Fox, Martin (1997): A History of Laos. Cambridge: Cambridge University Press

Weltmission heute (1991): Kambodscha – Auf dem Rücken des Volkes. Hamburg: Evangelisches Missionswerk 10

Wendt, Reinhard (1997): Fiesta Filipina. Koloniale Kultur zwischen Imperialismus und neuer Identität. Freiburg: Rombach Wissenschaftliche Reihe Historiae 10

Werner, Jayne S. (1980): Peasant Politics and Religious Sectarianism: Peasant and Priest in the Cao Dai in Vietnam. New Haven: Yale University Press

Zaleha, Sharifa (1995): The Revival of Islam in Post-Independent Malaysia: A Case Study of the Al Arqam Movement. MS, Paper presented at the first EUROSEAS-Conference in Leiden: «Keys to Southest Asia«, 29 June to 1 July 1995

Zoetmulder, Piet (1965): Die Religion auf Bali. In: Die Religionen Indonesiens. Hg. Waldemar Stöhr und Piet Zoetmulder. Stuttgart: Kohlhammer Verlag: 310-338

Mary Somers Heidhues

Die etwas andere Minderheit:
Chinesen in Südostasien

Mit Bezug auf einen Bericht der Weltbank schätzten einige Wirtschaftswissenschaftler, dass 1991 die gesamte Wirtschaftsleistung der Chinesen in Asien außerhalb Chinas, des »Bamboo Network«, beinahe $ 400 Milliarden erreichte. Zu diesem Netzwerk zählten sie etwa 23 Millionen Chinesen in Südostasien, weitere 20 Millionen in Taiwan und die Bevölkerung Hong Kongs (Weidenbaum/Hughes 1996:24-25; zit. n. Gomez 1999:6). Abgesehen davon, dass die Wirtschaftskrise zu einer nüchterneren Einschätzung der Finanzen dieser Gruppe führte, und damit zu einem sinkenden Interesse an ihr, geht die Rechnung der Wissenschaftler so nicht auf. Bereits die Gesamtsumme ist irreführend, noch mehr die Annahme, dass Personen chinesischer Herkunft in verschiedenen Ländern und verschiedenen Lagern eine Einheit bilden oder wirtschaftlich einheitlich handeln. Dies ist nicht der Fall, auch wenn ihre wirtschaftliche Bedeutung insgesamt erheblich ist und bleibt.

Ihre Bedeutung zeigt sich vor allem in den Ländern Südostasiens, wo Bewohner chinesischer Herkunft in erheblichem Maße zur wirtschaftlichen Entwicklung in den letzten zwei Jahrhunderten beigetragen haben. Auch im politischen und kulturellen Leben sind sie nicht ohne Einfluss geblieben.

Chinesische Minderheiten

Die meisten ethnischen und religiösen Minderheiten in Südostasien bewohnen entlegene Gebiete, in denen sie einen meist lang etablierten Anspruch auf ihr Territorium haben. Diese Gebiete liegen oft in den Bergen und häufig dort, wo die modernen Staaten aneinander stoßen. Solche Minderheiten sind in der Regel als arm, benachteiligt oder gar isoliert einzuschätzen.

Genau das Gegenteil gilt für die chinesischen Minderheiten Südostasiens: Sie wohnen vorwiegend in Städten und kommerziellen Zentren, sie sind im Durchschnitt wohlhabender und besser gebildet als die einheimische Bevölkerung, und sie sind nicht territorial gebunden. Mobilität, auch über Landesgrenzen hinweg, ist eines ihrer Kennzeichen. Ihre Anwesenheit prägt das Bild der Städte Südostasiens: Kaum ein Reisender übersieht die vielen chinesischen Tempel und die zahlreichen chinesischen Geschäfte in den meisten

Metropolen der Region. Außerdem erscheint es dem Betrachter so, als ob sie immer eine geschlossene Einheit bilden und bleiben. Dies ist eigentlich eine Fehleinschätzung (s. u.), aber zunächst gilt es, die Dimensionen dieser Minderheit zu skizzieren. Die richtige Bezeichnung für diese Gruppe lautet »Ethnisch-Chinesen« oder »Personen chinesischer Herkunft, die im Ausland wohnen, die sich selbst als Chinesen bezeichnen oder von anderen so bezeichnet werden«. In diesem Beitrag werden sie der Einfachheit halber »Chinesen« genannt, auch wenn sie sich in vielerlei Hinsicht von den Chinesen Chinas unterscheiden.

Bevölkerungsanteile der chinesischen Minderheiten
Von den über 500 Millionen Bewohnern Südostasiens gehören 20 bis 25 Millionen zu den ethnisch-chinesischen Minderheiten der verschiedenen Länder. Eine genauere Schätzung ist unmöglich. Einige Staaten zählen die »Chinesen« innerhalb ihrer Grenzen und legen damit ihre Ethnizität fest. In Singapur stellen Chinesen mit etwa 77 Prozent die Mehrheit der über drei Millionen Staatsbürger. Etwa 26 Prozent (zwischen fünf und sechs Millionen) der Bevölkerung Malaysias (fast 22 Millionen) sind Chinesen. Brunei Darussalam hat über 300.000 Einwohner, von denen 15 Prozent Chinesen sein dürften (World Fact Book, Schätzungen 2000). In diesen drei Ländern ist der relative Anteil der Chinesen am höchsten. In den anderen Ländern Südostasiens wurden keine Zählungen durchgeführt. Dort liegt der relative Anteil niedriger, dennoch stellen sie absolut noch eine bedeutende Zahl dar.

In Thailand erreicht der Anteil immerhin mehr als acht Prozent (ca. 4,8 Millionen). Indonesien, dessen Bevölkerung chinesischer Herkunft weniger als drei Prozent ausmacht, hätte etwa sechs Millionen Chinesen, und damit ungefähr so viel wie Malaysia. Andere Länder, wie die Philippinen, Vietnam, Birma/Myanmar, Laos und Kambodscha, haben wahrscheinlich weniger als zwei Prozent Chinesen. Für alle Länder gilt, dass die geographische Distribution der Chinesen sehr ungleichmäßig ist, mit einer starken Konzentration in den Städten und wirtschaftlichen Zentren.

Diversität
Die Migration war durchaus ein selektiver Prozess. Die meisten Emigranten stammten aus den zwei südostchinesischen Provinzen Guangdong und Fujian. Die Auswanderung verlief häufig über Familienkontakte, und selbst einzelne Dörfer haben sich auf die Migration nach Südostasien »spezialisiert«. Bereits vor ihrer Emigration wiesen die Chinesen Südostasiens bedeutende Unterschiede auf.

Südostchina ist geprägt von großer sprachlicher Vielfalt. Dort spricht man nicht die aus dem Norden Chinas stammende Nationalsprache Mandarinchinesisch (*putonghua*), sondern man findet mehrere chinesische Sprachen (oft Dialekte genannt) vor. Noch heute werden diese Sprachen unter den Chinesen in Südostasien gesprochen, sowohl in den Familien als auch im Geschäftsleben. Seit über hundert Jahren ist Mandarinchinesisch die Sprache der Schulen und der Kultur. Zum Teil bildet Mandarinchinesisch einen großen einigenden Faktor, aber viele ›ethnische‹ Chinesen in Südostasien bevorzugen ihre Heimatsprache. Sprachgruppen, Verwandtschaftsbeziehungen und Heimatregionen haben noch immer große Bedeutung. Oft fallen Sprache und Berufsgruppe zusammen. Sechs wichtige Sprachgruppen sind zu nennen: Hokkien (Fujian), Teochiu (Chaozhou), Hakka (Kejia), Kantonesisch (Guangzhou), Hainan und Foochow (Fuzhou). Kleinere

Gruppen bilden die Hokchia (Fuqing) und die Henghua (Xinghua), wie auch Emigranten aus anderen Regionen Chinas.

Kanton (Guangzhou) in der Provinz Guangdong war über Jahrhunderte ein wichtiger Handelshafen für Südostchina, darum gehören die Kantonesen, die aus der Umgebung dieser Stadt stammen, zu den ersten Auswanderern, die nach Südostasien kamen. Sie stellen noch die größte chinesische Gruppe in Vietnam (vor allem im Süden).

Die Hokkien, die aus der Gegend von Quanzhou und Amoy (Xiamen) im südlichen Fujian stammen, bilden die zahlenmäßig stärkste Gruppe auf den Philippinen, in Java, Ost-Sumatra, West-Malaysia und Singapur. Viele Händler von Naturprodukten wie Kautschuk und andere Geschäftsleute in diesen Ländern sind Hokkien. Sie kommen aus einer Gegend von Fujian mit einer jahrhundertelangen Handelstradition.

Größte Gruppe in Thailand und Kambodscha sind die Teochiu; sie sind auch in Teilen Indonesiens außerhalb Javas stark vertreten. Ihre Sprache ist mit Hokkien verwandt, ihre Heimat ist das nördliche Guangdong um den Hafen Swatow (Shantou). Viele Teochiu sind im Reishandel tätig.

Die Heimatgebiete der Hakka liegen in den Bergregionen von Guangdong und Fujian. Im Ausland sind sie überproportional in ländlichen Regionen und im Bergbau vertreten, aber auch in bestimmten Berufen wie dem des Goldschmieds oder des traditionellen Apothekers. Die Hainanesen, die eine relativ kleine Rolle spielen, sind in der Gastronomie vertreten und gehörten, wie auch die Kantonesen und Hokkien, historisch zu den Seefahrern und Dschunkenkapitänen. Als letzte Gruppen sind die Foochow, Hokchia und Henghua aus der Gegend der Stadt Foochow (Fuzhou) im nördlichen Fujian emigriert; sie sind vorwiegend während des 20. Jahrhunderts nach Südostasien ausgewandert und stellen einige der erfolgreichsten Großhändler und Geschäftsleute dar. Man trifft sie u. a. in Sarawak (Ostmalaysia) und in Zentraljava an.

Welche Bedeutung hat die Zugehörigkeit zu den einzelnen Sprachgruppen? Heutzutage konkurriert Mandarinchinesisch mit anderen Sprachen als *lingua franca* und Geschäftssprache. Oft wird aber die Sprache einer zahlenmäßig dominanten Gruppe von anderen übernommen. Sprachgruppen bilden keine geschlossenen Einheiten, Eheschließungen über Sprachgrenzen hinweg sind nicht ungewöhnlich. Trotzdem ist die Zugehörigkeit zu einer Sprachgruppe in bestimmten Unternehmen von Vorteil; Vereine und religiöse Stiftungen sind oft nach Sprachgruppen organisiert. Für viele Chinesen gehört die Sprachgruppe zur Identität.

Geschichte der Migration und der wirtschaftlichen Aktivitäten

Die ersten chinesischen Besucher Südostasiens waren Händler und buddhistische Mönche. Sie nutzten die »Seidenstraße des Meeres«, um nach Indien zu reisen. Ihre Reisen sind seit den ersten Jahrhunderten der christlichen Ära dokumentiert. Südostchinas Küstenhäfen unterhielten rege Handelsbeziehungen mit dem Ausland. Viele Reisende blieben, wenigstens einige Monate lang, in Südostasien, bis der Wechsel der Monsun-Winde die Heimfahrt ermöglichte. Einige von ihnen verweilten über Jahre in besonderen Vierteln der großen Hafenstädte wie Melaka oder Hoi An (Faifo) und nahmen einheimische Frauen. Dennoch sahen sie sich nicht als »Einwanderer«, sondern als, um den

Begriff von Wang Gungwu zu gebrauchen, »Soujourners«, vorläufige Bewohner, die eines Tages, eher früher als später, nach China zurückkehren würden (Wang 1996).

Der China-Handel regte die Wirtschaft Südostasiens an, hatte aber auch indirekte Auswirkungen, die zur Bildung der ersten Königreiche in Südostasien führte. Aus dieser Zeit stammen außerdem zwei bleibende Hinterlassenschaften. Erstens haben chinesische Reisende, zum Teil eben die Mönche, einige der wichtigsten Quellen über diese Reiche verfasst (abgesehen von chinesischen Texten ist die Geschichte der frühen Reiche nur aus der Epigraphie und der Archäologie zugänglich). Und zweitens sandte ein chinesischer Kaiser, während der Ming-Dynastie (1368–1644) eine große Flotte unter der Leitung des Muslims und Eunuchen Zheng He (oder Cheng Ho, in Südostasien oft Sam Po genannt) in den Süden. Unter Chinesen im Ausland ist der Besuch dieser Armada zur Legende geworden; in den »Sam Po« Tempeln an vielen Orten ist der Admiral als Halbgott verewigt (Wang 2000:23f). Mehrere Exkursionen fanden zwischen 1405 und 1433 statt, dann wurden sie eingestellt. Erst gegen Ende des 19. Jahrhunderts zeigte der Kaiser wieder Interesse an seinen Landsleuten im Ausland und spätere chinesische Regierungen setzten diese Politik fort.

Im 17. Jahrhundert nahmen die Kontakte mit dem Ausland trotz eines Verbots von freiem Handel und Emigration unter dem Einfluss der ersten Kolonialmächte zu. Sie waren an einer Zusammenarbeit mit den Chinesen interessiert und erkämpften sich so einen Anteil am China-Handel. Viele chinesische Händler und Handwerker ließen sich in Städten wie Manila und Batavia (jetzt Jakarta) nieder. Chinesische Dschunken besuchten regelmäßig diese Häfen, um ihre Waren gegen Silber und lokale Erzeugnisse zu tauschen. Ihnen wurden besondere Stadtviertel zugewiesen, die Vorläufer der heutigen »Chinatowns« in den großen südostasiatischen Städten. Dort findet man noch die typischen Reihenhäuser oder »shophouses,« die gleichzeitig Wohn- und Geschäftshaus bilden und das städtische Bild in den älteren Geschäftsvierteln noch prägen.

Im 18. Jahrhundert trat eine weitere Änderung ein. Chinas große Nachfrage nach Rohstoffen und exotischen Produkten aus den Tropen (Mineralien, Forstprodukte und tropische Harze und für die feine Küche Gewürze und Meereserzeugnisse) führte im 18. Jahrhundert zu der Idee, einige der Produkte mit chinesischen Arbeitskräften in Südostasien zu produzieren. Südostasien war, mit wenigen Ausnahmen (das Delta des Roten Flusses und Teilen von Java) noch wenig bevölkert und Arbeitskräfte waren teuer. Mit der Unterstützung von einheimischen Herrschern kamen Tausende chinesischer Arbeiter nach Südostasien. Sie waren insgesamt billiger, gewohnt in größeren Gruppen zu arbeiten und verfügten oft über eine bessere Technologie. Im Allgemeinen bevorzugten sie Gebiete, in denen die Kolonialmächte noch nicht Fuß gefasst hatten. So bauten sie auf Plantagen in Riau (jetzt Indonesien), Johor (jetzt Malaysia) und Vietnam Gambier (ein pflanzlicher Farb- und Gerbstoff) oder Pfeffer an, sie schürften auf der Malaiischen Halbinsel, in Bangka (jetzt Indonesien) und Borneo nach Zinn oder Gold. Sie organisierten sich in *kongsi*, kooperativen Unternehmen, in denen die meisten Arbeiter, zumindest in der Anfangsphase, auch Anteile an den Gewinnen erhielten.

Einige blieben nach der Arbeitszeit als Kleinbauern in der Region, die meisten sind allerdings entweder nach China zurückgekehrt oder vor Ort an den harten Bedingungen gestorben. Viele Arbeiter waren Hakka-Chinesen, die auch in China als widerstandsfähige Pioniere galten, aber auch andere Gruppen nahmen an den Unternehmungen teil. Es versteht sich, dass praktisch alle Migranten männlich waren – die Ausreise von Frauen und Kindern, mit einigen Ausnahmen (vor allem zu Prostitutionszwecken), begann erst mit dem Beginn der regelmäßigen Dampfschiffverbindungen gegen Ende des 19. Jahrhunderts (Trocki 1997; Heidhues 1992, 2003).

Allmählich befreiten sich diese Unternehmen von der Aufsicht der einheimischen Herrscher. Chinesische Geldgeber stellten das Kapital zur Verfügung, rekrutierten die Arbeiter, transportierten sie nach Südostasien und führten die Produkte, zunächst nach China, aus. Erst im 19. Jahrhundert wurde der westliche Markt bedeutender als der chinesische. Danach begannen die Europäer, sich für diese Unternehmen zu interessieren.

In Folge dessen begann die Kuli-Ära, also die Zeit des »Hochkolonialismus«, die etwa von 1870 bis 1930 dauerte. Die Auswanderung aus China erreichte in diesen Jahrzehnten ihren Höhepunkt. Hunderttausende Arbeiter verließen das Reich, um nach Südostasien zu emigrieren. Singapur diente bereits kurz nach der Gründung 1819 als erste Station für Arbeitskräfte, die von dort aus auf die malaiische Halbinsel und nach Niederländisch-Indien vermittelt wurden. Mitte des 19. Jahrhunderts begannen die Europäer, sich um chinesische Arbeitskräfte zu bemühen, auch wenn die Emigration von Chinesen immer noch vom Kaiser in Beijing verboten war. Dies ist die Zeit der Entstehung der großen Plantagen für Tabak und später Kautschuk. Zunehmend gerieten auch die Zinnminen unter die Kontrolle westlichen Kapitals, vor allem nach 1912, als in größeren Betrieben die Mechanisierung des Bergbaus die chinesische Technologie ersetzte. Auch Frauen begannen die Reise zu unternehmen und die Siedlungen im Ausland, ob städtisch oder ländlich, wurden zu Familiensiedlungen und waren nicht mehr nur reine Männersache.

Die Dominanz der Chinesen unter den meist ungelernten Kulis war zeitlich befristet. Bereits 1913 gab es doppelt so viele einheimische Arbeitskräfte aus Java wie Chinesen in den Plantagen von Ostsumatra, während in den Minen nach und nach Maschinen die Kulis ersetzten (Wong 1965; Yip 1969; Heidhues 1992).

Die Weltwirtschaftskrise beendete die großen Ströme der Migration; viele Kulis kehrten jetzt nach China zurück und die Anwerbung weiterer Arbeiter kam zum Stillstand. In die britische Kolonie Malaya durften allerdings Frauen und Kinder noch einwandern, weil die Kolonialregierung auf ein lokales Reservoir an Arbeitern hoffte, welches weitere Immigration unnötig machen würde (Loh 1988).

Der Zweite Weltkrieg unterbrach die Beziehungen zu China und die japanische Besetzung Südostasiens (1942–1945; in Indochina ab 1940) brachte Unsicherheit, Unterdrückung und Mangel, was die Chinesen veranlasste, näher zusammenzurücken. Bald nach dem Krieg haben die meisten Länder weitere Immigration aus China untersagt; auch waren Chinas Grenzen nach 1950 praktisch geschlossen. Bodenständige Populationen waren die Folge; das »Sojourning«, das Verweilen im Ausland, war zu einer langfristigen Residenz geworden. Die Rückkehr nach China war für die meisten weder möglich noch erwünscht, vor allem nachdem 1949 die Kommunisten die Volksrepublik China gegründet hatten (Wang 2000).

In den 50er-Jahren existierte in den meisten Ländern Südostasiens eine vielschichtige chinesische Minderheit, vorwiegend urban, aber mit bedeutenden ländlichen Elementen in weniger bevölkerten Gegenden wie Malaysia und in Indonesien außerhalb Javas. Ihre Tätigkeiten konzentrierten sich auf den Groß- und Einzelhandel. Die Palette reichte von einigen Subsistenzbauern über Handwerker, Angestellte und Akademiker bis hin zu reichen Rohstoffhändlern und Import-Export-Magnaten.

Die Unabhängigkeit der meisten Länder Südostasiens (nur Siam, jetzt Thailand, war nicht kolonialisiert) brachte neue Herausforderungen für die chinesischen Minderheiten. In allen Ländern verdrängten Einheimische die Chinesen aus der Klasse der ungelernten Arbeiter. Der Prozess hatte bereits Jahrzehnte davor in Vietnam und Indonesien begonnen. Nationalistische Regierungen der neuen unabhängigen Staaten versuchten, Chinesen ebenfalls aus ihrer Rolle in Handel und Finanzen oder der Industrie zu verdrängen, allerdings mit geringem Erfolg. Solche Versuche hatte es bereits in den 30er-Jahren in Siam und auf den Philippinen gegeben, nach 1950 in Indonesien, Südvietnam und Kambodscha und schließlich mit der Politik der Bevorzugung der *bumiputera* (Söhne des Landes, d.h. Malaien und indigene Völker) in Malaysia nach 1969 (s. u.).

Gewalt und Migration

Südostasiens Nationalisten betrachteten die überlegene Position der Chinesen in der Wirtschaft häufig als eine Hinterlassenschaft der Kolonialzeit. So galt es für sie, diesen Zustand zu überwinden. In Indonesien führte antichinesische Hetze wiederholt zu Gewaltausbrüchen und Vertreibungen. 1959 beschloss die indonesische Regierung, dass Ausländer nicht mehr im ländlichen Kleinhandel tätig sein durften; die Vertreibung der Ausländer aus ländlichen Gebieten, vor allem in Westjava, folgte. Etwa 120.000 Chinesen emigrierten, zum größten Teil nach China (Mozingo 1976: 158-180).

1965–66 ergriff eine Welle von Gewalt weite Teile Indonesiens infolge des versuchten »Putsches« von 30. September 1965, für den die indonesische Regierung die kommunistische Partei und die Volksrepublik China verantwortlich machte. Die Anzahl der Opfer der Vergeltungsaktionen, vor allem mutmaßliche Kommunisten oder Mitglieder der mit der Partei liierten Organisationen, wird auf 100.000 bis zu 1.000.000 geschätzt; die meisten Quellen nennen 500.000 Tote als Mittelwert. Obwohl es heftige antichinesische Stimmungen gab, unter anderem Verhaftungen und Angriffe auf chinesische Schulen und Organisationen, waren die Todesopfer fast nur Einheimische, auch wenn manche Berichte es heute anders darstellen. Der Anteil der »ethnischen«Chinesen an den Opfern der Gewaltwelle dürfte einige Tausend betragen haben und somit nicht höher gewesen sein als ihr Anteil an der Bevölkerung. Eine Ausnahme bildete 1967 die Vertreibung der Chinesen aus ländlichen Gebieten Westkalimantans. Hier waren Chinesen direkte Opfer einer Gewaltaktion, als ca. 70.000 Bauern und Kleinhändler, angeblich Unterstützer einer kommunistischen Rebellion, vertrieben wurden. Teile der Dayak-Bevölkerung, durch Militärs dazu angestiftet, verübten grausame Übergriffe gegen die später Vertriebenen (Coppel 1983; Heidhues 2003). Die Auswanderung nach diesen Übergriffen war geringer als 1959–61, vermutlich verließen nicht mehr als einige Zehntausend Indonesien.

Heute sind die Chinesen Indonesiens mehr dann je in und um die Städte Indonesiens konzentriert. Das Gleiche gilt für Malaysia. 1948 bedrohte ein Guerillakrieg, der von der Malayan Communist Party 1948 entfacht wurde und vorwiegend unter Chinesen in ländlichen Gebieten Unterstützung fand, die Sicherheit der damaligen britischen Kolonie. In nachfolgenden Jahren siedelte die Regierung über eine halbe Million Personen, vorwiegend Chinesen, vom Land in so genannte »New Villages« um (Loh 2000: 257f). Der Prozess der Verstädterung hält noch immer an, indem diese Dörfer zu Kleinstädten werden oder die Bewohner sie zugunsten der Städte verlassen.

Die vielleicht größte Migration war jene der »Boat People« und anderer Flüchtlinge chinesischer Herkunft aus dem südlichen Vietnam zwischen 1975 und 1979. Vor allem nach 1978 betrieb die Regierung im Süden die Enteignung und zum Teil Vertreibung der chinesischen Händler (*hoa* genannt). Nach regierungseigenen Statistiken sank die Anzahl der Hoa in Ho-Chi-Minh-Stadt von fast 550.000 im Jahre 1976 auf etwa 400.000 im Jahre 1984. Nur ein sehr kleiner Teil floh nach China (Engelbert 2002:562-276).

Als 1978 eine militärische Konfrontation zwischen China und Vietnam drohte, ergriff die vietnamesische Regierung Maßnahmen, welche die wirtschaftliche und politische Position der etwa 200.000 Hoa in den nördlichen Provinzen einschränkten. Unter anderem waren sie nicht mehr vom Wehrdienst befreit. Praktisch die gesamte Hoa-Bevölkerung aus dem nördlichen Vietnam wanderte in der Folge entweder auf dem Landweg nach China oder über das Meer, vorwiegend nach Hong Kong, aus. ›Ethnische‹ Chinesen sind im nördlichen Vietnam praktisch nicht mehr vorhanden. Wer dort geblieben und chinesischer Herkunft ist, betrachtet sich als Vietnamese. Das Ergebnis dieser Migration grenzte an eine ethnische Säuberung; Vietnams Volkszählung von 1989 zählte nur 5000 Hoa im Norden (Reid 1996:61). Erst in den letzten Jahren sind in Nordvietnam wieder Chinesen aktiv, und zwar im Grenzhandel zwischen den beiden Staaten. Viele von ihnen behalten verständlicherweise ihren Wohnsitz in China. Im Süden lebte die wirtschaftliche Aktivität der Minderheit in den letzten Jahren wieder auf.

Gewalt gegen Chinesen in Indonesien – in Indonesien waren Gewaltausbrüche gegen ›ethnische‹ Chinesen am häufigsten – entstand oft in Zeiten des politischen Umbruchs, so beim Einmarsch der Japaner, während der Revolution oder in den Jahren 1965–67. Als gegen Ende 1997 die asiatische Wirtschaftskrise auch Indonesien empfindlich traf, entstanden in vielen Städten antichinesische Unruhen. Der Ursprung der Gewalt war unklar. Gerüchte über »Provokationen« mysteriöser Rädelsführer mischten sich mit »Erklärungen«, die auf die angebliche Schuld der chinesischen Händler an den rasch gestiegenen Preisen und Versorgungsknappheiten hinwiesen. Die Unruhen gipfelten, nach Studentendemonstrationen und anderen Manifestationen gegen die Regierung des Präsidenten Suharto, zwischen dem 13. und 15. Mai 1998 in Gewaltausbrüchen in den vorwiegend von Chinesen bewohnten Teilen Nordjakartas, partiell auch in anderen Stadtteilen. Gruppen von jungen Männern, die mit Lastwagen befördert wurden, verbrannten chinesische Häuser und Geschäfte, überfielen chinesische Frauen und vergewaltigten oder demütigten sie. Eine Plünderungswelle traf Supermärkte und Einkaufszentren, als die Anstifter die bis dahin unbeteiligten einheimischen Bewohner dazu ermutigten. Später wurden die Läden angezündet; am Ende waren tausende Opfer zu beklagen, jedoch wesentlich mehr Einheimische als Chinesen. Die Ereignisse waren nicht nur eine Ausnutzung der Chinesen als Sündenböcke in einer Zeit der politischen und wirtschaftlichen Schwierigkeiten, sondern ein Versuch, von Präsident Suhartos Schwierigkeiten abzulenken – vielleicht sogar um den Weg für eine Übernahme durch Militärs zu bereiten.

Die Angst der chinesischen Minderheit führte zu einer erneuten, meist befristeten Auswanderung von bis zu 100.000 Personen (Coppel 2002:18). Viele von ihnen sind, nach einem Aufenthalt in Hong Kong, Singapur, Malaysia oder Australien, zurückgekehrt. Wenn auch die Sicherheitsfrage nach wie vor nicht gelöst ist, haben sich unter den Regierungen von Abdulrahman Wahid und Megawati Sukarnoputri viele Möglichkeiten für die öffentliche Pflege der chinesischen Kultur eröffnet. Die Chinesen haben sich in mehreren Organisationen zusammengeschlossen, um ihren Platz in der indonesischen Gesellschaft zu sichern und zu rechtfertigen.

Während das Ziel der Emigration aus Indonesien in den 60er-Jahren und aus dem Norden Vietnams in den 70er-Jahren zunächst China war, gibt es seit etwa 1960 auch eine nennenswerte sekundäre Migration von Chinesen aus Südostasien nach Nordamerika, Australien und Neuseeland und zum Teil nach Europa. Diese Länder sind auch das Ziel der heutigen Auswanderung aus China, wenn auch nicht in großem Stil. Das Ergebnis ist, dass vor dieser Zeit die Chinesen Südostasiens etwa 90 Prozent aller Chinesen im Ausland ausmachten, während sie heute eher 80 Prozent dieser Gruppe stellen (Wang 2000). Außerdem sinkt ihr Anteil an der Bevölkerung Südostasiens (in Malaysia ist ihr Anteil seit 1957 von 37 Prozent auf 26 Prozent gefallen). Dies ist nicht nur eine Konsequenz der oben beschriebenen Auswanderungswellen: Als Bewohner der Städte haben die chinesischen Minderheiten in fast allen Ländern eine niedrigere Geburtenrate als die Einheimischen, und die Immigration aus China hat ja – mit wenigen individuellen Ausnahmen – aufgehört.

Wirtschaft

Wie sind nun aber die vermeintlichen $ 400 Milliarden, die dieses Netzwerk 1991 angeblich produzierte, zu interpretieren? Wenn wir die Wertschöpfung der Chinesen in Hong Kong, Macao und Taiwan subtrahieren, die nicht zu den Auslandschinesen gehören (Hong Kong und Macao sind Teile Chinas, und nach Beijings Auffassung auch Taiwan) bleibt noch eine große Summe, die von Chinesen in Südostasien erwirtschaftet wird. Aber auch diese Rechnung täuscht. Es ist wahr, dass die chinesischen Minderheiten in den Ökonomien Südostasiens eine dominante Rolle spielen, aber ungleich schwerer ist es, diese Rolle in Zahlen zu fassen.

So wird oft wiederholt, dass sie in Indonesien »70 Prozent der Wirtschaft« oder wenigstens »70 Prozent des Aktienkapitals (*share capital*)« kontrollieren. Ersteres kann nicht stimmen, denn der indonesische Staat kontrolliert zum Beispiel die lukrativen rohstoffausbeutenden Unternehmen (man denke an die Ölgesellschaft Pertamina). Ebenfalls wird dabei die Tatsache übersehen, dass Landwirtschaft und Landbesitz fast nur in einheimischen Händen sind. Auch wenn Chinesen die Mehrzahl der großen privaten Unternehmen besitzen, ist nicht klar, inwieweit sie für einheimische Geldgeber agieren. Der Druck auf die Chinesen hat zu verbreiteter »Ali-Baba«-Zusammenarbeit geführt. Der chinesische Geschäftsmann (Baba) wählt einen einheimischen Partner (Ali) für die islamischen Partner in Indonesien, auch übrigens in Malaysia. Während die früheren Beziehungen solcher Art einen chinesischen Kapitalgeber mit einem einheimischen »Front« zusammenführten, ist es heute oft so, dass der einheimische Partner, zum Beispiel ein Politiker oder, in Indonesien häufig, ein Militär sein Kapital in ein angeblich chinesisches Unternehmen einbringt, um die Herkunft seines Wohlstands, den er womöglich durch Korruption erreicht hat, zu verschleiern.

Es gibt zuverlässigere Schätzungen über den relativen Einfluss der Chinesen in der Wirtschaft Malaysias. Als 1969 das Land die New Economic Policy (NEP) entwarf, schätzte man, dass sich weniger als zwei Prozent des Aktienkapitals von eingetragenen Firmen (*share capital in limited companies*) in den Händen von Malaien befanden, während 62,1 Prozent in ausländischen und 22,8 Prozent in chinesischen Händen lagen. Ziel der auf 20 Jahre angelegten Politik (ab 1971) war es, den Anteil der Bumiputera an den Unternehmen auf etwa 30 Prozent zu erhöhen. Außerdem gab es Programme gegen Armut, vor allem unter der ländlichen, malaiischen Bevölkerung. Da die Wirtschaft wachsen sollte, brauchte niemand eine Enteignung zu befürchten. In Wirklichkeit sind viele ausländische Unternehmen vom Staat und von gemeinnützigen Stiftungen aufgekauft worden, so dass 1990 der Anteil des ausländischen Kapitals nur 25,4 Prozent betrug, während Bumiputera (Einzelpersonen, Stiftungen) 19,2 Prozent erreichten. Einige Beobachter sind der Meinung, dass Bumiputera durch staatliche Unternehmen und andere Institutionen, die nicht bei der Zählung berücksichtigt wurden, eigentlich mehr als 30 Prozent Anteil erreicht hatten. Aber die eigentlichen »Gewinner« der NEP waren chinesische Anteilseigner, denn sie erreichten jetzt den größten Anteil mit 45,5 Prozent. Außerdem waren 40 der 100 größten Unternehmen mehrheitlich in chinesischem Besitz.

1990 schätzte man, dass auf einer niedrigeren Ebene, wo die NEP sich nicht auswirkte, Chinesen 50 Prozent der Bauunternehmen, 82 Prozent der Großhändler und 58 Prozent der Kleinhändler, ungefähr 40 Prozent der Industrieunternehmen und 70 Prozent der kleinen Produktionsunternehmen besaßen (Gomez 1999:2-4). Diese Rolle in Handel und Kleinindustrie dürfte in den meisten anderen Ländern ähnlich sein.

Es stellt sich nun die Frage nach den Ursachen für den wirtschaftlichen Erfolg der Chinesen. Die Anzahl der wirklich »Erfolgreichen« ist gar nicht so groß. Viele sind in den mittleren Einkommensgruppen in kleinen und mittleren Unternehmen, andere in »White-Collar«-Berufen tätig, und schließlich gibt es eine große Zahl, die in Armut lebt. Die Kulis sind auch nicht mit vollen Taschen nach China zurückgekehrt. Die wirklich Wohlhabenden waren und sind die Ausnahme.

Will man aber die Gründe untersuchen, warum die Chinesen im Schnitt wohlhabender und besser gebildet sind als andere ethnische Gruppen in Südostasien, dann gibt es dafür viele Erklärungen.

Erstens, als historische Außenseiter hatten sie gute Möglichkeiten, in eine mittlere Position zwischen einheimischen Produzenten, kleinen Bauern und den großen Import-Export-Firmen der Europäer oder den regierenden Herrschern zu treten. Diese »Middleman Minority«-Rolle findet man auch in anderen agrarischen, wenig entwickelten Ökonomien. Dies ist der Grund, warum Europäer häufig an die Rolle der Juden im vormodernen Europa als Vergleich für die Chinesen denken (Chirot/Reid 1997). Aber dies ist keine besondere »jüdische« Rolle, sondern man findet Inder, Araber, Griechen und andere in einer solchen Position in verschiedenen Teilen Asiens oder Afrikas. Oft hat ein Außenseiter eine günstigere Position, um in einer dörflichen Gesellschaft zu Wohlstand zu kommen, denn er kann sich dem Druck zur Umverteilung seines Wohlstands an andere entziehen. Außerdem hat er als Außenseiter größere Erfahrungen und Beziehungen zur Außenwelt, die ihm unter Umständen einen Einblick in Märkte geben, den andere nicht haben.

Zweitens, die Chinesen entstammten einer Schriftkultur, konnten meist lesen (wenigstens die Händler) und hatten viel Erfahrung mit Geldwirtschaft; seit Jahrhunderten zahlten sie ihre Steuer in bar, nicht in Naturalien. Maurice Freedmans Arbeit »The Handling of Money« (1979) zeigt, dass unter chinesischen Bauern das Beleihen und Investieren von Geld so wie der aktive Einsatz von Ersparnissen durchaus üblich waren. Diese Fertigkeiten hatten die Migranten erworben, bevor sie nach Südostasien ausreisten. Hinzu kommt die lange Handelstradition von Fujian und Guangdong. Unter Südostasiens Bauern waren Handel und Märkte weniger entwickelt, wenn auch durchaus vorhanden.

Viele Autoren betonen die »Netzwerke« der Chinesen im Ausland. Gemeint sind die Verflechtungen, die die Chinesen für Geschäftszwecke einsetzen können: Verwandtschaftliche Beziehungen, gemeinsame Herkunftsorte- oder -bezirke, eine gemeinsame Sprache oder ein gemeinsamer Schulbesuch u. Ä. können Grundlagen für *xinyong* oder Vertrauen sein. Persönliches Vertrauen wiederum ist ein wichtiger Vorteil in einem Geschäftsleben, das wenig oder unzureichend von zuverlässigen Rechtssystemen abgesichert ist. Hinzu kommen andere kulturelle Faktoren wie das inzwischen berühmte *guanxi* oder Beziehungen, eigentliche Grundlage der Netzwerke.

Historisch diente das vielfältige Vereinsleben in Chambers of Commerce, Gilden, Sprachgruppen, Schul- und Tempelräten dem Austausch von Informationen und der Entwicklung und Vertiefung von Beziehungen und Vertrauen untereinander. Da Verwandte möglicherweise im benachbarten Ausland wohnten, konnten solche Netze Informationen über Staatsgrenzen hinweg liefern. Bekanntlich stützte sich der berühmteste Entrepreneur Singapurs, Tan Kah-kee (Chen Jiageng, 1874–1961), auf die Hokkien-Vereinigung, um Geschäftsinformationen und andere Vorteile zu erlangen (Yong 1987). Eine besondere Form der Kapitalakkumulation waren die *kongsi*, die zum Teil heute noch existieren. Verschiedene Teilnehmer investierten in eine Unternehmung, je nach ihren Anteil hatten sie auch Anteil am Gewinn. Ähnlich organisiert waren die rotierenden Kreditvereine oder *hui*, wo die Gesamtsumme der Einzahlungen nach und nach jedem zur Verfügung stand, während die anderen Teilnehmer für diese Zeit Zinsen verdienten.

Einige Beobachter versuchten, die Erfolge der Chinesen in Südostasien dem Wertesystem des Konfuzianismus zuzuschreiben. Konfuzius selbst hatte wenig für Händler übrig. Sein Einfluss macht sich allerdings in dem streng patriarchalischen Familiensystem bemerkbar, einem System, in dem alle Familienmitglieder für das Wohl der Familie arbeiten sollen. In Südostasiens bilateralen Verwandtschaftssystemen (durch väterliche und mütterliche Linie) ist die Einbindung in die Familie nicht annähernd so stark. Die Lehre des Konfuzius kommt auch in der allgemeinen Hochschätzung der Bildung unter Chinesen zur Geltung, ob in China oder im Ausland. Allerdings kann zu viel Bildung dazu führen, dass ein Nachkömmling das Geschäft verlässt und zum Beispiel Anwalt, Ingenieur oder Arzt wird.

Populäre Formen der chinesischen Religionen betonen im Gegensatz zum Konfuzianismus die Suche nach Glück, und viele Chinesen lieben Glücksspiele. Für den einzelnen Unternehmer spielt auch der Glaube an Glück im Geschäft eine große Rolle. Die Einstellung zum Geld verlangt besondere Strategien: Geld müsse »arbeiten«, sonst könne man nicht mit zeitweise inflationären Bedingungen oder Wechselkursschwankungen fertig werden. Man müsse nach jeder Gelegenheit greifen, um »ins Geschäft« zu kommen; dies sei wichtiger als der Ausbau eines Geschäftszweigs. So entstanden die so genannten »Conglomerates«, die oft völlig verschiedene Geschäftssparten (Agribusiness, Kraftfahrzeugbau, Kommunikationen) miteinander verbinden. Immerhin, bei den Unsicherheiten, die das Leben der Chinesen oder ihren Besitz bedrohen konnten, war es sinnvoll (wenigstens solange sie »Sojourners« waren), ihr Vermögen möglichst flüssig zu halten und nicht zum Beispiel in Form von Landbesitz zu binden. Nur einige sesshafte Nachkommen der Einwanderer, wie zum Beispiel in Vietnam oder die Mestizen auf den Philippinen, sind zu Großgrundbesitzern geworden.

Während fast jeder Chinese betonen würde, wie hart er arbeite, ist es eine Tatsache, dass viele hart gearbeitet haben, auch Einheimische, ohne je zu Reichtum zu gelangen. Die chinesische Minderheit, wie viele Immigranten, schätzt harte Arbeit; kleine Geschäftsleute verlangen solche Mitarbeit von der ganzen Familie.

Nicht zu übersehen ist, dass Chinesen in den moderneren und dynamischeren Sektoren der Wirtschaft arbeiten, wo sie bessere Chancen haben, zu Wohlstand zu kommen. Gebildete Einheimische bevorzugen das Beamtentum.

Schließlich waren nicht immer die gleichen Chinesen erfolgreich. Über Generationen wandelten sich die politischen und wirtschaftlichen Bedingungen und verlangten andere Qualitäten. Im 19. Jahrhundert waren die reichsten Geschäftsleute die Pächter der Steuermonopole (*revenue farmers*), die im Auftrag der Regierungen Opium, Alkohol oder Glücksspiele vertrieben. Ein weiteres Tätigkeitsfeld war das Aufkaufen von Exportgütern, entweder Naturprodukten oder den Erzeugnissen von Smallholder-Bauern wie Reis oder Kautschuk, was zur Dominanz des agrarischen Kreditsektors führte. Im Falle von Siam benutzte der König Chinesen gern als Gegengewicht zu den europäischen Investoren, die unter Umständen Vorboten des Kolonialismus hätten sein können (Hamilton/Waters 1997).

Über Jahrzehnte haben viele Länder versucht, die Rolle der Chinesen einzugrenzen. Auf den Philippinen wurde in den 50er-Jahren der Kleinhandel durch Ausländer verboten, also sattelten die Chinesen, die noch Ausländer waren, auf Industrie und Großhandel um. Sie fanden eine Nische in der Industrialisierung, weil die Wirtschaftspolitik der Zeit die Importsubstitution betonte. In Indonesien versuchte man, für Einheimische (oft *pribumi* genannt) Import-Export-Lizenzen zu reservieren; es entstanden die ersten Ali-Baba-Kooperationen. Als 1957 die niederländischen Investitionen beschlagnahmt wurden, eröffneten sich neue Möglichkeiten für Chinesen.

Dennoch hat es immer »Winners and Losers« gegeben, auch unter den so erfolgreichen Chinesen. Als nach 1900 in Niederländisch-Indien die Pacht des Opiumvertriebs abgeschafft wurde, haben nur wenige der reichen Pächter ihr Kapital erfolgreich in neue Wirtschaftszweige investieren können. Stattdessen kamen neue Chinesen, die dort Profite machten. Wie Hamilton und Waters (1997) für Thailand zeigten, sind es immer wieder andere, die unter verschiedenen Bedingungen von Regierungspolitik und gar Diskriminierung zum Wohlstand gelangten. Als nach 1932 Militär und Bürokratie den König Siams ersetzten und Teile der Wirtschaft verstaatlicht wurden, verlegten sich chinesische Unternehmer auf andere Tätigkeiten. Eine Möglichkeit war die Kreditgewährung für staatliche oder von Militärs kontrollierte Unternehmen. Chinesen brachten ihre Geschäftserfahrung und Informationsquellen in die staatlichen Unternehmen ein.

Selten gelang es einem erfolgreichen Geschäftsmann aus einer Generation, seinen Erfolg an weitere Generationen zu vererben. Neue Männer kamen hoch, oft Einwanderer, die in China geboren waren.

Viele der großen *tauke* (Bosse) der 90er-Jahre sind ebenfalls Einwanderer, oder sie haben in China ihre Ausbildung genossen. Als die »Importsubstitution« endete und sich neue Möglichkeiten im Agribusiness, in der exportorientierten Industrialisierung oder in Joint Ventures mit ausländischen Firmen und Geldgebern eröffneten, entstand eine neue Unternehmergeneration. Dazu gehören Dhanin Chiaravanont in Thailand oder die neuen Männer auf den Philippinen, die – auf Kosten der früheren Eliten – unter Marcos aufkamen. Ähnlich erging es den Cukong in Indonesien, die in Zusammenarbeit mit Militärs oder führenden Politikern und sehr oft mit staatlichen Begünstigungen (Konzessionen, Monopolen, Tarifprotektion, bis zur Kontrolle über Arbeiter oder Konkurrenten) ihren Erfolg errungen haben.

Trotz der NEP sind auch in Malaysia neue Unternehmer zu wirtschaftlichem Erfolg gekommen, besonders im Bereich der Exportindustrie, wo in Zusammenarbeit mit ausländischen Investoren neue Betriebe entstanden. Andere haben ihre Fühler nach erfolgreichen malaiischen Politikern ausgestreckt, um sie in die Leitung ihrer Firmen zu bringen, vielleicht auch um politische Protektion oder Begünstigungen zu erreichen. Gomez (1999) zeigt für Malaysia, dass die viel gepriesenen chinesischen Netzwerke hier nur selten zur Geltung kamen. Einige Großgeschäftsleute waren erbitterte Rivalen, andere brachen die Zusammenarbeit mit anderen Chinesen ab oder sie verließen sich auf malaiische oder ausländische Partner, statt auf ethnische Netzwerke zu vertrauen.

Kulturelle Unterschiede

Da individuelle ›ethnische‹ Chinesen vielfältige Erfahrungen in Metropolen oder in ländlichen Siedlungen als Arbeiter, Bauern, Fischer, kleine oder große Geschäftsleute, als neu Angekommene (*sinkeh*) oder seit Generationen in Südostasien Wohnhafte, in verschiedenen Gastländern und -kulturen aufweisen, zeigen sie ebenfalls eine große kulturelle und politische Vielfalt. Die angebliche Unassimilierbarkeit, reflektiert in der Aussage »Once a Chinese, always a Chinese«, ist ein Mythos.

In der Tat sind die frühen Migranten nach Südostasien, insofern sie nicht nach China zurückkehrten, assimiliert worden; viele haben sogar einen Platz in der einheimischen Elite eingenommen, ob in Vietnam, Siam, den Philippinen oder gar in den vorkolonialen Sultanaten des heutigen Malaysia und Indonesiens. Dieser Trend setzte sich fort in Regionen, wo die Kolonialmächte noch nicht die Kontrolle hatten und auch auf den Philippinen, wo die Spanier die Assimilierung der chinesischen Einwanderer förderten, insofern sie katholisch waren, während sie andere unter Kontrolle hielten. Die Nachkommen der Mischehen zwischen katholisch gewordenen Chinesen und Einheimischen, die Mestizen, sind im 19. Jahrhundert weitgehend von der philippinischen Elite absorbiert worden.

Die Kolonialmächte Niederlande und Großbritannien waren aber bemüht, die Minderheit in ihren Kolonien möglichst von den Einheimischen getrennt zu halten. In diesen Ländern entstand eine chinesischstämmige Minderheit, die über Generationen in Südostasien ansässig war, einheimische Sprachen, vor allem Malaiisch, benutzte (und des Chinesischen nicht mehr mächtig war), und viele einheimische Bräuche übernommen hatte. Zum Teil waren sie die Nachkommen von Mischehen mit einheimischen Frauen. So blieb diese Gruppe, die man *baba* oder *peranakan* nannte, eine »chinesische« Gruppe in

Namen, Religion, Kleidung und Rechtsstatus, auch wenn sie kulturell nicht mehr »rein« chinesisch war. Besonders in Java sind die Peranakan heute noch eine erkennbare Gruppe.

Die Situation änderte sich gegen Ende des 19. Jahrhunderts durch zwei Faktoren: Erstens nahm die Immigration, auch von Frauen, zu. Besser gebildete Chinesen trafen ein, die über den kulturellen Zustand ihrer Landsleute entsetzt waren und versuchten, sie wieder zu »guten Chinesen« zu machen. In einem Prozess der »Resinisierung« bauten sie Tempel, gründeten Schulen und Vereine, propagierten die Lehre des Konfuzius und bemühten sich, die akkulturierten Nachkommen ihrer Landsleute von unorthodoxen Sitten (wie Betelkauen) zu befreien (Salmon 1996). Wichtig dabei waren die von der Gemeinschaft getragenen Schulen, die in Mandarinchinesisch unterrichteten und ein modernes Curriculum mit Naturwissenschaften, Fremdsprachen und Sport mit der chinesischen Tradition zu verknüpfen versuchten.

Zweitens begann sich China um 1880 für seine Landsleute im Ausland zu interessieren. 1893 anerkannte der Kaiser Chinas die Rechtmäßigkeit der Emigration, die lange Zeit verboten war. Dank der Europäer und ihrer Plantagen, Minen und anderer kommerzieller Interessen war die Auswanderung aus Südostchina (nicht nur von Kulis) bereits zu einem reißenden Strom geworden. Ihre Nachkommen sind dank der Möglichkeiten, chinesische Schulen zu besuchen und Kontakte zu pflegen, sowohl innerhalb der Gemeinschaft wie mit China, meist weniger »assimiliert«, wenn hier auch große Unterschiede herrschen. In Indonesien gibt es zum Beispiel seit fast 40 Jahren keine chinesischsprachigen Schulen mehr.

Die Frage der »Assimilierung« stellt sich heute vielschichtiger als in der Vergangenheit. Wissenschaftler erkennen, dass sowohl die einheimischen Gesellschaften (vor allem in den Städten) wie auch die Chinesen vielen Einflüssen ausgesetzt sind. Ein Mensch hat nicht nur eine Identität, die politische, kulturelle, soziale und andere Komponenten vereint, sondern ist ein Kompositum von biographischen Erfahrungen, äußeren Einflüssen, beruflichen Tätigkeiten und persönlichen Entscheidungen. So haben Tong und Chan (2001) den Begriff »Alternate Identities« entworfen, um der Komplexität eher gerecht zu werden. Außerdem sind einige Länder durchaus auf dem Weg, multikulturelle Gesellschaften zu werden. Möglich ist, dass die einheimischen Kulturen auch Einflüsse aus China aufnehmen, wie es in der Vergangenheit der Fall war.

Politik

Mindestens seit dem späten 19. Jahrhundert gab es ein reges politisches Leben in den Organisationen innerhalb der Minderheit. Sie pflegten auch politische Beziehungen zur Heimat in China und zu den politisch Einflussreichen in den Gastgeberländern.

Die politische Situation der Chinesen im Ausland war in der späten Kolonialzeit von einem Tauziehen zwischen der chinesischen Regierung und den kolonialen Mächten geprägt. Während China die ausgewanderten Chinesen lange Zeit als Verbrecher und gar Verräter betrachtete, sah man sie nach ca. 1880 als mögliche Verbündete und Investoren. Chinesische Beamte besuchten Südostasien, um dort für Beiträge zum Bau der chinesischen Eisenbahnen zu werben. Sie untersuchten die Lage der Kulis und der chinesischen Schulen. 1909 erklärte China alle Nachkommen chinesischer Väter zu chinesischen

Staatsbürgern. Die »Chinese Chambers of Commerce (*shanghui*)«, die um die Jahrhundertwende in vielen Städten gegründet wurden und wohlhabendere Geschäftsleute zusammenbrachten, waren nicht nur eine Antwort auf den Ausschluss der Chinesen aus den europäischen Handelskammern. Sie hatten zugleich eine politische Funktion, denn sie repräsentierten die Auslandschinesen (*huaqiao*, das Wort kam zu dieser Zeit in Gebrauch) in politischen Gremien in China.

Die Nationalisten unter Sun Yat Sen und andere politische Oppositionelle wandten sich über Jahre an die Chinesen im Ausland. Sun selbst hatte einen großen Teil seines Lebens im Ausland verbracht und er suchte in Übersee Unterstützung für seine Revolution, die 1911 zum Sturz des Kaisertums führte. Die spätere Regierung seiner Partei (*Guomindang*) versuchte in den 20er-Jahren die Verbindung mit den Chinesen in Südostasien aufrechtzuhalten. Als der Krieg mit Japan immer näher kam, spendeten Chinesen im Ausland Gelder für China und zeigten ihre Unterstützung durch den Boykott von japanischen Produkten und andere Kampagnen, was während der japanischen Besatzung (1942–45) an einigen Orten zu grausamen Vergeltungsakten und Repressalien (Singapur, Westkalimantan) führte.

In dieser Zeit rückte die an sich gespaltene Minderheit enger zusammen; überall wurden sich die Chinesen ihrer Herkunft bewusster. Dieses Gefühl verstärkte sich in den Nachkriegsjahren, als die Wirren des Übergangs zur Unabhängigkeit der ehemaligen Kolonien oft die Sicherheit der Chinesen empfindlich traf. Als die Macht der Kolonialländer schwand, hofften viele auf ein starkes China – immerhin eine der fünf Großmächte in der UNO. Stattdessen kam Chinas Schwäche zum Vorschein, als die Guomindang-Regierung durch die Kommunisten in die Flucht getrieben wurde.

Einige wenige hielten dennoch zur Republik China auf Taiwan nach 1949. Andere sahen in der Volksrepublik in Beijing einen Beschützer für die chinesischen Minderheiten in Südostasien. Wieder andere zogen sich aus der Politik zurück oder versuchten, sich mit den neuen unabhängigen Staaten zu arrangieren. Dies fiel natürlich denjenigen leichter, die bereits »akkulturiert« waren.

Offizielle Institutionen und Repräsentationsorgane, sowohl der Guomindang-Regierung (in Taiwan) wie auch der Volksrepublik China, hielten zunächst an der chinesischen Staatsbürgerschaft der Chinesen in Übersee fest. Die neuen Länder reagierten unterschiedlich darauf; einige ignorierten Chinas Ansprüche.

Auf den Philippinen war es sehr schwierig für Chinesen, selbst der zweiten Generation, überhaupt Staatsbürger zu werden. Im Gegensatz dazu erkannte Thailand dort Geborene als Staatsbürger an. In Malaysia fand ein rapider Prozess der Einbürgerung der Chinesen zwischen 1948 und den 1960er-Jahren statt, auch Singapur entschied sich für eine großzügige Einbürgerung. Nordvietnam unterschrieb ein Abkommen mit der Volksrepublik, wonach diese die Einbürgerung anerkannte, sofern sie auf freiwilliger Basis erfolgte; während im Süden das Diem-Regime eine mehr oder wenige unfreiwillige Einbürgerung der Chinesen erzwang.

Der Status von Indonesiens chinesischer Minderheit war geteilt. Diejenigen, die vor 1949 im Lande geboren waren, hatten die Möglichkeit, innerhalb von zwei Jahren (bis 1951) ihre indonesische Staatsbürgerschaft zugunsten der chinesischen abzugeben. Im Gegensatz dazu konnten im Ausland Geborene theoretisch die indonesische Staatsbürgerschaft beantragen, praktisch war dies aber kaum möglich. Die Minderheit bestand in den 1960er-Jahren etwa zur Hälfte aus Ausländern, dies verhinderte sicherlich ihre Integration.

1955 deutete die chinesische Regierung an, dass sie bereit sei, eine Lösung zu suchen. Eine erneute Wahlperiode für indonesische Staatsbürger chinesischen Ursprungs zwischen 1959 und 1961 brachte kein befriedigendes Ergebnis, denn die meisten Chinesen blieben, was sie waren – Ausländer – oder sie wurden nun zu solchen.

Erst mit der Anerkennung Chinas durch verschiedene Staaten in Südostasien entspannte sich die Situation. Malaysia löste die Staatsbürgerschafts-Frage durch massive Einbürgerung. Die Philippinen erleichterten schließlich unter Ferdinand Marcos' Präsidentschaft (1965–1986) die Einbürgerung. China erkannte diese Einbürgerungen nachträglich an, denn sie basierten auf freiwilligen Entscheidungen der Betroffenen. Schließlich unternahm Indonesien 1980 einen Vorstoß in Richtung Öffnung der Staatsbürgerschaft; mehr als 90 Prozent der dort lebenden Chinesen sind jetzt ebenfalls indonesische Staatsbürger. Die Frage der »doppelten« Staatsbürgerschaft und damit der fragwürdigen Loyalitäten ist jetzt aus der Welt.

Zur Staatsbürgerschaft gehört politische Aktivität, auch wenn Chinesen als politisch nicht interessiert gelten. Chinesische Parteien sind eine Seltenheit. In Singapur ist die schon vor der Unabhängigkeit herrschende People's Action Party multiethnisch, in der Praxis ist die Führung fest in chinesischer Hand. In Indonesien haben chinesische Parteien oder Interessenvertretungen an den Nationalwahlen von 1955 und 1998 teilgenommen, aber es ist nicht zu erwarten, dass sie überleben, denn vor erneuten Wahlen ist mit einer Fünf-Prozent-Klausel zu rechnen, und die Chinesen stellen insgesamt weniger als drei Prozent der Bevölkerung.

Nur in Malaysia gibt es chinesische Parteien, die an der Macht teilhaben, wenn auch als schwächerer Partner. Die Malaysian Chinese Association ist seit 1955 Teil der regierenden Koalition mit der ethnisch-malaiischen UMNO (United Malays National Organisation). Seit 1970 nehmen auch die kleineren Parteien Gerakan Rakyat Malaysia (Bewegung des Malaysischen Volkes) und die People's Progressive Party, die eigentlich als multiethnische Oppositionsparteien gegründet wurden, an der Regierungskoalition teil, jetzt Barisan Nasional (Nationalfront) genannt. Gerakan und PPP sind in der Praxis auch Vertreter chinesischer Interessen, ebenfalls die oppositionelle Democratic Action Party. Zu diesen Interessen gehört die Existenzsicherung der chinesischsprachigen Schulen und der Abbau der besonderen Privilegien der Bumiputera insofern sie auf Kosten der Chinesen zustande kommen (wie besondere Quoten für Universitäten). Aus der Tatsache, dass sich diese Parteien die angebliche Vertretung der Chinesen untereinander streitig machen, sieht man, dass in Malaysia die Chinesen in ihren politischen Einstellungen durchaus gespalten sind. Hinzu kommt, dass der Anteil der Chinesen an der Bevölkerung von 37 Prozent zur Zeit der Unabhängigkeit (1957) durch niedrigere Geburtenraten (als die Bumiputera), den Zusammenschluss mit den Nordborneo-Staaten und durch Emigration auf geschätzte 26 Prozent gefallen ist, was ihren Einfluss schmälert.

In vielen Ländern können Chinesen noch auf indirektem Wege politischen Einfluss ausüben, vor allem in den Verbindungen, die zwischen wohlhabenden chinesischen Geschäftsleuten und führenden einheimischen Politikern entstehen. Diese Verbindungen dienen aber weniger den Interessen der Gemeinschaft als der Förderung ihrer privaten Geschäftsinteressen. In den Philippinen und Thailand gab es und gibt es sehr erfolgreiche Politiker und Politikerinnen aus den weitgehend assimilierten Teilen der Minderheit. Die Ausbreitung von »money politics« in Thailand eröffnete auch Möglichkeiten für ehrgeizige Politiker chinesischen Ursprungs, die ebenfalls im Geschäftsleben zu Wohlstand gekommen waren.

Während chinesische Minderheiten insgesamt noch viel zu den Wirtschaften und Gesellschaften Südostasiens beitragen können, ist es weniger sicher, wohin sie sich kulturell oder politisch entwickeln werden. Sie haben den Gastländern viel zu bieten, wenn sie sich dort einsetzen können und möchten. Aber dieser Weg ist nicht immer und überall offen.

Weiterführende Literatur

Neben den in der Bibliographie genannten Werken ist sehr empfehlenswert Lynn Pan, Hg. (1998): Encyclopedia of the Chinese Overseas, Singapore: Chinese Heritage Centre, mit Bildern und bibliographischen Hinweisen. Einen kurzen Einblick bietet Heidhues, Mary Somers (1999): Chinesen in Südostasien, China und Südostasien. In: Südostasien-Handbuch, Hg. Bernhard Dahm/ Roderich Ptak. München: C.H. Beck: 365-381. Zur politischen Geschichte von Chinesen in Indonesien sind die zahlreichen Werke von Leo Suryadinata sehr nützlich, u. a. Suryadinata, Hg. (1997): Ethnic Chinese as Southeast Asians, Singapore: Institute of Southeast Asian Studies. Die Bücher und Aufsätze von Claudine Salmon gewähren einen exzellenten Einblick in ihre Kultur und Religion, darunter Salmon (1981): Literature in Malay by the Chinese of Indonesia: A Provisional Annotated Bibliography, Paris: Editions de la Maison des Sciences de l'Homme.

Literatur

Chirot, Daniel/Reid, Anthony, Hg. (1997): Essential Outsiders: Chinese and Jews in the Modern Transformation of Southeast Asia and Central Europe. Seattle/London: University of Washington Press

Coppel, Charles A. (1983): Indonesian Chinese in Crisis. Kuala Lumpur u.a.: Oxford University Press

Coppel, Charles A. (2002): Chinese Indonesians in Crisis: 1960s and 1990s. In: Studying Ethnic Chinese in Indonesia, Singapore: Singapore Society of Asian Studies: 14-47

Engelbert, Thomas (2002): Die chinesische Minderheit im Süden Vietnams (Hoa) als Paradigma der kolonialen und nationalistischen Nationalitätenpolitik. Frankfurt am Main u.a.: Peter Lang Verlag

Freedman, Maurice (1979): The Handling of Money: A Note on the Background to the Economic Sophistication of Overseas Chinese. In: The Study of Chinese Society: Essays by Maurice Freedman, Hg. G. W. Skinner. Stanford/London: Stanford University Press: 22-26

Gomez, Edmund Terence (1999): Chinese Business in Malaysia: Accumulation, Ascendance, Accommodation. Richmond: Curzon Press

Hamilton, Gary G./Waters, Tony (1997): Ethnicity and Capitalist Development: The Changing Role of the Chinese in Thailand. In: Essential Outsiders, Hg. Chirot/Reid (1997): 258-284

Heidhues, Mary F. Somers (1992): Bangka Tin and Mentok Pepper: Chinese Settlement on an Indonesian Island. Singapore: Institute of Southeast Asian Studies

Heidhues, Mary Somers (2003): Golddiggers, Farmers, and Traders in the »Chinese Districts« of West Kalimantan, Indonesia. Ithaca: Cornell University Southeast Asia Program

Loh Kok Wah, Francis (1988): Beyond the Tin Mines: Coolies, Squatters and New Villagers in the Kinta Valley, Malaysia, c. 1880-1980. Singapore: Oxford University Press

Loh Kok Wah, Francis (2000): Chinese New Villages: Ethnic Identity and Politics. In: The Chinese in Malaysia, Hg. Lee Kam Hing/Tan Chee-Beng. Shah Alam u.a.: Oxford University Press: 255-281

Mozingo, David (1976): Chinese Policy toward Indonesia, 1949-1967. Ithaca: Cornell University Press

Reid, Anthony (1996): Sojourners and Settlers: Histories of Southeast Asia and the Chinese. St. Leonards (Australien): Allen & Unwin

Salmon, Claudine (1996): Ancestral Halls, Funeral Associations, and Attempts at Resinicization in Nineteenth-Century Netherlands India. In: Sojourners and Settlers: Histories of Southeast Asia and the Chinese, Hg. Anthony Reid. St Leonards (Australien): Allen & Unwin: 183-214

Skinner, G. William (1996): Creolized Chinese Societies in Southeast Asia. In: Sojourners and Settlers, Hg. Reid: 51-93

Tong Chee Kiong/Chan Kwok Bun (2001): Rethinking Assimilation and Ethnicity: The Chinese in Thailand. In: Alternate Identities: The Chinese of Contemporary Thailand, Hg. Tong Chee Kiong/Chan Kwok Bun. Singapur: Times Academic Press: 9-40

Trocki, Carl (1997): Boundaries and Transgressions: Chinese Enterprise in Eighteenth- and Nineteenth-Century Southeast Asia. In: Ungrounded Empires: The Cultural Politics of Modern Chinese Transnationalism, Hg. Aihwa Ong and Donald Nonini. New York/London: Routledge: 61-85

Wang Gungwu (1996): Sojourning: The Chinese Experience in Southeast Asia. In: Sojourners and Settlers, Hg. Reid: 1-14

Wang Gungwu (2000): The Chinese Overseas: From Earthbound China to the Quest for Autonomy. Cambridge/London: Harvard University Press

Weidenbaum, M./Hughes, S. (1996): The Bamboo Network. New York: The Free Press

Wong Lin Ken (1965): The Malayan Tin Industry to 1914 with Special Reference to the States of Perak, Selangor, Negri Sembilan and Pahang. Tucson: The University of Arizona Press

Yip Yat Hoong (1969): The Development of the Tin Mining Industry in Malaysia. Kuala Lumpur: University of Malaya Press

Yong, C. F. (1987): Tan Kah-kee: The Making of an Overseas Chinese Legend. Singapore usw.: Oxford University Press

© *Gabriele Sinigoj*

Krieg als Friedenssicherung in Suedostasien

Krieg ist ein Gluecksspiel, ein Wurf des Wuerfels.
Man weiss nicht wie er faellt.
(Karl v.Clausewitz)

Suedostasien stellt historisch, politisch, wirtschaftlich, ethnisch, linguistisch und in seiner sozialen Entwicklung wohl die heterogenste Region der Welt dar; hinzu kommt, dass wir eine geographische Dimension vorgegeben haben, die es gebietet, das Thema »Krieg als Friedensstrategie in Suedostasien« einzuschraenken, um sich dem unserioesen Anspruch zu entschlagen, auf allen Fachgebieten ueber die Gesamtheit von elf Staaten Suedostasiens profunde Sachkenntnisse zu verfuegen. Zu dieser Eingrenzung gesellt sich fuer den Historiker des Kalten Krieges zusaetzlich eine thematisch bedingte arbeitstechnische Einschraenkung: sie leitet sich vom Postulat ab, sich immerwaehrender globaler Forschung zu verpflichten, woraus *eo ipso* das Problem erwaechst, Produkt und Gefangener der eigenen Zeit und des Ortes zu sein: denn, so stellt sich die Frage: wie oft ist es vergleichenden »Kalten Kriegsforschern« moeglich, an Archiven der einschlaegigen Weltregionen simultan das gerade freigegebene Aktenmaterial aufzuspueren, ausgestattet mit Sprachkenntnissen, die fuer die Quellenlektuere des jeweiligen Landes notwendig sind?

Daraus leitet sich selbstredend ab, die Thematik »Krieg als Friedenssicherung in Suedostasien« an kaum mehr als zweien, bzw. maximal dreien, ineinander verwobenen Fallbeispielen zu eroertern; in dieser Untersuchung anhand Malaya / Malaysien und Vietnam.

Kalter Krieg

Der historisch-zeitliche Parameter der Fallstudie bezieht sich auf den epochemachenden Kalten Krieg, wobei sich die Untersuchung obgenannter Faelle ausschliesslich im Rahmen der Fruehphase des Kalten Krieges d.h. vom Ende des Zweiten Weltkrieges bis hin zur Mitte der 60er-Jahre des vorigen Jahrhunderts bewegt; der *approach* besteht darin, die beiden Fallstudien in voneinander unabhaengigen Zeitraeumen, in nicht

---

Aufgrund der verspäteten Abgabe des vorliegenden Textes war ein Lektorat nicht mehr möglich. Umlaut- und Doppel-S-Schreibung wurden auf Wunsch der Autorin beibehalten (die Redaktion).

kontinuierlicher zeitlicher Abfolge, bei inhaltlicher Betonung des *covert war* als Parallele zum gelaeufigen *overt Cold War* herauszudestillieren.

Es war die letzte Haelfte des 20. Jahrhunderts, in der wir in groesserer oder geringerer Intensitaet, mehr oder weniger lang, bewusst oder unbewusst Zeitzeugen des Kalten Krieges wurden, der zwischen 1945/46 und 1990/91 primaer zwischen zwei ideologischen Lagern ausgetragen wurde: dem der kapitalistischen USA und deren Verbuendeten einerseits und dem der kommunistischen Sowjetunion andererseits, wozu sich in spaeterer Folge das kommunistische China gesellte.

Was diesen Zeitabschnitt in der Geschichte des 20. Jahrhunderts charakterisiert, ist die Tatsache, dass im Kalten Krieg eine klare Trennung zwischen Krieg und Frieden abhanden gekommen war. Vielmehr existierten die Begriffe »Kalter Krieg« und »Langer Friede« (Gaddis 1987:215-246) zu unterschiedlichen Zeiten nebeneinander.

Der Begriff »Kalter Krieg« reflektierte in Anlehnung an den franzoesischen Begriff des auf die 1930er-Jahre bezogenen «guerre froide» die Vorstellung, dass Stalins expansionistische Nachkriegspolitik ebenso zum Krieg fuehren wuerde, wie zuvor die Hitlers im Zweiten Weltkrieg.

»Langer Friede« stellte dieser Erwartung in der westlichen Hemisphaere die Beobachtung gegenueber, dass die Zeit nach dem Zweiten Weltkrieg nicht von grossen Auseinandersetzungen, sondern einer Phase der Ruhe und des wirtschaftlichen Aufbaus beherrscht sein wuerde.

Bis *dato* stellt sich nun in der westlichen Geschichtsschreibung ungebrochen die Frage, in der noch keine Einigkeit erzielte wurde: War der Kalte Krieg nach 1945 unausweichlich und wer ist fuer den Kalten Krieg verantwortlich?

In den 1940er- und 50er-Jahren ueberwogen bei der Beantwortung dieser Frage die »*Traditionalisten*« mit der Auffassung, dass einzig die Sowjetunion Schuld am Konflikt trage, weil sie eine auf territoriale Expansion gerichtete Politik verfolgt habe, der sich der Westen als Verteidiger der Freiheit mit wirtschaftlichen, politischen und diplomatischen Mitteln widersetzte. (s. McNeill 1970)

In den 1960ern schlug das Pendel dann in die Gegenrichtung um, indem »*revisionistische*« Historiker (s. Fleming 1961) dieser traditionellen Sichtweise widersprachen und stattdessen globale Wirtschafts-interessen der USA fuer die Verschlechterung des Verhaeltnisses zur Sowjetunion verantwortlich machten (Schlesinger jr.1986:163-164).

Zu Beginn der 80er-Jahre begann man von einer »*post-revisionistischen*« Synthese (LaFaber 1997) in der Historiographie zu sprechen, die das Aufeinanderprallen gegensaetzlicher nationaler Interessen fuer den Kalten Krieg verantwortlich machten.

Mit der Veroeffentlichung von Dokumenten aus Archiven des »ideologischen Ostens« zu Beginn der 1990er-Jahre sind einige Historiker vom Postrevisionismus zum »*Revisionismus*« (s. Gaddis 1987; Gaddis 1997) zurueckgekehrt, mit dem vorlaeufigen Ergebnis, dass beide Maechte den Kalten Krieg zwar nicht suchten, ihn aber eher akzeptierten, als sich in irgendeiner brisanten Frage als nachgiebig zu erweisen.

Periodisierend wurde die 40-jaehrige Spanne des Kalten Krieges in Phasen der Konfrontation, der Koexistenz und in eine Phase neuerlicher Spannungen und des Zusammenbruchs der Sowjetunion unterteilt. Charakteristisch fuer diesen Mehrphasenkrieg in Europa war dessen Bandbreite, die sich von »bipolarem Frost« bis hin zum »Tauwetter« erstreckte. Doch waehrend der Kalte Krieg in Europa in erster Linie charakterisiert war durch sein »kaltes« Aufeinanderprallen von Regierungen in West- und Osteuropa um der Machtbalance willen, entwickelte sich der Kalte Krieg in Asien aus »Unachtsamkeit« gegenueber China und aeusserte sich durch gravierende »Einschluesse« heisser Kriege in Ost-, Sued- und Suedostasien.

Krieg wurde von den Repraesentanten des Kapitalismus und Kommunismus nachhaltig dichotomisch definiert: Vom marxistisch-leninistischen Standpunkt aus wurde Krieg als eine Fortsetzung sowohl der Aussen- wie Innenpolitik definiert (Lippert/ Wachtler 1988:233); demgegenueber kontrastierte die westliche Auffassung dahingehend, dass Krieg als Instrument der Politik, der er untergeordnet ist, als die fortgesetzte Aussenpolitik mit anderen Mitteln (Stamp oJ:13) zu sehen sei. Clausewitz deutete diese Fortsetzung unter Einmischung anderer Mittel dahingehend, dass der politische Verkehr durch den Krieg selbst nicht aufhoert, sondern in seinem Wesen fortbesteht (Clausewitz in: Stamp o.J.:VIII,6B; s. Hahlweg 1952).

Die kriegerischen Ereignisse orientieren sich somit an politischen Richtlinien, die sich auch waehrend des Krieges entfalten und sich bis hin zum Frieden erstrecken, wobei Frieden in seiner Negativdeutung gleichbedeutend mit »Nicht-Krieg« ist (s. Schmitt:1938; s. Wallensteen 1988).

Der Begriff des Krieges und dessen Beginn ist also nicht an den tatsaechlichen Ausbruch bewaffneter Kampfhandlungen oder eine formelle Kriegserklaerung gebunden, sondern Krieg kann bereits in Friedenszeiten als »kalter« Krieg stattfinden.

Vorausgesetzt, dass Krieg bereits durch das Auftreten einer Spannung entsteht, als deren Folge militaerische Massnahmen ergriffen werden, ist es moeglich, den Gegner – ohne in die Schlacht zu ziehen -, indirekt, durch das blosse Vorhandensein von Streitkraeften und durch strategisches Manoevrieren zu beeindrucken. Im Kalten Krieg bediente man sich dabei Strategien der indirekten Verteidigung, der Abschreckung, »deterrence«, oder der Bezwingung »compellance«, auch der Zwang ausuebenden Diplomatie,»coercive diplomacy«, um einige zu nennen.

Auf westlicher Seite basierte die indirekte Verteidigung auf der sicherheitspolitischen Doktrin des »Containment«, das auf die Eindaemmung des Kommunismus abzielte (»X« i.e.[Kennan] 1947:566-82; vgl. Lippmann 1951:221f).

»Containment« brachte die Absicht des amerikanischen Praesidenten Truman zum Ausdruck, alle freien Voelker in ihrem Kampf gegen bewaffnete Minderheiten und auslaendische Druckversuche zu unterstuetzen. Jedoch unterschied man dabei durchaus zwischen marxistischen Bewegungen, die vom Volk unterstuetzt wurden, wie sie den jugoslawischen und chinesischen eigneten und denjenigen, wie sie von Moskau per Diktat aufgezwungen wurden (Miscamble 1992:148f). Im marxistisch-leninistischen Lager hingegen wurde Krieg als Instrument der Klassenpolitik gesehen, wobei in Kriegen wie dem revolutionaeren Buergerkrieg, oder dem Krieg zwischen sozialistischen und kapitalistischen Staaten die Klasseninteressen offensichtlich waren. Krieg konnte innerhalb dieser Ideologie aber auch im Namen gemeinsamer Interessen gefuehrt werden, in diesem Fall als nationaler Befreiungskrieg, der gegen die koloniale Beherrschung gerichtet war (Lippert/Wachtler 1988:234).

Dieses Buendnis erwies sich allerdings fuer gewoehnlich als instabil, da jede Klasse fuer eine Mischung aus nationalen und egoististischen Interessen kaempfte, wie dies am Verhaeltnis zwischen der Sowjetunion und China ersichtlich wurde.

Angesichts der Gruendung des westlichen Verteidigungsbuendnisses der NATO (North Atlantic Treaty Organization) war es fuer den sowjetischen Diktator Stalin 1949 unumgaenglich geworden, einen Buendnispartner im »oestlichen Lager« an seiner Seite zu wissen, um dem Westen bei gleichzeitiger Rueckendeckung im Osten die Stirne zu bieten.

Mao Tsetung wiederum bedurfte aus Gruenden des nationalen Wiederaufbaus Chinas eines Partners, der ihm dazu die noetige wirtschaftliche Unterstuetzung gewaehrte. Dahingehend motiviert optierte Mao fuer die Taktik, »sich nach einer Seite zu lehnen.« (Goncharov/Lewis/Litai 1993:51, auch 16). Den Vollzug dieser Anlehnung an die sowjetische Seite verstand Mao allerdings durchaus nicht als immerwaehrende Verpflichtung, die chinesische Aussenpolitik nach dem Willen Moskaus am »proletarischen Internationalismus« auszurichten.

Was dem Diktator der Sowjetunion und der von Mao rezipierten chinesischen Praxis indes gemein war, war die Tradition der autoritaeren Herrschaft eines einzigen unantastbaren Fuehrers.

Zusaetzlich attraktiv fuer Mao war die implizite Perspektive, den Einflussbereich des »Mittleren Reiches« in Asien auszuweiten.

Stalin erhoffte, mit der Volksrepubik China (VRC) an seiner Seite, 1950 den Westen mit einem »praeventiven Blitzkrieg« unvorbereitet zu treffen. Im Rahmen dieser sino-sowjetischen Arbeitsteilung war China die Rolle zugedacht, neben Angriffsdrohungen gegenueber Taiwan, auch Hilfe bei der Eroberung Suedkoreas zu leisten; massgeblich beteiligt sollte Mao auch am revolutionaeren Dekolonisierungskampf in Vietnam und dem uebrigen Suedostasien sein.

Vor und nach der Machtuebernahme in China, 1949 fuehrte Maos aussenpolitische Leseart dazu, die amerikanische Unterstuetzung der Nationalchinesen, der Guomintang unter der Aegide Chiang Kai-sheks als Ausdruck purer imperialistischer Politik zu deuten. Die Begruendung dazu erwuchs aus Maos Befuerchtung, dass sein Sieg ueber Chiang Kai-schek im Jahre 1949 die USA zu einer militaerischen Allianz mit den Japanern und Nationalchina herausfordern wuerde. Er argwoehnte, dass eine diesbezuegliche Vorgehensweise bei gleichzeitiger Stationierung von Truppen im Nordosten Chinas erfolgen koennte, um einen Nuklearschlag gegen Ziele in der Mandschurei, dem sowjetischen Fernen Osten und Sibirien durchzufuehren (Chen 1994:15). Diese Wahrnehmung untermauerte nicht zuletzt Maos aussenpolitische Strategie, ›sich ausschliesslich nach einer Seite, der sowjetischen zu lehnen‹ (ebd. 5); eine dahingehende Entscheidung knuepfte Mao allerdings an eine freiwillige Wahl und nicht an diktierten Zwang (Yibo 1992:60).

Maos exklusiv pro-sowjetische Ausrichtung ermoeglichte es, Druck auf die USA auszuueben, wobei diese Strategie ihren nachhaltigen Niederschlag darin fand, dass sich der Westen mit China in der asiatischen Hemisphaere in Form von Fast-Kriegen oder Stellvertreterkriegen bis 1972 in permanentem Kriegszustand befand.

Die globale Reichweite der kommunistischen Sowjetmacht wurde den USA nachdruecklich durch den sowjetischen Atombombentest 1949 bewusst gemacht; diesem evidenten Bedrohungspotenzial verlieh der Sieg der Kommunisten in China im selben Jahr zusaetzlichen Nachdruck.

Trotz dieses ideologischen Ueberhangs sahen die USA im chinesischen Kommunismus verglichen zum sowjetischen ein geringfuegigeres Gefahrenpotenzial fuer die Zukunft. Es herrschte naemlich die Ansicht vor, Mao wuerde durch seinen auf chinesischer Tradition beruhenden Nationalismus auslaendischen Einfluss jeglicher Art verachten, wozu auch die Einflussnahme durch den ›grossen Bruder‹ Sowjetunion zaehlte.

In diesem Sinne vertrat der realpolitische Fluegel unter den amerikanischen Strategen im Anschluss an den Zweiten Weltkrieg die Meinung, dass der internationale Kommunismus niemals monolithische Auswuechse zeitigen wuerde, da die Sowjetunion nicht in der Lage sei, den Kommunismus jenseits ihrer Grenzen langfristig zu kontrollieren (Chang 1990:3). Aus dieser Ueberzeugung heraus hielt man es fuer unwahrscheinlich, dass das kommunistische China einen Stoerfaktor in der globalen Machtbalance darstellen koennte, eine Einschaetzung, die sich nicht nur kurz, sondern langfristig als unrealistisch erweisen sollte.

Im geopolitischen Szenario des Jahres 1949 waren es indes die Region Sued- und Suedostasien, in der die fortschreitende Dekolonisierung ein Machtvakuum, und damit eine Bresche fuer den Kommunismus geschlagen hatte. Grossbritannien hatte Indien, Pakistan, Ceylon und Burma in die Unabhaengigkeit entlassen; in Suedostasien hatten sich die Niederlande aus Indonesien zurueckgezogen, indes die Franzosen in einem revolutionaeren Unabhaengigkeitskrieg der »Vietminh« in Indochina verstrickt waren; Britisch-Malaya wurde von kommunistischen Insurgenten bedroht und ebenso stand die junge Unabhaengigkeit der Philippinen in Gefahr.

Die Wahrnehmung dieses Machtvakuums in der asiatischen Hemisphaere veranlasste die USA, ihre urspruengliche »Containment«doktrin auszuweiten, indem der europaeischen strategischen Front eine zweite strategische, die der Dritten Welt hinzugefuegt wurde: In dieser Hemisphaere sollten im bipolaren Wettstreit mit der Sowjetunion die »hearts and minds« fuer den Westen gewonnen werden (NSC 68:1950).

Spaetestens zu jenem Zeitpunkt hatte sich klar abgezeichnet, dass die Destabilisierung der Machtbalance in Suedostasien ihren Lauf nahm: die kommunistischen Bewegungen in Britisch Malaya und Franzoesisch Indochina (Vietnam, Kambodscha, Laos) hatten massive Rueckendeckung von der VRC erhalten.

Malaya/Malaysien und Vietnam

Dieser Tatbestand rief das japanische Vordringen nach dem Sueden Suedostasiens in den Jahren 1941/42 ins Gedaechtnis und alarmierte vor allem Australien und Neuseeland (O'Neill 1981). Von ihrer Warte aus galt es, eine potenzielle kommunistische Expansion, die vom asiatischen Festland auf die indonesische Inselkette ueberschwappte und damit die eigenen Kuesten gefaehrdete, unbedingt abzuwehren.

Ein erster Schritt zur Eindaemmung des Kommunismus in Asien war noetig geworden und er fand seine Operationalisierung in der Gruendung von ANZAM (1949), einem von Grossbritannien initiierten Konsultativabkommen zur Koordination der Verteidigungspolitik Grossbritanniens, Australiens, Neuseelands, mit Malaya als Mitglied. Unter den Buendnisstaaten erhofften sich gerade Australien und Neuseeland jeden Angreifer noch auf dem suedostasiatischen Festland aufzuhalten.

Als Pendant zu ANZAM gruendeten die USA zur Eindaemmung des Kommunismus den ANZUS Pakt(1951), in den die USA, Australien und Neuseeland unter Ausschluss Grossbritanniens eingebunden waren; die von Australien und Neuseeland erhoffte

Verteidigung Malayas, eine Kolonie Grossbritanniens, war in diesem Pakt nicht vorgesehen. Diese Tatsache begruendeten die USA damit, keine Kolonisten in das Buendnis einzubinden, um damit ihr eigenes Image, eine antikoloniale Macht zu sein, bei den Staaten Suedostasiens nicht zu verspielen (McIntyre 1995:368).

ANZAM und ANZUS zeichneten sich durch Doppelspurigkeit und Ueberschneidungen aus, womit sie bloss in reduzierter Weise schlagkraeftig waren.

Mit dem brandheissen Koreakrieg (1950–1953) (s. Stueck 1995) schliesslich wurde auf Seiten Frankreichs, Grossbritanniens und den USA die Befuerchtung einer bedrohlichen Intervention Chinas in Suedostasien laut. Der Koreakrieg hatte enthuellt, wie ungenuegend die Westmaechte im Kalten Krieg in Asien darauf vorbereitet waren, konzertierte Sofortmassnahmen zu treffen. Den fuenf Westmaechten USA, Grossbritannien, Frankreich, Australien und Neuseeland wurde auf drastische Weise klar, dass Druckausuebung im Kalten Krieg des Fernen Ostens eine strategische Schwaechung des Westens in Europa und im Nahen Osten ausloesen, – und dahingehend wiederum zu einem globalen Krieg fuehren koennte.

Nach dem mit einem Waffenstillstand – bis *dato* aber keinem Friedensvertrag – endenden Koreakrieg (1953) besiegelte die franzoesische Niederlage in der Schlacht um Dien Bien Phu 1954 das Ende Frankreichs als Kolonialmacht nicht nur in Vietnam, sondern in ganz Indochina (Frey 2001:358-373).

Dieses Debakel demonstrierte dem Westen nachdruecklich die prekaere Lage in diesem geographischen Raum. Auf der unmittelbar folgenden Genfer Indochinakonferenz (Juli 1954) beendeten Frankreich und die von Ho Chi Minh angefuehrte nationalistisch-kommunistische Befreiungsbewegung, die »Liga fuer die Unabhaengigkeit Vietnams«, kurz *Viet Minh* genannt, in Laos, Kambodscha und Vietnam ihren Krieg; die dabei erfolgte Teilung Vietnams entlang des 17. Breitengrades sollte im Zeitraum von zwei Jahren mittels »freier Wahlen« einer Wiedervereinigung stattgeben. Doch der zwischen den USA und China herrschende Antagonismus machte die Aussicht auf eine Unterzeichnung dieses Genfer Uebereinkommens durch die USA und Vietnam zunichte (U.S. Congress 1967:50-62).

In den Augen der westlichen Generalstabchefs war der kommunistische Einfluss auf Suedvietnam, Laos und Kambodscha in zunehmendem Mass auch fuer Thailand zum Bedrohungspotenzial geworden.

Geplante Gegenmassnahmen in der Region, die die schwachen Laender wirtschaftlich und militaerisch stuetzen sollten, ermangelten von britischer Warte der Finanzierung. Darueber hinaus betrachtete man den Nahen Osten fuer wichtiger als Suedostasien, woraus folgerte, dass die gleichzeitige Praesenz an beiden Orten fuer unmoeglich erachtet wurde (Caccia 1955:FO16/12/1955).

Mit dem Exitus der franzoesischen Kolonialmacht befuerchteten Praesident Eisenhower und der amerikanische Aussenminister J.F.Dulles den Verlust Gesamtsuedostasiens an den Kommunismus, womit sich die »Dominotheorie« als unabwendbare Realitaet erweisen wuerde: sollte Indochina fallen, dann waeren Thailand, Burma, Malaya, und Indonesien nach dem Gesetz der nachfolgenden Dominos ebenfalls verurteilt zu fallen (Ferrell 1981:190).

Im Westen war man indes nicht gewillt, durch eine militaerische Intervention einen Dritten Weltkrieg vom Zaun zu brechen, sondern entschied sich angesichts der brisanten Lage mit Abschreckung zu taktieren. Solcherart ergriffen die USA 1954 die Initiative, die

SEATO (South East Asia Treaty Organization) als kollektives Verteidigungsbuendnis ins Leben zu rufen, das sich aus den Mitgliedern Philippinen, Thailand, Pakistan, USA, Grossbritannien, Frankreich, Australien und Neuseeland zusammensetzte (Protocol to the Manila Pact 1954). Die Verteidigungsstrategie der SEATO erstreckte sich durch die Komposition ihrer Mitglieder geographisch uber den suedostasiatischen Raum hinaus auch auf einen Teil Suedasiens und des Westpazifiks. Als Zusatz zur SEATO wurde die Pacific Charter geschaffen, die den Menschen Asiens und des Pazifik nach dem Muster der UN Charter das Recht auf Gleichheit und Selbstbestimmung gewaehrleisten sollte (Pacific Charter 1954:s Protocol to the Manila Pact).

Die primaere Aufgabe der SEATO bestand darin, die Praesenz der USA in Vietnam zu sanktionieren, wobei inhaltlich im Vordergrund stand, die amerikanische *Containment-*Politik fortzusetzen. Diese wurde unter Praesident Eisenhower dahingehend modifiziert, dass Hilfe nur noch bei einer offenen Aggression durch ein kommunistisches oder durch ein vom internationalen Kommunismus kontrolliertes Land gewaehrt werden sollte. Tatsaechlich hingegen war SEATO eher auf Abschreckung ausgerichtet denn auf militaerischen Schutz im Notfall (s. Busczynski 1983.)

Die USA hatten bei der Inauguration von SEATO nicht verabsaeemt, die Nicht-signatarstaaten des Genfer Abkommens, Suedvietnam, Laos und Kambodscha durch ein Zusatzprotokoll in den Schutzbereich von SEATO miteinzubeziehen, Hongkong und Taiwan allerdings ausserhalb desselben zu belassen.

Neben ANZAM und ANZUS lag der Unterschied von SEATO als dritte Organisation kollektiver Verteidigung in der nachdruecklichen Differenzierung zwischen *Overt Planning* und *Covert Planning*; an ersterem, das Bangkok zum Tagungsort hatte, waren alle acht Mitglieder beteiligt; bei letzterem hingegen trafen sich die USA, Grossbritannien, Australien und Neuseeland in Washington (PRO 1955:13).

SEATO   ANZAM

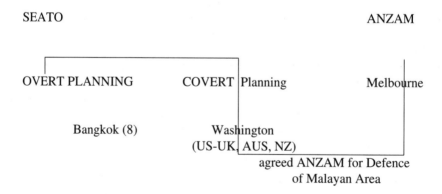

OVERT PLANNING   COVERT Planning   Melbourne

Bangkok (8)   Washington
                              (US-UK, AUS, NZ)
                                        agreed ANZAM for Defence
                                             of Malayan Area

Es war durchaus charakteristisch und symbolhaft fuer den Kalten Krieg, dass das reziproke Agieren in den Bereichen »overt« und »covert« warfare, die prinzipiell in einem komplementaeren Verhaeltnis zueinander standen, sich gerade auf der suedostasiatischen Kriegsbuehne als stark dichotomisch erwies und dahingehend vernichtende Auswirkung zeitigte, wie sich das am Fall Vietnams erhaerten laesst.

Im *covert,* nicht Wahrnehmbaren, Geheimen existierten die funktionellen Strategien *intelligence,* Propaganda und *special operations;* diese wiederum verliefen parallel zur transparenten, *overt* Diplomatie und den herkoemmlichen, konventionellen militaerischen Aktivitaeten.

Die drei funktionalen Themen standen in einem symbiotischen Verhaeltnis zueinander, da *Intelligence* essenziell fuer eine effektive Propaganda war und Propaganda durch ihre Zusammenarbeit mit »special operations« wiederum ein Mass an oeffentlicher Unterstuetzung zu schaffen vermochte, der sie sonst entbehrt haette.

Dieses interdependente Agieren laesst sich gerade am klassischen Fallbeispiel

Malaya

illustrieren, das als Paradigma dafuer gilt, wie es Grossbritannien auf dem Wege von intensivem, kolonialem Engagement hin zur Unabhaengigkeit Malaysiens gelang, der kommunistischen Herausforderung durch den Einsatz von *covert* operations zu trotzen.

Gemessen am Vizekoenigreich des indischen Subkontinents genoss Malaya innerhalb des British Empire keine Sonderstellung, rubrizierte also nicht unter »spektakulaerer Fall«. Malaya lieferte innerhalb des Empirekonglomerats vielmehr ein mikroskopisches Spiegelbild desselben; es subsummierte neun selbststaendige, durch Einzelvertraege an die britische Krone gebundene Sultanate, und mit Penang, Singapore und Malakka drei Straits Settlement die ihrerseits den Status »Kronkolonie« hatten (Hak 1998:125ff).

Eine Hypothek auf dem Weg zur intentierten nationalen Einheit bildete die Komposition der Bevoelkerung Malayas, die eine ethnische, multikulturelle, rassische und sprachliche Mischung aus Malaien, Chinesen und Indern darstellte. Inder wie Chinesen waren von britischen und chinesischen Unternehmern fuer die Zinn,- und Kautschukgewinnung als Billigarbeitskraefte ins Land geholt worden und stellten fuer die Position der Malaien als Mehrheit ein geradezu bedrohliches Segment dar.

Strategisch war Malaya zusammen mit Singapur neben Hongkong der letzte militaerische Stuetzpunkt in Suedostasien, ueber den Grossbritannien als Kolonialstaat frei verfuegen und direkte Kontrolle auszuueben vermochte. Es war schlechthin d i e geographische Entitaet, von der aus die antikommunistische Politik gefuehrt und auf Nachbarlaender eingewirkt werden konnte (vgl. Stockwell 1979 und Gullick 1969).

Doch gerade in Malaya, wo man darauf am wenigsten vorbereitet gewesen, war die kommunistische Bedrohung Realitaet geworden. Sie hatte sich in der Region in Form kommunistischer Subversion und Infiltration offenbart und hatte zur Folge, dass sich Grossbritannien 1948 gezwungen sah, den Ausnahmezustand auszurufen:

»Emergency« – *The War to Win the »Hearts and Minds«*

Im Juni 1948 brach ein kommunistischer Aufstand aus, der von der chinesisch dominierten Malyan Communist Party (MCP) getragen wurde und die Briten voellig ueberraschte. Das Ziel der MCP war die Vertreibung der Briten und die Errichtung einer Volksrepublik Malaya, was allerdings auf politischem Weg misslang, da die Partei wegen ihrer subversiven Taetigkeit fuer illegal erklaert worden war (Gullick 1969:17-108). Als Alternative nahm die MCP aus dem Untergrund heraus den *Guerrilla* Krieg auf, der von kommunistischen Terroristen (CT) gefuehrt wurde. Ihr Kampf orientierte sich am

Konzept des Partisanenkriegs, den Mao Tsetung 1928 nach vier Losungen formuliert hatte (MAO 1968 II:123)

1) wenn der Feind vorrueckt,
   ziehen wir uns zurueck
2) wenn der Feind Halt macht und lagert,
   belaestigen wir ihn
3) wenn der Feind die Schlacht vermeiden will,
   greifen wir ihn an
4) wenn der Feind sich zurueckzieht,
   verfolgen wir ihn.

Ziel war es, ein genuegend grosses Gebiet zu erobern, um daran den Anspruch auf die Ausrufung einer Regierung zu knuepfen. Der revolutionaere Umsturz hatte zum Ziel, die Wirtschaft des Landes durch Anschlaege auf Kautschukplantagen und Zinnminen zu stoeren und Politiker sowie Vertreter der Wirtschaft durch Attentate zu beseitigen (s. Short 1976).

Die Finanzierung des Krieges erpresste die MCP durch Schutzgelder von reichen, in Staedten lebenden Chinesen. Ihre Kaempfer hingegen rekrutierte die MCP aus am Rande des Dschungels lebenden chinesischen Bauern, den *Squatters,* von denen sie zusaetzlich mit Lebensmitteln und Information versorgt wurden. Chin Peng, der Generalsekretaer der Kommunisten, versuchte die MCP nach dem Muster von Maos ›Yenan Way‹ an die Macht zu bringen (Chin 1995:31). Es misslang der Malayischen Befreiungsarmee allerdings ›befreite Gebiete‹ an der Westkueste zu schaffen, womit eine revidierte Guerillastrategie den taktischen Rueckzug in den Dschungel diktierte, um dort eine Vereinte Front zu bilden.

Mit einem derartigen Dschungelkrieg konfrontiert, sahen sich die britischen Regenten sowohl mangels Vorbereitung als auch fehlender Ausstattung auf dem Pruefstand. Weder der Malayan Security Service (MSS) noch das Criminal Investigation Department (CID) hatten die bewaffnete Insurrektion vorhergesehen. Das Defizit an effizienter *intelligence* und realistischer Einschaetzung war dadurch verursacht worden, dass man wohl den malayischen nationalistischen Aktivitaeten Aufmerksamkeit gezollt, die Bedrohung durch den chinesischen Kommunismus hingegen verniedlicht hatte.

1948 war die MCP insoferne in einer bevorzugten Lage, als sie innerhalb der chinesischen Bevoelkerung ein Reservoir entfremdeter chinesischer Elemente rekrutieren konnte, die durch das Band des chinesischen Nationalismus gegen die Malayen verbunden waren.

Mit einem 1950 durch den britischen Operationschef General Briggs ausgearbeiteten Plan sollten die Squatters in den Guerillagebieten in neue Wehrdoerfer, »New Villages« umgesiedelt werden, um sie dadurch dem Einfluss der MCP zu entziehen und diese folglich ihrer Basis zu berauben.

Fuer die Regierung war es schwierig, die wohlhabende staedtische chinesische Bevoelkerung zu gewinnen, da sie mit 37 Prozent in der Minoritaet war, gemessen an der Majoritaet der 87 Prozent muslimischer Malayen, die den ethnischen Chinesen zudem ihren wirtschaftlichen Erfolg neideten. Die Frage lautete, wie diese an und fuer sich gegen den Kommunismus gerichtete, wohlhabende chinesische Schicht fuer den Kampf gegen d i e Chinesen zu gewinnen war, die den Untergrundkrieg fuehrten.

Die Antwort dazu kam vom britischen Hochkommisar General Templer, der eine Kampagne einleitete, deren Ziel es war die »hearts and minds« der Chinesen zu gewinnen (Stubbs 1989).

Intelligence, die sich bis dahin als Achillesferse im Kampf gegen die CTs erwiesen hatte, befand sich mit der neuen Strategie schlagartig im Aufwind. Es war nachdruecklich klar geworden, dass es unabdingbare Notwendigkeit war, Special Branche Trainings-schulen einzurichten, um eine Erfolgsbilanz auf dem Gebiet der Hinterhalttaktik, Desertion und der psychologischen Kriegsfuehrung gegen die CTs zu erzielen. Templers Plan sah vor, im Rahmen des Konzepts der »New Villages« jede einzelne Person der neu angesiedelten Chinesen in die Operation ›Letter Box‹ einzubeziehen (Tan Cheng Lock 1952:274).

Diese Strategie beruhte auf der Basis des taeglichen Besuchs der »New Villages« durch von der Regierung entsandte Teams, die der chinesischen Sprache kundig waren. Ihre Visiten erfolgten morgens, unmittelbar nach Aufhebung der naechtlichen Ausgangs-sperre bei geschlossenen Toren. Jeder einzelne Dorfbewohner wurde unter der Zusiche-rung, nicht als Informant identifiziert zu werden, ueber die Aktivitaeten der CTs befragt. Den Bewohnern wurde versichert, dass die in Form anonymer Frageboegen gesammelte Information in den Dienst von Operationen gestellt werde, die sich gegen die CTs richteten; ihnen wiederum sollte es unmoeglich sein, die Identitaet der Informanten festzustellen.

Das damit angestrebte Hauptziel bestand darin, den Unschluessigen Mut zuzuspre-chen, den CT Sympathisanten hingegen Angst und Zweifel einzufloessen und das Vertrauen der CTs selbst zu erschuettern angesichts des benevolenten Klimas innerhalb dessen sie operierten. Die Operation »Letter Box« hielt die Kommunisten und ihre Helfer ausser Gefecht, da diese nie sicher sein konnten, welche Information ueber sie von hunderten Interviewten weitergegeben wuerde.

Die im Dschungel kampierenden CTs wiederum waren angewiesen auf die Liefe-rung von Nahrungsmitteln, Medizin und anderen lebenswichtigen Guetern durch jene Chinesen, die legitimen Aufenthalt im Dschungel nahmen, wie z.B. den Kautschuk-arbeitern. Letzteren war eine Doppelrolle zugedacht: Sie waren bei den CTs in dem Mass als Lieferanten materieller Gueter und Information begehrt, wie sie von *intelligence* dazu ausersehen waren, handverlesen und ausgebildet zu werden, um schliesslich gegen Bezahlung in die Rolle eines Agenten zu schluepfen. Aus ihrer gewonnenen Erfahrung ueber den Verbleib von CTs leiteten »special operation« Einheiten zielgerichtete Orien-tierungshilfe ab. Dadurch wurde es moeglich, die Bewegungen der CTs auf ihren Dschungelpfaden zu orten, und sie aus dem Hinterhalt anzugreifen. Die notwendige taktische Voraussetzung fuer diese *Intelligence*operationen war die Konzentration auf das Individuum, aus dem es detaillierte Information ueber jeden einzelnen CT zu extrahieren galt. Die Gegenstrategie erwies sich in dem Masse erfolgreich, in dem es gelang, die auf einem fundierten Sicherheitssystem beruhende Liaison zwischen staedtischen Terroristen und laendlichen Guerrilleros zu unterbrechen.

Da es fuer das Ueberleben der CTs unumgaengliche Voraussetzung war, sich an diesem empfindlichen Punkt ihres Kommunikationsflusses gegen Interzeption zu wapp-nen, hielten sich die CTs wiederum mit einem erklecklichen Reservoir an Pseudonymen bedeckt (s. Thompson 1967).

Die unerlaessliche Gegenstrategie zur Enthuellung ihrer individuellen Identitaet sah vor, die CTs aus dem Dschungel zu locken, was durch den Entzug fuer sie lebenswichtiger Ressourcen erreicht wurde.

Spaetestens 1953 hatte der Erfolg dieser Taktik sichergestellt, dass die MCP nicht zuletzt durch ihre willkuerliche Terrorkampagne zwischen 1948 und 1951 alle Chancen zunichte gemacht hatte, unter den laendlichen Chinesen eine Basis aufzubauen.

Den Briten war es im Rahmen ihrer *covert* Strategie moeglich geworden, durch die Wiederbelebung ihrer brachliegenden *intelligence*, unter dem Einsatz von Propaganda, – unter anderem dem Abwurf von Flugblaettern ueber dem Dschungel – und der Aufruestung ihrer »special operations« einen hohen Prozentsatz an CTs zur Auslieferung zu bewegen. Um ihre »hearts and minds« zu gewinnen, versuchte man sie mithilfe einschlaegiger Erziehungsprogramme von ihrem revolutionaeren kommunistischen Kurs abzubringen.

Chin Peng, der Generalsekretaer der MCP hatte indes mit dem 1954 in Indochina geschlossenen Waffenstillstand alle Hoffnung zu Grabe getragen, dass der MCP durch den aus Vietnam heranrueckenden Viet Minh zu Hilfe geeilt werden koennte (Chin Peng 1999).

In Malaya, das auf der suedostasiatischen Buehne als politische und militaerische Bastion des Westens gegen den Kommunismus galt, konnte demonstriert werden, dass sich in der Fruehphase des Kalten Krieges der Einsatz von *covert*, psychologischen Mitteln als bedeutende Ergaenzung zur *overt* militaerischen Kriegstaktik bewaehrte.

Die positive Bilanz schlug sich zubuche in einem malayischen Domino, der stand; nicht verhindert werden hingegen konnte der Fall des Dominos im Falle

Vietnam

Nach dem Zweiten Weltkrieg sollte Indochina, bestehend aus Vietnam, Laos und Kambodscha nach den franzoesischen Zukunftsentwuerfen die Rolle zufallen, durch dessen Rohstoffe zum Wiederaufbau Frankreichs beizutragen, um dessen stark beschaedigtes Ansehen als Grossmacht wiederherzustellen. Kurzfristig gelang es, die franzoesische Kontrolle ueber Laos und Kambodscha wiederherzustellen. In Vietnam hatte sich jedoch nach dem Abzug der Japaner im Norden der Widerstand der vietnamesischen Bevoelkerung gegen jegliche Fremdherrschaft gefestigt (s. Chinh 1958).

1946 unterzeichnete Ho Chi-Minh zwar ein Abkommen, das die franzoesische Oberhoheit ueber ganz Vietnam wiederherstellen sollte mit der Versicherung an Ho, dass Frankreich die Unabhaengigkeit Vietnams innerhalb der Franzoesischen Union respektieren werde. Unvereinbarkeiten bei der Umsetzung dieses Abkommens fuehrten hingegen zu bewaffneten Auseinandersetzungen, die darin resultierten, dass Ho Chi Minh und die *Viet Minh* Frankreich foermlich den Krieg erklaerten (Frey 2002:20f). Frankreich war der Ueberzeugung, wie in der Vergangenheit, eine koloniale Rebellion rasch niederschlagen zu koennen. Diese Kalkulation scheiterte allerdings am Aufbau regulaerer Truppen, die der Viet Minh unter der Fuehrung von General Vo Nguyen Giap in die Offensive sandte. Die Eroberung der franzoesischen Befestigungen an der Nordgrenze zu China sollte dem Viet Minh den ungehinderten Nachschub aus dem kommunistischen China in den Sueden garantieren.

Indes hatte auch Frankreich um Verbuendete geworben und die USA zur diplomatischen Anerkennung seiner in Paris installierten Regierung Vietnams unter Kaiser Bao Dai
bewegt. Alarmiert durch den Sieg Mao Tsetungs ueber die national-chinesische Guomintang
Chinas im Jahre 1949 starteten die USA mit der finanziellen Unterstuetzung in Vietnam.

Fuer das China Mao Tsetungs hatte die aussenpolitische Arbeitsteilung zwischen der
Sowjetunion und der VRC (s. 252) unter anderem vorgesehen, den revolutionaeren
Kampf in Vietnam voranzutreiben. Bei aller Solidaritaet, die Mao als Teil seiner eigenen
Theorie des internationalen Klassenkampfes dem Anfuehrer des Viet Minh, Ho Chi Minh
entgegenbrachte, verfolgte Mao mit der Etablierung diplomatischer Beziehungen zwischen der VRC und Vietnam jedoch vorwiegend ein nationales Eigeninteresse: Es hatte
zum Ziel, feindliche Nationalchinesen, die auf logistische Hilfe durch die franzoesische
Kolonialverwaltung hofften und sich im Grenzgebiet zwischen Vietnam und China
verborgen hielten, zu bekaempfen. Allerdings hatte sich die Sowjetunion das Praerogativ
reserviert, in aussenpolitischen Belangen eine klare Grenze zwischen Mao und dem
Westen zu ziehen, zumal die Sowjetunion einen Freundschaftsvertrag mit Frankreich
eingegangen war. Mao als Repraesentant des »Mittleren Reichs« war allerdings keineswegs zoegerlich, Stalin indirekt Paroli zu bieten, indem er im Falle Vietnams die Grenze
zwischen der Sowjetunion und Frankreich markierte und somit Vietnam zu seiner
Domaene erklaerte.

Nachdem es Ho Chi Minh 1950 gelungen war, von der Volksrepublik China (VRC)
und umgehend darauf von der sowjetischen Regierung diplomatische Anerkennung fuer
die »Demokratische Republik Vietnam« (DRV) zu erlangen, sahen sich die USA und
Grossbritannien (GB) ihrerseits zu einer umgehenden Anerkennung der Regierung
Kaiser Bao Dais im Sueden Vietnams aufgerufen (s. Short 1999).

Im amerikanischen Aussenamt (DoS) war deutlich geworden, wie notwendig es war,
Chinas Vordringen nach dem Sueden mit allen Mitteln zu verhindern. Im britischen
Aussenamt (FO) wurde eingeraeumt, dass der Westen seiner Rolle, Suedasien gegen den
Kommunismus zu verteidigen nur unter der Aegide der USA imstande sei (Lawrence
2002:471). Da Frankreich sich ausser Stande zeigte, den Kampf im Alleingang zu
bewaeltigen, wurde die Devise ausgegeben, Suedostasien (SOA) durch ein konzertiertes
Agieren zwischen den USA und GB vor dem Kommunismus zu retten. Nach dem Fall von
Dien Bien Phu, der das franzoesische Engagement nachhaltig reduzierte, war es mit
amerikanischer Rueckendeckung gelungen, die in den Genfer Vereinbarungen von 1954
vorgesehenen allgemeinen Wahlen zu verhindern.

Mit dem Abzug der franzoesischen Kolonialtruppen wurde in Saigon die Regierung
von Premierminister Ngo Dinh Diem uebernommen. Diem zeichnete sich allerdings
durch Vetternwirtschaft aus, wozu sich sein mangelnder Reformeifer und die Korruption
seiner Verwaltung gesellte. Seine Abhaengigkeit von den USA schuerte die Unzufriedenheit in weiten Teilen der Bevoelkerung, was der nationalistischen und kommunistischen Opposition zugute kam, die unter Diems Saeuberungsaktionen litt.

Profit aus diesen von Diem produzierten Missstaenden zog die nationalistisch-
kommunistische Regierung in Hanoi. Ihr war durch die Teilung Vietnams verwehrt
worden, die Machtuebernahme in einem vereinten Vietnam zu vollziehen, womit sie den
»revolutionaeren« Kampf wieder aufnahm und dabei gestuetzt wurde durch Diems
Regimegegner im Sueden. Als diese am 20. Dez. 1960 die Nationale Front zur Befreiung

Suedvietnams (NLF) gruendeten, bestand kein Zweifel, dass sich das Land im Buergerkrieg befand (De Groot 2000:66-70).

Vom Standpunkt der USA handelte es sich dabei nicht so sehr um eine indigene Widerstandsbewegung, sondern eine exogene, von Hanoi bzw. Peking und Moskau gelenkte Aggression, gesteuert von der Taktik General Giaps, dem es mithilfe chinesischer Berater gelungen war, ein schlecht ausgeruestetes Heer von Guerillakaempfern in eine schlagkraeftige Armee zu verwandeln (s.o.Frey 2002; Mausbach 2002).

Die Administration J.F. Kennedy war davon ueberzeugt, dass es sich in Vietnam um einen Testfall mit globaler Expansion handelte. Grund zu dieser Annahme bot die Rede des sowjetischen Premiers Chruschtschow auf dem Parteitag der KPdSU im Jannuar 1961, auf dem Chruschtschow eine Typologie von Kriegen entwarf, die sich einzig auf die der »nationalen Befreiungskriege« beschraenkte (NEWMAN 1992:46); andere Spielarten von Krieg wurden aufgrund des nuklearen Patts zwischen den USA und der Sowjetunion verworfen.

Daraus entnahmen die amerikanischen Beobachter eine neue kommunistische Strategie, die in Kuba bereits funktioniert hatte, in Malaysien und auf den Philippinen gescheitert war und in Vietnam vor ihrer entscheidenden Bewaehrungsprobe stand. Der amerikanische Verteidigungsminister McNamara sah die Aufgabe der USA darin, der Welt am Praezendenzfall Vietnam zu beweisen, dass es der ›Freien Welt‹ gelaenge, die kommunistischen »Befreiungskriege« erfolgreich zu bekaempfen. Der amerikanische Aussenminister Dean Rusk konstatierte dazu,» dass es zwar gelungen sei, die einseitige nukleare Initiative ebenso zu verhindern wie den Marsch grosser Armeen ueber nationale Grenzen hinweg, doch fuer das Problem der so genannten nationalen Befreiungskriege habe man noch keine Loesung gefunden.« (Kimball 1990:35-36; Karnow 1983:179).

Welche unter vielen Strategien die USA bei ihrer vielfachen Suche nach Loesungen in Vietnam auf der Ebene des *covert warfare* einsetzte, soll abrissartig eroertert werden am Beispiel des amerikanischen

Invisible War

> *The struggle in South Vietnam at best will be protracted and costly ...*
> *very great weaknesses remain and will be difficult to surmount.*
> *Among these are lack of aggressive and firm leadership at all levels of command,*
> *poor morale among the troops, lack of trust between peaseant and soldier,*
> *poor tactical use of available forces, a very inadequate intelligence system,*
> *and obvious Communist penetration of the South Vietnamese military organization.*
> Draft on »Prospects in South Vietnam« by Intelligence Community's
> representatives to the US Intelligence Board, Febr 25 1963

Praesident Kennedy sah sich 1961 von seinen Militaerberatern zunehmend unter Druck gesetzt, Truppen nach Suedvietnam zu entsenden, um der Flut kommunistischer Militaererfolge Einhalt zu gebieten und die strauchelnde Regierung Suedvietnams (GVN) zu stuetzen.

Im November 1963, zwei Jahre nach der Entscheidung, die amerikanische Praesenz in Vietnam zu verstaerken, hatte sich eine drastische Verschlechterung der Lage abgezeichnet und es war deutlich geworden, dass die US Intervention fehlgeschlagen war. Unter Kennedys Administration wurde der Sturz des Praesidenten Ngo Dinh Diem sanktioniert und dessen darauf folgende Ermordung muendete in eine Serie von Coups.

Unter einer Vielzahl von Faktoren, die massgeblichen Anteil an diesem vernichtenden Ergebnis hatten, zaehlten verzerrende Einbrueche auf der Ebene der *intelligence*. Bei Einschaetzungen und Beurteilungen der Sachlage in Suedvietnam hatte sich eine eklatante Kluft aufgetan zwischen Berichten, die aus dem vietnamesischen Feld stammten und den in Washington produzierten *intelligence* Analysen, die aller Realitaet entbehrten.

In der engsten Umgebung Kennedys waren es Aussenminister Dean Rusk, Verteidigungsminister Robert McNamara, die Joint Chiefs of Staff (JCS), der Oberbefehlshaber ueber die Pazifikflotte und der Nationale Sicherheitsberater, George McBundy, die Mitte 1962 allesamt davon ueberzeugt waren, dass es ›genuegend Licht am Ende des Tunnels‹ gaebe, um 10.000 Mann an US Militaerberatungspersonal aus Vietnam abzuziehen.

Parallel dazu hatte der CIA Direktor (DCI) John McCone selbst zu wesentlichen Verzerrungen beigetragen, indem er sich nachdruecklich optimistisch zu den Ergebnissen von Praesident Kennedys Kriegsunternehmen aussprach.

Die hier zu stellende Frage lautet: Warum bestand in den Beurteilungen und Prognosen zum Kriegsverlauf zwischen Washington und dem Kriegsschauplatz Vietnam eine derartige Diskrepanz?

Von Anbeginn des amerikanischen Engagements in Vietnam waren die aus dem Feld einlangenden Berichte derart verfasst, dass sie es den Entscheidungstraegern in Washington nicht gestatteten, ein genaues, den Tatsachen entsprechendes Bild der Vorgaenge vor Ort zu erhalten.

Diese Verzerrungen und Entstellungen wiesen vielfaeltige Formen auf und waren verschiedenartig motiviert.

Die rosigeren Einschaetzungen wurden fast ausnahmslos von den älteren Militaer- und Botschaftsbediensteten diktiert und zielten darauf ab, eine optimistische Wahrnehmung des ›grossen Bildes‹ zu vermitteln.

Den Aufzeichnungen konnten allerdings eine Vielzahl von Beispielen entnommen werden, in denen Feldkommandanten und Vorgesetzte, Maenner also, die beauftragt waren, den Nachweis eines *de facto* Fortschritts auf ihrem einschlaegigen Gebiet zu erbringen, nicht nur die von ihren Untergebenen erbrachten negativen Fakten, sowie deren unguenstige Beurteilungen der Sachlage verniedlichten, sondern prinzipiell fuer nichtig erklaerten.

Es geschah vielfach, dass Vorgesetzte es unterliessen, einschlaegige Information und *intelligence* Berichte direkt von ihrem Buero oder den politischen Abteilungen der Botschaft in Saigon nach Washington zu senden; vielmehr filterten sie ihre Berichte durch militaerische Operationen im Buero des Botschafters. So juengere Offiziere es wagten, einer derartigen Vorgangsweise zu widersprechen, wurden sie ›auf Eis gelegt‹ oder von ihren Vorgesetzten ausgesondert (AOHI der Autorin).

Im Gegensatz dazu liess man den Berichten von Malcolm Brown, David Halberstam, Peter Arnett, Mitgliedern der Presse, die sich ausserhalb der militaerisch, – diplomatischen Kommandohierarchie befanden, eine voellig andere Behandlungsweise angedeihen, wie dies z.B. durch die Vorgangsweise des amerikanischen Botschafters Nolting demonstriert wurde. Der Botschafter erging sich oeffentlich in Rügen und Zurechtweisungen, indem er dem Saigoner Pressecorps abfaellige Bemerkungen und unnoetige Kommentare vorwarf, die nichts anderes als Anspielungen und Geruechte aus dem Lager der Kommunisten verbreiteten oder, – noch schlimmer, dazu angetan waren, Nachrichten direkt in die Haende der Kommunisten zu spielen.

Nolting sah die Kooperation zwischen den USA und der suedvietnamesischen Regierung aufs Spiel gesetzt durch mediale Berichterstatter, denen er vorwarf, die Regierung Diems absichtlich gedankenlos und leichtfertig zu kritisieren. Einen probaten Ausweg aus diesem Dilemma sah der amerikanische Botschafter darin »that newsmen should not be transported on military activities of the type that are likely to result in undesirable stories« (U.S. Information Problems in Vietnam 1963:2f).

Die Lage zwischen 1962 und 1963 war durch eine Administration charakterisiert, auf die Kennedy geringfuegigen Zugriff besass und sich folgedessen mit zwei nicht deklarierten Kriegen konfrontiert sah: dem gegen den suedvietnamesischen kommunistischen *Viet Cong* und dem gegen die amerikanische Presse, wobei die kontroversielle Schwaegerin Premier Diems, Madame Nhu von den Vertretern des amerikanischen Pressecorps in Saigon behauptete, sie seien uebler als die Kommunisten (AOHI).

Im Mai 1963 brachten einige Beamte des Pentagon dem CIA Buero fuer National Intelligence Estimates (O/NIE) ihre Beunruhigung zum Ausdruck ueber die aus dem Feld eingelangten Berichte; dabei herrschte ueber deren ›tendenzielle Faerbung‹ ebenso Gewissheit, wie ueber die Ursachen, die zu diesen Verzerrungen fuehrten. Einer von vielen Gruenden, der amtsaeltere US Offiziere dazu bewog, die Bedenken ihrer Untergebenen nicht zu teilen lag in der Sicherung der eigenen Position, die man in der Kommandohierarchie bekleidete; mutige Berichterstattung war unweigerlich dazu angetan, den angestammten Rang zu gefaehrden, was bis zum Ausschluss aus der Armee fuehren konnte.

Eine haeufige Neigung, die im Feld festzustellen war, bestand darin, Beweise, die den Mangel an militaerischen Fortschritten in Suedvietnam untermauerten, schlechtweg zu verniedlichen, – aus Angst davor, den Vorgesetzten in Washington das Gefuehl zu vermitteln, dass ihre Kommandanten im Felde Vietnams ihren Aufgaben erfolglos nachgingen.

Wann immer Berichte aus den Reihen der Suedvietnamesen nach oben weitergeleitet wurden, bestand fast ausnahmslos Gewissheit, dass der Inhalt geschoent, oder *intelligence* gefaelscht war.

Zu einem betraechtlichen Teil schwang auch ueberschwaenglicher Nationalstolz mit, der Grund fuer verschleierte Berichterstattung war: Diese Sentimentalitaet ruehrte nicht zuletzt aus dem Gefuehl mancher US Bediensteter her, dass ein Sieg in Vietnam ausschliesslich durch amerikanisches ›know how‹ zu erringen sei. In der Zentrale Washington wiederum brachen die von DCI McCone vorgelegten Einschaetzungen der Lage in Vietnam bei verschiedensten Behoerden heftige Dispute vom Zaun. Im Aussenamt (DoS) beispielsweise hielt man dem DCI McCone entgegen, ein zu pessimistisches Zukunftsszenario zu malen.

Der Board of National Estimates divergierte mit der CIA grundsaetzlich in der fundamentalen Frage des Ursprungs jener bedenklichen Situation, in der sich die U.S in Vietnam befand. Waehrend McCone China als Grund dafuer angab »that the US efforts in Vietnam were merely chipping away at the toe of the glacier from the North« hielt man ihm entgegen »that it was incorrect to describe US policy in South Vietnam as merely nibbling at the edges of the real threat, as the heart of the battle was in the villages and jungles of Vietnam« (CIA file/ AOHI).

Der Streit, der zu den divergierenden Ansichten ueber das U.S. Dilemma in Vietnam entbrannte, tat eine Kluft auf, die jahrelang praesent war und nachhaltig zur Spaltung von Entscheidungstraegern in der Regierung und von Washingtons *intelligence* beitrug.

Im September 1963 hatte sich die Lage in Vietnam in einem Masse verschlechtert, dass McCone jede Hoffnung fahren liess; was ihm blieb, war der warnende Ruf, dass sich die U.S.A angesichts der Ernsthaftigkeit der Lage gezwungen sehen koennten, den totalen Rueckzug aus Vietnam anzutreten (Clifford/Holbrooke 1991:45).

Dem Nachfolger J. F. Kennedys, Praesident L. B. Johnson, ebenso wie McNamara musste McCone eingestehen, dass die aus Saigon eingelangte Berichterstattung einem totalen Fehlschlag gleichkam. Ueber Jahre hatte man sich auf Kriegsstatistiken berufen, die von den Regierungsbehoerden der GVN und der Botschaft in Saigon erstellt worden waren und nichts anderes als eine einzigartige Fehleinschaetzung des Kriegsverlaufs darstellten.

Die Erfahrungen der Jahre 1962/63 zeitigten weder im Bewertungs- und Einschaetzungsverfahren signifikante Verbesserung, noch war aus der militaerischen und diplomatischen Berichterstattung ein neuer Duktus abzulesen; im Gegenteil: Verzerrungen und Fehleinschaetzungen des realen Geschehens behaupteten sich bis zum Rueckzug der amerikanischen Praesenz aus Vietnam, zwölf Jahre spaeter, und hatten nicht unwesentlich zum diesem Ergebnis beigetragen.

Ausblick

Die USA waren in Vietnam, einem Beispiel ihrer zweiten strategischen Front des »containment« anfaenglich damit belastet, eher als neokoloniale Fortsetzung der Kolonialmacht Frankreich betrachtet zu werden, denn als Macht, die sich zur Aufgabe gestellt hatte, die Eindaemmung des Kommunismus voranzutreiben. Bei dementsprechender Distanzierung vom Kolonialismus oblag es den USA zusaetzlich, die Bedeutung des Nationalismus in dieser Region richtig zu gewichten, was wiederum unter der Voraussetzung einer eindeutigen Distanzierung zum Neokolonialismus aussichtsreich war.

Wie eindeutig immer das strategische Konzept der »Eindaemmung« an der strategischen Front Europa auch definiert sein mochte, im Falle Vietnams litt es an klaren Zielsetzungen und war dahingehend keineswegs monolithisch.

Die Sowjetunion war demgegenueber zwar monolithisch in ihrer »Drittweltstrategie«, entbehrte allerdings *de facto* einer globalen Reichweite, so dass sich ihr Engagement eher episodisch und unkonsequent ausnahm. Ideologiegerecht riefen die UdSSR wohl zu nationalen Befreiungskriegen auf, zeigten indes aber geringe Bereitschaft, solche Kriege in Malaya und in den Philippinen zu unterstuetzen, wohingegen sie bei ihrem Engagement in Vietnam Konsequenz bewiesen.

Die Vertreter der VRC wiederum genossen in Suedostasien einen gemischten Ruf: Zwar war ihnen eine feurige Rhetorik zu eigen, in der sie die Anliegen der dekolonisierten Nationen solidarisch zu ihren eigenen machten; es fehlte ihnen allerdings die Voraussetzung dafuer, konsensual darueber zu befinden, wo die eigentliche aeussere Bedrohung fuer ihre eigene Nation lauerte.

Wann immer sich letztlich dennoch ein Konsens zu »Containment« einstellte, stellte sich als weiteres Hindernis die Frage nach der praktischen Implementierung dieser Strategie.

Fuer die USA bestand das einschlaegige Dilemma in Suedostasien darin, entweder gegenueber dem androhenden Kommunismus die innenpolitische Ordnung aufrecht-zuerhalten oder die lokale Anziehungskraft des Kommunismus zu schwaechen, indem die innere Ordnung geringfuegig geopfert wurde.

Im Vietnam des Jahres 1963 unterstuetzten einige amerikanische Strategen den Coup gegen den suedvietnamesischen Praesidenten Ngo Dinh Diem um den Weg fuer soziale Reformen zu ebnen, waehrend andere sich gegen den Coup aussprachen, aus Furcht, die Kommunisten koennten die Auswirkungen nachfolgender sozialer Instabilitaet exploi-tieren.

Diese Konfusion wurde noch dadurch verstaerkt, dass in den USA keine einhellige Meinung darueber bestand, wo die Grenze ihres Einflussbereiches in der asiatischen Welt zu ziehen sei. Allein, die Rhetorik zu »containment« expandierte und war zusehends mit universellen Toenen ausgestattet. Ihre maechtige oekonomische Dimension und das nukleare Waffenarsenal indes weckten in den USA die Vorstellung einer universellen Macht, die darauf ausgerichtet ist, Krieg in den Dienst der Friedenssicherung zu stellen.

Quellen und Literatur
(In der Reihenfolge der Textzitate)

Kalter Krieg

Gaddis, John Lewis (1987): The Long Peace. New York
MacNeill, William (1970): America, Britain and Russia: their Conflict and Cooperation 1941-1947. New York: Reprint Company
Fleming, Denna (1961): The Cold War and its Origins. New York: Doubleday
Schlesinger, Arthur, Jr. (1965): A Thousand Days: JFK in the White House. Boston: Houghton Mifflin
La Feber Walter (1997): America, Russia and the Cold War, 1945–1995. New York: McGraw Hill
Gaddis, John L. (1972): The United States and the Origins of the Cold War 1941–1947. New York: Council on Foreign Relations
Gaddis, John L. (1982): Strategies of Containment: New York: Oxfod University Press
Lippert, Ekkehard/Wachtler, Guenther, Hg. (1988): Frieden. Westdeutscher Verlag
Stamp, Gerd (o. J.): Clausewitz im Atomzeitalter. Wiesbaden
Clausewitz, Carl/Hahlweg W., Hg. (1952): Vom Kriege. Bonn
Schmitt, Carl (1938): Die Wendung zum diskriminierenden Kriegsbegriff. Berlin
Wallensteen, Peter, Hg. (1988): Peace Research. Boulder: Westview Press
Kennan, George i.e. »X« (1947): The Sources of Soviet Conduct. In: Foreign Affairs, 25, July 1947
Lippmann, Walter (1951): The Stakes of Diplomacy. New York
Gaddis, John L. (1997): We Now Know. Oxford: Clarendon
Miscamble, Wilson D. (1992): George F. Kennan and the Making of American Foreign Policy. Princeton: Princeton University Press

Goncharov Sergei/Lewis John/Litai Xue (1993): Uncertain Partners. Stanford: Stanford University Press

Chen, Jian (1994): China's Road to the Korean War: The Making of the Sino-American Confrontation. New York: Columbia University Press

Yibo, Bo (1992): »The Making of the ›Leaning to One Side Decision‹«, transl. In: Chinese Historians

Chang, Gordon H.(1990): Friends and Enemies: The United States, China and the Soviet Union. Stanford: Stanford University Press

NSC.68 (1950): (National Security Council) »U.S. Department of State National Security Affairs; Foreign Economic Policy«. In: Foreign Relations of the US. Washington D.C.: Government Printing Office

Kalter Krieg: weiterfuehrende Literatur

Gantzel, Klaus (1972): System und Akteur. Beitraege zur vergleichenden Kriegsursachenforschung. Duesseldorf

Held, Karl/Ebel, Theo (1983): Krieg und Frieden. Politische Oekonomie des Weltfriedens. Frankfurt am Main/New York

Small, Melvin/Singer, David (1982): Ressort to Arms: International and Civil Wars, 1816–1980. Beverly Hills

Walzer, Michael (1992): Just and Unjust Wars. Basic Books, USA

Malaya/Malaysien und Vietnam

O'Neill, Robert (1981): Australia in the Korean War 1950–1953. Bd. 1: Strategy and Diplomacy. Canberra: Australian War Memorial

McIntyre, W. David (1995): Background to the Anzus Pact. Christchurch, N.Z.: Canterbury Univ. Press

Stueck, William (1995): The Korean War. Princeton: Princeton University Press

Frey, Marc (2001): Das Ende eines Kolonialreiches, Dien Bien Phu. In: Schlachten der Weltgeschichte, Hg. Stig Foerster/Markus Poehlmann/Dierk Walter. Muenchen: Beck

U.S. Congress (1967): Senate, Committee on Foreign Relations, 90th Congress, 1st Session. Washington D.C.: US Government Printing Office

Caccia, H. (1955): Minute 16//12/1955. FO (Foreign Office) 371/123259 SEA Dept. PRO, Kew

Ferrell, Robert H., Hg. (1981): The Eisenhower Diaries. New York: Norton

Protocol to the Manila Pact (1954); Pacific Charter. In: American Foreign Policy 1950–1955 DoS Publ.6446, General Foreign Policy Series 117. Washington D.C.: Government Printing Office 1957

Busczynski, Leszek (1983): SEATO, The Failure of an Alliance Strategy. Univ. Press Singpore

Short, Philip (1999): Mao, A Life. New York: Holt and Company

PRO (Public Record Office): COS Chiefs of Staff Committee Meeting, 29/4/1955, Minute 4, DEFE 13/58)

Malaya

Hak, Martin (1998): Self Government in Due Course. Bern: Peter Lang

Stockwell, A. J. (1979): British Policy and Malay Politics during the Malay Union Experiment. Kuala Lumpur

Gullick, J. M. (1969): Malaysia. London

Mao, Tsetung (1968): Ausgewaehlte Werke, Band I-IV. Peking

Short, Anthony (1976): The Communist Insurrection in Malaya. London: Muller

Stubbs, Richard (1989): Hearts and Minds in Guerrilla Warfare. Singapore

Tan Cheng Lock (1952): Papers: Meeting MCA with Templer. Singapore: ISEAS
Thompson, Robert (1966): Defeating Communist Insurgency. London: Catto and Windus
Chin Peng (1999): Workshop with Historians. February 22-23, 1999. Canberra: Australian
    National University

Malaya: weiterfuehrende Literatur

Darby, Phillip (1978): British Defence Policy East of Suez. London
Tarling, Nicholas(1994): The Fall of Imperial Britain in Southeast Asia. Kuala Lumpur

Vietnam

Chinh, Truog (1958): The August Revolution. Hanoi: Foreign Languages Publishing House Hanoi
Frey, Marc (2002): Geschichte des Vietnamkriegs. Muenchen: Beck
Arnold, James R. (1991): Eisenhower, the Military, and America's Intervention in Vietnam. New
    York: Morrow
Degroot, Gerard (2000): A Noble Cause? America and the Vietnam War. New York
Mausbach, Wilfried (2002): Der schmutzige Krieg. In: Krieg – Instrument der Politik, Hg.
    Ruediger Voigt. Baden-Baden: Nomos
Lawrence, Atwood Mark (2002): Transnational Coalition-Building and the Making of the Cold
    War in Indochina. In: Diplomatic History 26/3. Oxford: Blackwell
Newman, John (1992): JFK and Vietnam Unclassified. New York: Time Warner
AOHI (Anonymous Oral History Interview) (2000): der Autorin, Nov. 2000.Washington D.C.
United States Information Problems in Vietnam (1963): Eleventh Report of the Committee on
    Government Operations, HoR, 88th Congress, 1st session. Government Printing Office (GPO).
    Washington
Clifford, Clark/Holbrooke, Richard (1991): Annals of Government, The Vietnam Years, Teil I. In:
    The New Yorker, May 9. New York

Vietnam: weiterfuehrende Literatur

Bodaard, Lucien (1997): La Guerre d'Indochine. Paris: Grasset
Cable, James (1986): The Geneva Conference of 1954 on Indochina. New York: St. Martin's Press
Daaloz, Jacques (1990): The War in Indochine, 1945–1954. New York: Barnes and Noble
De Fourneaux, Rene J. (1997):The Winking Fox: Twenty Two Years in Military Intelligence.
    Indianapolis
Doyon, Jacques (1973): Les soldats blancs de Ho Chi Minh. Paris: Fayard
Fall, Bernard (⁴1964): Street Without Joy. Harrisburg, PA
Gardner, Lloyd (1988): Approaching Vietnam: From WW II through Dien Bien Phu. New York:
    Norton
Goscha, Christopher E. (1999, reprint): Vietnam or Indochina? 1887–1954 NIAS. Copenhagen
Gras, Philippe (2001): L'armee de l'air en Indochine (1945–1954). Paris: L'Harmattan
Hess, Gary R.(1987): The United States' Emergence as a Southeast Asian Power. New York:
    Columbia Univ. Press
Karnow, Stanley (1983): Vietnam, A History. New York, Mass.
Kimball, Jeffrey (1990): To Reason Why. New York
Larrousse, Pierre (1996): Le Methode Vietminh: Indochine 1945–1954. Paris: Lavauzelle
Lawrence, Mark Atwood (1998): Selling Vietnam: The European Colonial Powers and the Origins
    of the American Commitment to Vietnam, 1944–1950. Yale: Ph. D. Dissertation
Lawrence, Atwood Mark (2002): Transnational Coalition-Building and the Making of the Cold
    War in Indochina. In: Diplomatic History 23/3. Oxford: Blackwell

McNamara, Robert (1999): Argument without End: In Search of Answers to the Vietnam Tragedy, (1961–68) Secretary of Defence). Public Affairs, US
Pratt, Clark, Hg. (1999): Vietnam Voices, Perspectivs of the War Years. Athens/London: University of Georgia Press
Thayer, Carlyle (1989): War By Other Means. Cambridge

Autorinnen und Autoren

Anne BOOTH, Dr., Professorin für Wirtschaftswissenschaften an der School of Oriental and African Studies, University of London

Bernhard DAHM, Dr., Professor für Südostasienkunde an der Universität Passau
bernhard.dahm@uni-passau.de

Peter FELDBAUER, Dr., Professor am Institut für Wirtschafts- und Sozialgeschichte der Universität Wien
wirtschaftsgeschichte@univie.ac.at

Gerald HÖDL, Mag., Lektor am Institut für Geographie und Regionalforschung und Dissertant am Institut für Wirtschafts- und Sozialgeschichte der Universität Wien
gerald.hoedl@univie.ac.at

Vincent HOUBEN, Dr., Professor am Institut für Asien- und Afrikawissenschaften, Humboldt-Universität Berlin
vincent.houben@rz.hu-berlin.de

Karl HUSA, Mag. Dr., Professor am Institut für Geographie und Regionalforschung der Universität Wien
karl.husa@univie.ac.at

Rüdiger KORFF, Dr., Gastprofessor für Entwicklungsländerforschung an der Universität Hohenheim
rkorff@uni-hohenheim.de

Frauke KRAAS, Dr., Professorin am Geographischen Institut der Universität zu Köln
f.kraas@uni-koeln.de

Gisela REITERER, Dr., Lektorin am Institut für Politikwissenschaft der Universität Wien
reit@ping.at

Mary SOMERS HEIDHUES, Dr., Professorin und Lehrstuhlvertretung am Lehrstuhl für Südostasienkunde der Universität Passau
Maryheid@aol.com

Günter SPREITZHOFER, Mag. Dr., Projektmitarbeiter am Institut für Geographie und Regionalforschung der Universität Wien und freier Journalist
guenter.spreitzhofer@univie.ac.at

Gabriele SINIGOJ, Dr., Historikerin an der Universität Wien

Ingrid WESSEL, Professorin am Institut für Asien- und Afrikawissenschaften, Humboldt-Universität Berlin
Ingrid.wessel@rz.hu-berlin.de

Helmut WOHLSCHLÄGL, Mag. Dr., Professor am Institut für Geographie und Regionalforschung der Universität Wien

Geld Macht Krise

Finanzmärkte und neoliberale Herrschaft

Historische Sozialkunde /
Internationale Entwicklung 22

Joachim Becker
Ronald Heinz
Karen Imhof
Karin Küblböck
Wolfram Manzenreiter
(Hrsg.)

Wien 2003

Inhalt

PROMEDIA SÜDWIND

Südostasien und der Kolonialismus

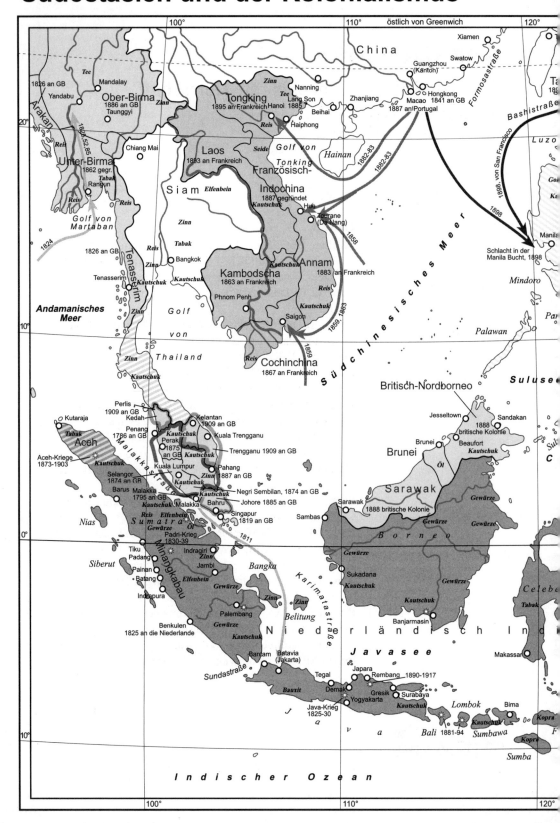